MINISTÉRIO PÚBLICO
LEGISLAÇÃO INSTITUCIONAL
2021

Carlos Roberto de C. Jatahy
Eliane Goldemberg

MINISTÉRIO PÚBLICO
LEGISLAÇÃO INSTITUCIONAL
2021

5ª Edição

Freitas Bastos Editora

Copyright © 2021 by Carlos Roberto de C. Jatahy, Eliane Goldemberg
Todos os direitos reservados e protegidos pela Lei 9.610, de 19.2.1998.
É proibida a reprodução total ou parcial, por quaisquer meios,
bem como a produção de apostilas, sem autorização prévia,
por escrito, da Editora.

Direitos exclusivos da edição e distribuição em língua portuguesa:

Maria Augusta Delgado Livraria, Distribuidora e Editora

Editor: *Isaac D. Abulafia*
Diagramação e Capa: *Jair Domingos de Sousa*

DADOS INTERNACIONAIS PARA CATALOGAÇÃO
NA PUBLICAÇÃO (CIP)

G618m

Goldemberg, Eliane
Ministério Público: legislação institucional / Eliane Goldemberg, Carlos Roberto de Castro Jatahy. – 5ª ed. – Rio de Janeiro: Freitas Bastos, 2021.
458 p. ; 23 cm.
ISBN 978-65-5675-038-5
1. Brasil. Ministério Público. I. Jatahy, Carlos Roberto de Castro. II. Título.
CDD- 347.81016

Freitas Bastos Editora

Tel./Fax: (21) 2276-4500
freitasbastos@freitasbastos.com
vendas@freitasbastos.com
www.freitasbastos.com

SUMÁRIO

1 – LEIS ORGÂNICAS DO MINISTÉRIO PÚBLICO

Lei Complementar nº 75/93 – Lei Orgânica do Ministério Público da União.. 3

Lei nº 8.625/93 – Lei Orgânica Nacional do Ministério Público 73

Lei Complementar Estadual nº 106, de 3 de janeiro de 2003, atualizada até a LC 187, de 23 de setembro de 2019 – Lei Orgânica do Ministério Público do Estado do Rio de Janeiro 99

Lei Complementar nº 162, de 8 de dezembro de 2014 – Fixa o percentual a que se refere o art. 1º da LC 157/2013 160

2 – LEIS ESTADUAIS DO MINISTÉRIO PÚBLICO DO ESTADO DO RIO DE JANEIRO

Lei nº 5.891, de 14 de janeiro de 2011. Lei do Quadro Permanente dos Serviços Auxiliares do Ministério Público do Estado do Rio de Janeiro ... 163

Lei nº 6.451, de 21 de maio de 2013. Lei da Ouvidoria do Ministério Público do Estado do Rio de Janeiro 175

Lei nº 7.280, de 25 de maio de 2016. Lei da licença paternidade dos servidores integrantes do quadro permanente dos serviços auxiliares do Ministério Público do Estado do Rio de Janeiro 178

3 – NORMAS DO CONSELHO NACIONAL DO MINISTÉRIO PÚBLICO

Lei nº 11.372, de 28 de novembro de 2006. *Regulamenta o § 1º do art. 130-A da Constituição Federal, para dispor sobre a forma de indicação dos membros do Conselho Nacional do Ministério Público oriundos do Ministério Público e criar sua estrutura organizacional e funcional, e dá outras providências.* 181

RESOLUÇÕES E RECOMENDAÇÃO DO CONSELHO NACIONAL DO MINISTÉRIO PÚBLICO

Resolução nº 1, *de 7 de novembro de 2005. Disciplina o exercício de cargos, empregos e funções por parentes, cônjuges e companheiros de membros do Ministério Público e dá outras providências* 183

Resolução nº 2, de 21 de novembro de 2005. *Dispõe sobre os critérios objetivos e o voto aberto e fundamentado nas promoções e remoções por merecimento de membros dos Ministérios Públicos da União e dos Estados.* ... 185

Resolução nº 5, de 20 de março de 2006. *Disciplina o exercício de atividade político-partidária e de cargos públicos por membros do Ministério Público Nacional* 187

Resolução nº 8, de 8 de maio de 2006. *Dispõe sobre impedimentos e vedações ao exercício de advocacia por membros do Ministério público com respaldo no § 3º do art. 29 do ADCT da Constituição Federal de 1988* 189

Resolução nº 14, de 06 de novembro de 2006. *Dispõe sobre Regras Gerais Regulamentares para o concurso de ingresso na carreira do Ministério Público Brasileiro* 190

Resolução nº 20, de 28 de maio de 2007. *Regulamenta o art. 9º da Lei Complementar nº 75, de 20 de maio de 1993 e o art. 80 da Lei nº 8.625, de 12 de fevereiro de 1993, disciplinando, no âmbito do Ministério Público, o controle externo da atividade policial* 195

Resolução nº 23, de 17 de setembro de 2007. *Regulamenta os artigos 6º, inciso VII, e 7º, inciso I, da Lei Complementar nº 75/93 e os artigos 25, inciso IV, e 26, inciso I, da Lei nº 8.625/93, disciplinando, no âmbito do Ministério Público, a instauração e tramitação do inquérito civil* 201

Resolução nº 26, de 17 de dezembro de 2007. *Disciplina a residência na Comarca pelos membros do Ministério Público e determina outras providências.* 210

Resolução nº 27, de 10 de março de 2008. *Disciplina a vedação do exercício da advocacia por parte dos servidores do Ministério Público dos Estados e da União*... 214

Resolução nº 30, de 19 de maio de 2008. *Estabelece parâmetros para a indicação e a designação de membros do Ministério Público para exercer função eleitoral em 1º grau* 215

Resolução nº 37, *de 28 de abril de 2009. Altera as Resoluções CNMP nº 01/2005, nº 07/06 e nº 21/07, considerando o disposto na Súmula Vinculante nº 13 do Supremo Tribunal Federal* 218

Sumário

Resolução nº 40, de 26 de maio de 2009. *Regulamenta o conceito de atividade jurídica para concursos públicos de ingresso nas carreiras do Ministério Público e dá outras providências* 221

Resolução nº 73, de 15 de junho de 2011. *Dispõe sobre o acúmulo do exercício das funções ministeriais com o exercício do magistério por Membros do Ministério Público da União e dos Estados* 224

Resolução nº 82, de 29 de fevereiro de 2012. *Dispõe sobre as audiências públicas no âmbito do Ministério Público da União e dos Estados* 226

Resolução nº 95, de 22 de maio de 2013. *Dispõe sobre as atribuições das ouvidorias dos Ministérios Públicos dos Estados e da União e dá outras providências* 229

Resolução nº 118, de 1º de dezembro de 2014. *Dispõe sobre a Política Nacional de Incentivo à Autocomposição no âmbito do Ministério Público e dá outras providências* 232

Resolução nº 129, de 22 de setembro de 2015. *Estabelece regras mínimas de atuação do Ministério Público no controle externo da investigação de morte decorrente de intervenção policial* 238

Resolução nº 154, de 13 de dezembro de 2016. *Dispõe sobre a atuação dos membros do Ministério Público na defesa dos direitos fundamentais das pessoas idosas residentes em instituições de longa permanência e dá outras providências* 241

Resolução nº 164, de 28 de março de 2017. *Disciplina a expedição de recomendações pelo Ministério Público brasileiro* 244

Resolução nº 174, de 04 de julho de 2017. *Disciplina, no âmbito do Ministério Público, a instauração e a tramitação da Notícia de Fato e do Procedimento Administrativo.* 248

Resolução nº 179, de 26 de julho de 2017. *Regulamenta o § 6º do art. 5º da Lei nº 7.347/1985, disciplinando, no âmbito do Ministério Público, a tomada do compromisso de ajustamento de conduta* 252

Resolução nº 181, de 7 de agosto de 2017. *Dispõe sobre instauração e tramitação do procedimento investigatório criminal a cargo do Ministério Público* 257

Resolução nº 221, de 11 de novembro de 2020. *Dispõe sobre a atuação do Ministério Público na audiência de custódia, incorpora as providências de investigação referentes ao Protocolo de Istambul, da Organização das Nações Unidas (ONU), e dá outras providências* 270

Recomendação nº 34, de 5 de abril de 2016. *Dispõe sobre a atuação do Ministério Público como órgão interveniente no processo civil* 275

VII

4 – NORMAS DO MINISTÉRIO PÚBLICO DO ESTADO DO RIO DE JANEIRO

RESOLUÇÕES DO GABINETE DA PROCURADORIA-GERAL DE JUSTIÇA DO MINISTÉRIO PÚBLICO DO RIO DE JANEIRO

Resolução GPGJ 1.468 de 04 de novembro de 2008. *Dispõe sobre as atribuições das Promotorias de Justiça de Investigação Penal* 281

Resolução GPGJ 1.521 de 30 de junho de 2009. *Dispõe sobre a prorrogação das atribuições do Promotor de Justiça na hipótese de interposição de recurso em matéria criminal desacompanhada das respectivas razões.* 283

Resolução GPGJ 1.524 de 8 de julho de 2009. *Disciplina a atuação do Ministério Público do Estado do Rio de Janeiro no controle externo da atividade policial, função constitucional prevista no art. 129, VII, da Constituição da República e no art. 34, XIV, da Lei Complementar Estadual nº 106, de 3 de janeiro de 2003.* 285

Resolução GPGJ 1.678 de 05 de setembro de 2011. *Regulamenta o art. 26 da Lei nº 8.625/93, disciplinando, no âmbito do Ministério Público do Estado do Rio de Janeiro, a instauração e tramitação do procedimento investigatório criminal.* 291

Resolução GPGJ 1.804 de 28 de janeiro de 2013. *Dispõe sobre os Centros de Apoio Operacional do Ministério Público do Estado do Rio de Janeiro* ... 297

Resolução GPGJ 1.887, de 26 de dezembro de 2013. *Institui, no âmbito do Ministério Público do Estado do Rio de Janeiro, o Sistema de Velamento de Fundações, cria órgãos de execução e dá outras providências.* 301

Resolução GPGJ nº 2.227, de 12 de julho de 2018. *Disciplina a atuação extrajudicial cível dos membros do Ministério Público do Estado do Rio de Janeiro e seus respectivos instrumentos.* 307

Resolução GPGJ nº 2.320, de 03 de janeiro de 2020. *Altera as atribuições dos órgãos do Ministério Público que menciona e dá outras providências* .. 330

Resolução GPGJ nº 2.324, de 07 de fevereiro de 2020. *Dispõe sobre a estruturação dos Núcleos de Investigação das Promotorias de Justiça de Investigação Penal* 352

Resolução GPGJ nº 2.331, de 05 de março de 2020. *Disciplina o Procedimento Preparatório Eleitoral no âmbito do Ministério Público do Estado do Rio de Janeiro. (alterada pela Resolução GPGJ nº 2.350/20)* 354

Resolução GPGJ nº 2.402, de 2 de março de 2021. *Dispõe sobre a estrutura orgânica da Procuradoria-Geral de Justiça e dá outras providências* 359

Resolução GPGJ nº 2.403, de 3 de março de 2021. *Reestrutura o Grupo de Atuação Especializada de Combate ao Crime Organizado (GAECO/RJ); revoga as Resoluções GPGJ nº 1.570, de 5 de março de 2010 (Reformula o Núcleo de Combate ao Crime Organizado e às Atividades Ilícitas Especializadas – NCCO, transformando-o em Grupo de Atuação Especial de Combate ao Crime Organizado – GAECO/RJ, no âmbito do Ministério Público do Estado do Rio de Janeiro, e dá outras providências) e nº 2.074, de 3 de novembro de 2016 (Cria, na estrutura da Procuradoria-Geral de Justiça do Estado do Rio de Janeiro, o Grupo de Atuação Especializada no Combate à Corrupção – GAECC), e alterações posteriores, bem como dá outras providências* 376

Resolução Conjunta GPGJ/PRE 17, de 1º de outubro de 2020. *Dispõe sobre os critérios de indicação e de designação dos Promotores Eleitorais no Estado do Rio de Janeiro (Revoga as Resoluções Conjuntas MPRJ/MPE nº 12, 13 e 15, esta de 4 de dezembro de 2018)* 384

CONSELHO SUPERIOR DO MINISTÉRIO PÚBLICO DO ESTADO DO RIO DE JANEIRO 388

Regimento Interno do Conselho Superior do Ministério Público 388

Enunciados do Conselho Superior do Ministério Público 411

Súmulas do Conselho Superior do Ministério Público 427

ÓRGÃO ESPECIAL DO COLÉGIO DE PROCURADORES DO MINISTÉRIO PÚBLICO DO RIO DE JANEIRO 430

Regimento Interno 430

SÚMULAS

Súmulas do Supremo Tribunal Federal 447

Súmulas do Superior Tribunal de Justiça 447

# LEIS ORGÂNICAS
DO
MINISTÉRIO PÚBLICO

Lei Orgânica do Ministério Público da União
Lei Complementar 75, de 20 de maio de 1993.

Dispõe sobre a organização, as atribuições e o Estatuto do Ministério Público da União.

O Presidente da República. Faço saber que o Congresso Nacional decreta e eu sanciono a seguinte Lei Complementar:

O Congresso Nacional decreta:

Título I
Das disposições gerais
Capítulo I
Da definição, dos princípios e das funções institucionais

Art. 1º. O Ministério Público da União, organizado por esta lei Complementar, é instituição permanente, essencial à função jurisdicional do Estado, incumbindo-lhe a defesa da ordem jurídica, do regime democrático, dos interesses sociais e dos interesses individuais indisponíveis.

Art. 2º. Incumbem ao Ministério Público as medidas necessárias para garantir o respeito dos Poderes Públicos e dos serviços de relevância pública aos direitos assegurados pela Constituição Federal.

Art. 3º. O Ministério Público da União exercerá o controle externo da atividade policial tendo em vista:

a) o respeito aos fundamentos do Estado Democrático de Direito, aos objetivos fundamentais da República Federativa do Brasil, aos princípios informadores das relações internacionais, bem como aos direitos assegurados na Constituição Federal e na lei;
b) a preservação da ordem pública, da incolumidade das pessoas e do patrimônio público;
c) a prevenção e a correção de ilegalidade ou de abuso de poder;
d) a indisponibilidade da persecução penal;
e) a competência dos órgãos incumbidos da segurança pública.

Art. 4º. São princípios institucionais do Ministério Público da União a unidade, a indivisibilidade e a independência funcional.

Art. 5º. São funções institucionais do Ministério Público da União:

I – a defesa da ordem jurídica, do regime democrático, dos interesses sociais e dos interesses individuais indisponíveis, considerados, dentre outros, os seguintes fundamentos e princípios:

a) a soberania e a representatividade popular;
b) os direitos políticos;

c) os objetivos fundamentais da República Federativa do Brasil;
d) a indissolubilidade da União;
e) a independência e a harmonia dos Poderes da União;
f) a autonomia dos Estados, do Distrito Federal e dos Municípios;
g) as vedações impostas à União, aos Estados, ao Distrito Federal e aos Municípios;
h) a legalidade, a impessoalidade, a moralidade e a publicidade, relativas à administração pública direta, indireta ou fundacional, de qualquer dos Poderes da União;
II – zelar pela observância dos princípios constitucionais relativos:
a) ao sistema tributário, às limitações do poder de tributar, à repartição do poder impositivo e das receitas tributárias e aos direitos do contribuinte;
b) às finanças públicas;
c) à atividade econômica, à política urbana, agrícola, fundiária e de reforma agrária e ao sistema financeiro nacional;
d) à seguridade social, à educação, à cultura e ao desporto, à ciência e à tecnologia, à comunicação social e ao meio ambiente;
e) à segurança pública;
III – a defesa dos seguintes bens e interesses:
a) o patrimônio nacional;
b) o patrimônio público e social;
c) o patrimônio cultural brasileiro;
d) o meio ambiente;
e) os direitos e interesses coletivos, especialmente das comunidades indígenas, da família, da criança, do adolescente e do idoso;
IV – zelar pelo efetivo respeito dos Poderes Públicos da União, dos serviços de relevância pública e dos meios de comunicação social aos princípios, garantias, condições, direitos, deveres e vedações previstos na Constituição Federal e na lei, relativos à comunicação social;
V – zelar pelo efetivo respeito dos Poderes Públicos da União e dos serviços de relevância pública quanto:
a) aos direitos assegurados na Constituição Federal relativos às ações e aos serviços de saúde e à educação;
b) aos princípios da legalidade, da impessoalidade, da moralidade e da publicidade;
VI – exercer outras funções previstas na Constituição Federal e na lei.
§ 1º – Os órgãos do Ministério Público da União devem zelar pela observância dos princípios e competências da Instituição, bem como pelo livre exercício de suas funções.
§ 2º – Somente a lei poderá especificar as funções atribuídas pela Constituição Federal e por esta Lei Complementar ao Ministério Público da União, observados os princípios e normas nelas estabelecidos.

Capítulo II
Dos instrumentos de atuação

Art. 6º. Compete ao Ministério Público da União:
I – promover a ação direta de inconstitucionalidade e o respectivo pedido de medida cautelar;
II – promover a ação direta de inconstitucionalidade por omissão;
III – promover a arguição de descumprimento de preceito fundamental decorrente da Constituição Federal;
IV – promover a representação para intervenção federal nos Estados e no Distrito Federal;
V – promover, privativamente, a ação penal pública, na forma da lei;
VI – impetrar habeas corpus e mandado de segurança;
VII – promover o inquérito civil e a ação civil pública para:
a) a proteção dos direitos constitucionais;
b) a proteção do patrimônio público e social, do meio ambiente, dos bens e direitos de valor artístico, estético, histórico, turístico e paisagístico;
c) a proteção dos interesses individuais indisponíveis, difusos e coletivos, relativos às comunidades indígenas, à família, à criança, ao adolescente, ao idoso, às minorias étnicas e ao consumidor;
d) outros interesses individuais indisponíveis, homogêneos, sociais, difusos e coletivos;
VIII – promover outras ações, nelas incluído o mandado de injunção sempre que a falta de norma regulamentadora torne inviável o exercício dos direitos e liberdades constitucionais e das prerrogativas inerentes à nacionalidade, à soberania e à cidadania, quando difusos os interesses a serem protegidos;
IX – promover ação visando ao cancelamento de naturalização, em virtude de atividade nociva ao interesse nacional;
X – promover a responsabilidade dos executores ou agentes do estado de defesa ou do estado de sítio, pelos ilícitos cometidos no período de sua duração;
XI – defender judicialmente os direitos e interesses das populações indígenas, incluídos os relativos às terras por elas tradicionalmente habitadas, propondo as ações cabíveis;
XII – propor ação civil coletiva para defesa de interesses individuais homogêneos;
XIII – propor ações de responsabilidade do fornecedor de produtos e serviços;
XIV – promover outras ações necessárias ao exercício de suas funções institucionais, em defesa da ordem jurídica, do regime democrático e dos interesses sociais e individuais indisponíveis, especialmente quanto:
a) ao Estado de Direito e às instituições democráticas;
b) à ordem econômica e financeira;
c) à ordem social;

d) ao patrimônio cultural brasileiro;
e) à manifestação de pensamento, de criação, de expressão ou de informação;
f) à probidade administrativa;
g) ao meio ambiente;
XV – manifestar-se em qualquer fase dos processos, acolhendo solicitação do juiz ou por sua iniciativa, quando entender existente interesse em causa que justifique a intervenção;
XVI – **(Vetado)**;
XVII – propor as ações cabíveis para:
a) perda ou suspensão de direitos políticos, nos casos previstos na Constituição Federal;
b) declaração de nulidade de atos ou contratos geradores do endividamento externo da União, de suas autarquias, fundações e demais entidades controladas pelo Poder Público Federal, ou com repercussão direta ou indireta em suas finanças;
c) dissolução compulsória de associações, inclusive de partidos políticos, nos casos previstos na Constituição Federal;
d) cancelamento de concessão ou de permissão, nos casos previstos na Constituição Federal;
e) declaração de nulidade de cláusula contratual que contrarie direito do consumidor;
XVIII – representar;
a) ao órgão judicial competente para quebra de sigilo da correspondência e das comunicações telegráficas, de dados e das comunicações telefônicas, para fins de investigação criminal ou instrução processual penal, bem como manifestar-se sobre representação a ele dirigida para os mesmos fins;
b) ao Congresso Nacional, visando ao exercício das competências deste ou de qualquer de suas Casas ou comissões;
c) ao Tribunal de Contas da União, visando ao exercício das competências deste;
d) ao órgão judicial competente, visando à aplicação de penalidade por infrações cometidas contra as normas de proteção à infância e à juventude, sem prejuízo da promoção da responsabilidade civil e penal do infrator, quando cabível;
XIX – promover a responsabilidade:
a) da autoridade competente, pelo não exercício das incumbências, constitucional e legalmente impostas ao Poder Público da União, em defesa do meio ambiente, de sua preservação e de sua recuperação;
b) de pessoas físicas ou jurídicas, em razão da prática de atividade lesiva ao meio ambiente, tendo em vista a aplicação de sanções penais e a reparação dos danos causados;

XX – expedir recomendações, visando à melhoria dos serviços públicos e de relevância pública, bem como ao respeito, aos interesses, direitos e bens cuja defesa lhe cabe promover, fixando prazo razoável para a adoção das providências cabíveis.

§ 1º Será assegurada a participação do Ministério Público da União, como instituição observadora, na forma e nas condições estabelecidas em ato do Procurador-Geral da República, em qualquer órgão da administração pública direta, indireta ou fundacional da União, que tenha atribuições correlatas às funções da Instituição.

§ 2º A lei assegurará a participação do Ministério Público da União nos órgãos colegiados estatais, federais ou do Distrito Federal, constituídos para defesa de direitos e interesses relacionados com as funções da Instituição.

Art. 7º. Incumbe ao Ministério Público da União, sempre que necessário ao exercício de suas funções institucionais:
I – instaurar inquérito civil e outros procedimentos administrativos correlatos;
II – requisitar diligências investigatórias e a instauração de inquérito policial e de inquérito policial militar, podendo acompanhá-los e apresentar provas;
III – requisitar à autoridade competente a instauração de procedimentos administrativos, ressalvados os de natureza disciplinar, podendo acompanhá-los e produzir provas.

Art. 8º. Para o exercício de suas atribuições, o Ministério Público da União poderá, nos procedimentos de sua competência:
I – notificar testemunhas e requisitar sua condução coercitiva, no caso de ausência injustificada;
II – requisitar informações, exames, perícias e documentos de autoridades da Administração Pública direta ou indireta;
III – requisitar da Administração Pública serviços temporários de seus servidores e meios materiais necessários para a realização de atividades específicas;
IV – requisitar informações e documentos a entidades privadas;
V – realizar inspeções e diligências investigatórias;
VI – ter livre acesso a qualquer local público ou privado, respeitadas as normas constitucionais pertinentes à inviolabilidade do domicílio;
VII – expedir notificações e intimações necessárias aos procedimentos e inquéritos que instaurar;
VIII – ter acesso incondicional a qualquer banco de dados de caráter público ou relativo a serviço de relevância pública;
IX – requisitar o auxílio de força policial.

§ 1º – O membro do Ministério Público será civil e criminalmente responsável pelo uso indevido das informações e documentos que requisitar; a ação penal, na hipótese, poderá ser proposta também pelo ofendido, subsidiariamente, na forma da lei processual penal.

§ 2º – Nenhuma autoridade poderá opor ao Ministério Público, sob qualquer pretexto, a exceção de sigilo, sem prejuízo da subsistência do caráter sigiloso da informação, do registro, do dado ou do documento que lhe seja fornecido.

§ 3º – A falta injustificada e o retardamento indevido do cumprimento das requisições do Ministério Público implicarão a responsabilidade de quem lhe der causa.

§ 4º – As correspondências, notificações, requisições e intimações do Ministério Público quando tiverem como destinatário o Presidente da República, o Vice-Presidente da República, membro do Congresso Nacional, Ministro do Supremo Tribunal Federal, Ministro de Estado, Ministro de Tribunal Superior, Ministro do Tribunal de Contas da União ou chefe de missão diplomática de caráter permanente serão encaminhadas e levadas a efeito pelo Procurador-Geral da República ou outro órgão do Ministério Público a quem essa atribuição seja delegada, cabendo às autoridades mencionadas fixar data, hora e local em que puderem ser ouvidas, se for o caso.

§ 5º – As requisições do Ministério Público serão feitas fixando-se prazo razoável de até dez dias úteis para atendimento, prorrogável mediante solicitação justificada.

Capítulo III
Do controle externo da atividade policial

Art. 9º. O Ministério Público da União exercerá o controle externo da atividade policial por meio de medidas judiciais e extrajudiciais podendo:

I – ter livre ingresso em estabelecimentos policiais ou prisionais;
II – ter acesso a quaisquer documentos relativos à atividade-fim policial;
III – representar à autoridade competente pela adoção de providências para sanar a omissão indevida, ou para prevenir ou corrigir ilegalidade ou abuso de poder;
IV – requisitar à autoridade competente para instauração de inquérito policial sobre a omissão ou fato ilícito ocorrido no exercício da atividade policial;
V – promover a ação penal por abuso de poder.

Art. 10. A prisão de qualquer pessoa, por parte de autoridade federal ou do Distrito Federal e Territórios, deverá ser comunicada imediatamente ao Ministério Público competente, com indicação do lugar onde se encontra o preso e cópia dos documentos comprobatórios da legalidade da prisão.

Capítulo IV
Da defesa dos direitos constitucionais

Art. 11. A defesa dos direitos constitucionais do cidadão visa à garantia do seu efetivo respeito pelos Poderes Públicos e pelos prestadores de serviços de relevância pública.

Art. 12. O Procurador dos Direitos do Cidadão agirá de ofício ou mediante representação, notificando a autoridade questionada para que preste informação, no prazo que assinar.

Art. 13. Recebidas ou não as informações e instruído o caso, se o Procurador dos Direitos do Cidadão concluir que direitos constitucionais foram ou estão sendo desrespeitados, deverá notificar o responsável para que tome as providências necessárias a prevenir a repetição ou que determine a cessação do desrespeito verificado.

Art. 14. Não atendida, no prazo devido, a notificação prevista no artigo anterior, a Procuradoria dos Direitos do Cidadão representará ao poder ou autoridade competente para promover a responsabilidade pela ação ou omissão inconstitucionais.

Art. 15. É vedado aos órgãos de defesa dos direitos constitucionais do cidadão promover em juízo a defesa de direitos individuais lesados.

§ 1º – Quando a legitimidade para a ação decorrente da inobservância da Constituição Federal, verificada pela Procuradoria, couber a outro órgão do Ministério Público, os elementos de informação ser-lhe-ão remetidos.

§ 2º – Sempre que o titular do direito lesado não puder constituir advogado e a ação cabível não incumbir ao Ministério Público, o caso, com os elementos colhidos, será encaminhado à Defensoria Pública competente.

Art. 16. A lei regulará os procedimentos da atuação do Ministério Público na defesa dos direitos constitucionais do cidadão.

Capítulo V
Das garantias e das prerrogativas

Art. 17. Os membros do Ministério Público da União gozam das seguintes garantias:
I – vitaliciedade, após dois anos de efetivo exercício, não podendo perder o cargo senão por sentença judicial transitada em julgado;
II – inamovibilidade, salvo por motivo de interesse público, mediante decisão do Conselho Superior, por voto de dois terços de seus membros, assegurada ampla defesa;
III – **(Vetado)**;

Art. 18. São prerrogativas dos membros do Ministério Público da União:
I – institucionais:
a) sentar-se no mesmo plano e imediatamente à direita dos juízes singulares ou presidentes dos órgãos judiciários perante os quais oficiem;
b) usar vestes talares;
c) ter ingresso e trânsito livres, em razão de serviço, em qualquer recinto público ou privado, respeitada a garantia constitucional da inviolabilidade do domicílio;
d) a prioridade em qualquer serviço de transporte ou comunicação, público ou

privado, no território nacional, quando em serviço de caráter urgente;
e) o porte de arma, independentemente de autorização;
f) carteira de identidade especial, de acordo com modelo aprovado pelo Procurador-Geral da República e por ele expedida, nela se consignando as prerrogativas constantes do inciso I, alíneas "c", "d" e "e" do inciso II, alíneas "d", "e" e "f", deste artigo;
II – processuais:
a) do Procurador-Geral da República, ser processado e julgado, nos crimes comuns, pelo Supremo Tribunal Federal e pelo Senado Federal, nos crimes de responsabilidade;
b) do membro do Ministério Público da União que oficie perante tribunais, ser processado e julgado, nos crimes comuns e de responsabilidade, pelo Superior Tribunal de Justiça;
c) do membro do Ministério Público da União que oficie perante juízos de primeira instância, ser processado e julgado, nos crimes comuns e de responsabilidade, pelos Tribunais Regionais Federais, ressalvada a competência da Justiça Eleitoral;
d) ser preso ou detido somente por ordem escrita do tribunal competente ou em razão de flagrante de crime inafiançável, caso em que a autoridade fará imediata comunicação àquele tribunal e ao Procurador-Geral da República, sob pena de responsabilidade;
e) ser recolhido à prisão especial ou à sala especial de Estado-Maior, com direito a privacidade e à disposição do tribunal competente para o julgamento, quando sujeito a prisão antes da decisão final; e a dependência separada no estabelecimento em que tiver de ser cumprida a pena;
f) não ser indiciado em inquérito policial, observado o disposto no parágrafo único deste artigo;
g) ser ouvido, como testemunhas, em dia, hora e local previamente ajustados com o magistrado ou a autoridade competente;
h) receber intimação pessoalmente nos autos em qualquer processo e grau de jurisdição nos feitos em que tiver que oficiar.
Parágrafo único. Quando, no curso de investigação, houver indício da prática de infração penal por membro do Ministério Público da União, a autoridade policial, civil ou militar, remeterá imediatamente os autos ao Procurador-Geral da República, que designará membro do Ministério Público para prosseguimento da apuração do fato.

Art. 19. O Procurador-Geral da República terá as mesmas honras e tratamento dos Ministros do Supremo Tribunal Federal; e os demais membros da instituição, as que forem reservadas aos magistrados perante os quais oficiem.

Art. 20. Os órgãos do Ministério Público da União terão presença e palavra asseguradas em todas as sessões dos colegiados em que oficiem.

Art. 21. As garantias e prerrogativas dos membros do Ministério Público da União são inerentes ao exercício de suas funções e irrenunciáveis.
Parágrafo único. As garantias e prerrogativas previstas nesta Lei Complementar não excluem as que sejam estabelecidas em outras leis.

Capítulo VI
Da autonomia do Ministério Público

Art. 22. Ao Ministério Público da União é assegurada autonomia funcional, administrativa e financeira, cabendo-lhe:
I – propor ao Poder Legislativo a criação e extinção de seus cargos e serviços auxiliares, bem como a fixação dos vencimentos de seus membros e servidores;
II – prover os cargos de suas carreiras e dos serviços auxiliares;
III – organizar os serviços auxiliares;
IV – praticar atos próprios de gestão.

Art. 23. O Ministério Público da União elaborará sua proposta orçamentária dentro dos limites da lei de diretrizes orçamentárias.
§ 1º – Os recursos correspondentes às suas dotações orçamentárias, compreendidos os créditos suplementares e especiais, ser-lhe-ão entregues até o dia vinte de cada mês.
§ 2º – A fiscalização contábil, financeira, orçamentária, operacional e patrimonial do Ministério Público da União será exercida pelo Congresso Nacional, mediante controle externo, com o auxílio do Tribunal de Contas da União, segundo o disposto no Título IV, Capítulo I, Seção IX, da Constituição Federal, e por sistema próprio de controle interno.
§ 3º – As contas referentes ao exercício anterior serão prestadas, anualmente, dentro de sessenta dias da abertura da sessão legislativa do Congresso Nacional.

Capítulo VII
Da estrutura

Art. 24. O Ministério Público da União compreende:
I – o Ministério Público Federal;
II – o Ministério Público do Trabalho;
III – o Ministério Público Militar;
IV – o Ministério Público do Distrito Federal e Territórios.
Parágrafo único. A estrutura básica do Ministério Público da União será organizada por regulamento, nos termos da lei.

Capítulo VIII
Do Procurador-Geral da República

Art. 25. O Procurador-Geral da República é o chefe do Ministério Público da União, nomeado pelo Presidente da República dentre integrantes da carreira, maiores de trinta e cinco anos, após a aprovação de seu nome pela maioria absoluta do senado federal, para mandato de dois anos, permitida a recondução precedida de nova decisão do Senado Federal.

Parágrafo único. A exoneração, de ofício, do Procurador-Geral da República, por iniciativa do Presidente da República, deverá ser precedida de autorização da maioria absoluta do Senado Federal, em votação secreta.

Art. 26. São atribuições do Procurador-Geral da República, como Chefe do Ministério Público da União:

I – representar a instituição;

II – propor ao Poder Legislativo os projetos de lei sobre o Ministério Público da União;

III – apresentar a proposta de orçamento do Ministério Público da União, compatibilizando os anteprojetos dos diferentes ramos da Instituição, na forma da lei de diretrizes orçamentárias;

IV – nomear e dar posse ao Vice-Procurador-Geral da República, ao Procurador-Geral do Trabalho, ao Procurador-Geral da Justiça Militar, bem como dar posse ao Procurador-Geral de Justiça do Distrito Federal e Territórios;

V – encaminhar ao Presidente da República a lista tríplice para nomeação do Procurador-Geral de Justiça do Distrito Federal e Territórios;

VI – encaminhar aos respectivos Presidentes as listas sêxtuplas para composição dos Tribunais Regionais Federais, do Tribunal de Justiça do Distrito Federal e Territórios, do Superior Tribunal de Justiça, do Tribunal Superior do Trabalho e dos Tribunais Regionais do Trabalho;

VII – dirimir conflitos de atribuição entre integrantes de ramos diferentes do Ministério Público da União;

VIII – praticar atos de gestão administrativa, financeira e de pessoal;

IX – prover e desprover os cargos das carreiras do Ministério Público da União e de seus serviços auxiliares;

X – arbitrar o valor das vantagens devidas aos membros do Ministério Público da União, nos casos previstos nesta Lei Complementar;

XI – fixar o valor das bolsas devidas aos estagiários;

XII – exercer outras atribuições previstas em lei;

XIII – exercer o poder regulamentar, no âmbito do Ministério Público da União, ressalvadas as competências estabelecidas nesta Lei Complementar para outros órgãos nela instituídos.

§ 1º – O Procurador-Geral da República poderá delegar aos Procuradores-Gerais as atribuições previstas nos incisos VII e VIII deste artigo.

§ 2º – A delegação também poderá ser feita ao Diretor-Geral da Secretaria do Ministério Público da União para a prática de atos de gestão administrativa, financeira e de pessoal, estes apenas em relação aos servidores e serviços auxiliares.

Art. 27. O Procurador-Geral da República designará, dentre os integrantes da carreira, maiores de trinta e cinco anos, o Vice Procurador Geral da República, que o substituirá em seus impedimentos. No caso de vacância, exercerá o cargo o Vice-Presidente do Conselho Superior do Ministério Público Federal, até o provimento definitivo do cargo.

Capítulo IX
Do Conselho de Assessoramento Superior do Ministério Público da União

Art. 28. O Conselho de Assessoramento Superior do Ministério Público da União, sob a presidência do Procurador-Geral da República será integrado pelo Vice-Procurador-Geral da República, pelo Procurador-Geral do Trabalho, pelo Procurador-Geral da Justiça Militar e pelo Procurador-Geral de Justiça do Distrito Federal e Territórios.

Art. 29. As reuniões do Conselho de Assessoramento Superior do Ministério Público da União serão convocadas pelo Procurador-Geral da República, podendo solicitá-las qualquer de seus membros.

Art. 30. O Conselho de Assessoramento Superior do Ministério Público da União deverá opinar sobre as matérias de interesse geral da Instituição, e em especial sobre:

I – projetos de lei de interesse comum do Ministério Público da União, neles incluídos:

a) os que visem a alterar normas gerais da Lei Orgânica do Ministério Público da União;

b) a proposta de orçamento do Ministério Público da União;

c) os que proponham a fixação dos vencimentos nas carreiras e nos serviços auxiliares;

II – a organização e o funcionamento da Diretoria-Geral e dos Serviços da Secretaria do Ministério Público da União.

Art. 31. O Conselho de Assessoramento Superior poderá propor aos Conselhos Superiores dos diferentes ramos do Ministério Público da União medidas para uniformizar os atos decorrentes de seu poder normativo.

Capítulo X
Das carreiras

Art. 32. As carreiras dos diferentes ramos do Ministério Público da União são independentes entre si, tendo cada uma delas organização própria, na forma desta lei complementar.

Art. 33. As funções do Ministério Público da União só podem ser exercidas por integrantes da respectiva carreira, que deverão residir onde estiverem lotados.

Art. 34. A lei estabelecerá o número de cargos das carreiras do Ministério Público da União e os ofícios em que serão exercidas suas funções.

Capítulo XI
Dos serviços auxiliares

Art. 35. A Secretaria do Ministério Público da União é dirigida pelo seu Diretor-Geral de livre escolha do Procurador-Geral da República e demissível *ad nutum*, incumbindo-lhe os serviços auxiliares de apoio técnico e administrativo à Instituição.

Art. 36. O pessoal dos serviços auxiliares será organizado em quadro próprio de carreira, sob regime estatutário, para apoio técnico-administrativo adequado às atividades específicas da Instituição.

Título II
Dos ramos do Ministério Público da União
Capítulo I
Do Ministério Público Federal
Seção I
Da competência, dos órgãos e da carreira

Art. 37. O Ministério Público Federal exercerá as suas funções:

I – nas causas de competência do Supremo Tribunal Federal, do Superior Tribunal de Justiça, dos Tribunais Regionais Federais e dos Juízes Federais, e dos Tribunais e Juízes Eleitorais;

II – nas causas de competência de quaisquer juízes e tribunais, para defesa de direitos e interesses dos índios e das populações indígenas, do meio ambiente, de bens e direitos de valor artístico, estético, histórico, turístico e paisagístico, integrantes do patrimônio nacional;

III – **(Vetado)**.

Parágrafo único. O Ministério Público Federal será parte legítima para interpor recurso extraordinário das decisões da Justiça dos Estados nas representações de inconstitucionalidade.

Art. 38. São funções institucionais do Ministério Público Federal as previstas nos Capítulos I, II, III e IV do Título I, incumbindo-lhe, especialmente:

I – instaurar inquérito civil e outros procedimentos administrativos correlatos;

II – requisitar diligências investigatórias e instauração de inquérito policial, podendo acompanhá-los e apresentar provas;

III – requisitar à autoridade competente a instauração de procedimentos administrativos, ressalvados os de natureza disciplinar, podendo acompanhá-los e produzir provas;

IV – exercer o controle externo da atividade das polícias federais, na forma do art. 9º;

V – participar dos Conselhos Penitenciários;

VI – integrar os órgãos colegiados previstos no § 2º do art. 6º, quando componentes da estrutura administrativa da União;

VII – fiscalizar a execução da pena, nos processos de competência da Justiça Federal e da Justiça Eleitoral.

Art. 39. Cabe ao Ministério Público Federal exercer a defesa dos direitos constitucionais do cidadão, sempre que se cuidar de garantir-lhes o respeito:
I – pelos Poderes Públicos Federais;
II – pelos órgãos da administração pública federal direta ou indireta;
III – pelos concessionários e permissionários de serviço público federal;
IV – por entidades que exerçam outra função delegada da União.

Art. 40. O Procurador-Geral da República designará, dentre os Subprocuradores-Gerais da República e mediante prévia aprovação do nome pelo Conselho Superior, o Procurador Federal dos Direitos do Cidadão, para exercer as funções do ofício pelo prazo de dois anos, permitida uma recondução, precedida de nova decisão do Conselho Superior.

§ 1º – Sempre que possível, o Procurador não acumulará o exercício de suas funções com outras do Ministério Público Federal.

§ 2º – O Procurador somente será dispensado, antes do termo de sua investidura, por iniciativa do Procurador-Geral da República, anuindo a maioria absoluta do Conselho Superior.

Art. 41. Em cada Estado e no Distrito Federal será designado, na forma do art. 49, III, órgão do Ministério Público Federal para exercer as funções do ofício de Procurador Regional dos Direitos do Cidadão.

Parágrafo único. O Procurador Federal dos Direitos do Cidadão expedirá instruções para o exercício das funções dos ofícios de Procurador dos Direitos do Cidadão, respeitado o princípio da independência funcional.

Art. 42. A execução da medida prevista no art. 14 incumbe ao Procurador Federal dos Direitos do Cidadão.

Art. 43. São órgãos do Ministério Público Federal:
I – o Procurador-Geral da República;
II – o Colégio de Procuradores da República;
III – o Conselho Superior do Ministério Público Federal;
IV – as Câmaras de Coordenação e Revisão do Ministério Público Federal;
V – a Corregedoria do Ministério Público Federal;
VI – os Subprocuradores-Gerais da República;
VII – os Procuradores Regionais da República;
VIII – os Procuradores da República.

Parágrafo único. As Câmaras de Coordenação e Revisão poderão funcionar isoladas ou reunidas, integrando Conselho Institucional, conforme dispuser o seu regimento.

Art. 44. A carreira do Ministério Público Federal é constituída pelos cargos de Subprocurador-Geral da República, Procurador Regional da República e Procurador da República.

Parágrafo único. O cargo inicial da carreira é o de Procurador da República e o do último nível o de Subprocurador-Geral da República.

Seção II
Da chefia do Ministério Público Federal

Art. 45. O Procurador-Geral da República é o Chefe do Ministério Público Federal.

Art. 46. Incumbe ao Procurador-Geral da República exercer as funções do Ministério Público junto ao Supremo Tribunal Federal, manifestando-se previamente em todos os processos de sua competência.

Parágrafo único. O Procurador-Geral da República proporá perante o Supremo Tribunal Federal:

I – a ação direta de inconstitucionalidade de lei ou ato normativo federal ou estadual e o respectivo pedido de medida cautelar;

II – a representação para intervenção federal nos Estados e no Distrito Federal, nas hipóteses do art. 34, VII, da Constituição Federal;

III – as ações cíveis e penais cabíveis.

Art. 47. O Procurador-Geral da República designará os Subprocuradores-Gerais da República que exercerão, por delegação, suas funções junto aos diferentes órgãos jurisdicionais do Supremo Tribunal Federal.

§ 1º – As funções do Ministério Público Federal junto aos Tribunais Superiores da União, perante os quais lhe compete atuar, somente poderão ser exercidas por titular do cargo de Subprocurador-Geral da República.

§ 2º – Em caso de vaga ou afastamento de Subprocurador-Geral da República, por prazo superior a trinta dias, poderá ser convocado Procurador Regional da República para substituição, pelo voto da maioria do Conselho Superior.

§ 3º – O Procurador Regional da República convocado receberá a diferença de vencimento correspondente ao cargo de Subprocurador-Geral da República, inclusive diárias e transporte, se for o caso.

Art. 48. Incumbe ao Procurador-Geral da República propor perante o Superior Tribunal de Justiça:

I – a representação para intervenção federal nos Estados e no Distrito Federal, no caso de recusa à execução de lei federal;

II – a ação penal, nos casos previstos no art. 105, I, "a", da Constituição Federal.

Parágrafo único. A competência prevista neste artigo poderá ser delegada a Subprocurador-Geral da República.

Art. 49. São atribuições do Procurador-Geral da República, como Chefe do Ministério Público Federal:

I – representar o Ministério Público Federal;

II – integrar, como membro nato, e presidir o Colégio de Procuradores da República, o Conselho Superior do Ministério Federal e a Comissão de Concurso;

III – designar o Procurador Federal dos Direitos do Cidadão e os titulares da Procuradoria nos Estados e no Distrito Federal;
IV – designar um dos membros e o Coordenador de cada uma das Câmaras de Coordenação e Revisão do Ministério Público Federal;
V – nomear o Corregedor-Geral do Ministério Público Federal, segundo lista formada pelo Conselho Superior;
VI – designar, observados os critérios da lei e os estabelecidos pelo Conselho Superior, os ofícios em que exercerão suas funções os membros do Ministério Público Federal;
VII – designar:
a) o Chefe da Procuradoria Regional da República, dentre os Procuradores Regionais da República lotados na respectiva Procuradoria Regional;
b) o Chefe da Procuradoria da República nos Estados e no Distrito Federal, dentre os Procuradores da República lotados na respectiva unidade;
VIII – decidir, em grau de recurso, os conflitos de atribuições entre órgãos do Ministério Público Federal;
IX – determinar a abertura de correção, sindicância ou inquérito administrativo;
X – determinar instauração de inquérito ou processo administrativo contra servidores dos serviços auxiliares;
XI – decidir processo disciplinar contra membro da carreira ou servidor dos serviços auxiliares, aplicando as sanções cabíveis;
XII – decidir, atendendo à necessidade do serviço, sobre:
a) remoção a pedido ou por permuta;
b) alteração parcial da lista bienal de designações;
XIII – autorizar o afastamento de membros do Ministério Público Federal, depois de ouvido o Conselho Superior, nas hipóteses previstas em lei;
XIV – dar posse aos membros do Ministério Público Federal;
XV – designar membro do Ministério Público Federal para:
a) funcionar nos órgãos em que a participação da Instituição seja legalmente prevista, ouvido o Conselho Superior;
b) integrar comissões técnicas ou científicas, relacionadas às funções da Instituição, ouvido o Conselho Superior;
c) assegurar a continuidade dos serviços, em caso de vacância, afastamento temporário, ausência, impedimento ou suspensão do titular, na inexistência ou falta do substituto designado;
d) funcionar perante juízos que não os previstos no inciso I, do art. 37, desta lei complementar;
e) acompanhar procedimentos administrativos e inquéritos policiais instaurados em áreas estranhas à sua competência específica, desde que relacionados a fatos de interesse da Instituição.

XVI – homologar, ouvido o Conselho Superior, o resultado do concurso para ingresso na carreira;
XVII – fazer publicar aviso de existência de vaga na lotação e na relação bienal de designações;
XVIII – elaborar a proposta orçamentária do Ministério Público Federal, submetendo-a, para aprovação, ao Conselho Superior;
XIX – organizar a prestação de contas do exercício anterior;
XX – praticar atos de gestão administrativa, financeira e de pessoal;
XXI – elaborar o relatório das atividades do Ministério Público Federal;
XXII – coordenar as atividades do Ministério Público Federal;
XXIII – exercer outras atividades previstas em lei.

Art. 50. As atribuições do Procurador-Geral da República, previstas no artigo anterior, poderão ser delegadas:
I – a Coordenador de Câmara de Coordenação e Revisão, as dos incisos XV, alínea "c" e XXII;
II – aos Chefes das Procuradorias Regionais da República e aos Chefes das Procuradorias da República nos Estados e no Distrito Federal, as dos incisos I, XV, alínea c, XX e XXII.

Art. 51. A ação penal pública contra o Procurador-Geral da República, quando no exercício do cargo, caberá ao Subprocurador-Geral da República que for designado pelo Conselho Superior do Ministério Público Federal

Seção III
Do Colégio de Procuradores da República

Art. 52. O Colégio de Procuradores da República, presidido pelo Procurador-Geral da República, é integrado por todos os membros da carreira em atividade no Ministério Público Federal.

Art. 53. Compete ao Colégio de Procuradores da República:
I – elaborar, mediante voto plurinominal, facultativo e secreto, a lista sêxtupla para a composição do Superior Tribunal de Justiça, sendo elegíveis os membros do Ministério Público Federal, com mais de dez anos na carreira, tendo mais de trinta e cinco e menos de sessenta e cinco anos de idade;
II – elaborar, mediante voto plurinominal, facultativo e secreto, a lista sêxtupla para a composição dos Tribunais Regionais Federais, sendo elegíveis os membros do Ministério Público Federal, com mais de dez anos de carreira, que contém mais de trinta e menos de sessenta e cinco anos de idade, sempre que possível lotados na respectiva região;
III – eleger, dentre os Subprocuradores-Gerais da República e mediante voto plurinominal, facultativo e secreto, quatro membros do Conselho Superior do Ministério Público Federal;
IV – opinar sobre assuntos gerais de interesse da instituição.

§ 1º – Para os fins previstos nos incisos I, II e III, deste artigo, prescindir-se-á de reunião do Colégio de Procuradores, procedendo-se segundo dispuser o seu regimento interno e exigindo-se o voto da maioria absoluta dos eleitores.
§ 2º – Excepcionalmente, em caso de interesse relevante da Instituição, o Colégio de Procuradores reunir-se-á em local designado pelo Procurador-Geral da República, desde que convocado por ele ou pela maioria de seus membros.
§ 3º – O Regimento Interno do Colégio de Procuradores da República disporá sobre seu funcionamento.

Seção IV
Do Conselho Superior do Ministério Público Federal

Art. 54. O Conselho Superior do Ministério Público Federal, presidido pelo Procurador-Geral da República, tem a seguinte composição:
I – o Procurador-Geral da República e o Vice-Procurador-Geral da República, que o integram como membros natos;
II – quatro Subprocuradores-Gerais da República eleitos, para mandato de dois anos, na forma do art. 53, III, permitida uma reeleição;
III – quatro Subprocuradores-Gerais da República eleitos, para mandato de dois anos, por seus pares, mediante voto plurinominal, facultativo e secreto, permitida uma reeleição.
§ 1º – Serão suplentes dos membros de que tratam os incisos II e III, os demais votados, em ordem decrescente, observados os critérios gerais de desempate.
§ 2º – O Conselho Superior elegerá o seu Vice-Presidente, que substituirá o Presidente em seus impedimentos e em caso de vacância.

Art. 55. O Conselho Superior do Ministério Público Federal reunir-se-á, ordinariamente, uma vez por mês, em dia previamente fixado, e, extraordinariamente, quando convocado pelo Procurador-Geral da República, ou por proposta da maioria de seus membros.

Art. 56. Salvo disposição em contrário, as deliberações do Conselho Superior serão tomadas por maioria de votos, presente a maioria absoluta dos seus membros.
§ 1º – Em caso de empate, prevalecerá o voto do Presidente, exceto em matéria de sanções, caso em que prevalecerá a solução mais favorável ao acusado.
§ 2º – As deliberações do Conselho Superior serão publicadas no Diário da Justiça, exceto quando o Regimento Interno determinar sigilo.

Art. 57. Compete ao Conselho Superior do Ministério Público Federal:
I – exercer o poder normativo no âmbito do Ministério Público Federal, observados os princípios desta Lei Complementar, especialmente para elaborar e aprovar:
a) o seu regimento interno, o do Colégio de Procuradores da República e os das Câmaras de Coordenação e Revisão do Ministério Público Federal;

b) as normas e as instruções para o concurso de ingresso na carreira;
c) as normas sobre as designações para os diferentes ofícios do Ministério Público Federal;
d) os critérios para distribuição de inquéritos, procedimentos administrativos e quaisquer outros feitos, no Ministério Público Federal;
e) os critérios de promoção por merecimento, na carreira;
f) o procedimento para avaliar o cumprimento das condições do estágio probatório;
II – aprovar o nome do Procurador Federal dos Direitos do Cidadão;
III – indicar integrantes das Câmaras de Coordenação e Revisão;
IV – aprovar a destituição do Procurador Regional Eleitoral;
V – destituir, por iniciativa do Procurador-Geral da República e pelo voto de dois terços de seus membros, antes do término do mandato, o Corregedor-Geral;
VI – elaborar a lista tríplice para Corregedor-Geral do Ministério Público Federal;
VII – elaborar a lista tríplice destinada à promoção por merecimento;
VIII – aprovar a lista de antiguidade dos membros do Ministério Público Federal e decidir sobre as reclamações a ela concernentes;
IX – indicar o membro do Ministério Público Federal para promoção por antiguidade, observado o disposto no art. 93, II, alínea d, da Constituição Federal;
X – designar o Subprocurador-Geral da República para conhecer de inquérito, peças de informação ou representação sobre crime comum atribuível ao Procurador-Geral da República e, sendo o caso, promover a ação penal;
XI – opinar sobre a designação de membro do Ministério Público Federal para:
a) funcionar nos órgãos em que a participação da instituição seja legalmente prevista;
b) integrar comissões técnicas ou científicas relacionadas às funções da instituição;
XII – opinar sobre o afastamento temporário de membro do Ministério Público Federal;
XIII – autorizar a designação, em caráter excepcional, de membros do Ministério Público Federal, para exercício de atribuições processuais perante juízos, tribunais ou ofícios diferentes dos estabelecidos para cada categoria;
XIV – determinar a realização de correições e sindicâncias e apreciar os relatórios correspondentes;
XV – determinar a instauração de processos administrativos em que o acusado seja membro do Ministério Público Federal, apreciar seus relatórios e propor as medidas cabíveis;
XVI – determinar o afastamento preventivo do exercício de suas funções, do membro do Ministério Público Federal, indiciado ou acusado em processo disciplinar, e o seu retorno;

XVII – designar a comissão de processo administrativo em que o acusado seja membro do Ministério Público Federal;
XVIII – decidir sobre o cumprimento do estágio probatório por membro do Ministério Público Federal, encaminhando cópia da decisão ao Procurador-Geral da República, quando for o caso, para ser efetivada sua exoneração;
XIX – decidir sobre remoção e disponibilidade de membro do Ministério Público Federal, por motivo de interesse público;
XX – autorizar, pela maioria absoluta de seus membros, que o Procurador-Geral da República ajuíze a ação de perda de cargo contra membro vitalício do Ministério Público Federal, nos casos previstos nesta lei;
XXI – opinar sobre os pedidos de reversão de membro da carreira;
XXII – opinar sobre o encaminhamento de proposta de lei de aumento do número de cargos da carreira;
XXIII – deliberar sobre a realização de concurso para o ingresso na carreira, designar os membros da Comissão de Concurso e opinar sobre a homologação dos resultados;
XXIV – aprovar a proposta orçamentária que integrará o projeto de orçamento do Ministério Público da União;
XXV – exercer outras funções estabelecidas em lei.
§ 1º – O Procurador-Geral e qualquer membro do Conselho Superior estão impedidos de participar das decisões deste nos casos previstos nas leis processuais para o impedimento e a suspeição de membro do Ministério Público.
§ 2º – As deliberações relativas aos incisos I, alíneas "a" e "e", IV, XIII, XV, XVI, XVII, XIX e XXI somente poderão ser tomadas com o voto favorável de dois terços dos membros do Conselho Superior.

Seção V
Das Câmaras de Coordenação e Revisão do Ministério Público Federal

Art. 58. As Câmaras de Coordenação e Revisão do Ministério Público Federal são os órgãos setoriais de coordenação, de integração e de revisão do exercício funcional na instituição.

Art. 59. As Câmaras de Coordenação e Revisão serão organizadas por função ou por matéria, através de ato normativo.
Parágrafo único. O Regimento Interno, que disporá sobre o funcionamento das Câmaras de Coordenação e Revisão, será elaborado pelo Conselho Superior.

Art. 60. As Câmaras de Coordenação e Revisão serão compostas por três membros do Ministério Público Federal, sendo um indicado pelo Procurador-Geral da República e dois pelo Conselho Superior, juntamente com seus suplentes, para um mandato de dois anos, dentre integrantes do último grau da carreira, sempre que possível.

Art. 61. Dentre os integrantes da Câmara de Coordenação e Revisão, um deles será designado pelo Procurador-Geral para a função executiva de Coordenador.

Art. 62. Compete às Câmaras de Coordenação e Revisão:
I – promover a integração e a coordenação dos órgãos institucionais que atuem em ofícios ligados ao setor de sua competência, observado o princípio da independência funcional;
II – manter intercâmbio com órgãos ou entidades que atuem em áreas afins;
III – encaminhar informações técnico-jurídicas aos órgãos institucionais que atuem em seu setor;
IV – manifestar-se sobre o arquivamento de inquérito policial, inquérito parlamentar ou peças de informação, exceto nos casos de competência originária do Procurador-Geral;
V – resolver sobre a distribuição especial de feitos que, por sua contínua reiteração, devam receber tratamento uniforme;
VI – resolver sobre a distribuição especial de inquéritos, feitos e procedimentos, quando a matéria, por sua natureza ou relevância, assim o exigir;
VII – decidir os conflitos de atribuições entre os órgãos do Ministério Público Federal.
Parágrafo único. A competência fixada nos incisos V e VI será exercida segundo critérios objetivos previamente estabelecidos pelo Conselho Superior.

Seção VI
Da Corregedoria do Ministério Público Federal

Art. 63. A Corregedoria do Ministério Público Federal, dirigida pelo Corregedor-Geral, é o órgão fiscalizador das atividades funcionais e da conduta dos membros do Ministério Público.

Art. 64. O Corregedor-Geral será nomeado pelo Procurador-Geral da República dentre os Subprocuradores-Gerais da República, integrantes de lista tríplice elaborada pelo Conselho Superior, para mandato de dois anos, renovável uma vez.
§ 1º – Não poderão integrar a lista tríplice os membros do Conselho Superior.
§ 2º – Serão suplentes do Corregedor-Geral os demais integrantes da lista tríplice, na ordem em que os designar o Procurador-Geral.
§ 3º – O Corregedor-Geral poderá ser destituído por iniciativa do Procurador-Geral, antes do término do mandato, pelo Conselho Superior, observado o disposto no inciso V do art. 57.

Art. 65. Compete ao Corregedor-Geral do Ministério Público Federal:
I – participar, sem direito a voto, das reuniões do Conselho Superior;
II – realizar, de ofício, ou por determinação do Procurador-Geral ou do Conselho Superior, correições e sindicâncias, apresentando os respectivos relatórios;

III – instaurar inquérito contra integrante da carreira e propor ao Conselho Superior a instauração do processo administrativo consequente;
IV – acompanhar o estágio probatório dos membros do Ministério Público Federal;
V – propor ao Conselho Superior a exoneração de membro do Ministério Público Federal que não cumprir as condições do estágio probatório.

Seção VII
Dos Subprocuradores-Gerais da República

Art. 66. Os Subprocuradores-Gerais da República serão designados para oficiar junto ao Supremo Tribunal Federal, ao Superior Tribunal de Justiça, ao Tribunal Superior Eleitoral e nas Câmaras de Coordenação e Revisão.

§ 1º – No Supremo Tribunal Federal e no Tribunal Superior Eleitoral, os Subprocuradores-Gerais da República atuarão por delegação do Procurador-Geral da República.

§ 2º – A designação de Subprocurador-Geral da República para oficiar em órgãos jurisdicionais diferentes dos previstos para a categoria dependerá de autorização do Conselho Superior.

Art. 67. Cabe aos Subprocuradores-Gerais da República, privativamente, o exercício das funções de:
I – Vice-Procurador-Geral da República;
II – Vice-Procurador-Geral Eleitoral;
III – Corregedor-Geral do Ministério Público Federal;
IV – Procurador Federal dos Direitos do Cidadão;
V – Coordenador de Câmara de Coordenação e Revisão.

Seção VIII
Dos Procuradores Regionais da República

Art. 68. Os Procuradores Regionais da República serão designados para oficiar junto aos Tribunais Regionais Federais.
Parágrafo único. A designação de Procurador Regional da República para oficiar em órgãos jurisdicionais diferentes dos previstos para a categoria dependerá de autorização do Conselho Superior.

Art. 69. Os Procuradores Regionais da República serão lotados nos ofícios nas Procuradorias Regionais da República.

Seção IX
Dos Procuradores da República

Art. 70. Os Procuradores da República serão designados para oficiar junto aos Juízes Federais e junto aos Tribunais Regionais Eleitorais, onde não tiver sede a Procuradoria Regional da República.
Parágrafo único. A designação de Procurador da República para oficiar em órgãos jurisdicionais diferentes dos previstos para a categoria dependerá de autorização do Conselho Superior.

Art. 71. Os Procuradores da República serão lotados nos ofícios nas Procuradorias da República nos Estados e no Distrito Federal.

Seção X
Das funções eleitorais do Ministério Público Federal

Art. 72. Compete ao Ministério Público Federal exercer, no que couber, junto à Justiça Eleitoral, as funções do Ministério Público, atuando em todas as fases e instâncias do processo eleitoral.

Parágrafo único. O Ministério Público Federal tem legitimação para propor, perante o juízo competente, as ações para declarar ou decretar a nulidade de negócios jurídicos ou atos da administração pública, infringentes de vedações legais destinadas a proteger a normalidade e a legitimidade das eleições, contra a influência do poder econômico ou o abuso do poder político ou administrativo.

Art. 73. O Procurador-Geral Eleitoral é o Procurador-Geral da República.

Parágrafo único. O Procurador-Geral Eleitoral designará, dentre os Subprocuradores-Gerais da República, o Vice-Procurador-Geral Eleitoral, que o substituirá em seus impedimentos e exercerá o cargo em caso de vacância, até o provimento definitivo.

Art. 74. Compete ao Procurador-Geral Eleitoral exercer as funções do Ministério Público nas causas de competência do Tribunal Superior Eleitoral.

Parágrafo único. Além do Vice-Procurador-Geral Eleitoral, o Procurador-Geral poderá designar, por necessidade de serviço, membros do Ministério Público Federal para oficiarem, com sua aprovação, perante o Tribunal Superior Eleitoral.

Art. 75. Incumbe ao Procurador-Geral Eleitoral:

I – designar o Procurador Regional Eleitoral em cada Estado e no Distrito Federal;

II – acompanhar os procedimentos do Corregedor-Geral Eleitoral;

III – dirimir conflitos de atribuições;

IV – requisitar servidores da União e de suas autarquias, quando o exigir a necessidade do serviço, sem prejuízo dos direitos e vantagens inerentes ao exercício de seus cargos ou empregos.

Art. 76. O Procurador Regional Eleitoral, juntamente com o seu substituto, será designado pelo Procurador-Geral Eleitoral, dentre os Procuradores Regionais da República no Estado e no Distrito Federal, ou, onde não houver, dentre os Procuradores da República vitalícios, para um mandato de dois anos.

§ 1º – O Procurador Regional Eleitoral poderá ser reconduzido uma vez.

§ 2º – O Procurador Regional Eleitoral poderá ser destituído, antes do término do mandato, por iniciativa do Procurador-Geral Eleitoral, anuindo a maioria absoluta do Conselho Superior do Ministério Público Federal.

Art. 77. Compete ao Procurador Regional Eleitoral exercer as funções do Ministério Público nas causas de competência do Tribunal Regional Eleitoral respectivo, além de dirigir, no Estado, as atividades do setor.

Parágrafo único. O Procurador-Geral Eleitoral poderá designar, por necessidade de serviço, outros membros do Ministério Público Federal para oficiar, sob a coordenação do Procurador Regional, perante os Tribunais Regionais Eleitorais.

Art. 78. As funções eleitorais do Ministério Público Federal perante os Juízes e Juntas Eleitorais serão exercidas pelo Promotor Eleitoral.

Art. 79. O Promotor Eleitoral será o membro do Ministério Público local que oficie junto ao Juízo incumbido do serviço eleitoral de cada Zona.

Parágrafo único. Na inexistência de Promotor que oficie perante a Zona Eleitoral, ou havendo impedimento ou recusa justificada, o Chefe do Ministério Público local indicará ao Procurador Regional Eleitoral o substituto a ser designado.

Art. 80. A filiação a partido político impede o exercício de funções eleitorais por membro do Ministério Público até dois anos do seu cancelamento.

Seção XI
Das unidades de lotação e de administração

Art. 81. Os ofícios na Procuradoria-Geral da República, nas Procuradorias Regionais da República e nas Procuradorias da República nos Estados e no Distrito Federal são unidades de lotação e de administração do Ministério Público Federal.

Parágrafo único. Nos municípios do interior onde tiverem sede juízos federais, a lei criará unidades da Procuradoria da República no respectivo Estado.

Art. 82. A estrutura básica das unidades de lotação e de administração será organizada por regulamento, nos termos da lei.

Capítulo II
Do Ministério Público do Trabalho

Seção I
Da competência, dos órgãos e da carreira

Art. 83. Compete ao Ministério Público do Trabalho o exercício das seguintes atribuições junto aos órgãos da Justiça do Trabalho:

I – promover as ações que lhe sejam atribuídas pela Constituição Federal e pelas leis trabalhistas;

II – manifestar-se em qualquer fase do processo trabalhista, acolhendo solicitação do juiz ou por sua iniciativa, quando entender existente interesse público que justifique a intervenção;

III – promover a ação civil pública no âmbito da Justiça do Trabalho, para defesa de interesses coletivos, quando desrespeitados os direitos sociais constitucionalmente garantidos;

IV – propor as ações cabíveis para declaração de nulidade de cláusula de contrato, acordo coletivo ou convenção coletiva que viole as liberdades individuais ou coletivas ou os direitos individuais indisponíveis dos trabalhadores;
V – propor as ações necessárias à defesa dos direitos e interesses dos menores, incapazes e índios, decorrentes das relações de trabalho;
VI – recorrer das decisões da Justiça do Trabalho, quando entender necessário, tanto nos processos em que for parte, como naqueles em que oficiar como fiscal da lei, bem como pedir revisão dos Enunciados da Súmula de Jurisprudência do Tribunal Superior do Trabalho;
VII – funcionar nas sessões dos Tribunais Trabalhistas, manifestando-se verbalmente sobre a matéria em debate, sempre que entender necessário, sendo-lhe assegurado o direito de vista dos processos em julgamento, podendo solicitar as requisições e diligências que julgar convenientes;
VIII – instaurar instância em caso de greve, quando a defesa da ordem jurídica ou o interesse público assim o exigir;
IX – promover ou participar da instrução e conciliação em dissídios decorrentes da paralisação de serviços de qualquer natureza, oficiando obrigatoriamente nos processos, manifestando sua concordância ou discordância, em eventuais acordos firmados antes da homologação, resguardado o direito de recorrer em caso de violação à lei e à Constituição Federal;
X – promover mandado de injunção, quando a competência for da Justiça do Trabalho;
XI – atuar como árbitro, se assim for solicitado pelas partes, nos dissídios de competência da Justiça do Trabalho;
XII – requerer as diligências que julgar convenientes para o correto andamento dos processos e para a melhor solução das lides trabalhistas;
XIII – intervir obrigatoriamente em todos os feitos nos segundo e terceiro graus de jurisdição da Justiça do Trabalho, quando a parte for pessoa jurídica de Direito Público, Estado estrangeiro ou organismo internacional.

Art. 84. Incumbe ao Ministério Público do Trabalho, no âmbito das suas atribuições, exercer as funções institucionais previstas nos Capítulos I, II, III e IV do Título I, especialmente:

I – integrar os órgãos colegiados previstos no § 1º do art. 6º, que lhes sejam pertinentes;
II – instaurar inquérito civil e outros procedimentos administrativos, sempre que cabíveis, para assegurar a observância dos direitos sociais dos trabalhadores;
III – requisitar à autoridade administrativa federal competente, dos órgãos de proteção ao trabalho, a instauração de procedimentos administrativos, podendo acompanhá-los e produzir provas;
IV – ser cientificado pessoalmente das decisões proferidas pela Justiça do Trabalho, nas causas em que o órgão tenha intervindo ou emitido parecer escrito;

V – exercer outras atribuições que lhe forem conferidas por lei, desde que compatíveis com sua finalidade.

Art. 85. São órgãos do Ministério Público do Trabalho:
I – o Procurador-Geral do Trabalho;
II – o Colégio de Procuradores do Trabalho;
III – o Conselho Superior do Ministério Público do Trabalho;
IV – a Câmara de Coordenação e Revisão do Ministério Público do Trabalho;
V – a Corregedoria do Ministério Público do Trabalho;
VI – os Subprocuradores-Gerais do Trabalho;
VII – os Procuradores Regionais do Trabalho;
VIII – os Procuradores do Trabalho.

Art. 86. A carreira do Ministério Público do Trabalho será constituída pelos cargos de Subprocurador-Geral do Trabalho, Procurador Regional do Trabalho e Procurador do Trabalho.

Parágrafo único. O cargo inicial da carreira é o de Procurador do Trabalho e o do último nível o de Subprocurador-Geral do Trabalho.

Seção II
Do Procurador-Geral do Trabalho

Art. 87. O Procurador-Geral do Trabalho é o Chefe do Ministério Público do Trabalho.

Art. 88. O Procurador-Geral do Trabalho será nomeado pelo Procurador-Geral da República, dentre integrantes da instituição, com mais de trinta e cinco anos de idade e de cinco anos na carreira, integrante de lista tríplice escolhida mediante voto plurinominal, facultativo e secreto, pelo Colégio de Procuradores para um mandato de dois anos, permitida uma recondução, observado o mesmo processo. Caso não haja número suficiente de candidatos com mais de cinco anos na carreira, poderá concorrer à lista tríplice quem contar mais de dois anos na carreira.

Parágrafo único. A exoneração do Procurador-Geral do Trabalho, antes do término do mandato, será proposta ao Procurador-Geral da República pelo Conselho Superior, mediante deliberação obtida com base em voto secreto de dois terços de seus integrantes.

Art. 89. O Procurador-Geral do Trabalho designará, dentre os Subprocuradores-Gerais do Trabalho, o Vice-Procurador-Geral do Trabalho, que o substituirá em seus impedimentos. Em caso de vacância, exercerá o cargo o Vice-Presidente do Conselho Superior, até o seu provimento definitivo.

Art. 90. Compete ao Procurador-Geral do Trabalho exercer as funções atribuídas ao Ministério Público do Trabalho junto ao Plenário do Tribunal Superior do Trabalho, propondo as ações cabíveis e manifestando-se nos processos de sua competência.

Art. 91. São atribuições do Procurador-Geral do Trabalho:
I – representar o Ministério Público do Trabalho;
II – integrar, como membro nato, e presidir o Colégio de Procuradores do Trabalho, o Conselho Superior do Ministério Público do Trabalho e a Comissão de Concurso;
III – nomear o Corregedor-Geral do Ministério Público do Trabalho, segundo lista tríplice formada pelo Conselho Superior;
IV – designar um dos membros e o Coordenador da Câmara de Coordenação e Revisão do Ministério Público do Trabalho;
V – designar, observados os critérios da lei e os estabelecidos pelo Conselho Superior, os ofícios em que exercerão suas funções os membros do Ministério Público do Trabalho;
VI – designar o Chefe da Procuradoria Regional do Trabalho dentre os Procuradores Regionais do Trabalho lotados na respectiva Procuradoria Regional;
VII – decidir, em grau de recurso, os conflitos de atribuição entre os órgãos do Ministério Público do Trabalho;
VIII – determinar a abertura de correição, sindicância ou inquérito administrativo;
IX – determinar a instauração de inquérito ou processo administrativo contra servidores dos serviços auxiliares;
X – decidir processo disciplinar contra membro da carreira ou servidor dos serviços auxiliares, aplicando as sanções que sejam de sua competência;
XI – decidir, atendendo a necessidade do serviço, sobre:
a) remoção a pedido ou por permuta;
b) alteração parcial da lista bienal de designações;
XII – autorizar o afastamento de membros do Ministério Público do Trabalho, ouvido o Conselho Superior, nos casos previstos em lei;
XIII – dar posse aos membros do Ministério Público do Trabalho;
XIV – designar membro do Ministério Público do Trabalho para:
a) funcionar nos órgãos em que a participação da Instituição seja legalmente prevista, ouvido o Conselho Superior;
b) integrar comissões técnicas ou científicas, relacionadas às funções da Instituição, ouvido o Conselho Superior;
c) assegurar a continuidade dos serviços, em caso de vacância, afastamento temporário, ausência, impedimento ou suspeição do titular, na inexistência ou falta do substituto designado;
XV – homologar, ouvido o Conselho Superior, o resultado do concurso para ingresso na carreira;
XVI – fazer publicar aviso de existência de vaga, na lotação e na relação bienal de designações;

XVII – propor ao Procurador-Geral da República, ouvido o Conselho Superior, a criação e extinção de cargos da carreira e dos ofícios em que devam ser exercidas suas funções;
XVIII – elaborar a proposta orçamentária do Ministério Público do Trabalho, submetendo-a, para aprovação, ao Conselho Superior;
XIX – encaminhar ao Procurador-Geral da República a proposta orçamentária do Ministério Público do Trabalho, após sua aprovação pelo Conselho Superior;
XX – organizar a prestação de contas do exercício anterior, encaminhando-a ao Procurador-Geral da República;
XXI – praticar atos de gestão administrativa, financeira e de pessoal;
XXII – elaborar o relatório de atividades do Ministério Público do Trabalho;
XXIII – coordenar as atividades do Ministério Público do Trabalho;
XXIV – exercer outras atribuições previstas em lei.
Art. 92. As atribuições do Procurador-Geral do Trabalho, previstas no artigo anterior, poderão ser delegadas:
I – ao Coordenador da Câmara de Coordenação e Revisão, as dos incisos XIV, alínea c, e XXIII;
II – aos Chefes das Procuradorias Regionais do Trabalho nos Estados e no Distrito Federal, as dos incisos I, XIV, alínea c, XXI e XXIII.

Seção III
Do Colégio de Procuradores do Trabalho

Art. 93. O Colégio de Procuradores do Trabalho, presidido pelo Procurador--Geral do Trabalho, é integrado por todos os membros da carreira em atividade no Ministério Público do Trabalho.
Art. 94. São atribuições do Colégio de Procuradores do Trabalho:
I – elaborar, mediante voto plurinominal, facultativo e secreto, a lista tríplice para a escolha do Procurador-Geral do Trabalho;
II – elaborar, mediante voto plurinominal, facultativo e secreto, a lista sêxtupla para a composição do Tribunal Superior do Trabalho, sendo elegíveis os membros do Ministério Público do Trabalho com mais de dez anos na carreira, tendo mais de trinta e cinco e menos de sessenta e cinco anos de idade;
III – elaborar, mediante voto plurinominal, facultativo e secreto, a lista sêxtupla para os Tribunais Regionais do Trabalho, dentre os Procuradores com mais de dez anos de carreira;
IV – eleger, dentre os Subprocuradores-Gerais do Trabalho e mediante voto plurinominal, facultativo e secreto, quatro membros do Conselho Superior do Ministério Público do Trabalho.
§ 1º – Para os fins previstos nos incisos deste artigo, prescindir-se-á de reunião do Colégio de Procuradores, procedendo-se segundo dispuser o seu Regimento Interno, exigido o voto da maioria absoluta dos eleitores.

§ 2º – Excepcionalmente, em caso de interesse relevante da Instituição, o Colégio de Procuradores reunir-se-á em local designado pelo Procurador-Geral do Trabalho, desde que convocado por ele ou pela maioria de seus membros.
§ 3º – O Regimento Interno do Colégio de Procuradores do Trabalho disporá sobre seu funcionamento.

Seção IV
Do Conselho Superior do Ministério Público do Trabalho

Art. 95. O Conselho Superior do Ministério Público do Trabalho, presidido pelo Procurador-Geral do Trabalho, tem a seguinte composição:
I – o Procurador-Geral do Trabalho e o Vice-Procurador-Geral do Trabalho, que o integram como membros natos;
II – quatro Subprocuradores-Gerais do Trabalho, eleitos para um mandato de dois anos, pelo Colégio de Procuradores do Trabalho, mediante voto plurinominal, facultativo e secreto, permitida uma reeleição;
III – quatro Subprocuradores-Gerais do Trabalho, eleitos para um mandato de dois anos, por seus pares, mediante voto plurinominal, facultativo e secreto, permitida uma reeleição.
§ 1º – Serão suplentes dos membros de que tratam os incisos II e III os demais votados, em ordem decrescente, observados os critérios gerais de desempate.
§ 2º – O Conselho Superior elegerá o seu Vice-Presidente, que substituirá o Presidente em seus impedimentos e em caso de vacância.

Art. 96. O Conselho Superior do Ministério Público do Trabalho reunir-se-á ordinariamente, uma vez por mês, em dia previamente fixado, e, extraordinariamente, quando convocado pelo Procurador-Geral do Trabalho ou por proposta da maioria absoluta de seus membros.

Art. 97. Salvo disposição em contrário, as deliberações do Conselho Superior serão tomadas por maioria de votos, presente a maioria absoluta de seus membros.
§ 1º – Em caso de empate, prevalecerá o voto do Presidente, exceto em matéria de sanções, caso em que prevalecerá a solução mais favorável ao acusado.
§ 2º – As deliberações do Conselho Superior serão publicadas no Diário da Justiça, exceto quando o Regimento Interno determinar sigilo.

Art. 98. Compete ao Conselho Superior do Ministério Público do Trabalho:
I – exercer o poder normativo no âmbito do Ministério Público do Trabalho, observados os princípios desta lei complementar, especialmente para elaborar e aprovar:
a) o seu Regimento Interno, o do Colégio de Procuradores do Trabalho e o da Câmara de Coordenação e Revisão do Ministério Público do Trabalho;
b) as normas e as instruções para o concurso de ingresso na carreira;
c) as normas sobre as designações para os diferentes ofícios do Ministério Público do Trabalho;

d) os critérios para distribuição de procedimentos administrativos e quaisquer outros feitos, no Ministério Público do Trabalho;
e) os critérios de promoção por merecimento na carreira;
f) o procedimento para avaliar o cumprimento das condições do estágio probatório;
II – indicar os integrantes da Câmara de Coordenação e Revisão do Ministério Público do Trabalho;
III – propor a exoneração do Procurador-Geral do Trabalho;
IV – destituir, por iniciativa do Procurador-Geral do Trabalho e pelo voto de dois terços de seus membros, antes do término do mandato, o Corregedor-Geral;
V – elaborar a lista tríplice destinada à promoção por merecimento;
VI – elaborar a lista tríplice para Corregedor-Geral do Ministério Público do Trabalho;
VII – aprovar a lista de antiguidade do Ministério Público do Trabalho e decidir sobre as reclamações a ela concernentes;
VIII – indicar o membro do Ministério Público do Trabalho para promoção por antiguidade, observado o disposto no art. 93, II, alínea d, da Constituição Federal;
IX – opinar sobre a designação de membro do Ministério Público do Trabalho para:
a) funcionar nos órgãos em que a participação da Instituição seja legalmente prevista;
b) integrar comissões técnicas ou científicas relacionadas às funções da Instituição;
X – opinar sobre o afastamento temporário de membro do Ministério Público do Trabalho;
XI – autorizar a designação, em caráter excepcional, de membros do Ministério Público do Trabalho, para exercício de atribuições processuais perante juízos, tribunais ou ofícios diferentes dos estabelecidos para cada categoria;
XII – determinar a realização de correições e sindicâncias e apreciar os relatórios correspondentes;
XIII – determinar a instauração de processos administrativos em que o acusado seja membro do Ministério Público do Trabalho, apreciar seus relatórios e propor as medidas cabíveis;
XIV – determinar o afastamento do exercício de suas funções, de membro do Ministério Público do Trabalho, indiciado ou acusado em processo disciplinar, e o seu retorno;
XV – designar a comissão de processo administrativo em que o acusado seja membro do Ministério Público do Trabalho;
XVI – decidir sobre o cumprimento do estágio probatório por membro do Ministério Público do Trabalho, encaminhando cópia da decisão ao Procura-

dor-Geral da República, quando for o caso, para ser efetivada sua exoneração;
XVII – decidir sobre remoção e disponibilidade de membro do Ministério Público do Trabalho, por motivo de interesse público;
XVIII – autorizar, pela maioria absoluta de seus membros, que o Procurador-Geral da República ajuíze a ação de perda de cargo contra membro vitalício do Ministério Público do Trabalho, nos casos previstos em lei;
XIX – opinar sobre os pedidos de reversão de membro da carreira;
XX – aprovar a proposta de lei para o aumento do número de cargos da carreira e dos ofícios;
XXI – deliberar sobre a realização de concurso para o ingresso na carreira, designar os membros da Comissão de Concurso e opinar sobre a homologação dos resultados;
XXII – aprovar a proposta orçamentária que integrará o projeto de orçamento do Ministério Público da União;
XXIII – exercer outras funções atribuídas em lei.
§ 1º – Aplicam-se ao Procurador-Geral e aos demais membros do Conselho Superior as normas processuais em geral, pertinentes aos impedimentos e suspeição dos membros do Ministério Público.
§ 2º – As deliberações relativas aos incisos I, alíneas a e e, XI, XIII, XIV, XV e XVII somente poderão ser tomadas com o voto favorável de dois terços dos membros do Conselho Superior.

Seção V
Da Câmara de Coordenação e Revisão do Ministério Público do Trabalho

Art. 99. A Câmara de Coordenação e Revisão do Ministério Público do Trabalho é um órgão de coordenação, de integração e de revisão do exercício funcional na Instituição.

Art. 100. A Câmara de Coordenação e Revisão do Ministério Público do Trabalho será organizada por ato normativo, e o Regimento Interno, que disporá sobre seu funcionamento, será elaborado pelo Conselho Superior.

Art. 101. A Câmara de Coordenação e Revisão do Ministério Público do Trabalho será composta por três membros do Ministério Público do Trabalho, sendo um indicado pelo Procurador-Geral do Trabalho e dois pelo Conselho Superior do Ministério Público do Trabalho, juntamente com seus suplentes, para um mandato de dois anos, sempre que possível, dentre integrantes do último grau da carreira.

Art. 102. Dentre os integrantes da Câmara de Coordenação e Revisão, um deles será designado pelo Procurador-Geral para a função executiva de Coordenador.

Art. 103. Compete à Câmara de Coordenação e Revisão do Ministério Público do Trabalho:
I – promover a integração e a coordenação dos órgãos institucionais do Ministério Público do Trabalho, observado o princípio da independência funcional;
II – manter intercâmbio com órgãos ou entidades que atuem em áreas afins;
III – encaminhar informações técnico-jurídicas aos órgãos institucionais do Ministério Público do Trabalho;
IV – resolver sobre a distribuição especial de feitos e procedimentos, quando a matéria, por sua natureza ou relevância, assim o exigir;
V – resolver sobre a distribuição especial de feitos, que por sua contínua reiteração, devam receber tratamento uniforme;
VI – decidir os conflitos de atribuição entre os órgãos do Ministério Público do Trabalho.
Parágrafo único. A competência fixada nos incisos IV e V será exercida segundo critérios objetivos previamente estabelecidos pelo Conselho Superior.

Seção VI
Da Corregedoria do Ministério Público do Trabalho

Art. 104. A Corregedoria do Ministério Público do Trabalho, dirigida pelo Corregedor-Geral, é o órgão fiscalizador das atividades funcionais e da conduta dos membros do Ministério Público.

Art. 105. O Corregedor-Geral será nomeado pelo Procurador-Geral do Trabalho dentre os Subprocuradores-Gerais do Trabalho, integrantes de lista tríplice elaborada pelo Conselho Superior, para mandato de dois anos, renovável uma vez.
§ 1º – Não poderão integrar a lista tríplice os membros do Conselho Superior.
§ 2º – Serão suplentes do Corregedor-Geral os demais integrantes da lista tríplice, na ordem em que os designar o Procurador-Geral.
§ 3º – O Corregedor-Geral poderá ser destituído, por iniciativa do Procurador-Geral, antes do término do mandato, pelo voto de dois terços dos membros do Conselho Superior.

Art. 106. Incumbe ao Corregedor-Geral do Ministério Público:
I – participar, sem direito a voto, das reuniões do Conselho Superior;
II – realizar, de ofício ou por determinação do Procurador-Geral ou do Conselho Superior, correições e sindicâncias, apresentando os respectivos relatórios;
III – instaurar inquérito contra integrante da carreira e propor ao Conselho Superior a instauração do processo administrativo consequente;
IV – acompanhar o estágio probatório dos membros do Ministério Público do Trabalho;
V – propor ao Conselho Superior a exoneração de membro do Ministério Público do Trabalho que não cumprir as condições do estágio probatório.

Seção VII
Dos Subprocuradores-Gerais do Trabalho

Art. 107. Os Subprocuradores-Gerais do Trabalho serão designados para oficiar junto ao Tribunal Superior do Trabalho e nos ofícios na Câmara de Coordenação e Revisão.
Parágrafo único. A designação de Subprocurador-Geral do Trabalho para oficiar em órgãos jurisdicionais diferentes do previsto para a categoria dependerá de autorização do Conselho Superior.
Art. 108. Cabe aos Subprocuradores-Gerais do Trabalho, privativamente, o exercício das funções de:
I – Corregedor-Geral do Ministério Público do Trabalho;
II – Coordenador da Câmara de Coordenação e Revisão do Ministério Público do Trabalho.
Art. 109. Os Subprocuradores-Gerais do Trabalho serão lotados nos ofícios na Procuradoria-Geral do Trabalho.

Seção VIII
Dos Procuradores Regionais do Trabalho

Art. 110. Os Procuradores Regionais do Trabalho serão designados para oficiar junto aos Tribunais Regionais do Trabalho.
Parágrafo único. Em caso de vaga ou de afastamento de Subprocurador-Geral do Trabalho por prazo superior a trinta dias, poderá ser convocado pelo Procurador-Geral, mediante aprovação do Conselho Superior, Procurador Regional do Trabalho para substituição.
Art. 111. Os Procuradores Regionais do Trabalho serão lotados nos ofícios nas Procuradorias Regionais do Trabalho nos Estados e no Distrito Federal.

Seção IX
Dos Procuradores do Trabalho

Art. 112. Os Procuradores do Trabalho serão designados para funcionar junto aos Tribunais Regionais do Trabalho e, na forma das leis processuais, nos litígios trabalhistas que envolvam, especialmente, interesses de menores e incapazes.
Parágrafo único. A designação de Procurador do Trabalho para oficiar em órgãos jurisdicionais diferentes dos previstos para a categoria dependerá de autorização do Conselho Superior.
Art. 113. Os Procuradores do Trabalho serão lotados nos ofícios nas Procuradorias Regionais do Trabalho nos Estados e no Distrito Federal.

Seção X
Das unidades de lotação e de administração

Art. 114. Os ofícios na Procuradoria-Geral do Trabalho e nas Procuradorias Regionais do Trabalho nos Estados e no Distrito Federal são unidades de lotação e de administração do Ministério Público do Trabalho.

Art. 115. A estrutura básica das unidades de lotação e de administração será organizada por regulamento, nos termos da lei.

Capítulo III
Do Ministério Público Militar

Seção I
Da competência, dos órgãos e da carreira

Art. 116. Compete ao Ministério Público Militar o exercício das seguintes atribuições junto aos órgãos da Justiça Militar:
I – promover, privativamente, a ação penal pública;
II – promover a declaração de indignidade ou de incompatibilidade para o oficialato;
III – manifestar-se em qualquer fase do processo, acolhendo solicitação do juiz ou por sua iniciativa, quando entender existente interesse público que justifique a intervenção.

Art. 117. Incumbe ao Ministério Público Militar:
I – requisitar diligências investigatórias e a instauração de inquérito policial-militar, podendo acompanhá-los e apresentar provas;
II – exercer o controle externo da atividade da polícia judiciária militar.

Art. 118. São órgãos do Ministério Público Militar:
I – o Procurador-Geral da Justiça Militar;
II – o Colégio de Procuradores da Justiça Militar;
III – o Conselho Superior do Ministério Público Militar;
IV – a Câmara de Coordenação e Revisão do Ministério Público Militar;
V – a Corregedoria do Ministério Público Militar;
VI – os Subprocuradores-Gerais da Justiça Militar;
VII – os Procuradores da Justiça Militar;
VIII – os Promotores da Justiça Militar.

Art. 119. A carreira do Ministério Público Militar é constituída pelos cargos de Subprocurador-Geral da Justiça Militar, Procurador da Justiça Militar e Promotor da Justiça Militar.
Parágrafo único. O cargo inicial da carreira é o de Promotor da Justiça Militar e o do último nível é o de Subprocurador-Geral da Justiça Militar.

Seção II
Do Procurador-Geral da Justiça Militar

Art. 120. O Procurador-Geral da Justiça Militar é o Chefe do Ministério Público Militar.

Art. 121. O Procurador-Geral da Justiça Militar será nomeado pelo Procurador-Geral da República, dentre integrantes da Instituição, com mais de trinta e cinco anos de idade e de cinco anos na carreira, escolhidos em lista tríplice mediante voto plurinominal, facultativo e secreto, pelo Colégio de Procuradores, para um mandato de dois anos, permitida uma recondução, observado o mesmo processo. Caso não haja número suficiente de candidatos com mais de cinco anos na carreira, poderá concorrer à lista tríplice quem contar mais de dois anos na carreira.

Parágrafo único. A exoneração do Procurador-Geral da Justiça Militar, antes do término do mandato, será proposta pelo Conselho Superior ao Procurador-Geral da República, mediante deliberação obtida com base em voto secreto de dois terços de seus integrantes.

Art. 122. O Procurador-Geral da Justiça Militar designará, dentre os Subprocuradores-Gerais, o Vice-Procurador-Geral da Justiça Militar, que o substituirá em seus impedimentos. Em caso de vacância, exercerá o cargo o Vice-Presidente do Conselho Superior, até o seu provimento definitivo.

Art. 123. Compete ao Procurador-Geral da Justiça Militar exercer as funções atribuídas ao Ministério Público Militar junto ao Superior Tribunal Militar, propondo as ações cabíveis e manifestando-se nos processos de sua competência.

Art. 124. São atribuições do Procurador-Geral da Justiça Militar:
I – representar o Ministério Público Militar;
II – integrar, como membro nato, e presidir o Colégio de Procuradores da Justiça Militar, o Conselho Superior do Ministério Público da Justiça Militar e a Comissão de Concurso;
III – nomear o Corregedor-Geral do Ministério Público Militar, segundo lista tríplice elaborada pelo Conselho Superior;
IV – designar um dos membros e o Coordenador da Câmara de Coordenação e Revisão do Ministério Público Militar;
V – designar, observados os critérios da lei e os estabelecidos pelo Conselho Superior, os ofícios em que exercerão suas funções os membros do Ministério Público Militar;
VI – decidir, em grau de recurso, os conflitos de atribuições entre os órgãos do Ministério Público Militar;
VII – determinar a abertura de correição, sindicância ou inquérito administrativo;
VIII – determinar a instauração de inquérito ou processo administrativo contra servidores dos serviços auxiliares;
IX – decidir processo disciplinar contra membro da carreira ou servidor dos serviços auxiliares, aplicando as sanções que sejam de sua competência;
X – decidir, atendida a necessidade do serviço, sobre:
a) remoção a pedido ou por permuta;
b) alteração parcial da lista bienal de designações;
XI – autorizar o afastamento de membros do Ministério Público Militar, ouvido o Conselho Superior, nas hipóteses da lei;
XII – dar posse aos membros do Ministério Público Militar;

XIII – designar membro do Ministério Público Militar para:
a) funcionar nos órgãos em que a participação da instituição seja legalmente prevista, ouvido o Conselho Superior;
b) integrar comissões técnicas ou científicas, relacionadas às funções da Instituição, ouvido o Conselho Superior;
c) assegurar a continuidade dos serviços, em caso de vacância, afastamento temporário, ausência, impedimento ou suspeição do titular, na inexistência ou falta do substituto designado;
XIV – homologar, ouvido o Conselho Superior, o resultado do concurso para ingresso na carreira;
XV – fazer publicar o aviso de existência de vaga, na lotação e na relação bienal de designações;
XVI – propor ao Procurador-Geral da República, ouvido o Conselho Superior, a criação e extinção de cargos da carreira e dos ofícios em que devam ser exercidas suas funções;
XVII – elaborar a proposta orçamentária do Ministério Público Militar, submetendo-a ao Conselho Superior;
XVIII – encaminhar ao Procurador-Geral da República a proposta orçamentária do Ministério Público Militar, após sua aprovação pelo Conselho Superior;
XIX – organizar a prestação de contas do exercício anterior, encaminhando-a ao Procurador-Geral da República;
XX – praticar atos de gestão administrativa, financeira e de pessoal;
XXI – elaborar o relatório de atividades do Ministério Público Militar;
XXII – coordenar as atividades do Ministério Público Militar;
XXIII – exercer outras atribuições previstas em lei.

Art. 125. As atribuições do Procurador-Geral da Justiça Militar, previstas no artigo anterior poderão ser delegadas:
I – ao Coordenador da Câmara de Coordenação e Revisão, as dos incisos XIII, alínea "c", e XXII;
II – a Procurador da Justiça Militar, as dos incisos I e XX.

Seção III
Do Colégio de Procuradores da Justiça Militar

Art. 126. O Colégio de Procuradores da Justiça Militar, presidido pelo Procurador-Geral da Justiça Militar, é integrado por todos os membros da carreira em atividade no Ministério Público da Justiça Militar.

Art. 127. Compete ao Colégio de Procuradores da Justiça Militar:
I – elaborar, mediante voto plurinominal, facultativo e secreto, lista tríplice para a escolha do Procurador-Geral da Justiça Militar;
II – opinar sobre assuntos gerais de interesse da Instituição.
§ 1º – Para os fins previstos no inciso I, prescindir-se-á de reunião do Colégio de Procuradores, procedendo-se segundo dispuser o seu regimento interno, exigido o voto da maioria absoluta dos eleitores.

§ 2º – Excepcionalmente, em caso de interesse relevante da Instituição, o Colégio de Procuradores reunir-se-á em local designado pelo Procurador-Geral da Justiça Militar, desde que convocado por ele ou pela maioria de seus membros.

§ 3º – O Regimento Interno do Colégio de Procuradores Militares disporá sobre seu funcionamento.

Seção IV
Do Conselho Superior do Ministério Público Militar

Art. 128. O Conselho Superior do Ministério Público Militar, presidido pelo Procurador-Geral da Justiça Militar, tem a seguinte composição:

I – o Procurador-Geral da Justiça Militar e o Vice-Procurador-Geral da Justiça Militar;

II – os Subprocuradores-Gerais da Justiça Militar.

Parágrafo único. O Conselho Superior elegerá o seu Vice-Presidente, que substituirá o Presidente em seus impedimentos e em caso de vacância.

Art. 129. O Conselho Superior do Ministério Público Militar reunir-se-á, ordinariamente, uma vez por mês, em dia previamente fixado, e, extraordinariamente, quando convocado pelo Procurador-Geral da Justiça Militar ou por proposta da maioria absoluta de seus membros.

Art. 130. Salvo disposição em contrário, as deliberações do Conselho Superior serão tomadas por maioria de votos, presente a maioria absoluta dos seus membros.

§ 1º – Em caso de empate, prevalecerá o voto do Presidente, exceto em matéria de sanções, caso em que prevalecerá a solução mais favorável ao acusado.

§ 2º – As deliberações do Conselho Superior serão publicadas no Diário da Justiça, exceto quando o regimento interno determine sigilo.

Art. 131. Compete ao Conselho Superior do Ministério Público Militar:

I – exercer o poder normativo no âmbito do Ministério Público Militar, observados os princípios desta lei complementar, especialmente para elaborar e aprovar:

a) o seu regimento interno, o do Colégio de Procuradores da Justiça Militar e o da Câmara de Coordenação e Revisão do Ministério Público Militar;

b) as normas e as instruções para o concurso de ingresso na carreira;

c) as normas sobre as designações para os diferentes ofícios do Ministério Público Militar;

d) os critérios para distribuição de inquéritos e quaisquer outros feitos, no Ministério Público Militar;

e) os critérios de promoção por merecimento na carreira;

f) o procedimento para avaliar o cumprimento das condições do estágio probatório;

II – indicar os integrantes da Câmara de Coordenação e Revisão do Ministério Público Militar;

III – propor a exoneração do Procurador-Geral da Justiça Militar;
IV – destituir, por iniciativa do Procurador-Geral do Ministério Público Militar e pelo voto de dois terços de seus membros, antes do término do mandato, o Corregedor-Geral;
V – elaborar a lista tríplice, destinada à promoção por merecimento;
VI – elaborar a lista tríplice para Corregedor-Geral do Ministério Público Militar;
VII – aprovar a lista de antiguidade do Ministério Público Militar e decidir sobre as reclamações a ela concernentes;
VIII – indicar o membro do Ministério Público Militar para promoção por antiguidade, observado o disposto no art. 93, II, alínea d, da Constituição Federal;
IX – opinar sobre a designação de membro do Ministério Público Militar para:
a) funcionar nos órgãos em que a participação da Instituição seja legalmente prevista;
b) integrar comissões técnicas ou científicas relacionadas às funções da Instituição;
X – opinar sobre o afastamento temporário de membro do Ministério Público Militar;
XI – autorizar a designação, em caráter excepcional, de membro do Ministério Público Militar, para exercício de atribuições processuais perante juízos, tribunais ou ofícios diferentes dos estabelecidos para cada categoria;
XII – determinar a realização de correições e sindicâncias e apreciar os relatórios correspondentes;
XIII – determinar a instauração de processos administrativos em que o acusado seja membro do Ministério Público Militar, apreciar seus relatórios e propor as medidas cabíveis;
XIV – determinar o afastamento preventivo do exercício de suas funções, de membro do Ministério Público Militar, indiciado ou acusado em processo disciplinar, e seu retorno;
XV – designar a comissão de processo administrativo em que o acusado seja membro do Ministério Público Militar;
XVI – decidir sobre o cumprimento do estágio probatório por membro do Ministério Público Militar, encaminhando cópia da decisão ao Procurador-Geral da República, quando for o caso, para ser efetivada sua exoneração;
XVII – decidir sobre remoção e disponibilidade de membro do Ministério Público Militar, por motivo de interesse público;
XVIII – autorizar, pela maioria absoluta de seus membros, que o Procurador-Geral da República ajuíze ação de perda de cargo contra membro vitalício do Ministério Público Militar, nos casos previstos nesta lei complementar;
XIX – opinar sobre os pedidos de reversão de membro da carreira;

XX – aprovar a proposta de lei para o aumento do número de cargos da carreira e dos ofícios;
XXI – deliberar sobre a realização de concurso para ingresso na carreira, designar os membros da Comissão de Concurso e opinar sobre a homologação dos resultados;
XXII – exercer outras funções atribuídas em lei.

§ 1º – Aplicam-se ao Procurador-Geral e aos demais membros do Conselho Superior as normas processuais em geral, pertinentes aos impedimentos e suspeição dos membros do Ministério Público.

§ 2º – As deliberações relativas aos incisos I, alíneas "a" e "e", XI, XIII, XIV, XV e XVII somente poderão ser tomadas com o voto favorável de dois terços dos membros do Conselho Superior.

Seção V
Da Câmara de Coordenação e Revisão do Ministério Público Militar

Art. 132. A Câmara de Coordenação e Revisão do Ministério Público Militar é o órgão de coordenação, de integração e de revisão do exercício funcional na Instituição.

Art. 133. A Câmara de Coordenação e Revisão do Ministério Público Militar será organizada por ato normativo e o Regimento Interno, que disporá sobre seu funcionamento, será elaborado e aprovado pelo Conselho Superior.

Art. 134. A Câmara de Coordenação e Revisão do Ministério Público Militar será composta por três membros do Ministério Público Militar, sendo um indicado pelo Procurador-Geral da Justiça Militar e dois pelo Conselho Superior do Ministério Público Militar, juntamente com seus suplentes, para um mandato de dois anos, sempre que possível, dentre integrantes do último grau da carreira.

Art. 135. Dentre os integrantes da Câmara de Coordenação e Revisão, um deles será designado pelo Procurador-Geral para a função executiva de Coordenador.

Art. 136. Compete à Câmara de Coordenação e Revisão do Ministério Público Militar:
I – promover a integração e a coordenação dos órgãos institucionais do Ministério Público Militar, observado o princípio da independência funcional;
II – manter intercâmbio com órgãos ou entidades que atuem em áreas afins;
III – encaminhar informações técnico-jurídicas aos órgãos institucionais do Ministério Público Militar;
IV – manifestar-se sobre o arquivamento de inquérito policial militar, exceto nos casos de competência originária do Procurador-Geral;
V – resolver sobre a distribuição especial de inquéritos e quaisquer outros feitos, quando a matéria, por sua natureza ou relevância, assim o exigir;

VI – decidir os conflitos de atribuição entre os órgãos do Ministério Público Militar.
Parágrafo único. A competência fixada no inciso V será exercida segundo critérios objetivos previamente estabelecidos pelo Conselho Superior.

Seção VI
Da Corregedoria do Ministério Público Militar

Art. 137. A Corregedoria do Ministério Público Militar, dirigida pelo Corregedor-Geral, é o órgão fiscalizador das atividades funcionais e da conduta dos membros do Ministério Público.

Art. 138. O Corregedor-Geral do Ministério Público Militar será nomeado pelo Procurador- Geral da Justiça Militar dentre os Subprocuradores-Gerais da Justiça Militar, integrantes de lista tríplice elaborada pelo Conselho Superior, para mandato de dois anos, renovável uma vez.
§ 1º – Serão suplentes do Corregedor-Geral os demais integrantes da lista tríplice, na ordem em que os designar o Procurador-Geral.
§ 2º – O Corregedor-Geral poderá ser destituído, por iniciativa do Procurador--Geral, antes do término do mandato, pelo voto de dois terços dos membros do Conselho Superior.

Art. 139. Incumbe ao Corregedor-Geral do Ministério Público:
I – realizar, de ofício, ou por determinação do Procurador-Geral ou do Conselho Superior, correições e sindicâncias, apresentando os respectivos relatórios;
II – instaurar inquérito contra integrante da carreira e propor ao Conselho a instauração do processo administrativo consequente;
III – acompanhar o estágio probatório dos membros do Ministério Público Militar;
IV – propor ao Conselho Superior a exoneração de membro do Ministério Público Militar que não cumprir as condições do estágio probatório.

Seção VII
Dos Subprocuradores-Gerais da Justiça Militar

Art. 140. Os Subprocuradores-Gerais da Justiça Militar serão designados para oficiar junto ao Superior Tribunal Militar e à Câmara de Coordenação e Revisão.
Parágrafo único. A designação de Subprocurador-Geral Militar para oficiar em órgãos jurisdicionais diferentes do previsto para a categoria dependerá de autorização do Conselho Superior.

Art. 141. Cabe aos Subprocuradores-Gerais da Justiça Militar, privativamente, o exercício das funções de:
I – Corregedor-Geral do Ministério Público Militar;
II – Coordenador da Câmara de Coordenação e Revisão do Ministério Público Militar.

Art. 142. Os Subprocuradores-Gerais da Justiça Militar serão lotados nos ofícios na Procuradoria-Geral da Justiça Militar.

Seção VIII
Dos Procuradores da Justiça Militar

Art. 143. Os Procuradores da Justiça Militar serão designados para oficiar junto às Auditorias Militares.

§ 1º – Em caso de vaga ou afastamento do Subprocurador-Geral da Justiça Militar por prazo superior a trinta dias, poderá ser convocado pelo Procurador-Geral, mediante aprovação pelo Conselho Superior, Procurador da Justiça Militar e, nenhum desses aceitando, poderá ser convocado Promotor da Justiça Militar, para substituição.

§ 2º – O Procurador da Justiça Militar convocado, ou o Promotor da Justiça Militar, receberá a diferença de vencimentos, correspondente ao cargo de Subprocurador-Geral da Justiça Militar, inclusive diárias e transporte se for o caso.

Art. 144. Os Procuradores da Justiça Militar serão lotados nos ofícios nas Procuradorias da Justiça Militar.

Seção IX
Dos Promotores da Justiça Militar

Art. 145. Os Promotores da Justiça Militar serão designados para oficiar junto às Auditorias Militares.

Parágrafo único. Em caso de vaga ou afastamento de Procurador da Justiça Militar por prazo superior a trinta dias, poderá ser convocado pelo Procurador-Geral, mediante aprovação do Conselho Superior, Promotor da Justiça Militar, para a substituição.

Art. 146. Os Promotores da Justiça Militar serão lotados nos ofícios nas Procuradorias da Justiça Militar.

Seção X
Das unidades de lotação e de administração

Art. 147. Os ofícios na Procuradoria-Geral da Justiça Militar e nas Procuradorias da Justiça Militar são unidades de lotação e de administração do Ministério Público Militar.

Art. 148. A estrutura das unidades de lotação e de administração será organizada por regulamento, nos termos da lei.

Capítulo IV
Do Ministério Público do Distrito Federal e Territórios

Seção I
Da competência, dos órgãos e da carreira

Art. 149. O Ministério Público do Distrito Federal e Territórios exercerá as suas funções nas causas de competência do Tribunal de Justiça e dos Juízes do Distrito Federal e Territórios.

Art. 150. Incumbe ao Ministério Público do Distrito Federal e Territórios:
I – instaurar inquérito civil e outros procedimentos administrativos correlatos;
II – requisitar diligências investigatórias e a instauração de inquérito policial, podendo acompanhá-los e apresentar provas;
III – requisitar à autoridade competente a instauração de procedimentos administrativos, ressalvados os de natureza disciplinar, podendo acompanhá-los e produzir provas;
IV – exercer o controle externo da atividade da polícia do Distrito Federal e da dos Territórios;
V – participar dos Conselhos Penitenciários;
VI – participar, como instituição observadora, na forma e nas condições estabelecidas em ato do Procurador-Geral da República, de qualquer órgão da administração pública direta, indireta ou fundacional do Distrito Federal, que tenha atribuições correlatas às funções da Instituição;
VII – fiscalizar a execução da pena, nos processos de competência da Justiça do Distrito Federal e Territórios.

Art. 151. Cabe ao Ministério Público do Distrito Federal e Territórios exercer a defesa dos direitos constitucionais do cidadão, sempre que se cuide de garantir-lhes o respeito:
I – pelos Poderes Públicos do Distrito Federal e dos Territórios;
II – pelos órgãos da administração pública, direta ou indireta, do Distrito Federal e dos Territórios;
III – pelos concessionários e permissionários do serviço público do Distrito Federal e dos Territórios;
IV – por entidades que exerçam outra função delegada do Distrito Federal e dos Territórios.

Art. 152. O Procurador-Geral de Justiça designará, dentre os Procuradores de Justiça e mediante prévia aprovação do nome pelo Conselho Superior, o Procurador Distrital dos Direitos do Cidadão, para servir pelo prazo de dois anos, permitida a recondução, precedida de nova decisão do Conselho Superior.
§ 1º – Sempre que possível, o Procurador Distrital não acumulará o exercício de suas funções com outras do Ministério Público.
§ 2º – O Procurador Distrital somente será dispensado, antes do termo de sua investidura, por iniciativa do Procurador-Geral de Justiça, anuindo a maioria absoluta do Conselho Superior.

Art. 153. São órgãos do Ministério Público do Distrito Federal e Territórios:
I – o Procurador-Geral de Justiça;
II – o Colégio de Procuradores e Promotores de Justiça;
III – o Conselho Superior do Ministério Público do Distrito Federal e Territórios;
IV – a Corregedoria do Ministério Público do Distrito Federal e Territórios;

V – as Câmaras de Coordenação e Revisão do Ministério Público do Distrito Federal e Territórios;
VI – os Procuradores de Justiça;
VII – os Promotores de Justiça;
VIII – os Promotores de Justiça Adjuntos.

Art. 154. A carreira do Ministério Público do Distrito Federal e Territórios é constituída pelos cargos de Procurador de Justiça, Promotor de Justiça e Promotor de Justiça Adjunto.

Parágrafo único. O cargo inicial da carreira é o de Promotor de Justiça Adjunto e o último o de Procurador de Justiça.

Seção II
Do Procurador-Geral de Justiça

Art. 155. O Procurador-Geral de Justiça é o Chefe do Ministério Público do Distrito Federal e Territórios.

Art. 156. O Procurador-Geral de Justiça será nomeado pelo Presidente da República dentre integrantes de lista tríplice elaborada pelo Colégio de Procuradores e Promotores de Justiça, para mandato de dois anos, permitida uma recondução, precedida de nova lista tríplice.

§ 1º – Concorrerão à lista tríplice os membros do Ministério Público do Distrito Federal com mais de cinco anos de exercício nas funções da carreira e que não tenham sofrido, nos últimos quatro anos, qualquer condenação definitiva ou não estejam respondendo a processo penal ou administrativo.

§ 2º – O Procurador-Geral poderá ser destituído, antes do término do mandato, por deliberação da maioria absoluta do Senado Federal, mediante representação do Presidente da República.

Art. 157. O Procurador-Geral designará, dentre os Procuradores de Justiça, o Vice-Procurador-Geral de Justiça, que o substituirá em seus impedimentos. Em caso de vacância, exercerá o cargo o Vice-Presidente do Conselho Superior, até o seu provimento definitivo.

Art. 158. Compete ao Procurador-Geral de Justiça exercer as funções atribuídas ao Ministério Público no Plenário do Tribunal de Justiça do Distrito Federal e Territórios, propondo as ações cabíveis e manifestando-se nos processos de sua competência.

Art. 159. Incumbe ao Procurador-Geral de Justiça, como Chefe do Ministério Público:
I – representar o Ministério Público do Distrito Federal e Territórios;
II – integrar, como membro nato, o Colégio de Procuradores e Promotores de Justiça, o Conselho Superior e a Comissão de Concurso;
III – designar o Procurador Distrital dos Direitos do Cidadão;
IV – designar um dos membros e o Coordenador de cada uma das Câmaras

de Coordenação e Revisão do Ministério Público do Distrito Federal e Territórios;
V – nomear o Corregedor-Geral do Ministério Público do Distrito Federal e Territórios;
VI – decidir, em grau de recurso, os conflitos de atribuições entre órgãos do Ministério Público do Distrito Federal e Territórios;
VII – determinar a abertura de correição, sindicância ou inquérito administrativo;
VIII – determinar a instauração de inquérito ou processo administrativo contra servidores dos serviços auxiliares;
IX – decidir processo disciplinar contra membro da carreira ou servidor dos serviços auxiliares, aplicando as sanções que sejam de sua competência;
X – decidir, atendendo a necessidade do serviço, sobre:
a) remoção a pedido ou por permuta;
b) alteração parcial da lista bienal de designações;
XI – autorizar o afastamento de membros do Ministério Público do Distrito Federal e Territórios, ouvido o Conselho Superior, nos casos previstos em lei;
XII – dar posse aos membros do Ministério Público do Distrito Federal e Territórios;
XIII – designar membro do Ministério Público do Distrito Federal e Territórios para:
a) funcionar nos órgãos em que a participação da Instituição seja legalmente prevista, ouvido o Conselho Superior;
b) integrar comissões técnicas ou científicas, relacionadas às funções da Instituição, ouvido o Conselho Superior;
c) assegurar a continuidade dos serviços, em caso de vacância, afastamento temporário, ausência, impedimento ou suspeição do titular, na inexistência ou falta do substituto designado;
d) acompanhar procedimentos administrativos e inquéritos policiais, instaurados em áreas estranhas à sua competência específica, desde que relacionados a fatos de interesse da Instituição;
XIV – homologar, ouvido o Conselho Superior, o resultado de concurso para ingresso na carreira;
XV – fazer publicar o aviso de existência de vaga, na lotação e na relação bienal de designações;
XVI – propor ao Procurador-Geral da República, ouvido o Conselho Superior, a criação e a extinção de cargos da carreira e dos ofícios em que devam ser exercidas suas funções;
XVII – elaborar a proposta orçamentária do Ministério Público do Distrito Federal e Territórios, submetendo-a ao Conselho Superior;
XVIII – encaminhar ao Procurador-Geral da República a proposta orçamentá-

ria do Ministério Público do Distrito Federal e Territórios, após sua aprovação pelo Conselho Superior;

XIX – organizar a prestação de contas do exercício anterior, encaminhando-a ao Procurador-Geral da República;

XX – praticar atos de gestão administrativa, financeira e de pessoal;

XXI – elaborar o relatório de atividades do Ministério Público do Distrito Federal e Territórios;

XXII – coordenar as atividades do Ministério Público do Distrito Federal e Territórios;

XXIII – exercer outras atribuições previstas em lei.

Art. 160. As atribuições do Procurador-Geral de Justiça, previstas nos incisos XIII, alíneas "c", "d", XXII e XXIII, do artigo anterior, poderão ser delegadas a Coordenador de Câmara de Coordenação e Revisão.

Seção III
Do Colégio de Procuradores e Promotores de Justiça

Art. 161. O Colégio de Procuradores e Promotores de Justiça, presidido pelo Procurador-Geral de Justiça, é integrado por todos os membros da carreira em atividade no Ministério Público do Distrito Federal e Territórios.

Art. 162. Compete ao Colégio de Procuradores e Promotores de Justiça:

I – elaborar, mediante voto plurinominal, facultativo e secreto, a lista tríplice para o cargo de Procurador-Geral de Justiça;

II – opinar sobre assuntos gerais de interesse da Instituição;

III – elaborar, mediante voto plurinominal, facultativo e secreto, lista sêxtupla para a composição do Tribunal de Justiça do Distrito Federal e Territórios, sendo elegíveis os membros do Ministério Público do Distrito Federal e Territórios com mais de dez anos de carreira;

IV – eleger, dentre os Procuradores de Justiça e mediante voto plurinominal, facultativo e secreto, quatro membros do Conselho Superior do Ministério Público do Distrito Federal e Territórios;

V – elaborar, mediante voto plurinominal, facultativo e secreto, lista sêxtupla para a composição do Superior Tribunal de Justiça, sendo elegíveis os membros do Ministério Público do Distrito Federal e Territórios, com mais de trinta e cinco e menos de sessenta e cinco anos de idade.

§ 1º – Para os fins previstos nos incisos I, II, III, IV e V, prescindir-se-á de reunião do Colégio de Procuradores e Promotores de Justiça, procedendo-se segundo dispuser o seu Regimento Interno, exigido o voto da maioria absoluta dos eleitores.

§ 2º – Excepcionalmente, em caso de interesse relevante da Instituição, o Colégio de Procuradores e Promotores de Justiça reunir-se-á em local designado pelo Procurador-Geral de Justiça, desde que convocado por ele ou pela maioria de seus membros.

§ 3º – O Regimento Interno do Colégio de Procuradores e Promotores de Justiça disporá sobre seu funcionamento.

Seção IV
Do Conselho Superior do Ministério Público do Distrito Federal e Territórios

Art. 163. O Conselho Superior do Ministério Público do Distrito Federal e Territórios, presidido pelo Procurador-Geral de Justiça, tem a seguinte composição:

I – o Procurador-Geral de Justiça e o Vice-Procurador-Geral de Justiça, que o integram como membros natos;

II – quatro Procuradores de Justiça, eleitos, para mandato de dois anos, na forma do inciso IV do artigo anterior, permitida uma reeleição;

III – quatro Procuradores de Justiça, eleitos para um mandato de dois anos, por seus pares, mediante voto plurinominal, facultativo e secreto, permitida uma reeleição.

§ 1º – Serão suplentes dos membros de que tratam os incisos II e III os demais votados, em ordem decrescente, observados os critérios gerais de desempate.

§ 2º – O Conselho Superior elegerá o seu Vice-Presidente, que substituirá o Presidente em seus impedimentos e em caso de vacância.

Art. 164. O Conselho Superior do Ministério Público do Distrito Federal e Territórios reunir-se-á, ordinariamente, uma vez por mês, em dia previamente fixado, e, extraordinariamente, quando convocado pelo Procurador-Geral de Justiça ou por proposta da maioria absoluta de seus membros.

Art. 165. Salvo disposição em contrário, as deliberações do Conselho Superior serão tomadas por maioria de votos, presente a maioria absoluta de seus membros.

Art. 166. Compete ao Conselho Superior do Ministério Público do Distrito Federal e Territórios:

I – exercer o poder normativo no âmbito do Ministério Público do Distrito Federal e Territórios, observados os princípios desta lei complementar, especialmente para elaborar e aprovar:

a) o seu regimento interno, o do Colégio de Procuradores e Promotores de Justiça do Distrito Federal e Territórios e os das Câmaras de Coordenação e Revisão do Ministério Público do Distrito Federal e Territórios;

b) as normas e as instruções para o concurso de ingresso na carreira;

c) as normas sobre as designações para os diferentes ofícios do Ministério Público do Distrito Federal e Territórios;

d) os critérios para distribuição de inquéritos, procedimentos administrativos e quaisquer outros feitos no Ministério Público do Distrito Federal e Territórios;

e) os critérios de promoção por merecimento, na carreira;
f) o procedimento para avaliar o cumprimento das condições do estágio probatório;
II – aprovar o nome do Procurador Distrital dos Direitos do Cidadão;
III – indicar os integrantes das Câmaras de Coordenação e Revisão;
IV – destituir, por iniciativa do Procurador-Geral e pelo voto de dois terços de seus membros, o Corregedor-Geral;
V – elaborar a lista tríplice destinada à promoção por merecimento;
VI – elaborar a lista tríplice para Corregedor-Geral do Ministério Público do Distrito Federal e Territórios;
VII – aprovar a lista de antiguidade do Ministério Público do Distrito Federal e Territórios e decidir sobre as reclamações a ela concernentes;
VIII – indicar o membro do Ministério Público do Distrito Federal e Territórios para promoção por antiguidade, observado o disposto no art. 93, II, alínea d, da Constituição Federal;
IX – opinar sobre a designação de membro do Ministério Público do Distrito Federal e Territórios para:
a) funcionar nos órgãos em que a participação da Instituição seja legalmente prevista;
b) integrar comissões técnicas ou científicas relacionadas às funções da Instituição;
X – opinar sobre o afastamento temporário de membro do Ministério Público do Distrito Federal e Territórios;
XI – determinar a realização de correições e sindicâncias e apreciar os relatórios correspondentes;
XII – determinar a instauração de processos administrativos em que o acusado seja membro do Ministério Público do Distrito Federal e Territórios, apreciar seus relatórios e propor as medidas cabíveis;
XIII – determinar o afastamento preventivo do exercício de suas funções, de membro do Ministério Público do Distrito Federal e Territórios, indiciado ou acusado em processo disciplinar, e seu retorno;
XIV – autorizar a designação, em caráter excepcional, de membros do Ministério Público do Distrito Federal e Territórios, para exercício de atribuições processuais perante juízos, tribunais ou ofícios diferentes dos estabelecidos para cada categoria;
XV – designar a comissão de processo administrativo em que o acusado seja membro do Ministério Público do Distrito Federal e Territórios;
XVI – decidir sobre o cumprimento do estágio probatório por membro do Ministério Público do Distrito Federal e Territórios, propondo ao Procurador-Geral da República, quando for o caso, a sua exoneração;

XVII – decidir sobre remoção e disponibilidade de membro do Ministério Público do Distrito Federal e Territórios, por motivo de interesse público;
XVIII – autorizar, pela maioria absoluta de seus membros, que o Procurador-Geral da República ajuíze ação de perda de cargo contra membro vitalício do Ministério Público do Distrito Federal e Territórios, nos casos previstos em lei;
XIX – opinar sobre os pedidos de reversão de membro da carreira;
XX – aprovar proposta de lei para o aumento do número de cargos da carreira e dos ofícios;
XXI – deliberar sobre a realização de concurso para ingresso na carreira, designar os membros da Comissão de Concurso e opinar sobre a homologação dos resultados;
XXII – aprovar a proposta orçamentária que integrará o projeto de orçamento do Ministério Público da União;
XXIII – exercer outras funções atribuídas em lei.
Parágrafo único. O Procurador-Geral de Justiça e os membros do Conselho Superior estarão impedidos de participar das decisões deste nos casos previstos nas leis processuais para o impedimento e a suspeição de membros do Ministério Público.

Seção V
Das Câmaras de Coordenação e Revisão do Ministério Público do Distrito Federal e Territórios

Art. 167. As Câmaras de Coordenação e Revisão do Ministério Público do Distrito Federal e Territórios são órgãos setoriais de coordenação, de integração e de revisão do exercício funcional na instituição.

Art. 168. As Câmaras de Coordenação e Revisão serão organizadas por função ou por matéria, através de ato normativo.
Parágrafo único. O Regimento Interno, que disporá sobre o funcionamento das Câmaras de Coordenação e Revisão, será elaborado e aprovado pelo Conselho Superior.

Art. 169. As Câmaras de Coordenação e Revisão do Ministério Público do Distrito Federal e Territórios serão compostas por três membros do Ministério Público do Distrito Federal e Territórios, sendo um indicado pelo Procurador-Geral de Justiça e dois pelo Conselho Superior do Ministério Público do Distrito Federal e Territórios, juntamente com seus suplentes, para um mandato de dois anos, sempre que possível, dentre integrantes do último grau da carreira.

Art. 170. Dentre os integrantes da respectiva Câmara de Coordenação e Revisão, um será designado pelo Procurador-Geral para a função executiva de Coordenador.

Art. 171. Compete às Câmaras de Coordenação e Revisão:

I – promover a integração e a coordenação dos órgãos institucionais que atuem em ofícios ligados à sua atividade setorial, observado o princípio da independência funcional;
II – manter intercâmbio com órgãos ou entidades que atuem em áreas afins;
III – encaminhar informações técnico-jurídicas aos órgãos institucionais que atuem em seu setor;
IV – homologar a promoção de arquivamento de inquérito civil ou peças de informação ou designar outro órgão do Ministério Público para fazê-lo;
V – manifestar-se sobre o arquivamento de inquérito policial, inquérito parlamentar ou peças de informação, exceto nos casos de competência originária do Procurador-Geral;
VI – resolver sobre a distribuição especial de inquéritos, feitos e procedimentos, quando a matéria, por sua natureza ou relevância, assim o exigir;
VII – resolver sobre a distribuição especial de feitos, que, por sua contínua reiteração, devam receber tratamento uniforme;
VIII – decidir os conflitos de atribuição entre os órgãos do Ministério Público do Distrito Federal e Territórios.
Parágrafo único. A competência fixada nos incisos VI e VII será exercida segundo critérios objetivos previamente estabelecidos pelo Conselho Superior.

Seção VI
Da Corregedoria do Ministério Público do Distrito Federal e Territórios

Art. 172. A Corregedoria do Ministério Público do Distrito Federal e Territórios, dirigida pelo Corregedor-Geral, é o órgão fiscalizador das atividades funcionais e da conduta dos membros do Ministério Público do Distrito Federal e Territórios.

Art. 173. O Corregedor-Geral do Ministério Público do Distrito Federal e Territórios será nomeado pelo Procurador-Geral dentre os Procuradores de Justiça integrantes de lista tríplice elaborada pelo Conselho Superior, para mandato de dois anos, renovável uma vez.
§ 1º – Não poderão integrar a lista tríplice os membros do Conselho Superior.
§ 2º – Serão suplentes do Corregedor-Geral os demais integrantes da lista tríplice, na ordem em que os designar o Procurador-Geral.
§ 3º – O Corregedor-Geral poderá ser destituído por iniciativa do Procurador-Geral, antes do término do mandato, pelo Conselho Superior, observado o disposto no inciso IV do art. 166.

Art. 174. Compete ao Corregedor-Geral do Ministério Público do Distrito Federal e Territórios:
I – participar, sem direito a voto, das reuniões do Conselho Superior;
II – realizar, de ofício ou por determinação do Procurador-Geral ou do Conselho Superior, correições e sindicâncias, apresentando os respectivos relatórios;

III – instaurar inquérito contra integrante da carreira e propor ao Conselho Superior a instauração do processo administrativo consequente;
IV – acompanhar o estágio probatório dos membros do Ministério Público do Distrito Federal e Territórios;
V – propor ao Conselho Superior a exoneração de membro do Ministério Público do Distrito Federal e Territórios que não cumprir as condições do estágio probatório.

Seção VII
Dos Procuradores de Justiça

Art. 175. Os Procuradores de Justiça serão designados para oficiar junto ao Tribunal de Justiça e nas Câmaras de Coordenação e Revisão.
Parágrafo único. A designação de Procurador de Justiça para oficiar em órgãos jurisdicionais diferentes do previsto para a categoria dependerá de autorização do Conselho Superior.

Art. 176. Cabe aos Procuradores de Justiça, privativamente, o exercício das funções de:
I – Corregedor-Geral do Ministério Público do Distrito Federal e Territórios;
II – Procurador Distrital dos Direitos do Cidadão;
III – Coordenador de Câmara de Coordenação e Revisão.

Art. 177. Os Procuradores de Justiça serão lotados nos ofícios na Procuradoria-Geral da Justiça do Distrito Federal e Territórios.

Seção VIII
Dos Promotores de Justiça

Art. 178. Os Promotores de Justiça serão designados para oficiar junto às Varas da Justiça do Distrito Federal e Territórios.
Parágrafo único. Os Promotores de Justiça serão lotados nos ofícios previstos para as Promotorias de Justiça.

Seção IX
Dos Promotores de Justiça Adjuntos

Art. 179. Os Promotores de Justiça Adjuntos serão designados para oficiar junto às Varas da Justiça do Distrito Federal e Territórios.
Parágrafo único. Os Promotores de Justiça Adjuntos serão lotados nos ofícios previstos para as Promotorias de Justiça.

Seção X
Das unidades de lotação e de administração

Art. 180. Os ofícios na Procuradoria-Geral da Justiça do Distrito Federal e Territórios e nas Promotorias de Justiça serão unidades de lotação e de administração do Ministério Público do Distrito Federal e Territórios.

Art. 181. A estrutura básica da Procuradoria-Geral de Justiça será organizada por regulamento, nos termos da lei.

Título III
Das disposições estatutárias especiais
Capítulo I
Da carreira
Seção I
Do provimento

Art. 182. Os cargos do Ministério Público da União, salvo os de Procurador--Geral da República, Procurador-Geral do Trabalho, Procurador-Geral da Justiça Militar e Procurador-Geral de Justiça do Distrito Federal e Territórios, são de provimento vitalício e constituem as carreiras independentes de cada ramo.

Art. 183. Os cargos das classes iniciais serão providos por nomeação, em caráter vitalício, mediante concurso público específico para cada ramo.

Art. 184. A vitaliciedade somente será alcançada após dois anos de efetivo exercício.

Art. 185. É vedada a transferência ou aproveitamento nos cargos do Ministério Público da União, mesmo de um para outro de seus ramos.

Seção II
Do concurso

Art. 186. O concurso público de provas e títulos para ingresso em cada carreira do Ministério Público da União terá âmbito nacional, destinando-se ao preenchimento de todas as vagas existentes e das que ocorrerem no prazo de eficácia.

Parágrafo único. O concurso será realizado, obrigatoriamente, quando o número de vagas exceder a dez por cento do quadro respectivo e, facultativamente, a juízo do Conselho Superior competente.

Art. 187. Poderão inscrever-se no concurso bacharéis em Direito há pelo menos dois anos, de comprovada idoneidade moral.

Art. 188. O concurso obedecerá ao regulamento elaborado pelo Conselho Superior competente, observado o disposto no Art. 31.

Art. 189. A Comissão de Concurso será integrada pelo Procurador-Geral, seu Presidente, por dois membros do respectivo ramo do Ministério Público e por um jurista de reputação ilibada, indicados pelo Conselho Superior e por um advogado indicado pelo Conselho Federal da Ordem dos Advogados do Brasil.

Art. 190. O edital de abertura do concurso conterá a relação dos cargos vagos, com a respectiva lotação, e fixará, para as inscrições, prazo não inferior a trinta dias, contado de sua publicação no Diário Oficial.

Art. 191. Não serão nomeados os candidatos aprovados no concurso, que tenham completado sessenta e cinco anos ou que venham a ser considerados inaptos para o exercício do cargo, em exame de higidez física e mental.

Art. 192. O Procurador-Geral competente, ouvido o Conselho Superior, decidirá sobre a homologação do concurso, dentro de trinta dias, contados da publicação do resultado final.

Art. 193. O prazo de eficácia do concurso, para efeito de nomeação, será de dois anos contados da publicação do ato homologatório, prorrogável uma vez pelo mesmo período.

Art. 194. A nomeação dos candidatos habilitados no concurso obedecerá à ordem de classificação.

§ 1º – Os candidatos aprovados, na ordem de classificação, escolherão a lotação de sua preferência, na relação das vagas que, após o resultado do concurso, o Conselho Superior decidir que devam ser providas inicialmente.

§ 2º – O candidato aprovado poderá renunciar à nomeação correspondente à sua classificação, antecipadamente ou até o termo final do prazo de posse, caso em que o renunciante será deslocado para o último lugar na lista dos classificados.

Seção III
Da posse e do exercício

Art. 195. O prazo para a posse nos cargos do Ministério Público da União é de trinta dias, contado da publicação do ato de nomeação, prorrogável por mais sessenta dias, mediante comunicação do nomeado, antes de findo o primeiro prazo.

Parágrafo único. O empossado prestará compromisso de bem cumprir os deveres do cargo, em ato solene, presidido pelo Procurador-Geral.

Art. 196. Para entrar no exercício do cargo, o empossado terá o prazo de trinta dias, prorrogável por igual período, mediante comunicação, antes de findo o prazo inicial.

Seção IV
Do estágio probatório

Art. 197. Estágio probatório é o período dos dois primeiros anos de efetivo exercício do cargo pelo membro do Ministério Público da União.

Art. 198. Os membros do Ministério Público da União, durante o estágio probatório, somente poderão perder o cargo mediante decisão da maioria absoluta do respectivo Conselho Superior.

Seção V
Das promoções

Art. 199. As promoções far-se-ão, alternadamente, por antiguidade e merecimento.

§ 1º – A promoção deverá ser realizada até trinta dias da ocorrência da vaga; não decretada no prazo legal, a promoção produzirá efeitos a partir do termo final dele.

§ 2º – Para todos os efeitos, será considerado promovido o membro do Ministério Público da União que vier a falecer ou se aposentar sem que tenha sido efetivada, no prazo legal, a promoção que cabia por antiguidade, ou por força do § 3º do artigo subsequente.

§ 3º – É facultada a recusa de promoção, sem prejuízo do critério de preenchimento da vaga recusada.

§ 4º – É facultada a renúncia à promoção, em qualquer tempo, desde que haja vaga na categoria imediatamente anterior.

Art. 200. O merecimento, para efeito de promoção, será apurado mediante critérios de ordem objetiva, fixados em regulamento elaborado pelo Conselho Superior do respectivo ramo, observado o disposto no Art. 31 desta lei complementar.

§ 1º – À promoção por merecimento só poderão concorrer os membros do Ministério Público da União com pelo menos dois anos de exercício na categoria e integrantes da primeira quinta parte da lista de antiguidade, salvo se não houver com tais requisitos quem aceite o lugar vago; em caso de recusa, completar-se-á a fração incluindo-se outros integrantes da categoria, na sequência da ordem de antiguidade.

§ 2º – Não poderá concorrer à promoção por merecimento quem tenha sofrido penalidade de censura ou suspensão, no período de um ano imediatamente anterior à ocorrência da vaga, em caso de censura; ou de dois anos, em caso de suspensão.

§ 3º – Será obrigatoriamente promovido quem houver figurado por três vezes consecutivas, ou cinco alternadas, na lista tríplice elaborada pelo Conselho Superior.

Art. 201. Não poderá concorrer à promoção por merecimento, até um dia após o regresso, o membro do Ministério Público da União afastado da carreira para:

I – exercer cargo eletivo ou a ele concorrer;
II – exercer outro cargo público permitido por lei.

Art. 202. (Vetado.)

§ 1º – A lista de antiguidade será organizada no primeiro trimestre de cada ano, aprovada pelo Conselho Superior e publicada no Diário Oficial até o último dia do mês seguinte.

§ 2º – O prazo para reclamação contra a lista de antiguidade será de trinta dias, contado da publicação.

§ 3º – O desempate na classificação por antiguidade será determinado, sucessivamente, pelo tempo de serviço na respectiva carreira do Ministério Público da União, pelo tempo de serviço público federal, pelo tempo de serviço público em geral e pela idade dos candidatos, em favor do mais idoso; na classificação inicial, o primeiro desempate será determinado pela classificação no concurso.

§ 4º – Na indicação à promoção por antiguidade, o Conselho Superior somente poderá recusar o mais antigo pelo voto de dois terços de seus integrantes, repetindo-se a votação até fixar-se a indicação.

Seção VI
Dos afastamentos

Art. 203. Sem prejuízo dos vencimentos, vantagens, ou qualquer direito, o membro do Ministério Público da União poderá afastar-se de suas funções:
I – até oito dias consecutivos, por motivo de casamento;
II – até oito dias consecutivos, por motivo de falecimento de cônjuge ou companheiro, ascendente ou descendente, irmão ou pessoa que viva sob sua dependência econômica;
III – até cinco dias úteis, para comparecimento a encontros ou congressos, no âmbito da instituição ou promovidos pela entidade de classe a que pertença, atendida a necessidade do serviço.

Art. 204. O membro do Ministério Público da União poderá afastar-se do exercício de suas funções para:
I – frequentar cursos de aperfeiçoamento e estudos, no País ou no exterior, por prazo não superior a dois anos, prorrogável, no máximo, por igual período;
II – comparecer a seminários ou congressos, no País ou no exterior;
III – ministrar cursos e seminários destinados ao aperfeiçoamento dos membros da instituição;
IV – exercer cargo eletivo nos casos previstos em lei ou a ele concorrer, observadas as seguintes condições:
a) o afastamento será facultativo e sem remuneração, durante o período entre a escolha como candidato a cargo eletivo em convenção partidária e a véspera do registro da candidatura na Justiça Eleitoral;
b) o afastamento será obrigatório a partir do dia do registro da candidatura pela Justiça;
V – ausentar-se do País em missão oficial.
§ 1º – O afastamento, salvo na hipótese do inciso IV, só se dará mediante autorização do Procurador-Geral, depois de ouvido o Conselho Superior e atendida a necessidade de serviço.
§ 2º – Os casos de afastamento previstos neste artigo dar-se-ão sem prejuízo dos vencimentos, vantagens ou qualquer direito inerente ao cargo, assegurada, no caso do inciso IV, a escolha da remuneração preferida, sendo o tempo de afastamento considerado de efetivo exercício para todos os fins e efeitos de direito.
§ 3º – Não se considera de efetivo exercício, para fins de estágio probatório, o período de afastamento do membro do Ministério Público da União.
§ 4º – Ao membro do Ministério Público da União que haja se afastado de suas funções para o fim previsto no inciso I não será concedida exoneração ou licença para tratar de interesses particulares antes de decorrido período igual ao de afastamento, ressalvada a hipótese de ressarcimento do que houver recebido a título de vencimentos e vantagens em virtude do afastamento.

Seção VII
Da reintegração

Art. 205. A reintegração, que decorrerá de decisão judicial passada em julgado, é o reingresso do membro do Ministério Público da União na carreira, com ressarcimento dos vencimentos e vantagens deixados de perceber em razão da demissão, contando-se o tempo de serviço correspondente ao afastamento.

§ 1º – O titular do cargo no qual se deva dar a reintegração será reconduzido àquele que anteriormente ocupava, o mesmo acontecendo com o titular do cargo para o qual deva ocorrer a recondução; sendo da classe inicial o cargo objeto da reintegração ou da recondução, seu titular ficará em disponibilidade, com proventos idênticos à remuneração que venceria, se em atividade estivesse.

§ 2º – A disponibilidade prevista no parágrafo anterior cessará com o aproveitamento obrigatório na primeira vaga que venha a ocorrer na classe inicial.

§ 3º – O reconduzido, caso tenha sido promovido por merecimento, fará jus à promoção na primeira vaga a ser provida por idêntico critério, atribuindo-se-lhe, quanto à antiguidade na classe, os efeitos de sua promoção anterior.

§ 4º – O reintegrado será submetido ao exame médico exigido para o ingresso na carreira, e, verificando-se sua inaptidão para exercício do cargo, será aposentado, com as vantagens a que teria direito, se efetivada a reintegração.

Seção VIII
Da reversão e da readmissão

Art. 206. (Vetado.)

Art. 207. (Vetado.)

Capítulo II
Dos direitos

Seção I
Da vitaliciedade e da inamovibilidade

Art. 208. Os membros do Ministério Público da União, após dois anos de efetivo exercício, só poderão ser demitidos por decisão judicial transitada em julgado.

Parágrafo único. A propositura de ação para perda de cargo, quando decorrente de proposta do Conselho Superior depois de apreciado o processo administrativo, acarretará o afastamento do membro do Ministério Público da União do exercício de suas funções, com a perda dos vencimentos e das vantagens pecuniárias do respectivo cargo.

Art. 209. Os membros do Ministério Público da União são inamovíveis, salvo motivo de interesse público, na forma desta lei complementar.

Art. 210. A remoção, para efeito desta lei complementar, é qualquer alteração de lotação.

Parágrafo único. A remoção será feita de ofício, a pedido singular ou por permuta.

Art. 211. A remoção de ofício, por iniciativa do Procurador-Geral, ocorrerá somente por motivo de interesse público, mediante decisão do Conselho Superior, pelo voto de dois terços de seus membros, assegurada ampla defesa.

Art. 212. A remoção a pedido singular atenderá à conveniência do serviço, mediante requerimento apresentado nos quinze dias seguintes à publicação de aviso da existência de vaga; ou, decorrido este prazo, até quinze dias após a publicação da deliberação do Conselho Superior sobre a realização de concurso para ingresso na carreira.

§ 1º – O aviso será publicado no Diário Oficial, dentro de quinze dias da vacância.

§ 2º – Havendo mais de um candidato à remoção, ao fim do primeiro prazo previsto no *caput* deste artigo, será removido o de maior antiguidade; após o decurso deste prazo, prevalecerá a ordem cronológica de entrega dos pedidos.

Art. 213. A remoção por permuta será concedida mediante requerimento dos interessados.

Seção II
Das designações

Art. 214. A designação é o ato que discrimina as funções que sejam compatíveis com as previstas nesta lei complementar, para cada classe das diferentes carreiras.

Parágrafo único. A designação para o exercício de funções diferentes das previstas para cada classe, nas respectivas carreiras, somente será admitida por interesse do serviço, exigidas a anuência do designado e a autorização do Conselho Superior.

Art. 215. As designações serão feitas observados os critérios da lei e os estabelecidos pelo Conselho Superior:
I – para o exercício de função definida por esta lei complementar;
II – para o exercício de função nos ofícios definidos em lei.

Art. 216. As designações, salvo quando estabelecido outro critério por esta lei complementar, serão feitas por lista, no último mês do ano, para vigorar por um biênio, facultada a renovação.

Art. 217. A alteração da lista poderá ser feita, antes do termo do prazo, por interesse do serviço, havendo:
I – provimento de cargo;
II – desprovimento de cargo;
III – criação de ofício;
IV – extinção de ofício;
V – pedido do designado;
VI – pedido de permuta.

Art. 218. A alteração parcial da lista, antes do termo do prazo, quando modifique a função do designado, sem a sua anuência, somente será admitida nas seguintes hipóteses:

I – extinção, por lei, da função ou ofício para o qual estava designado;
II – nova lotação, em decorrência de:
a) promoção; e
b) remoção;
III – afastamento ou disponibilidade;
IV – aprovação pelo Conselho Superior, de proposta do Procurador-Geral, pelo voto secreto de dois terços de seus membros.
Parágrafo único. A garantia estabelecida neste artigo não impede a acumulação eventual de ofícios ou que sejam ampliadas as funções do designado.

Art. 219. (Vetado).

Seção III
Das férias e licenças

Art. 220. Os membros do Ministério Público terão direito a férias de sessenta dias por ano, contínuos ou divididos em dois períodos iguais, salvo acúmulo por necessidade de serviço e pelo máximo de dois anos.

§ 1º – Os períodos de gozo de férias dos membros do Ministério Público da União, que oficiem perante Tribunais, deverão ser simultâneos com os das férias coletivas destes, salvo motivo relevante ou o interesse do serviço.

§ 2º – Independentemente de solicitação, será paga ao membro do Ministério Público da União, por ocasião das férias, importância correspondente a um terço da remuneração do período em que as mesmas devam ser gozadas.

§ 3º – O pagamento da remuneração das férias será efetuado até dois dias antes do início de gozo do respectivo período, facultada a conversão de um terço das mesmas em abono pecuniário, requerido com pelo menos sessenta dias de antecedência, nele considerado o valor do acréscimo previsto no parágrafo anterior.

§ 4º – Em caso de exoneração, será devida ao membro do Ministério Público da União indenização relativa ao período de férias a que tiver direito e ao incompleto, na proporção de um doze avos por mês de efetivo exercício, ou fração superior a quatorze dias, calculada com base na remuneração do mês em que for publicado o ato exoneratório.

Art. 221. O direito a férias será adquirido após o primeiro ano de exercício.

Art. 222. Conceder-se-á aos membros do Ministério Público da União licença:
I – por motivo de doença em pessoa da família;
II – por motivo de afastamento do cônjuge ou companheiro;
III – prêmio por tempo de serviço;
IV – para tratar de interesses particulares;
V – para desempenho de mandato classista.

§ 1º – A licença prevista no inciso I será precedida de exame por médico ou junta médica oficial, considerando-se pessoas da família o cônjuge ou companheiro, o padrasto, a madrasta, o ascendente, o descendente, o enteado, o colateral consanguíneo ou afim até o segundo grau civil. A licença estará sub-

metida, ainda, às seguintes condições:
a) somente será deferida se a assistência direta do membro do Ministério Público da União for indispensável e não puder ser dada simultaneamente com o exercício do cargo;
b) será concedida sem prejuízo dos vencimentos, vantagens ou qualquer direito inerente ao cargo, salvo para contagem de tempo de serviço em estágio probatório, até noventa dias, podendo ser prorrogada por igual prazo nas mesmas condições. Excedida a prorrogação, a licença será considerada como para tratar de interesses particulares.

§ 2º – A licença prevista no inciso II poderá ser concedida quando o cônjuge ou companheiro for deslocado para outro ponto do território nacional, para o exterior ou para exercício de mandato eletivo dos Poderes Executivo e Legislativo; será por prazo indeterminado e sem remuneração, salvo se o membro do Ministério Público da União puder ser lotado, provisoriamente, em ofício vago no local para onde tenha se deslocado e compatível com o seu cargo, caso em que a licença será convertida em remoção provisória.

§ 3º – A licença prevista no inciso III será devida após cada quinquênio ininterrupto de exercício, pelo prazo de três meses, observadas as seguintes condições:
a) será convertida em pecúnia em favor dos beneficiários do membro do Ministério Público da União falecido, que não a tiver gozado;
b) não será devida a quem houver sofrido penalidade de suspensão durante o período aquisitivo ou tiver gozado as licenças previstas nos incisos II e IV;
c) será concedida sem prejuízo dos vencimentos, vantagens ou qualquer direito inerente ao cargo;
d) para efeito de aposentadoria, será contado em dobro o período não gozado.

§ 4º – A licença prevista no inciso IV poderá ser concedida ao membro do Ministério Público da União vitalício, pelo prazo de até dois anos consecutivos, sem remuneração, observadas as seguintes condições:
a) poderá ser interrompida, a qualquer tempo, a pedido do interessado ou no interesse do serviço;
b) não será concedida nova licença antes de decorrido dois anos do término da anterior.

§ 5º – A licença prevista no inciso V será devida ao membro do Ministério Público da União investido em mandato em confederação, federação, associação de classe de âmbito nacional ou sindicato representativo da categoria, observadas as seguintes condições:
a) somente farão jus à licença os eleitos para cargos de direção ou representantes nas referidas entidades, até o máximo de três por entidade;
b) a licença terá duração igual à do mandato, podendo ser prorrogada no caso de reeleição, e por uma única vez;
c) será concedida sem prejuízo dos vencimentos, vantagens ou qualquer direito inerente ao cargo.

§ 6º – É vedado o exercício de atividade remunerada durante o período da licença prevista no inciso I.

§ 7º – A licença concedida dentro de sessenta dias do término de outra da mesma espécie será considerada como prorrogação.

Art. 223. Conceder-se-á aos membros do Ministério Público da União, além das previstas no artigo anterior, as seguintes licenças:

I – para tratamento de saúde, a pedido ou de ofício, com base em perícia médica, observadas as seguintes condições:

a) a licença será concedida sem prejuízo dos vencimentos e vantagens do cargo;

b) a perícia será feita por médico ou junta médica oficial, se necessário, na residência do examinado ou no estabelecimento hospitalar em que estiver internado;

c) inexistindo médico oficial, será aceito atestado passado por médico particular;

d) findo o prazo da licença, o licenciado será submetido a inspeção médica oficial, que concluirá pela volta ao serviço, pela prorrogação da licença ou pela aposentadoria;

e) a existência de indícios de lesões orgânicas ou funcionais é motivo de inspeção médica;

II – por acidente em serviço, observadas as seguintes condições:

a) configura acidente em serviço o dano físico ou mental que se relacione, mediata ou imediatamente, com as funções exercidas;

b) equipara-se ao acidente em serviço o dano decorrente de agressão não provocada e sofrida no exercício funcional, bem como o dano sofrido em trânsito a ele pertinente;

c) a licença será concedida sem prejuízo dos vencimentos e vantagens inerentes ao exercício do cargo;

d) o acidentado em serviço, que necessite de tratamento especializado, não disponível em instituição pública, poderá ser tratado em instituição privada, à conta de recursos públicos, desde que o tratamento seja recomendado por junta médica oficial;

e) a prova do acidente deverá ser feita no prazo de dez dias, contado de sua ocorrência, prorrogável quando as circunstâncias o exigirem;

III – à gestante, por cento e vinte dias, observadas as seguintes condições:

a) poderá ter início no primeiro dia no nono mês de gestação, salvo antecipação por prescrição médica;

b) no caso de nascimento prematuro, a licença terá início a partir do parto;

c) no caso de natimorto, decorridos trinta dias do evento a mãe será submetida a exame médico e, se julgada apta, reassumirá as suas funções;

d) em caso de aborto atestado por médico oficial, a licença dar-se-á por trinta dias, a partir da sua ocorrência;

IV – pelo nascimento ou a adoção de filho, o pai ou adotante, até cinco dias consecutivos;

V – pela adoção ou a obtenção de guarda judicial de criança até um ano de idade, o prazo da licença do adotante ou detentor da guarda será de trinta dias.

Seção IV
Dos vencimentos e vantagens

Art. 224. Os membros do Ministério Público da União receberão o vencimento, a representação e as gratificações previstas em lei.

§ 1º – Sobre os vencimentos incidirá a gratificação adicional por tempo de serviço, à razão de um por cento por ano de serviço público efetivo, sendo computado o tempo de advocacia, até o máximo de quinze anos, desde que não cumulativo com tempo de serviço público.

§ 2º – **(Vetado)**

§ 3º – Os vencimentos serão fixados com diferença não superior a dez por cento de uma para outra das classes de cada carreira.

§ 4º – Os Subprocuradores-Gerais do Ministério Público da União terão os mesmos vencimentos e vantagens.

Art. 225. Os vencimentos do Procurador-Geral da República são os de Subprocurador- Geral da República, acrescidos de vinte por cento, não podendo exceder os valores percebidos como remuneração, em espécie, a qualquer título, por Ministros do Supremo Tribunal Federal.

Parágrafo único. O acréscimo previsto neste artigo não se incorpora aos vencimentos do cargo de Procurador-Geral da República.

Art. 226. (Vetado).

Art. 227. Os membros do Ministério Público da União farão jus, ainda, às seguintes vantagens:

I – ajuda de custo em caso de:

a) remoção de ofício, promoção ou nomeação que importe em alteração do domicílio legal, para atender às despesas de instalação na nova sede de exercício em valor correspondente a até três meses de vencimentos;

b) serviço fora da sede de exercício, por período superior a trinta dias, em valor correspondente a um trinta avos dos vencimentos, pelos dias em que perdurar o serviço, sem prejuízo da percepção de diárias;

II – diárias, por serviço eventual fora da sede, de valor mínimo equivalente a um trinta avos dos vencimentos para atender às despesas de locomoção, alimentação e pousada;

III – transporte:

a) pessoal e dos dependentes, bem como de mobiliário, em caso de remoção, promoção ou nomeação, previstas na alínea a do inciso I;

b) pessoal, no caso de qualquer outro deslocamento a serviço, fora da sede de exercício;

IV – auxílio-doença, no valor de um mês de vencimento, quando ocorrer licença para tratamento de saúde por mais de doze meses, ou invalidez declarada no curso deste prazo;

V – salário-família;
VI – pró-labore pela atividade de magistério, por hora-aula proferida em cursos, seminários ou outros eventos destinados ao aperfeiçoamento dos membros da instituição;
VII – assistência médico-hospitalar, extensiva aos inativos, pensionistas e dependentes, assim entendida como o conjunto de atividades relacionadas com a prevenção, conservação ou recuperação da saúde, abrangendo serviços profissionais médicos, paramédicos, farmacêuticos e odontológicos, bem como o fornecimento e a aplicação dos meios e dos cuidados essenciais à saúde;
VIII – auxílio-moradia, em caso de lotação em local cujas condições de moradia sejam particularmente difíceis ou onerosas, assim definido em ato do Procurador-Geral da República;
IX – gratificação natalina, correspondente a um doze avos da remuneração a que fizer jus no mês de dezembro, por mês de exercício no respectivo ano, considerando-se como mês integral a fração igual ou superior a quinze dias.
§ 1º – A gratificação natalina será paga até o dia vinte do mês de dezembro de cada ano.
§ 2º – Em caso de exoneração antes do mês de dezembro, a gratificação natalina será proporcional aos meses de exercício e calculada com base na remuneração do mês em que ocorrer a exoneração.
§ 3º – A gratificação natalina não será considerada para cálculo de qualquer vantagem pecuniária.
§ 4º – Em caso de nomeação, as vantagens previstas nos incisos I, alínea a, e III, alínea a, são extensivas ao membro do Ministério Público da União sem vínculo estatutário imediatamente precedente, desde que seu último domicílio voluntário date de mais de doze meses.
§ 5º – **(Vetado)**.
§ 6º – A assistência médico-hospitalar de que trata o inciso VII será proporcionada pela União, de preferência através de seus serviços, de acordo com normas e condições reguladas por ato do Procurador-Geral da República, sem prejuízo da assistência devida pela previdência social.
§ 7º – **(Vetado)**.
§ 8º – À família do membro do Ministério Público da União que falecer no prazo de um ano a partir de remoção de ofício, promoção ou nomeação de que tenha resultado mudança de domicílio legal serão devidos a ajuda de custo e o transporte para a localidade de origem, no prazo de um ano, contado do óbito.
Art. 228. Salvo por imposição legal, ou ordem judicial, nenhum desconto incidirá sobre a remuneração ou provento e a pensão devida aos membros do Ministério Público da União ou a seus beneficiários.
§ 1º – Mediante autorização do devedor, poderá haver consignação em folha de pagamento a favor de terceiro.
§ 2º – As reposições e indenizações em favor do erário serão descontadas em parcelas mensais de valor não excedente à décima parte da remuneração ou provento, em valores atualizados.

Art. 229. O membro do Ministério Público da União que, estando em débito com o erário, for demitido, exonerado ou que tiver sua aposentadoria ou disponibilidade cassada, terá o prazo de sessenta dias para quitar o débito.
Parágrafo único. Não ocorrendo a quitação do débito no prazo estabelecido neste artigo, deverá ele ser inscrito em dívida ativa.
Art. 230. A remuneração, o provento e a pensão dos membros do Ministério Público da União e de seus beneficiários não serão objeto de arresto, sequestro ou penhora, salvo em caso de dívida de alimentos, resultante de decisão judicial.

Seção V
Da aposentadoria e da pensão

Art. 231. O membro do Ministério Público da União será aposentado, compulsoriamente, por invalidez ou aos setenta anos de idade, e facultativamente aos trinta anos de serviço, após cinco anos de exercício efetivo na carreira.
§ 1º – Será contado como tempo de serviço para aposentadoria, não cumulativamente, até o limite de quinze anos, o tempo de exercício da advocacia.
§ 2º – O membro do Ministério Público da União poderá ainda ser aposentado, voluntariamente, aos sessenta e cinco anos de idade, se homem, e aos sessenta, se mulher, com proventos proporcionais ao tempo de serviço.
§ 3º – Ao membro do Ministério Público da União, do sexo feminino, é facultada a aposentadoria, com proventos proporcionais, aos vinte e cinco anos de serviço. (Vide ADIn 994-0)
§ 4º – A aposentadoria por invalidez será precedida de licença para tratamento de saúde por período não excedente a vinte e quatro meses, salvo quando o laudo médico concluir pela incapacidade definitiva para o exercício de suas funções.
§ 5º – Será aposentado o membro do Ministério Público que, após vinte e quatro meses contínuos de licença para tratamento de saúde, for considerado inválido para o exercício de suas funções, não terá efeito interruptivo desse prazo qualquer período de exercício das funções inferiores a trinta dias.
Art. 232. Os proventos da aposentadoria serão integrais.
Parágrafo único. Para o cálculo dos proventos da aposentadoria serão considerados os vencimentos do cargo imediatamente superior ao último exercício pelo aposentado; caso a aposentadoria se dê no último nível da carreira, os vencimentos deste serão acrescidos do percentual de vinte por cento.
Art. 233. Os proventos da aposentadoria serão revistos na mesma proporção e data em que se modificar a remuneração dos membros do Ministério Público em atividade, sendo também estendidos aos inativos quaisquer benefícios e vantagens novas asseguradas à carreira, ainda que por força de transformação ou reclassificação do cargo.
Art. 234. O aposentado conservará as prerrogativas previstas no Art. 18, inciso I, alínea "e" e inciso II, alínea e, bem como carteira de identidade especial, de acordo com o modelo aprovado pelo Procurador-Geral da República e por

ele expedida, contendo expressamente tais prerrogativas e o registro da situação de aposentado.

Art. 235. A pensão por morte, devida pelo órgão previdenciário aos dependentes de membros do Ministério Público da União, corresponderá à totalidade dos vencimentos ou proventos do falecido, assegurada a revisão do benefício, na forma do Art. 233.

Capítulo III
Da disciplina

Seção I
Dos deveres e vedações

Art. 236. O membro do Ministério Público da União, em respeito à dignidade de suas funções e à da Justiça, deve observar as normas que regem o seu exercício e especialmente:
I – cumprir os prazos processuais;
II – guardar segredo sobre assunto de caráter sigiloso que conheça em razão do cargo ou função;
III – velar por suas prerrogativas institucionais e processuais;
IV – prestar informações aos órgãos da administração superior do Ministério Público, quando requisitadas;
V – atender ao expediente forense e participar dos atos judiciais, quando for obrigatória a sua presença; ou assistir a outros, quando conveniente ao interesse do serviço;
VI – declarar-se suspeito ou impedido, nos termos da lei;
VII – adotar as providências cabíveis em face das irregularidades de que tiver conhecimento ou que ocorrerem nos serviços a seu cargo;
VIII – tratar com urbanidade as pessoas com as quais se relacione em razão do serviço;
IX – desempenhar com zelo e probidade as suas funções;
X – guardar decoro pessoal.

Art. 237. É vedado ao membro do Ministério Público da União:
I – receber, a qualquer título e sob qualquer pretexto; honorários, percentagens ou custas processuais;
II – exercer a advocacia;
III – exercer o comércio ou participar de sociedade comercial, exceto como cotista ou acionista;
IV – exercer, ainda que em disponibilidade, qualquer outra função pública, salvo uma de magistério;
V – exercer atividade político-partidária, ressalvada a filiação e o direito de afastar-se para exercer cargo eletivo ou a ele concorrer.

Seção II
Dos impedimentos e suspeições

Art. 238. Os impedimentos e as suspeições dos membros do Ministério Público são os previstos em lei.

Seção III
Das sanções

Art. 239. Os membros do Ministério Público são passíveis das seguintes sanções disciplinares:
I – advertência;
II – censura;
III – suspensão;
IV – demissão; e
V – cassação de aposentadoria ou de disponibilidade.

Art. 240. As sanções previstas no artigo anterior serão aplicadas:
I – a de advertência, reservadamente e por escrito, em caso de negligência no exercício das funções;
II – a de censura, reservadamente e por escrito, em caso de reincidência em falta anteriormente punida com advertência ou de descumprimento de dever legal;
III – a de suspensão, até quarenta e cinco dias, em caso de reincidência em falta anteriormente punida com censura;
IV – a de suspensão, de quarenta e cinco a noventa dias, em caso de inobservância das vedações impostas por esta lei complementar ou de reincidência em falta anteriormente punida com suspensão até quarenta e cinco dias;
V – as de demissão, nos casos de:
a) lesão aos cofres públicos, dilapidação do patrimônio nacional ou de bens confiados à sua guarda;
b) improbidade administrativa, nos termos do Art. 37, § 4º, da Constituição Federal;
c) condenação por crime praticado com abuso de poder ou violação de dever para com a Administração Pública, quando a pena aplicada for igual ou superior a dois anos;
d) incontinência pública e escandalosa que comprometa gravemente, por sua habitualidade, a dignidade da Instituição;
e) abandono de cargo;
f) revelação de assunto de caráter sigiloso, que conheça em razão do cargo ou função, comprometendo a dignidade de suas funções ou da justiça;
g) aceitação ilegal de cargo ou função pública;
h) reincidência no descumprimento do dever legal, anteriormente punido com a suspensão prevista no inciso anterior;
VI – cassação de aposentadoria ou de disponibilidade, nos casos de falta punível com demissão, praticada quando no exercício do cargo ou função.
§ 1º – A suspensão importa, enquanto durar, na perda dos vencimentos e das vantagens pecuniárias inerentes ao exercício do cargo, vedada a sua conversão em multa.

§ 2º – Considera-se reincidência, para os efeitos desta lei complementar, a prática de nova infração, dentro de quatro anos após cientificado o infrator do ato que lhe tenha imposto sanção disciplinar.

§ 3º – Considera-se abandono do cargo a ausência do membro do Ministério Público ao exercício de suas funções, sem causa justificada, por mais de trinta dias consecutivos.

§ 4º – Equipara-se ao abandono de cargo a falta injustificada por mais de sessenta dias intercalados, no período de doze meses.

§ 5º – A demissão poderá ser convertida, uma única vez, em suspensão, nas hipóteses previstas nas alíneas a e h do inciso V, quando de pequena gravidade o fato ou irrelevantes os danos causados, atendido o disposto no Art. 244.

Art. 241. Na aplicação das penas disciplinares, considerar-se-ão os antecedentes do infrator, a natureza e a gravidade da infração, as circunstâncias em que foi praticada e os danos que dela resultaram ao serviço ou à dignidade da Instituição ou da Justiça.

Art. 242. As infrações disciplinares serão apuradas em processo administrativo; quando lhes forem cominadas penas de demissão, de cassação de aposentadoria ou de disponibilidade, a imposição destas dependerá, também, de decisão judicial com trânsito em julgado.

Art. 243. Compete ao Procurador-Geral de cada ramo do Ministério Público da União aplicar a seus membros as penas de advertência, censura e suspensão.

Seção IV
Da prescrição

Art. 244. Prescreverá:
I – em um ano, a falta punível com advertência ou censura;
II – em dois anos, a falta punível com suspensão;
III – em quatro anos, a falta punível com demissão e cassação de aposentadoria ou de disponibilidade.
Parágrafo único. A falta, prevista na lei penal como crime, prescreverá juntamente com este.

Art. 245. A prescrição começa a correr:
I – do dia em que a falta for cometida; ou
II – do dia em que tenha cessado a continuação ou permanência, nas faltas continuadas ou permanentes.
Parágrafo único. Interrompem a prescrição a instauração de processo administrativo e a citação para a ação de perda do cargo.

Seção V
Da sindicância

Art. 246. A sindicância é o procedimento que tem por objeto a coleta sumária de dados para instauração, se necessário, de inquérito administrativo.

Seção VI
Do inquérito administrativo

Art. 247. O inquérito administrativo, de caráter sigiloso, será instaurado pelo Corregedor-Geral, mediante portaria, em que designará comissão de três membros para realizá-lo, sempre que tomar conhecimento de infração disciplinar.

§ 1º – A comissão, que poderá ser presidida pelo Corregedor-Geral, será composta de integrantes da carreira, vitalícios e de classe igual ou superior à do indicado.

§ 2º – As publicações relativas a inquérito administrativo conterão o respectivo número, omitido o nome do indiciado, que será cientificado pessoalmente.

Art. 248. O prazo para a conclusão do inquérito e apresentação do relatório final é de trinta dias, prorrogável, no máximo, por igual período.

Art. 249. A comissão procederá à instrução do inquérito, podendo ouvir o indiciado e testemunhas, requisitar perícias e documentos e promover diligências, sendo-lhe facultado o exercício das prerrogativas outorgadas ao Ministério Público da União, por esta lei complementar, para instruir procedimentos administrativos.

Art. 250. Concluída a instrução do inquérito, abrir-se-á vista dos autos ao indiciado, para se manifestar, no prazo de quinze dias.

Art. 251. A comissão encaminhará o inquérito ao Conselho Superior, acompanhado de seu parecer conclusivo, pelo arquivamento ou pela instauração de processo administrativo.

§ 1º – O parecer que concluir pela instauração do processo administrativo formulará a súmula de acusação, que conterá a exposição do fato imputado, com todas as suas circunstâncias e a capitulação legal da infração.

§ 2º – O inquérito será submetido à deliberação do Conselho Superior, que poderá:
I – determinar novas diligências, se o considerar insuficientemente instruído;
II – determinar o seu arquivamento;
III – instaurar processo administrativo, caso acolha a súmula de acusação;
IV – encaminhá-lo ao Corregedor-Geral, para formular a súmula da acusação, caso não acolha a proposta de arquivamento.

Seção VII
Do processo administrativo

Art. 252. O processo administrativo, instaurado por decisão do Conselho Superior, será contraditório, assegurada ampla defesa ao acusado.

§ 1º – A decisão que instaurar processo administrativo designará comissão composta de três membros escolhidos dentre os integrantes da carreira, vitalícios, e de classe igual ou superior à do acusado, indicará o presidente e mencionará os motivos de sua constituição.

§ 2º – Da comissão de processo administrativo não poderá participar quem haja integrado a precedente comissão de inquérito.

§ 3º – As publicações relativas a processo administrativo conterão o respectivo número, omitido o nome do acusado, que será cientificado pessoalmente.

Art. 253. O prazo para a conclusão do processo administrativo e apresentação do relatório final é de noventa dias, prorrogável, no máximo, por trinta dias, contados da publicação da decisão que o instaurar.

Art. 254. A citação será pessoal, com entrega de cópia da portaria, do relatório final do inquérito e da súmula da acusação, cientificado o acusado do dia, da hora e do local do interrogatório.

§ 1º – Não sendo encontrado o acusado em seu domicílio, proceder-se-á à citação por edital, publicado no Diário Oficial, com o prazo de quinze dias.

§ 2º – O acusado, por si ou através de defensor que nomear, poderá oferecer defesa prévia, no prazo de quinze dias, contado do interrogatório, assegurando-se-lhe vista dos autos no local em que funcione a comissão.

§ 3º – Se o acusado não tiver apresentado defesa, a comissão nomeará defensor, dentre os integrantes da carreira e de classe igual ou superior à sua, reabrindo-se-lhe o prazo fixado no parágrafo anterior.

§ 4º – Em defesa prévia, poderá o acusado requerer a produção de provas orais, documentais e periciais, inclusive pedir a repetição daquelas já produzidas no inquérito.

§ 5º – A comissão poderá indeferir, fundamentadamente, as provas desnecessárias ou requeridas com intuito manifestamente protelatório.

Art. 255. Encerrada a produção de provas, a comissão abrirá vista dos autos ao acusado, para oferecer razões finais, no prazo de quinze dias.

Art. 256. Havendo mais de um acusado, os prazos para defesa serão comuns e em dobro.

Art. 257. Em qualquer fase do processo, será assegurada à defesa a extração de cópia das peças dos autos.

Art. 258. Decorrido o prazo para razões finais, a comissão remeterá o processo, dentro de quinze dias, ao Conselho Superior, instruído com relatório dos seus trabalhos.

Art. 259. O Conselho do Ministério Público, apreciando o processo administrativo, poderá:

I – determinar novas diligências, se o considerar insuficientemente instruído, caso em que, efetivadas estas, proceder-se-á de acordo com os arts. 264 e 265;

II – propor o seu arquivamento ao Procurador-Geral;

III – propor ao Procurador-Geral a aplicação de sanções que sejam de sua competência;

IV – propor ao Procurador-Geral da República o ajuizamento de ação civil para:

a) demissão de membro do Ministério Público da União com garantia de vitaliciedade;
b) cassação de aposentadoria ou disponibilidade.
Parágrafo único. Não poderá participar da deliberação do Conselho Superior quem haja oficiado na sindicância, ou integrado as comissões do inquérito ou do processo administrativo.

Art. 260. Havendo prova da infração e indícios suficientes de sua autoria, o Conselho Superior poderá determinar, fundamentadamente, o afastamento preventivo do indiciado, enquanto sua permanência for inconveniente ao serviço ou prejudicial à apuração dos fatos.

§ 1º – O afastamento do indiciado não poderá ocorrer quando ao fato imputado corresponderem somente as penas de advertência ou de censura.

§ 2º – O afastamento não ultrapassará o prazo de cento e vinte dias, salvo em caso de alcance.

§ 3º – O período de afastamento será considerado como de serviço efetivo, para todos os efeitos.

Art. 261. Aplicam-se, subsidiariamente, ao processo disciplinar, as normas do Código de Processo Penal.

Seção VIII
Da revisão do processo administrativo

Art. 262. Cabe, em qualquer tempo, a revisão do processo de que houver resultado a imposição de penalidade administrativa:
I – quando se aduzam fatos ou circunstâncias suscetíveis de provar inocência ou de justificar a imposição de sanção mais branda; ou
II – quando a sanção se tenha fundado em prova falsa.

Art. 263. A instauração do processo de revisão poderá ser determinada de ofício, a requerimento do próprio interessado, ou, se falecido, do seu cônjuge ou companheiro, ascendente, descendente ou irmão.

Art. 264. O processo de revisão terá o rito do processo administrativo.
Parágrafo único. Não poderá integrar a comissão revisora quem haja atuado em qualquer fase do processo revisando.

Art. 265. Julgada procedente a revisão, será tornada sem efeito a sanção aplicada, com o restabelecimento, em sua plenitude, dos direitos por ela atingidos, exceto se for o caso de aplicar-se penalidade menor.

Título IV
Das disposições finais e transitórias

Art. 266. (Vetado.)

Art. 267. (Vetado.)

Art. 268. Ficam criados seis cargos de Subprocurador-Geral da República.

Art. 269. Ficam criados setenta e quatro cargos de Procurador Regional da República.

§ 1º – O primeiro provimento de todos os cargos de Procurador Regional da República será considerado simultâneo, independentemente da data dos atos de promoção.

§ 2º – Os vencimentos iniciais do cargo de Procurador Regional da República serão iguais aos do cargo de Procurador de Justiça do Distrito Federal.

Art. 270. Os atuais Procuradores da República de 1ª Categoria, que ingressaram na carreira até a data da promulgação da Constituição Federal, terão seus cargos transformados em cargos de Procurador Regional da República, mantidos seus titulares e lotações.

§ 1º – Os cargos transformados na forma deste artigo, excedentes do limite previsto no artigo anterior, serão extintos à medida que vagarem.

§ 2º – Os Procuradores da República ocupantes dos cargos transformados na forma deste artigo poderão ser designados para oficiar perante os Juízes Federais e os Tribunais Regionais Eleitorais.

Art. 271. Os cargos de Procurador da República de 1ª Categoria não alcançados pelo artigo anterior e os atuais cargos de Procurador da República de 2ª Categoria são transformados em cargos de Procurador da República.

§ 1º – Na nova classe, para efeito de antiguidade, os atuais Procuradores da República de 1ª Categoria precederão os de 2ª Categoria; estes manterão na nova classe a atual ordem de antiguidade.

§ 2º – Os vencimentos iniciais do cargo de Procurador da República serão iguais aos do atual cargo de Procurador da República de 1ª Categoria.

Art. 272. São transformados em cargos de Procurador do Trabalho de 1ª Categoria cem cargos de Procurador do Trabalho de 2ª Categoria.

Art. 273. Os cargos de Procurador do Trabalho de 1ª e de 2ª Categoria passam a denominar-se, respectivamente, Procurador Regional do Trabalho e Procurador do Trabalho.

§ 1º – Até que sejam criados novos cargos de Subprocurador-Geral do Trabalho, os atuais Procuradores do Trabalho de 1ª Categoria, cujo cargo passa a denominar-se Procurador Regional do Trabalho e que estejam atuando junto ao Tribunal Superior do Trabalho, ali permanecerão exercendo suas atribuições.

§ 2º – Os vencimentos iniciais dos cargos de Procurador Regional do Trabalho e de Procurador do Trabalho serão iguais aos dos cargos de Procurador Regional da República e de Procurador da República, respectivamente.

Art. 274. Os cargos de Procurador Militar de 1ª e 2ª Categoria passam a denominar-se, respectivamente, Procurador da Justiça Militar e Promotor da Justiça Militar.

Parágrafo único. Até que sejam criados novos cargos de Subprocurador-Geral da Justiça Militar, os atuais Procuradores Militares da 1ª Categoria, cujos cargos passam a denominar-se Procuradores da Justiça Militar e que estejam atuando junto ao Superior Tribunal Militar, ali permanecerão exercendo suas atribuições.

Art. 275. O cargo de Promotor de Justiça Substituto passa a denominar-se Promotor de Justiça Adjunto.

Art. 276. Na falta da lei prevista no Art. 16, a atuação do Ministério Público na defesa dos direitos constitucionais do cidadão observará, além das disposições desta lei complementar, as normas baixadas pelo Procurador-Geral da República.

Art. 277. As promoções nas carreiras do Ministério Público da União, na vigência desta lei complementar, serão precedidas da adequação das listas de antiguidade aos critérios de desempate nela estabelecidos.

Art. 278. Não se farão promoções nas carreiras do Ministério Público da União antes da instalação do Conselho Superior do ramo respectivo.

Art. 279. As primeiras eleições, para composição do Conselho Superior de cada ramo do Ministério Público da União e para elaboração das listas tríplices para Procurador-Geral do Trabalho, Procurador-Geral da Justiça Militar e Procurador-Geral de Justiça, serão convocadas pelo Procurador-Geral da República, para se realizarem no prazo de noventa dias da promulgação desta lei complementar.

§ 1º – O Procurador-Geral da República disporá, em ato normativo, sobre as eleições previstas neste artigo, devendo a convocação anteceder de trinta dias à data de sua realização.

§ 2º – Os Conselhos Superiores serão instalados no prazo de quinze dias, contado do encerramento da apuração.

Art. 280. Entre os eleitos para a primeira composição do Conselho Superior de cada ramo do Ministério Público da União, os dois mais votados, em cada eleição, terão mandato de dois anos; os menos votados, de um ano.

Art. 281. Os membros do Ministério Público da União, nomeados antes de 5 de outubro de 1988, poderão optar entre o novo regime jurídico e o anterior à promulgação da Constituição Federal, quanto às garantias, vantagens e vedações do cargo.

Parágrafo único. A opção poderá ser exercida dentro de dois anos, contados da promulgação desta lei complementar, podendo a retratação ser feita no prazo de dez anos.

Art. 282. Os Procuradores da República nomeados antes de 5 de outubro de 1988 deverão optar, de forma irretratável, entre as carreiras do Ministério Público Federal e da Advocacia-Geral da União.

§ 1º – **(Vetado)**.

§ 2º – Não manifestada a opção, no prazo estabelecido no parágrafo anterior, o silêncio valerá como opção tácita pela carreira do Ministério Público Federal.

Art. 283. Será criada por lei a Escola Superior do Ministério Público da União, como órgão auxiliar da Instituição.

Art. 284. Poderão ser admitidos como estagiários no Ministério Público da União estudantes de Direito inscritos na Ordem dos Advogados do Brasil.

Parágrafo único. As condições de admissão e o valor da bolsa serão fixados pelo Procurador-Geral da República, sendo a atividade dos estagiários regulada pelo Conselho Superior de cada ramo.

Art. 285. (Vetado).

Art. 286. As despesas decorrentes desta lei complementar correrão à conta das dotações constantes do Orçamento da União.

Art. 287. Aplicam-se subsidiariamente aos membros do Ministério Público da União as disposições gerais referentes aos servidores públicos, respeitadas, quando for o caso, as normas especiais contidas nesta lei complementar.

§ 1º – O regime de remuneração estabelecido nesta lei complementar não prejudica a percepção de vantagens concedidas, em caráter geral, aos servidores públicos civis da União.

§ 2º – O disposto neste artigo não poderá importar em restrições ao regime jurídico instituído nesta lei complementar ou na imposição de condições com ele incompatíveis.

Art. 288. Os membros do Ministério Público Federal, cuja promoção para o cargo final de carreira tenha acarretado a sua remoção para o Distrito Federal, poderão, no prazo de trinta dias da promulgação desta lei complementar, renunciar à referida promoção e retornar ao Estado de origem, ocupando o cargo de Procurador Regional da República.

Art. 289. Sempre que ocorrer a criação simultânea de mais de um cargo de mesmo nível nas carreiras do Ministério Público da União, o provimento dos mesmos, mediante promoção, presumir-se-á simultâneo, independentemente da data dos atos de promoção.

Art. 290. Os membros do Ministério Público da União terão mantida em caráter provisório a sua lotação, enquanto não entrarem em vigor a lei e o ato a que se referem os arts. 34 e 214.

Parágrafo único. O disposto neste artigo não obsta as alterações de lotação decorrentes de remoção, promoção ou designação previstas nesta lei complementar.

Art. 291. (Vetado).

Art. 292. (Vetado).

Art. 293. Ao membro ou servidor do Ministério Público da União é vedado manter, sob sua chefia imediata, em cargo ou função de confiança, cônjuge, companheiro, ou parente até o segundo grau civil.

Art. 294. Esta lei complementar entra em vigor na data de sua publicação.

Art. 295. Revogam-se as disposições em contrário.

BRASÍLIA, 20 DE MAIO DE 1993.

Itamar Franco

Lei Orgânica Nacional do Ministério Público
Lei 8.625, de 12 de fevereiro de 1993.

Institui a Lei Orgânica Nacional do Ministério Público, dispõe sobre normas gerais para a organização do Ministério Púbico dos Estados e dá outras providências.

O Presidente da República. Faço saber que o Congresso Nacional decreta e eu sanciono a seguinte Lei:

Capítulo I
Das disposições gerais

Art. 1º. O Ministério Público é instituição permanente, essencial à função jurisdicional do Estado, incumbindo-lhe a defesa da ordem jurídica, do regime democrático e dos interesses sociais e individuais indisponíveis.

Parágrafo único. São princípios institucionais do Ministério Público a unidade, a indivisibilidade e a independência funcional.

* V. CF Art. 127, § 1º.
* V. CERJ Art. 170, § 1º.

Art. 2º. Lei complementar, denominada Lei Orgânica do Ministério Público, cuja iniciativa é facultada aos Procuradores-Gerais de Justiça dos Estados, estabelecerá, no âmbito de cada uma dessas unidades federativas, normas específicas de organização, atribuições e estatuto do respectivo Ministério Público.

* V. CF Art. 128, § 5º.

Parágrafo único. A organização, atribuições e estatuto do Ministério Público do Distrito Federal e Territórios serão objeto da Lei Orgânica do Ministério Público da União.

* V. **Nesta edição, LC 75/93 arts. 149-181.**

Art. 3º. Ao Ministério Público é assegurada autonomia funcional, administrativa e financeira, cabendo-lhe, especialmente:

* V. CF Art. 127, § 2º.

I – praticar atos próprios de gestão;
II – praticar atos e decidir sobre a situação funcional e administrativa do pessoal, ativo e inativo, da carreira e dos serviços auxiliares, organizados em quadros próprios;
III – elaborar suas folhas de pagamento e expedir os competentes demonstrativos;
IV – adquirir bens e contratar serviços, efetuando a respectiva contabilização;
V – propor ao Poder Legislativo a criação e a extinção de cargos, bem como a fixação e o reajuste dos vencimentos de seus membros;

VI – propor ao Poder Legislativo a criação e a extinção dos cargos de seus serviços auxiliares, bem como a fixação e o reajuste dos vencimentos de seus servidores;
VII – prover os cargos iniciais da carreira e dos serviços auxiliares, bem como nos casos de remoção, promoção e demais formas de provimento derivado;
VIII – editar atos de aposentadoria, exoneração e outros que importem em vacância de cargos e carreira e dos serviços auxiliares, bem como os de disponibilidade de membros do Ministério Público e de seus servidores;
IX – organizar suas secretarias e os serviços auxiliares das Procuradorias e Promotorias de Justiça;
X – compor os seus órgãos de administração;
XI – elaborar seus regimentos internos;
XII – exercer outras competências dela decorrentes.
Parágrafo único. As decisões do Ministério Público fundadas em sua autonomia funcional, administrativa e financeira, obedecidas as formalidades legais, têm eficácia plena e executoriedade imediata, ressalvada a competência constitucional do Poder Judiciário e do Tribunal de Contas.

Art. 4º. O Ministério Público elaborará sua proposta orçamentária dentro dos limites estabelecidos na Lei de Diretrizes Orçamentárias, encaminhando-a diretamente ao Governador do Estado, que a submeterá ao Poder Legislativo.

§ 1º – Os recursos correspondentes às suas dotações orçamentárias próprias e globais, compreendidos os créditos suplementares e especiais, ser-lhe-ão entregues até o dia vinte de cada mês, sem vinculação a qualquer tipo de despesa.

§ 2º – A fiscalização contábil, financeira, orçamentária, operacional e patrimonial do Ministério Público, quanto à legalidade, legitimidade, economicidade, aplicação de dotações e recursos próprios e renúncia de receitas, será exercida pelo Poder Legislativo, mediante controle externo e pelo sistema de controle interno estabelecido na Lei Orgânica.

* V. CF Art. 127, § 3º.

Capítulo II
Da organização do Ministério Público
Seção I
Dos órgãos de administração

Art. 5º. São órgãos da Administração Superior do Ministério Público:
I – a Procuradoria-Geral de Justiça;
II – o Colégio de Procuradores de Justiça;
III – o Conselho Superior do Ministério Público;
IV – a Corregedoria-Geral do Ministério Público.

Art. 6º. São também órgãos de Administração do Ministério Público:
I – as Procuradorias de Justiça;
II – as Promotorias de Justiça.

Seção II
Dos órgãos de execução

Art. 7º. São órgãos de execução do Ministério Público:
I – o Procurador-Geral de Justiça;
II – o Conselho Superior do Ministério Público;
III – os Procuradores de Justiça;
IV – os Promotores de Justiça.

Seção III
Dos órgãos auxiliares

Art. 8º. São órgãos auxiliares do Ministério Público, além de outros criados pela Lei Orgânica:
I – os Centros de Apoio Operacional;
II – a Comissão de Concurso;
III – o Centro de Estudos e Aperfeiçoamento Funcional;
IV – os órgãos de apoio administrativo;
V – os estagiários.

Capítulo III
Dos órgãos de administração

Seção I
Da Procuradoria-Geral de Justiça

Art. 9º. Os Ministérios Públicos dos Estados formarão lista tríplice, dentre integrantes da carreira, na forma da lei respectiva, para escolha de seu Procurador-Geral, que será nomeado pelo Chefe do Poder Executivo, para mandato de dois anos, permitida uma recondução, observado o mesmo procedimento.
* **V. Nesta edição, LC-RJ 106/2003 arts. 8º; 9º.**
§ 1º – A eleição da lista tríplice far-se-á mediante voto plurinominal de todos os integrantes da carreira.
* **V. Nesta edição, LC-RJ 106/2003 Art. 8º, § 1º.**
§ 2º – A destituição do Procurador-Geral de Justiça, por iniciativa do Colégio de Procuradores, deverá ser precedida de autorização de um terço dos membros da Assembleia Legislativa.
* **V. Nesta Lei Art. 12, IV.**
* **V. Nesta edição, LC-RJ 106/2003 arts. 12; 17, II.**
§ 3º – Nos seus afastamentos e impedimentos o Procurador-Geral de Justiça será substituído na forma da Lei Orgânica.
* **V. Nesta edição, LC-RJ 106/2003 Art. 10; 13; 20, § 1º, I e II**
§ 4º – Caso o Chefe do Poder Executivo não efetive a nomeação do Procurador-Geral de Justiça, nos quinze dias que se seguirem ao recebimento da lista tríplice, será investido automaticamente no cargo o membro do Ministério Público

mais votado, para exercício do mandato.
* **V. Nesta edição, LC-RJ 106/2003 Art. 8º, § 6º.**
Art. 10. Compete ao Procurador-Geral de Justiça:
* **V. Nesta Lei Art. 29.**
* **V. Nesta edição, LC-RJ 106/2003 Art. 11.**
I – exercer a chefia do Ministério Público, representando-o judicial e extrajudicialmente;
II – integrar, como membro nato, e presidir o colégio de Procuradores de Justiça e o Conselho Superior do Ministério Público;
III – submeter ao Colégio de Procuradores de Justiça as propostas de criação e extinção de cargos e serviços auxiliares e de orçamento anual;
* **V. Nesta Lei Art. 12, III.**
IV – encaminhar ao Poder Legislativo os projetos de lei de iniciativa do Ministério Público;
V – praticar atos e decidir questões relativas à administração geral e execução orçamentária do Ministério Público;
VI – prover os cargos iniciais da carreira e dos serviços auxiliares, bem como nos casos de remoção, promoção, convocação e demais formas de provimento derivado;
VII – editar atos de aposentadoria, exoneração e outros que importem em vacância de cargos da carreira ou dos serviços auxiliares e atos de disponibilidade de membros do Ministério Público e de seus servidores;
VIII – delegar suas funções administrativas;
IX – designar membros do Ministério Público para:
a) exercer as atribuições de dirigente dos Centros de Apoio Operacional;
* **V. Nesta edição, Res. GPGJ 1.804/2013 e suas alterações e 2.402/2021 – Centros de Apoio Operacional do Ministério Público do Estado do Rio de Janeiro.**
b) ocupar cargo de confiança junto aos órgãos da Administração Superior;
c) integrar organismos estatais afetos a sua área de atuação;
d) oferecer denúncia ou propor ação civil pública nas hipóteses de não confirmação de arquivamento de inquérito policial ou civil, bem como de quaisquer peças de informações;
e) acompanhar inquérito policial ou diligência investigatória, devendo recair a escolha sobre o membro do Ministério Público com atribuição para, em tese, oficiar no feito, segundo as regras ordinárias de distribuição de serviços;
f) assegurar a continuidade dos serviços, em caso de vacância, afastamento temporário, ausência, impedimento ou suspeição de titular de cargo, ou com consentimento deste;
g) por ato excepcional e fundamentado, exercer as funções processuais afetas a

outro membro da instituição, submetendo sua decisão previamente ao Conselho Superior do Ministério Público;
h) oficiar perante a Justiça Eleitoral de primeira instância, ou junto ao Procurador-Regional Eleitoral, quando por este solicitado;
* **V. Nesta edição, LC 75/93 arts. 78; 79.**
* **V. Nesta edição, Res. Conjunta GPGJ/PRE 17/20**
X – dirimir conflitos de atribuições entre membros do Ministério Público, designando quem deva oficiar no feito;
XI – decidir processo disciplinar contra membro do Ministério Público, aplicando as sanções cabíveis;
XII – expedir recomendações, sem caráter normativo aos órgãos do Ministério Público, para o desempenho de suas funções;
XIII – encaminhar aos Presidentes dos Tribunais as listas sêxtuplas a que se referem os arts. 94, *caput*, e 104, parágrafo único, inciso II, da Constituição Federal;
XIV – exercer outras atribuições previstas em lei.
Art. 11. O Procurador-Geral de Justiça poderá ter em seu Gabinete, no exercício de cargo de confiança, Procuradores ou Promotores de Justiça da mais elevada entrância ou categoria, por ele designados.
* **V. Nesta edição, LC-RJ 106/2003 Art. 14.**

Seção II
Do Colégio de Procuradores de Justiça

* **V. Nesta edição, LC-RJ 106/2003 arts. 16-19.**
Art. 12. O Colégio de Procuradores de Justiça é composto por todos os Procuradores de Justiça, competindo-lhe:
* **V. Nesta edição, LC-RJ 106/2003 Art. 17.**
I – opinar, por solicitação do Procurador-Geral de Justiça ou de um quarto de seus integrantes, sobre matéria relativa à autonomia do Ministério Público, bem como sobre outras de interesse institucional;
II – propor ao Procurador-Geral de Justiça a criação de cargos e serviços auxiliares, modificações na Lei Orgânica e providências relacionadas ao desempenho das funções institucionais;
III – aprovar a proposta orçamentária anual do Ministério Público, elaborada pela Procuradoria-Geral de Justiça, bem como os projetos de criação de cargos e serviços auxiliares;
IV – propor ao Poder Legislativo a destituição do Procurador-Geral de Justiça, pelo voto de dois terços de seus membros e por iniciativa da maioria absoluta de seus integrantes em caso de abuso de poder, conduta incompatível ou grave omissão nos deveres do cargo, assegurada ampla defesa;
* **V. Nesta Lei Art. 9º, § 2º.**

* V. Nesta edição, LC-RJ 106/2003 arts. 12; 17, II.

V – eleger o Corregedor-Geral do Ministério Público;

VI – destituir o Corregedor-Geral do Ministério Público, pelo voto de dois terços de seus membros, em caso de abuso de poder, conduta incompatível ou grave omissão nos deveres do cargo, por representação do Procurador-Geral de Justiça ou da maioria de seus integrantes, assegurada ampla defesa;

* V. Nesta edição, LC-RJ 106/2003 Art. 17, IV.

VII – recomendar ao Corregedor-Geral do Ministério Público a instauração de procedimento administrativo disciplinar contra membro do Ministério Público;

VIII – julgar recurso contra decisão:

a) de vitaliciamento, ou não, de membro do Ministério Público;

b) condenatória em procedimento administrativo disciplinar;

c) proferida em reclamação sobre o quadro geral de antiguidade;

d) de disponibilidade e remoção de membro do Ministério Público, por motivo de interesse público;

e) de recusa prevista no § 3º do Art. 15 desta lei;

IX – decidir sobre pedido de revisão de procedimento administrativo disciplinar;

X – deliberar por iniciativa de um quarto de seus integrantes ou do Procurador-Geral de Justiça, que este ajuíze ação cível de decretação de perda do cargo de membro vitalício do Ministério Público nos casos previstos nesta Lei;

XI – rever, mediante requerimento de legítimo interessado, nos termos da Lei Orgânica, decisão de arquivamento de inquérito policial ou peças de informações determinada pelo Procurador-Geral de Justiça, nos casos de sua atribuição originária;

XII – elaborar seu regimento interno;

XIII – desempenhar outras atribuições que lhe forem conferidas por lei.

Parágrafo único. As decisões do Colégio de Procuradores da Justiça serão motivadas e publicadas, por extrato, salvo nas hipóteses legais de sigilo ou por deliberação da maioria de seus integrantes.

Art. 13. Para exercer as atribuições do Colégio de Procuradores de Justiça com número superior a quarenta Procuradores de Justiça, poderá ser constituído Órgão Especial, cuja composição e número de integrantes a Lei Orgânica fixará.

Parágrafo único. O disposto neste artigo não se aplica às hipóteses previstas nos incisos I, IV, V e VI do artigo anterior, bem como a outras atribuições a serem deferidas à totalidade do Colégio de Procuradores de Justiça pela Lei Orgânica.

* **V. Nesta edição, LC-RJ 106/2003 arts. 18; 19.**

Seção III
Do Conselho Superior do Ministério Público

* V. Nesta edição, LC-RJ 106/2003 arts. 20-22.

Art. 14. Lei Orgânica de cada Ministério Público disporá sobre a composição, inelegibilidade e prazos de sua cessação, posse e duração do mandato dos integrantes do Conselho Superior do Ministério Público, respeitadas as seguintes disposições:

I – o Conselho Superior terá como membros natos apenas o Procurador-Geral de Justiça e o Corregedor-Geral do Ministério Público;

II – são elegíveis somente Procuradores de Justiça que não estejam afastados da carreira;

III – o eleitor poderá votar em cada um dos elegíveis até o número de cargos postos em eleição, na forma da lei complementar estadual.

Art. 15. Ao Conselho Superior do Ministério Público compete:

I – elaborar as listas sêxtuplas a que se referem os arts. 94, *caput* e 104, parágrafo único, II, da Constituição Federal;

II – indicar ao Procurador-Geral de Justiça, em lista tríplice, os candidatos a remoção ou promoção por merecimento;

III – eleger, na forma da Lei Orgânica, os membros do Ministério Público que integrarão a Comissão de Concurso de ingresso na carreira;

IV – indicar o nome do mais antigo membro do Ministério Público para remoção ou promoção por antiguidade;

V – indicar ao Procurador-Geral de Justiça Promotores de Justiça para substituição por convocação;

VI – aprovar os pedidos de remoção por permuta entre membros do Ministério Público;

VII – decidir sobre vitaliciamento de membros do Ministério Público;

VIII – determinar por voto de dois terços de seus integrantes a disponibilidade ou remoção de membros do Ministério Público, por interesse público, assegurada ampla defesa;

IX – aprovar o quadro geral de antiguidade do Ministério Público e decidir sobre reclamações formuladas a esse respeito;

X – sugerir ao Procurador-Geral a edição de recomendações, sem caráter vinculativo, aos órgãos do Ministério Público para o desempenho de suas funções e a adoção de medidas convenientes ao aprimoramento dos serviços;

XI – autorizar o afastamento de membro do Ministério Público para frequentar curso ou seminário de aperfeiçoamento e estudo, no País ou no exterior;

XII – elaborar seu regimento interno;

XIII – exercer outras atribuições previstas em lei.

§ 1º – As decisões do Conselho Superior do Ministério Público serão motivadas e publicadas, por extrato, salvo nas hipóteses legais de sigilo ou por deliberação da maioria de seus integrantes.

§ 2º – A remoção e a promoção voluntária por antiguidade e por merecimento, bem como a convocação, dependerão de prévia manifestação escrita do interessado.

§ 3º – Na indicação por antiguidade, o Conselho Superior do Ministério Público somente poderá recusar o membro do Ministério Público mais antigo pelo voto de dois terços de seus integrantes, conforme procedimento próprio, repetindo-se a votação até fixar-se a indicação, após o julgamento de eventual recurso interposto com apoio na alínea e do inciso VIII do Art. 12 desta lei.

Seção IV
Da Corregedoria-Geral do
Ministério Público

* V. Nesta edição, LC-RJ 106/2003 arts. 23-26.

Art. 16. O Corregedor-Geral do Ministério Público será eleito pelo Colégio de Procuradores, dentre os Procuradores de Justiça, para mandato de dois anos, permitida uma recondução, observado o mesmo procedimento.

Parágrafo único. O Corregedor-Geral do Ministério Público é membro nato do Colégio de Procuradores de Justiça e do Conselho Superior do Ministério Público.

Art. 17. A Corregedoria-Geral do Ministério Público é o órgão orientador e fiscalizador das atividades funcionais e da conduta dos membros do Ministério Público, incumbindo-lhe, dentre outras atribuições:

I – realizar correições e inspeções;

II – realizar inspeções nas Procuradorias de Justiça, remetendo relatório reservado ao Colégio de Procuradores de Justiça;

III – propor ao Conselho Superior do Ministério Público, na forma da Lei Orgânica, o não vitaliciamento de membro do Ministério Público;

IV – fazer recomendações, sem caráter vinculativo, a órgão de execução;

V – instaurar, de ofício ou por provocação dos demais órgãos da Administração Superior do Ministério Público, processo disciplinar contra membro da instituição, presidindo-o e aplicando as sanções administrativas cabíveis, na forma da Lei Orgânica;

VI – encaminhar ao Procurador-Geral de Justiça os processos administrativos disciplinares que, na forma da Lei Orgânica, incumba a este decidir;

VII – remeter aos demais órgãos da Administração Superior do Ministério Público informações necessárias ao desempenho de suas atribuições;

VIII – apresentar ao Procurador-Geral de Justiça, na primeira quinzena de fevereiro, relatório com dados estatísticos sobre as atividades das Procuradorias e Promotorias de Justiça, relativas ao ano anterior.

Art. 18. O Corregedor-Geral do Ministério Público será assessorado por Promotores de Justiça da mais elevada entrância ou categoria, por ele indicados e designados pelo Procurador-Geral de Justiça.

Parágrafo único. Recusando-se o Procurador-Geral de Justiça a designar os Promotores de Justiça que lhe foram indicados, o Corregedor-Geral do Ministério Público poderá submeter a indicação à deliberação do Colégio de Procuradores.
* V. Nesta edição, LC-RJ 106/2003 arts. 25, parágrafo único; 26.

Seção V
Das Procuradorias de Justiça

* V. Nesta edição, LC-RJ 106/2003 arts. 27-30.

Art. 19. As Procuradorias de Justiça são órgãos de Administração do Ministério Público, com cargos de Procurador de Justiça e serviços auxiliares necessários ao desempenho das funções que lhe forem cometidas pela Lei Orgânica.

§ 1º – É obrigatória a presença de Procurador de Justiça nas sessões de julgamento dos processos da respectiva Procuradoria de Justiça.

§ 2º – Os Procuradores de Justiça exercerão inspeção permanente dos serviços dos Promotores de Justiça nos autos em que oficiem, remetendo seus relatórios à Corregedoria-Geral do Ministério Público.

Art. 20. Os Procuradores de Justiça das Procuradorias de Justiça civis e criminais, que oficiem junto ao mesmo Tribunal, reunir-se-ão para fixar orientações jurídicas, sem caráter vinculativo, encaminhando-as ao Procurador-Geral de Justiça.

Art. 21. A divisão interna dos serviços das Procuradorias de Justiça sujeitar-se-á a critérios objetivos definidos pelo Colégio de Procuradores, que visem à distribuição equitativa dos processos por sorteio, observadas, para esse efeito, as regras de proporcionalidade, especialmente a alternância fixada em função da natureza, volume e espécie dos feitos.

Parágrafo único. A norma deste artigo só não incidirá nas hipóteses em que os Procuradores de Justiça definam, consensualmente, conforme critérios próprios, a divisão interna dos serviços.

Art. 22. À Procuradoria de Justiça compete, na forma da Lei Orgânica, dentre outras atribuições:

I – escolher o Procurador de Justiça responsável pelos serviços administrativos da Procuradoria;

II – propor ao Procurador-Geral de Justiça a escala de férias de seus integrantes;

III – solicitar ao Procurador-Geral de Justiça, em caso de licença de Procurador de Justiça ou afastamento de suas funções junto à Procuradoria de Justiça, que convoque Promotor de Justiça da mais elevada entrância ou categoria para substituí-lo.

* V. Nesta edição, LC-RJ 106/2003 Art. 30.

Seção VI
Das Promotorias de Justiça

Art. 23. As Promotorias de Justiça são órgãos de administração do Ministério Público com pelo menos um cargo de Promotor de Justiça e serviços auxiliares necessários ao desempenho das funções que lhe forem cometidas pela Lei Orgânica.

§ 1º – As Promotorias de Justiça poderão ser judiciais ou extrajudiciais, especializadas, gerais ou cumulativas.

§ 2º – As atribuições das Promotorias de Justiça e dos cargos dos Promotores de Justiça que a integram serão fixadas mediante proposta do Procurador-Geral de Justiça, aprovada pelo Colégio de Procuradores de Justiça.

§ 3º – A exclusão, inclusão ou outra modificação nas atribuições das Promotorias de Justiça ou dos cargos dos Promotores de Justiça que a integram serão efetuadas mediante proposta do Procurador-Geral de Justiça, aprovada por maioria absoluta do Colégio de Procuradores.

Art. 24. O Procurador-Geral de Justiça poderá, com a concordância do Promotor de Justiça titular, designar outro Promotor para funcionar em feito determinado, de atribuição daquele.

Capítulo IV
Das funções dos órgãos de execução

Seção I
Das funções gerais

Art. 25. Além das funções previstas nas Constituições Federal e Estadual, na Lei Orgânica e em outras leis, incumbe, ainda, ao Ministério Público:

I – propor ação de inconstitucionalidade de leis ou atos normativos estaduais ou municipais, em face à Constituição Estadual;

II – promover a representação de inconstitucionalidade para efeito de intervenção do Estado nos Municípios;

III – promover, privativamente, a ação penal pública, na forma da lei;

IV – promover o inquérito civil e a ação civil pública, na forma da lei:

* V. CF Art. 129, III.
* V. Nesta edição, Res. CNMP 23/2007; Res. GPGJ 2.227/2018

a) para a proteção, prevenção e reparação dos danos causados ao meio ambiente, ao consumidor, aos bens e direitos de valor artístico, estético, histórico, turístico e paisagístico, e a outros interesses difusos, coletivos e individuais indisponíveis e homogêneos;

b) para a anulação ou declaração de nulidade de atos lesivos ao patrimônio público ou à moralidade administrativa do Estado ou de Município, de suas administrações indiretas ou fundacionais ou de entidades privadas de que participem;

V – manifestar-se nos processos em que sua presença seja obrigatória por lei e, ainda, sempre que cabível a intervenção, para assegurar o exercício de suas funções institucionais, não importando a fase ou grau de jurisdição em que se encontrem os processos;
VI – exercer a fiscalização dos estabelecimentos prisionais e dos que abriguem idosos, menores, incapazes ou pessoas portadoras de deficiência;
VII – deliberar sobre a participação em organismos estatais de defesa do meio ambiente, neste compreendido o do trabalho, do consumidor, de política penal e penitenciária e outros afetos à sua área de atuação;
VIII – ingressar em juízo, de ofício, para responsabilizar os gestores do dinheiro público condenados por tribunais e conselhos de contas;
IX – interpor recursos ao Supremo Tribunal Federal e ao Superior Tribunal de Justiça;
X – **(Vetado)**;
XI – **(Vetado)**.
Parágrafo único. É vedado o exercício das funções do Ministério Público a pessoas a ele estranhas, sob pena de nulidade do ato praticado.
* V. CF Art. 129, § 2º.

Art. 26. No exercício de suas funções, o Ministério Público poderá:
I – instaurar inquéritos civis e outras medidas e procedimentos administrativos pertinentes e, para instruí-los:

* V. Nesta edição, **Res. GPGJ 2227/2018 – Disciplina a atuação extrajudicial cível dos membros do Ministério Público do Estado do Rio de Janeiro e seus respectivos instrumentos.**

a) expedir notificações para colher depoimento ou esclarecimentos e, em caso de não comparecimento injustificado, requisitar condução coercitiva, inclusive pela Polícia Civil ou Militar, ressalvadas as prerrogativas previstas em lei;
b) requisitar informações, exames periciais e documentos de autoridades federais, estaduais e municipais, bem como dos órgãos e entidades da administração direta, indireta ou fundacional, de qualquer dos Poderes da União, dos Estados, do Distrito Federal e dos Municípios;
c) promover inspeções e diligências investigatórias junto às autoridades, órgãos e entidades a que se refere a alínea anterior;
II – requisitar informações e documentos a entidades privadas, para instruir procedimentos ou processo em que oficie;
III – requisitar à autoridade competente a instauração de sindicância ou procedimento administrativo cabível;
IV – requisitar diligências investigatórias e a instauração de inquérito policial e de inquérito policial militar, observado o disposto no Art. 129, inciso VIII, da Constituição Federal, podendo acompanhá-los;

Leis Orgânicas do Ministério Público

V – praticar atos administrativos executórios, de caráter preparatório;
VI – dar publicidade dos procedimentos administrativos não disciplinares que instaurar e das medidas adotadas;
VII – sugerir ao Poder competente a edição de normas e a alteração da legislação em vigor, bem como a adoção de medidas propostas, destinadas à prevenção e controle da criminalidade;
VIII – manifestar-se em qualquer fase dos processos, acolhendo solicitação do juiz, da parte ou por sua iniciativa, quando entender existente interesse em causa que justifique a intervenção.

§ 1º – As notificações e requisições previstas neste artigo, quando tiverem como destinatários o Governador do Estado, os membros do Poder Legislativo e os desembargadores, serão encaminhadas pelo Procurador-Geral de Justiça.

§ 2º – O membro do Ministério Público será responsável pelo uso indevido das informações e documentos que requisitar, inclusive nas hipóteses legais de sigilo.

§ 3º – Serão cumpridas gratuitamente as requisições feitas pelo Ministério Público às autoridades, órgãos e entidades da Administração Pública direta, indireta ou fundacional, de qualquer dos Poderes da União, dos Estados, do Distrito Federal e dos Municípios.

§ 4º – A falta ao trabalho, em virtude de atendimento à notificação ou requisição, na forma do inciso I deste artigo, não autoriza desconto de vencimentos ou salário, considerando-se de efetivo exercício, para todos os efeitos, mediante comprovação escrita do membro do Ministério Público.

§ 5º – Toda representação ou petição formulada ao Ministério Público será distribuída entre os membros da instituição que tenham atribuições para apreciá-la, observados os critérios fixados pelo Colégio de Procuradores.

Art. 27. Cabe ao Ministério Público exercer a defesa dos direitos assegurados nas Constituições Federal e Estadual, sempre que se cuidar de garantir-lhe o respeito:
I – pelos poderes estaduais ou municipais;
II – pelos órgãos da Administração Pública Estadual ou Municipal, direta ou indireta;
III – pelos concessionários e permissionários de serviço público estadual ou municipal;
IV – por entidades que exerçam outra função delegada do Estado ou do Município ou executem serviço de relevância pública.
Parágrafo único. No exercício das atribuições a que se refere este artigo, cabe ao Ministério Público, entre outras providências:
I – receber notícias de irregularidades, petições ou reclamações de qualquer natureza, promover as apurações cabíveis que lhes sejam próprias e dar-lhes as soluções adequadas;

II – zelar pela celeridade e racionalização dos procedimentos administrativos;
III – dar andamento, no prazo de trinta dias, às notícias de irregularidades, petições ou reclamações referidas no inciso I;
IV – promover audiências públicas e emitir relatórios, anual ou especiais, e recomendações dirigidas aos órgãos e entidades mencionadas no *caput* deste artigo, requisitando ao destinatário sua divulgação adequada e imediata, assim como resposta por escrito.

Art. 28. (Vetado).

Seção II
Do Procurador-Geral de Justiça

Art. 29. Além das atribuições previstas nas Constituições Federal e Estadual, na Lei Orgânica e em outras leis, compete ao Procurador-Geral de Justiça:
I – representar aos Tribunais locais por inconstitucionalidade de leis ou atos normativos estaduais ou municipais, em face da Constituição Estadual;
II – representar para fins de intervenção do Estado no Município, com o objetivo de assegurar a observância de princípios indicados na Constituição Estadual ou prover a execução de lei, de ordem ou de decisão judicial;
III – representar o Ministério Público nas sessões plenárias dos Tribunais;
IV – **(Vetado)**;
V – ajuizar ação penal de competência originária dos Tribunais, nela oficiando;
VI – oficiar nos processos de competência originária dos Tribunais, nos limites estabelecidos na Lei Orgânica;
VII – determinar o arquivamento de representação, notícia de crime, peças de informação, conclusão de comissões parlamentares de inquérito ou inquérito policial, nas hipóteses de suas atribuições legais;

VIII – exercer as atribuições do Art. 129, II e III, da Constituição Federal, quando a autoridade reclamada for o Governador do Estado, o Presidente da Assembleia Legislativa ou os Presidentes de Tribunais, bem como quando contra estes, por ato praticado em razão de suas funções, deva ser ajuizada a competente ação;

IX – delegar a membro do Ministério Público suas funções de órgão de execução.

Seção III
Do Conselho Superior do
Ministério Público

Art. 30. Cabe ao Conselho Superior do Ministério Público rever o arquivamento de inquérito civil, na forma da lei.
* V. Nesta edição, **Res. 2227/2018. Disciplina a atuação extrajudicial cível dos membros do Ministério Público do Estado do Rio de Janeiro e seus respectivos instrumentos**
* V. Lei 7.347/85 arts. 8º; 9º.

Seção IV
Dos Procuradores de Justiça

Art. 31. Cabe aos Procuradores de Justiça exercer as atribuições junto aos Tribunais, desde que não cometidas ao Procurador-Geral de Justiça, e inclusive por delegação deste.

Seção V
Dos Promotores de Justiça

Art. 32. Além de outras funções cometidas nas Constituições Federal e Estadual, na Lei Orgânica e demais leis, compete aos Promotores de Justiça, dentro de suas esferas de atribuições:

I – impetrar habeas-corpus e mandado de segurança e requerer correição parcial, inclusive perante os Tribunais locais competentes;

II – atender a qualquer do povo, tomando as providências cabíveis;

III – oficiar perante à Justiça Eleitoral de primeira instância, com as atribuições do Ministério Público Eleitoral previstas na Lei Orgânica do Ministério Público da União que forem pertinentes, além de outras estabelecidas na legislação eleitoral e partidária.

* V. Nesta edição, LC 75/93 arts. 72-80.
* V. Nesta edição, Res. Conjunta GPGJ/PRE nº 17/20.

Capítulo V
Dos órgãos auxiliares
Seção I
Dos Centros de Apoio Operacional

* V. Nesta edição, Res. GPGJ 2.402/2021, Art. 5º, § 2º, II e Res. GPGJ 1.804/2013 – Centros de Apoio Operacional do Ministério Público do Estado do Rio de Janeiro.

Art. 33. Os Centros de Apoio Operacional são órgãos auxiliares da atividade funcional do Ministério Público, competindo-lhes, na forma da Lei Orgânica:

I – estimular a integração e o intercâmbio entre órgãos de execução que atuem na mesma área de atividade e que tenham atribuições comuns;

II – remeter informações técnico-jurídicas, sem caráter vinculativo, aos órgãos ligados à sua atividade;

III – estabelecer intercâmbio permanente com entidades ou órgãos públicos ou privados que atuem em áreas afins, para obtenção de elementos técnicos especializados necessários ao desempenho de suas funções;

IV – remeter, anualmente, ao Procurador-Geral de Justiça relatório das atividades do Ministério Público relativas às suas áreas de atribuições;

V – exercer outras funções compatíveis com suas finalidades, vedado o exercício de qualquer atividade de órgão de execução, bem como a expedição de atos normativos a estes dirigidos.

Seção II
Da comissão de concurso

Art. 34. À Comissão de Concurso, órgão auxiliar de natureza transitória, incumbe realizar a seleção de candidatos ao ingresso na carreira do Ministério Público, na forma da Lei Orgânica e observado o Art. 129, § 3º, da Constituição Federal.

Parágrafo único. A Lei Orgânica definirá o critério de escolha do Presidente da Comissão de Concurso de ingresso na carreira, cujos demais integrantes serão eleitos na forma do Art. 15, inciso III, desta Lei.

Seção III
Do Centro de Estudos e Aperfeiçoamento Funcional

Art. 35. O Centro de Estudos e Aperfeiçoamento Funcional é órgão auxiliar do Ministério Público destinado a realizar cursos, seminários, congressos, simpósios, pesquisas, atividades, estudos e publicações visando ao aprimoramento profissional e cultural dos membros da instituição, de seus auxiliares e funcionários, bem como a melhor execução de seus serviços e racionalização de seus recursos materiais.

Parágrafo único. A Lei Orgânica estabelecerá a organização, funcionamento e demais atribuições do Centro de Estudos e Aperfeiçoamento Funcional.

*V. Nesta Edição, Res. GPGJ 2402/2021, Art. 3º § 8º e 9º

Seção IV
Dos órgãos de apoio administrativo

Art. 36. Lei de iniciativa do Procurador-Geral de Justiça disciplinará os órgãos e serviços auxiliares de apoio administrativo, organizados em quadro próprio de carreiras, com os cargos que atendam às suas peculiaridades e às necessidades da administração e das atividades funcionais.

*V. Nesta Edição Lei 5.891/2011 – Quadro Permanente dos Serviços Auxiliares do MPRJ

Seção V
Dos estagiários

Art. 37. Os estagiários do Ministério Público, auxiliares das Promotorias de Justiça, serão nomeados pelo Procurador-Geral de Justiça, para período não superior a três anos.

Parágrafo único. A Lei Orgânica disciplinará a seleção, investidura, vedações e dispensa dos estagiários, que serão alunos dos três últimos anos do curso de bacharelado de Direito, de escolas oficiais ou reconhecidas.

*V. Nesta edição, LC-RJ 106/2003, Art. 49

Capítulo VI
Das garantias e prerrogativas dos membros do Ministério Público

* V. Nesta edição, LC-RJ 106/2003 arts. 79-83.

Art. 38. Os membros do Ministério Público sujeitam-se a regime jurídico especial e têm as seguintes garantias:

I – vitaliciedade, após dois anos de exercício, não podendo perder o cargo senão por sentença judicial transitada em julgado;

II – inamovibilidade, salvo por motivo de interesse público;

III – irredutibilidade de vencimentos, observado, quanto à remuneração, o disposto na Constituição Federal.

§ 1º – O membro vitalício do Ministério Público somente perderá o cargo por sentença judicial transitada em julgado, proferida em ação civil própria, nos seguintes casos:

I – prática de crime incompatível com o exercício do cargo, após decisão judicial transitada em julgado;

II – exercício da advocacia;

III – abandono do cargo por prazo superior a trinta dias corridos.

§ 2º – A ação civil para a decretação da perda do cargo será proposta pelo Procurador-Geral de Justiça perante o Tribunal de Justiça local, após autorização do Colégio de Procuradores, na forma da Lei Orgânica.

Art. 39. Em caso de extinção do órgão de execução, da Comarca ou mudança da sede da Promotoria de Justiça, será facultado ao Promotor de Justiça remover-se para outra Promotoria de igual entrância ou categoria, ou obter a disponibilidade com vencimentos integrais e a contagem do tempo de serviço como se em exercício estivesse.

§ 1º – O membro do Ministério Público em disponibilidade remunerada continuará sujeito às vedações constitucionais e será classificado em quadro especial, provendo-se a vaga que ocorrer.

§ 2º – A disponibilidade, nos casos previstos no *caput* deste artigo outorga ao membro do Ministério Público o direito à percepção de vencimentos e vantagens integrais e à contagem do tempo de serviço como se em exercício estivesse.

Art. 40. Constituem prerrogativas dos membros do Ministério Público, além de outras previstas na Lei Orgânica:

I – ser ouvido, como testemunha ou ofendido, em qualquer processo ou inquérito, em dia, hora e local previamente ajustados com o Juiz ou a autoridade competente;

II – estar sujeito a intimação ou convocação para comparecimento, somente se expedida pela autoridade judiciária ou por órgão da Administração Superior

do Ministério Público competente, ressalvadas as hipóteses constitucionais;
III – ser preso somente por ordem judicial escrita, salvo em flagrante de crime inafiançável, caso em que a autoridade fará, no prazo máximo de vinte e quatro horas, a comunicação e a apresentação do membro do Ministério Público ao Procurador-Geral de Justiça;
IV – ser processado e julgado originariamente pelo Tribunal de Justiça de seu Estado, nos crimes comuns e de responsabilidade, ressalvada exceção de ordem constitucional;
V – ser custodiado ou recolhido à prisão domiciliar ou à sala especial de Estado Maior, por ordem e à disposição do Tribunal competente, quando sujeito a prisão antes do julgamento final;
VI – ter assegurado o direito de acesso, retificação e complementação dos dados e informações relativos à sua pessoa, existentes nos órgãos da instituição, na forma da Lei Orgânica.

Art. 41. Constituem prerrogativas dos membros do Ministério Público, no exercício de sua função, além de outras previstas na Lei Orgânica:
I – receber o mesmo tratamento jurídico e protocolar dispensado aos membros do Poder Judiciário junto aos quais oficiem;
II – não ser indiciado em inquérito policial, observado o disposto no parágrafo único deste artigo;
III – ter vista dos autos após distribuição às Turmas ou Câmaras e intervir nas sessões de julgamento, para sustentação oral ou esclarecimento de matéria de fato;
IV – receber intimação pessoal em qualquer processo e grau de jurisdição, através da entrega dos autos com vista;
V – gozar de inviolabilidade pelas opiniões que externar ou pelo teor de suas manifestações processuais ou procedimentos, nos limites de sua independência funcional;
VI – ingressar e transitar livremente:
a) nas salas de sessões de Tribunais, mesmo além dos limites que separam a parte reservada aos Magistrados;
b) nas salas e dependências de audiências, secretarias, cartórios, tabelionatos, ofícios da justiça, inclusive dos registros públicos, delegacias de polícia e estabelecimento de internação coletiva;
c) em qualquer recinto público ou privado, ressalvada a garantia constitucional de inviolabilidade de domicílio;
VII – examinar, em qualquer Juízo ou Tribunal, autos de processos findos ou em andamento, ainda que conclusos à autoridade, podendo copiar peças e tomar apontamentos;
VIII – examinar, em qualquer repartição policial, autos de flagrante ou inquérito, findos ou em andamento, ainda que conclusos à autoridade, podendo

copiar peças e tomar apontamentos;
IX – ter acesso ao indiciado preso, a qualquer momento, mesmo quando decretada a sua incomunicabilidade;
X – usar as vestes talares e as insígnias privativas do Ministério Público;
XI – tomar assento à direita dos Juízes de primeira instância ou do Presidente do Tribunal, Câmara ou Turma.
Parágrafo único. Quando no curso de investigação, houver indício da prática de infração penal por parte de membro do Ministério Público, a autoridade policial, civil ou militar remeterá, imediatamente, sob pena de responsabilidade, os respectivos autos ao Procurador-Geral de Justiça, a quem competirá dar prosseguimento à apuração.

Art. 42. Os membros do Ministério Público terão carteira funcional, expedida na forma da Lei Orgânica, valendo em todo o território nacional como cédula de identidade, e porte de arma, independentemente, neste caso, de qualquer ato formal de licença ou autorização.

Capítulo VII
Dos deveres e vedações dos membros do Ministério Público

* V. Nesta edição, LC-RJ 106/2003 arts. 118-120.

Art. 43 São deveres dos membros do Ministério Público, além de outros previstos em lei:
I – manter ilibada conduta pública e particular;
II – zelar pelo prestígio da Justiça, por suas prerrogativas e pela dignidade de suas funções;
III – indicar os fundamentos jurídicos de seus pronunciamentos processuais, elaborando relatório em sua manifestação final ou recursal;
IV – obedecer aos prazos processuais;
V – assistir aos atos judiciais, quando obrigatória ou conveniente a sua presença;
VI – desempenhar, com zelo e presteza, as suas funções;
VII – declarar-se suspeito ou impedido, nos termos da lei;
VIII – adotar, nos limites de suas atribuições, as providências cabíveis em face da irregularidade de que tenha conhecimento ou que ocorra nos serviços a seu cargo;
IX – tratar com urbanidade as partes, testemunhas, funcionários e auxiliares da Justiça;
X – residir, se titular, na respectiva Comarca;
XI – prestar informações solicitadas pelos órgãos da instituição;
XII – identificar-se em suas manifestações funcionais;
XIII – atender aos interessados, a qualquer momento, nos casos urgentes;
XIV – acatar, no plano administrativo, as decisões dos órgãos da Administração Superior do Ministério Público.

Art. 44. Aos membros do Ministério Público se aplicam as seguintes vedações:
* **V. CF Art. 128, § 5º, II.**
I – receber, a qualquer título e sob qualquer pretexto, honorários, percentagens ou custas processuais;
II – exercer advocacia;
III – exercer o comércio ou participar de sociedade comercial, exceto como cotista ou acionista;
IV – exercer, ainda que em disponibilidade, qualquer outra função pública, salvo uma de Magistério;
V – exercer atividade político-partidária, ressalvada a filiação e as exceções previstas em lei.
* **Artigo parcialmente revogado em virtude da nova redação do Art. 128, § 5º, II, "e", introduzido pela EC 45/2004.**
Parágrafo único. Não constituem acumulação, para os efeitos do inciso IV deste artigo, as atividades exercidas em organismos estatais afetos à área de atuação do Ministério Público, em Centro de Estudo e Aperfeiçoamento de Ministério Público, em entidades de representação de classe e o exercício de cargos de confiança na sua administração e nos órgãos auxiliares.

Capítulo VIII
Dos vencimentos, vantagens e direitos

* **V. Nesta edição, LC-RJ 106/2003 arts. 84-91.**

Art. 45. O membro do Ministério Público, convocado ou designado para substituição, terá direito à diferença de vencimento entre o seu cargo e o que ocupar.

Art. 46. A revisão da remuneração dos membros do Ministério Público far-se--á na forma da lei estadual.

Art. 47. Os vencimentos dos membros do Ministério Público serão fixados com diferença não excedente a dez por cento de uma para outra entrância ou categoria, ou da entrância mais elevada para o cargo de Procurador-Geral de Justiça, garantindo-se aos Procuradores de Justiça não menos de noventa e cinco por cento dos vencimentos atribuídos ao Procurador-Geral.

Art. 48. A remuneração dos membros dos Ministérios Públicos dos Estados observará, como limite máximo, os valores percebidos como remuneração, em espécie, a qualquer título, pelos membros do Poder Judiciário local.

Art. 49. Os vencimentos do Procurador-Geral de Justiça, em cada Estado, para efeito do disposto no § 1º do Art. 39 da Constituição Federal, guardarão equivalência com os vencimentos dos Desembargadores dos Tribunais de Justiça.
* **Artigo declarado inconstitucional pela ADIn 1.274-6, DOU de 26.02.2003.**

Art. 50. Além dos vencimentos, poderão ser outorgadas, a membro do Minis-

tério Público, nos termos da lei, as seguintes vantagens:
I – ajuda de custo, para despesas de transporte e mudança;
II – auxílio-moradia, nas Comarcas em que não haja residência oficial condigna para o membro do Ministério Público;
III – salário-família;
IV – diárias;
V – verba de representação de Ministério Público;
VI – gratificação pela prestação de serviço à Justiça Eleitoral, equivalente àquela devida ao Magistrado ante o qual oficiar;
VII – gratificação pela prestação de serviço à Justiça do Trabalho, nas Comarcas em que não haja Junta de Conciliação e Julgamento;
VIII – gratificação adicional por ano de serviço, incidente sobre o vencimento básico e a verba de representação, observado o disposto no § 3º deste artigo e no inciso XIV do Art. 37 da Constituição Federal;
IX – gratificação pelo efetivo exercício em Comarca de difícil provimento, assim definida e indicada em lei ou em ato do Procurador-Geral de Justiça;
X – gratificação pelo exercício cumulativo de cargos ou funções;
XI – verba de representação pelo exercício de cargos de direção ou de confiança junto aos órgãos da Administração Superior;
XII – outras vantagens previstas em lei, inclusive as concedidas aos servidores públicos em geral.
§ 1º – Aplicam-se aos membros do Ministério Público os direitos sociais previstos no Art. 7º, incisos VIII, XII, XVII, XVIII e XIX, da Constituição Federal.
§ 2º – Computar-se-á, para efeito de aposentadoria, disponibilidade e adicionais por tempo de serviço, o tempo de exercício da advocacia, até o máximo de quinze anos.
§ 3º – Constitui parcela dos vencimentos, para todos os efeitos, a gratificação de representação de Ministério Público.
Art. 51. O direito a férias anuais, coletivas e individuais, do membro do Ministério Público, será igual ao dos Magistrados, regulando a Lei Orgânica a sua concessão e aplicando-se o disposto no Art. 7º, inciso XVII, da Constituição Federal.
Art. 52. Conceder-se-á licença:
* **V. Nesta edição, LC-RJ 106/2003 arts. 92-103.**
I – para tratamento de saúde;
II – por motivo de doença de pessoa da família;
III – à gestante;
IV – paternidade;
V – em caráter especial;
VI – para casamento, até oito dias;

VII – por luto, em virtude de falecimento do cônjuge, ascendente, descendente, irmãos, sogros, noras e genros, até oito dias;
VIII – em outros casos previstos em lei.
Parágrafo único. A Lei Orgânica disciplinará as licenças referidas neste artigo, não podendo o membro do Ministério Público, nessas situações, exercer qualquer de suas funções.

Art. 53. São considerados como de efetivo exercício, para todos os efeitos legais, exceto para vitaliciamento, os dias em que o membro do Ministério Público estiver afastado de suas funções em razão:
I – de licença prevista no artigo anterior;
II – de férias;
III – de cursos ou seminários de aperfeiçoamento e estudos, no País ou no exterior, de duração máxima de dois anos e mediante prévia autorização do Conselho Superior do Ministério Público;
IV – de período de trânsito;
V – de disponibilidade remunerada, exceto para promoção, em caso de afastamento decorrente de punição;
VI – de designação do Procurador-Geral de Justiça para:
a) realização de atividade de relevância para a instituição;
b) direção de Centro de Estudos e Aperfeiçoamento Funcional do Ministério Público;
VII – de exercício de cargos ou de funções de direção de associação representativa de classe, na forma da Lei Orgânica;
VIII – de exercício das atividades previstas no parágrafo único do Art. 44 desta lei;
IX – de outras hipóteses definidas em lei.

Art. 54. O membro do Ministério Público será aposentado, com proventos integrais, compulsoriamente, por invalidez ou aos setenta anos de idade, e, facultativamente, aos trinta anos de serviço, após cinco anos de efetivo exercício na carreira.

Art. 55. Os proventos da aposentadoria, que corresponderão à totalidade dos vencimentos percebidos no serviço ativo, a qualquer título, serão revistos na mesma proporção e na mesma data, sempre que se modificar a remuneração dos membros do Ministério Público em atividade, sendo também estendidos aos inativos quaisquer benefícios ou vantagens posteriormente concedidos àqueles, inclusive quando decorrentes de transformação ou reclassificação do cargo ou função em que se deu a aposentadoria.
Parágrafo único. Os proventos dos membros do Ministério Público aposentados serão pagos na mesma ocasião em que o forem os vencimentos dos membros do Ministério Público em atividade, figurando em folha de pagamento expedida pelo Ministério Público.

Art. 56. A pensão por morte, igual à totalidade dos vencimentos ou proventos percebidos pelos membros em atividade ou inatividade do Ministério Público, será reajustada na mesma data e proporção daqueles.

Parágrafo único. A pensão obrigatória não impedirá a percepção de benefícios decorrentes de contribuição voluntária para qualquer entidade de previdência.

Art. 57. Ao cônjuge sobrevivente e, em sua falta, aos herdeiros ou dependentes de membro do Ministério Público, ainda que aposentado ou em disponibilidade, será pago o auxílio-funeral, em importância igual a um mês de vencimentos ou proventos percebidos pelo falecido.

Art. 58. Para os fins deste Capítulo, equipara-se à esposa a companheira, nos termos da lei.

Capítulo IX
Da carreira

Art. 59. O ingresso nos cargos iniciais da carreira dependerá da aprovação prévia em concurso público de provas e títulos, organizado e realizado pela Procuradoria-Geral de Justiça, com participação da Ordem dos Advogados do Brasil.

* V. Nesta edição, LC-RJ 106/2003 arts. 55-57.

§ 1º – É obrigatória a abertura do concurso de ingresso quando o número de vagas atingir a um quinto dos cargos iniciais da carreira.

§ 2º – Assegurar-se-ão ao candidato aprovado a nomeação e a escolha do cargo, de acordo com a ordem de classificação no concurso.

§ 3º – São requisitos para o ingresso na carreira, dentre outros estabelecidos pela Lei Orgânica:

I – ser brasileiro;

II – ter concluído o curso de bacharelado em Direito, em escola oficial ou reconhecida;

III – estar quite com o serviço militar;

IV – estar em gozo dos direitos políticos.

§ 4º – O candidato nomeado deverá apresentar, no ato de sua posse, declaração de seus bens e prestar compromisso de desempenhar, com retidão, as funções do cargo e de cumprir a Constituição e as leis.

Art. 60. Suspende-se, até definitivo julgamento, o exercício funcional de membro do Ministério Público quando, antes do decurso do prazo de dois anos, houver impugnação de seu vitaliciamento.

§ 1º – A Lei Orgânica disciplinará o procedimento de impugnação, cabendo ao Conselho Superior do Ministério Público decidir, no prazo máximo de sessenta dias, sobre o não vitaliciamento e ao Colégio de Procuradores, em trinta dias, eventual recurso.

§ 2º – Durante a tramitação do procedimento de impugnação, o membro do Ministério Público perceberá vencimentos integrais, contando-se para todos os efeitos o tempo de suspensão do exercício funcional, no caso de vitaliciamento.

Art. 61. A Lei Orgânica regulamentará o regime de remoção e promoção dos membros do Ministério Público, observados os seguintes princípios:
* V. Nesta edição, LC-RJ 106/2003 arts. 64-76.

I – promoção voluntária, por antiguidade e merecimento, alternadamente, de uma para outra entrância ou categoria e da entrância ou categoria mais elevada para o cargo de Procurador de Justiça, aplicando-se, por assemelhação, o disposto no Art. 93, incisos III e VI, da Constituição Federal;
II – apurar-se-á a antiguidade na entrância e o merecimento pela atuação do membro do Ministério Público em toda a carreira, com prevalência de critérios de ordem objetiva levando-se inclusive em conta sua conduta, operosidade e dedicação no exercício do cargo, presteza e segurança nas suas manifestações processuais, o número de vezes que já tenha participado de listas, bem como a frequência e o aproveitamento em cursos oficiais, ou reconhecidos, de aperfeiçoamento;
III – obrigatoriedade de promoção do Promotor de Justiça que figure por três vezes consecutivas ou cinco alternadas em lista de merecimento;
IV – a promoção por merecimento pressupõe dois anos de exercício na respectiva entrância ou categoria e integrar o Promotor de Justiça a primeira quinta parte da lista de antiguidade, salvo se não houver com tais requisitos quem aceite o lugar vago, ou quando o número limitado de membros do Ministério Público inviabilizar a formação de lista tríplice;
V – a lista de merecimento resultará dos três nomes mais votados, desde que obtida maioria de votos, procedendo-se, para alcançá-la, a tantas votações quantas necessárias, examinados em primeiro lugar os nomes dos remanescentes de lista anterior;
VI – não sendo caso de promoção obrigatória, a escolha recairá no membro do Ministério Público mais votado, observada a ordem dos escrutínios, prevalecendo, em caso de empate, a antiguidade na entrância ou categoria, salvo se preferir o Conselho Superior delegar a competência ao Procurador-Geral de Justiça.

Art. 62. Verificada a vaga para remoção ou promoção, o Conselho Superior do Ministério Público expedirá, no prazo máximo de sessenta dias, edital para preenchimento do cargo, salvo se ainda não instalado.

Art. 63. Para cada vaga destinada ao preenchimento por remoção ou promoção, expedir-se-á edital distinto, sucessivamente, com a indicação do cargo correspondente à vaga a ser preenchida.

Art. 64. Será permitida a remoção por permuta entre membros do Ministério Público da mesma entrância ou categoria, observado, além do disposto na Lei

Orgânica:

I – pedido escrito e conjunto, formulado por ambos os pretendentes;

II – a renovação de remoção por permuta somente permitida após o decurso de dois anos;

III – que a remoção por permuta não confere direito a ajuda de custo.

Art. 65. A Lei Orgânica poderá prever a substituição por convocação, em caso de licença do titular de cargo da carreira ou de afastamento de suas funções junto à Procuradoria ou Promotoria de Justiça, somente podendo ser convocados membros do Ministério Público.

Art. 66. A reintegração, que decorrerá de sentença transitada em julgado, é o retorno do membro do Ministério Público ao cargo, com ressarcimento dos vencimentos e vantagens deixados de perceber em razão do afastamento, inclusive a contagem do tempo de serviço.

§ 1º – Achando-se provido o cargo no qual será reintegrado o membro do Ministério Público, o seu ocupante passará à disponibilidade, até posterior aproveitamento.

§ 2º – O membro do Ministério Público reintegrado será submetido a inspeção médica e, se considerado incapaz, será aposentado compulsoriamente, com as vantagens a que teria direito se efetivada a reintegração.

Art. 67. A reversão dar-se-á na entrância em que se aposentou o membro do Ministério Público, em vaga a ser provida pelo critério de merecimento, observados os requisitos legais.

Art. 68. O aproveitamento é o retorno do membro do Ministério Público em disponibilidade ao exercício funcional.

§ 1º – O membro do Ministério Público será aproveitado no órgão de execução que ocupava quando posto em disponibilidade, salvo se aceitar outro de igual entrância ou categoria, ou se for promovido.

§ 2º – Ao retornar à atividade, será o membro do Ministério Público submetido a inspeção médica e, se julgado incapaz, será aposentado compulsoriamente, com as vantagens a que teria direito se efetivado o seu retorno.

Capítulo X
Das disposições finais e transitórias

Art. 69. Os Ministérios Públicos dos Estados adequarão suas tabelas de vencimentos ao disposto nesta Lei, visando à revisão da remuneração dos seus membros e servidores.

Art. 70. Fica instituída a gratificação pela prestação de serviço à Justiça Eleitoral, de que trata o Art. 50, VI, desta Lei.

Art. 71. (Vetado).

Art. 72. Ao membro ou servidor do Ministério Público é vedado manter, sob sua chefia imediata, em cargo ou função de confiança, cônjuge, companheiro, ou parente até o segundo grau civil.

Art. 73. Para exercer as funções junto à Justiça Eleitoral, por solicitação do Procurador-Geral da República, os membros do Ministério Público do Estado serão designados, se for o caso, pelo respectivo Procurador-Geral de Justiça.
* V. Nesta edição, LC 75/93 arts. 72-80.

§ 1º – Não ocorrendo designação, exclusivamente para os serviços eleitorais, na forma do *caput* deste artigo, o Promotor Eleitoral será o membro do Ministério Público local que oficie perante o Juízo incumbido daqueles serviços.

§ 2º – Havendo impedimento ou recusa justificável, o Procurador-Geral de Justiça designará o substituto.

Art. 74. Para fins do disposto no Art. 104, parágrafo único, inciso II, da Constituição Federal e observado o que dispõe o Art. 15, inciso I, desta Lei, a lista sêxtupla de membros do Ministério Público será organizada pelo Conselho Superior de cada Ministério Público dos Estados.

Art. 75. Compete ao Procurador-Geral de Justiça, ouvido o Conselho Superior do Ministério Público, autorizar o afastamento da carreira de membro do Ministério Público que tenha exercido a opção de que trata o Art. 29, § 3º, do Ato das Disposições Constitucionais Transitórias, para exercer o cargo, emprego ou função de nível equivalente ou maior na Administração Direta ou Indireta.

Parágrafo único. O período de afastamento da carreira estabelecido neste artigo será considerado de efetivo exercício, para todos os efeitos legais, exceto para remoção ou promoção por merecimento.

Art. 76. A Procuradoria-Geral de Justiça deverá propor, no prazo de um ano da promulgação desta Lei, a criação ou transformação de cargos correspondentes às funções não atribuídas aos cargos já existentes.

Parágrafo único. Aos Promotores de Justiça que executem as funções previstas neste artigo assegurar-se-á preferência no concurso de remoção.

Art. 77. No âmbito do Ministério Público, para os fins do disposto no Art. 37, inciso XI, da Constituição Federal, ficam estabelecidos como limite de remuneração os valores percebidos em espécie, a qualquer título, pelo Procurador-Geral de Justiça.

Art. 78. O Ministério Público poderá firmar convênios com as associações de membros de instituição com vistas à manutenção de serviços assistenciais e culturais a seus associados.

Art. 79. O disposto nos arts. 57 e 58 desta Lei aplica-se, a partir de sua publicação, aos proventos e pensões anteriormente concedidos, não gerando efeitos financeiros anteriormente à sua vigência.

Art. 80. Aplicam-se aos Ministérios Públicos dos Estados, subsidiariamente, as normas da Lei Orgânica do Ministério Público da União.

Art. 81. Os Estados adaptarão a organização de seu Ministério Público aos preceitos desta lei, no prazo de cento e vinte dias a contar de sua publicação.

Art. 82. O dia 14 de dezembro será considerado "Dia Nacional do Ministério Público".

Art. 83. Esta lei entra em vigor na data de sua publicação.

Art. 84. Revogam-se as disposições em contrário.

Brasília, 12 de fevereiro de 1993.
172º da Independência e 105º da República
Itamar Franco

Lei Complementar Estadual 106, de 3 de janeiro de 2003
(Atualizada até a LC 187, de 23/12/2019)

Institui a Lei Orgânica do Ministério Público do Estado do Rio de Janeiro e dá outras providências.

A Governadora do Estado do Rio de Janeiro,

Faço saber que a Assembleia Legislativa do Estado do Rio de Janeiro decreta e eu sanciono a seguinte Lei:

Título I
Do Ministério Público
Capítulo I
Das disposições gerais

Art. 1º. O Ministério Público é instituição permanente, essencial à função jurisdicional do Estado, incumbindo-lhe a defesa da ordem jurídica, do regime democrático e dos interesses sociais e individuais indisponíveis.

Parágrafo único – São princípios institucionais do Ministério Público a unidade, a indivisibilidade e a independência funcional.

Art. 2º. Ao Ministério Público é assegurada autonomia funcional, administrativa e financeira, cabendo-lhe, especialmente:

I – praticar atos próprios de gestão;

II – praticar atos e decidir sobre a situação funcional e administrativa do pessoal, ativo e inativo, de carreira e dos serviços auxiliares, organizados em quadros próprios;

* **V. Nesta edição, Lei-RJ 5.891/11 – Dispõe sobre o Quadro Permanente dos Serviços Auxiliares do MPRJ.**

III – elaborar suas folhas de pagamento e expedir os competentes demonstrativos;

IV – adquirir bens e contratar serviços, efetuando a respectiva contabilização;

V – propor ao Poder Legislativo a criação e extinção de seus cargos e a fixação e o reajuste dos vencimentos dos seus membros;

VI – propor ao Poder Legislativo a criação e extinção dos cargos de seus serviços auxiliares, bem como a fixação e o reajuste dos vencimentos dos seus servidores;

VII – prover, em caráter originário ou mediante promoção e demais formas de provimento derivado, os cargos a que se referem os incisos anteriores;

VIII – editar atos de aposentadoria, exoneração e outros que importem em vacância de cargos da carreira ou dos serviços auxiliares, e atos de disponibilidade de membros do Ministério Público e de seus servidores;

IX – compor seus órgãos de administração e organizar suas secretarias, repartições administrativas e serviços auxiliares das Procuradorias de Justiça e Promotorias de Justiça;
X – elaborar seus regimentos internos;
XI – proporcionar serviços de assistência médico-hospitalar aos membros da Instituição, ativos e inativos, e aos seus dependentes, assim entendida como o conjunto de atividades relacionadas à preservação ou recuperação da saúde, abrangendo serviços profissionais médicos, paramédicos, farmacêuticos e odontológicos, facultada a terceirização da atividade ou a indenização dos valores gastos, na forma disciplinada em resolução do Procurador-Geral de Justiça;
XII – licitar obras, serviços e compras, empenhando as respectivas despesas, a qualquer tempo, em sistemas governamentais de que faça parte;
XIII – compor frota própria de veículos oficiais, a serem adquiridos ou locados;
XIV- elaborar sistema próprio de registro de preços e aderir a registros de preços de outras entidades públicas, de qualquer esfera federativa, desde que garantidas as mesmas condições de fornecimento ou prestação licitadas;
XV – implementar programas decorrentes de normas constitucionais asseguradoras de direitos sociais;
XVI – disciplinar a prestação de serviço público voluntário e gratuito, sem reconhecimento de vínculo empregatício, para fins de apoio a atividades institucionais, facultada a concessão de auxílio transporte e alimentação;
* **Incisos XI ao XVI incluídos pela LC-RJ 113/06.**
XVII – promover a publicação de atos oficiais preferencialmente no Diário Oficial Eletrônico do Ministério Público do Estado do Rio de Janeiro, mantido pela Instituição, conforme disciplina estabelecida em resolução do Procurador Geral de Justiça.
* **Inciso incluído pela Lei Complementar 179/18.**
XVIII – exercer outras competências delas decorrentes.
* **Inciso XVII incluído pela Lei Complementar 113/06 e renumerado para inciso XVIII pela Lei Complementar 179/18.**
Parágrafo único. As decisões do Ministério Público fundadas em sua autonomia funcional, administrativa e financeira, obedecidas as formalidades legais, têm eficácia plena e executoriedade imediata, ressalvada a competência constitucional do Poder Judiciário, do Poder Legislativo e do Tribunal de Contas do Estado.

Art. 3º. O Ministério Público elaborará sua proposta orçamentária dentro dos limites estabelecidos na Lei de Diretrizes Orçamentárias, encaminhando-a, diretamente, ao Governador do Estado, que a submeterá ao Poder Legislativo.

§ 1º – Os recursos correspondentes às dotações orçamentárias próprias e globais do Ministério Público, compreendidos os créditos suplementares e especiais, ser-lhe-ão postos à disposição em duodécimos, entregues até o dia 20 de cada mês.

§ 2º – Os recursos próprios, não originários do Tesouro Estadual, serão utilizados em programas vinculados às finalidades da Instituição, vedada outra destinação.

§ 3º – A fiscalização contábil, financeira, orçamentária e patrimonial do Ministério Público, quanto à legalidade, economicidade, aplicação de dotações e recursos próprios e renúncia de receitas, será exercida, mediante controle externo, pela Assembleia Legislativa, com o auxílio do Tribunal de Contas do Estado, segundo o disposto no Título IV, Capítulo I, Seção VIII, da Constituição Estadual, e mediante controle interno, por sistema próprio instituído por Resolução do Procurador-Geral de Justiça.

Capítulo II
Da organização do Ministério Público

Seção I
Dos órgãos de administração

Art. 4º. São órgãos da Administração Superior do Ministério Público:
I – a Procuradoria-Geral de Justiça;
II – o Colégio de Procuradores de Justiça;
III – o Conselho Superior do Ministério Público;
IV – a Corregedoria-Geral do Ministério Público.

Art. 5º. São também órgãos de administração do Ministério Público:
I – as Procuradorias de Justiça;
II – as Promotorias de Justiça.

Seção II
Dos órgãos de execução

Art. 6º. São órgãos de execução do Ministério Público:
I – o Procurador-Geral de Justiça;
II – o Colégio de Procuradores de Justiça;
III – o Conselho Superior do Ministério Público;
IV – os Procuradores de Justiça;
V – os Promotores de Justiça;
VI – os Grupos Especializados de Atuação Funcional.

Parágrafo único. Os órgãos de execução referidos no inciso VI serão providos por tempo certo e disciplinados em resolução do Procurador-Geral de Justiça, aprovada pelo Órgão Especial do Colégio de Procuradores de Justiça.

* **Inciso VI e parágrafo único acrescentados pela LC-RJ 113/06.**

Seção III
Dos órgãos auxiliares

Art. 7º. São órgãos auxiliares do Ministério Público:
I – os Centros de Apoio Operacional;
II – os Centros Regionais de Apoio Administrativo e Institucional;
III – a Comissão de Concurso;
IV – o Centro de Estudos e Aperfeiçoamento Funcional;
* **Nova redação dada pela LC nº 159/14**
V – os órgãos de apoio administrativo;
VI – os estagiários.

Capítulo III
Dos órgãos de administração
Seção I
Da Procuradoria-Geral de Justiça

Art. 8º. O Ministério Público tem por chefe o Procurador-Geral de Justiça, nomeado pelo Governador do Estado dentre integrantes da carreira, com mais de dois anos de atividade, indicados em lista tríplice, para mandato de dois anos, permitida uma recondução, observado o mesmo procedimento.

§ 1º – A lista de que trata este artigo será composta em eleição a ser realizada entre 60 (sessenta) e 30 (trinta) dias antes do término de cada mandato, mediante voto obrigatório, pessoal, plurinominal e secreto dos integrantes do quadro ativo da carreira do Ministério Público, considerando-se classificados para compô-la os três concorrentes que, individualmente, obtiverem maior votação.

§ 2º – Em caso de empate, considerar-se-á classificado para integrar a lista o candidato mais antigo na carreira, ou, sendo igual a antiguidade, o mais idoso.

§ 3º – É permitida a votação eletrônica, na forma do Art. 19, III, desta Lei Complementar, vedado o voto por procurador ou portador, facultando-se, porém, a instituição de voto não presencial, em especial para os membros do Ministério Público em exercício fora da Capital do Estado, desde que recebido até o encerramento da votação.
* **Nova redação dada pela Lei Complementar nº 173/2016.**

§ 4º – Encerrada a votação, proceder-se-á à apuração no mesmo dia da eleição.

§ 5º – Elaborada a lista, nos termos dos parágrafos anteriores, será remetida ao Governador do Estado, no 15º (décimo quinto) dia anterior ao término do mandato em curso, com indicação das respectivas votações, para escolha e nomeação do Procurador-Geral de Justiça, que tomará posse em sessão solene do Órgão Especial do Colégio de Procuradores de Justiça.

§ 6º – Caso o Chefe do Poder Executivo não proceda à nomeação do Procurador-Geral de Justiça nos 15 (quinze) dias seguintes ao recebimento da lista tríplice, o membro do Ministério Público mais votado, será investido automaticamente e empossado no cargo, pelo Colégio de Procuradores de Justiça, para cumprimento do mandato, aplicando-se o critério do § 2º deste artigo, em caso de empate.

§ 7º – O Órgão Especial do Colégio de Procuradores de Justiça estabelecerá normas complementares, regulamentando o processo eleitoral para elaboração da lista tríplice a que se refere este artigo.

§ 8º – O eleitor impossibilitado de votar deverá justificar o fato ao Procurador-Geral de Justiça.

Art. 9º. São inelegíveis para o cargo de Procurador-Geral de Justiça os Procuradores de Justiça e os Promotores de Justiça que:

I – tenham se afastado do cargo na forma prevista no Art. 104 nos 6 (seis) meses anteriores à data da eleição;

II – não apresentarem declaração de regularidade dos serviços afetos a seu cargo na data da inscrição;

III – tenham sofrido, em caráter definitivo, sanção disciplinar de suspensão nos doze meses anteriores ao término do prazo de inscrição;

IV – estiverem afastados do exercício do cargo para desempenho de função junto à associação de classe ou que estejam na Presidência de entidades privadas vinculadas ao Ministério Público, salvo se desincompatibilizarem-se até 60 (sessenta) dias anteriores à data da eleição;

V – estiverem inscritos ou integrarem as listas a que se referem os arts. 94, "*caput*", e 104, parágrafo único, II, da Constituição da República e a lista de que trata o Art. 128, § 2º, II, da Constituição do Estado;

*A expressão "e a lista de que trata o Art. 128, § 2º, II, da Constituição do Estado" foi declarada inconstitucional pelo STF na ADIn 2.884/RJ, Rel. Min. Celso de Mello, em 02.12.2004.

§ 1º – É obrigatória a desincompatibilização, mediante afastamento, pelo menos 60 (sessenta) dias antes da data da eleição, para os que, estando na carreira:
a) ocuparem cargo eletivo nos órgãos de administração do Ministério Público;
b) ocuparem cargo na Administração Superior do Ministério Público;
c) ocuparem qualquer outro cargo ou função de confiança.

§ 2º – **Parágrafo revogado pela LC nº 159/14.**

Art. 10. Vagando, no curso do biênio, o cargo de Procurador-Geral de Justiça, será investido interinamente no cargo o Procurador de Justiça mais antigo na classe, convocando-se obrigatoriamente, nos 15 (quinze) dias subsequentes, nova eleição para elaboração de lista tríplice, observado, no que couber, o disposto nos arts. 8º e 9º, desta Lei.

Art. 11. Compete ao Procurador-Geral de Justiça:

I – exercer a Chefia do Ministério Público e da Procuradoria-Geral de Justiça;

II – representar, judicial e extrajudicialmente, o Ministério Público;
III – convocar, integrar e presidir o Colégio de Procuradores de Justiça, seu Órgão Especial, o Conselho Superior do Ministério Público e a Comissão de Concurso;
IV – submeter ao Órgão Especial do Colégio de Procuradores de Justiça:
a) as propostas de criação e extinção de cargos da carreira ou de confiança, de serviços auxiliares e respectivos cargos, bem como a fixação e o reajuste dos respectivos vencimentos;
b) as propostas de criação ou extinção de órgãos de execução, bem como modificações da estruturação destes ou de suas atribuições;
c) a proposta de orçamento anual;
d) os quantitativos a que se referem os arts. 86 e 87;
V – encaminhar ao Poder Legislativo, após aprovação pelo Órgão Especial do Colégio de Procuradores de Justiça, os projetos de lei de iniciativa do Ministério Público;
VI – encaminhar ao Governador do Estado a lista tríplice a que se refere o Art. 8º desta Lei e aos Presidentes dos Tribunais as listas sêxtuplas a que se referem os arts. 94, "*caput*", e 104, parágrafo único, II, da Constituição da República;
VII – estabelecer, após aprovação do Órgão Especial do Colégio de Procuradores de Justiça, as atribuições dos órgãos de execução;
VIII – prover, em caráter originário, dando posse aos nomeados, ou mediante promoção e demais formas de provimento derivado, os cargos da carreira e dos serviços auxiliares;
IX – editar atos de aposentadoria, exoneração e outros que importem em vacância de cargos da carreira ou dos serviços auxiliares, bem como atos de remoção e convocação e os referentes a concessão, alteração e cassação de pensão por morte;
X – expedir atos de regulamentação interna, dispondo, inclusive, sobre funções gratificadas e de confiança;
XI – prover os cargos e funções de confiança, bem como editar atos que importem na respectiva vacância;
XII – adir ao Gabinete, no interesse do serviço, membros do Ministério Público;
XIII – designar membros do Ministério Público para:
a) oferecer denúncia ou propor ação civil pública, nas hipóteses de não confirmação de arquivamento de inquérito policial ou civil, bem como de quaisquer peças de informação;
b) assegurar a continuidade dos serviços, em caso de vacância, afastamento temporário ou ausência do titular do órgão de execução ou, ainda, com o consentimento deste;
c) integrar organismos estatais relacionados com as áreas de atuação do Ministério Público;

d) aditar a denúncia, quando couber o aditamento, na forma do parágrafo único do Art. 384 do Código de Processo Penal, e o membro do Ministério Público que funciona na ação penal recusar-se a fazê-lo;
e) por ato excepcional e fundamentado, exercer as funções processuais afetas a outro membro da Instituição, submetendo sua decisão previamente ao Conselho Superior do Ministério Público;
XIV – designar, com a concordância do titular do órgão de execução, outro membro do Ministério Público para funcionar em feito determinado de atribuição daquele;
XV – conferir atribuição a membro do Ministério Público para atuar em caso de suspeição ou impedimento, atendendo, na medida do possível, à correspondência entre os órgãos de execução;
XVI – dirimir conflitos de atribuições, determinando quem deva oficiar no feito;
XVII – declarar a atribuição de membro do Ministério Público para participar de determinado ato ou atuar em procedimento judicial ou extrajudicial;
XVIII – expedir recomendações, sem caráter vinculativo, aos órgãos e membros do Ministério Público, para o desempenho de suas funções;
XIX – designar os membros das bancas examinadoras do Concurso para ingresso na Carreira;
XX – provocar a instauração de processo disciplinar contra membro do Ministério Público e aplicar as sanções cabíveis, sem prejuízo do disposto no Art. 25, III, desta Lei;
XXI – decidir, ad referendum do Conselho Superior do Ministério Público, a representação a que se refere o Art. 141 desta Lei;
XXII – designar Procurador de Justiça para presidir a Comissão processante, quando a infração for atribuída ao Corregedor-Geral do Ministério Público;
XXIII – praticar atos e decidir questões relativas à administração geral e execução orçamentária;
XXIV – delegar funções administrativas e dirimir conflitos de funções administrativas;
XXV – exercer outras atribuições previstas em lei, desde que compatíveis com as funções institucionais do Ministério Público.
Parágrafo único. As diretrizes de atuação estabelecidas no planejamento estratégico do Ministério Público, antecedido de consulta à classe e aprovado pelo Procurador-Geral de Justiça, terão caráter vinculante para os órgãos administrativos e de execução.
* Redação original revogada pela LC 159/14. Nova redação incluída pela LC 187/19.
Art. 12. A destituição do Procurador-Geral de Justiça, por iniciativa do Colégio de Procuradores, deverá ser precedida de autorização de 1/3 dos membros da Assembleia Legislativa.

Art. 13. O Procurador-Geral de Justiça nomeará, dentre os Procuradores de Justiça, até 5 (cinco) Subprocuradores-Gerais de Justiça com funções de substituição e auxílio, a serem definidas em Resolução
* Nova redação dada pela Lei Complementar nº 164/15.
* Ver Res. GPGJ 2.402/2021, Art. 1º-2; 4-9

Art. 14. O Procurador-Geral de Justiça poderá ter em seu Gabinete, no exercício de cargos e funções de confiança, Procuradores de Justiça e Promotores de Justiça vitalícios, por ele designados.

Art. 15. O Procurador-Geral de Justiça e os Subprocuradores-Gerais não poderão integrar as listas sêxtuplas a que se refere o Art. 22, XIII, desta Lei durante o período em que ocuparem os referidos cargos, permanecendo o impedimento para o Procurador-Geral de Justiça nos doze meses subsequentes ao término do mandato.
* Incluído pela LC 149/2013.

Seção II
Do Colégio de Procuradores de Justiça

Art. 16. O Colégio de Procuradores de Justiça, Órgão de Administração Superior e de Execução do Ministério Público, é integrado por todos os Procuradores de Justiça em exercício e presidido pelo Procurador Geral de Justiça.

Art. 17. Compete ao Colégio de Procuradores de Justiça, na sua composição plena:

I – opinar, por solicitação do Procurador-Geral de Justiça ou de um quarto (1/4) de seus integrantes, sobre matéria relativa à autonomia do Ministério Público, bem como sobre outras de interesse institucional;

II – propor ao Poder Legislativo a destituição do Procurador-Geral de Justiça, pelo voto de dois terços (2/3) de seus membros e por iniciativa da maioria absoluta de seus integrantes, em caso de abuso de poder, conduta incompatível ou grave omissão dos deveres do cargo, observando-se o procedimento para tanto estabelecido no seu regimento interno e assegurada ampla defesa;

III – eleger o Corregedor-Geral do Ministério Público;

IV – destituir o Corregedor-Geral do Ministério Público, pelo voto de dois terços (2/3) de seus membros, em caso de abuso de poder, conduta incompatível ou grave omissão dos deveres do cargo, por representação do Procurador-Geral de Justiça ou da maioria dos seus integrantes, observando-se o procedimento para tanto estabelecido no seu regimento interno e assegurada ampla defesa;

V – eleger os integrantes de seu Órgão Especial;

VI – desempenhar outras atribuições que lhe forem conferidas por lei.

Parágrafo único – As decisões do Colégio de Procuradores de Justiça serão motivadas e, salvo nas hipóteses legais de sigilo ou por deliberação da maioria de seus integrantes, publicadas por extrato.

Art. 18. Para exercer as funções do Colégio de Procuradores de Justiça, não reservadas, no artigo anterior, à sua composição plena, constituir-se-á um Órgão Especial, composto pelo Procurador-Geral de Justiça, que o presidirá, pelo Corregedor-Geral do Ministério Público, pelos 10 (dez) Procuradores de Justiça mais antigos na classe e por 10 (dez) Procuradores de Justiça eleitos em votação pessoal, plurinominal e secreta, nos termos do inciso V do *caput* do artigo anterior.

§ 1º – Os membros eleitos do Órgão Especial do Colégio de Procuradores de Justiça terão mandato de 2 (dois) anos, admitida a reeleição.

§ 2º – A eleição para o Órgão Especial do Colégio de Procuradores de Justiça se realizará nos anos ímpares, no mês de agosto e os eleitos tomarão posse no mês de setembro, extinguindo-se o mandato, após 2 (dois) anos.

§ 3º – À exceção do Procurador-Geral de Justiça e do Corregedor-Geral do Ministério Público, os demais membros natos do Órgão Especial do Colégio de Procuradores de Justiça serão substituídos, nos seus impedimentos e faltas, por suplentes, assim considerados os 10 (dez) Procuradores de Justiça que se lhes seguirem, em ordem de antiguidade, exclusive os eleitos, que, por seu turno, terão por suplentes, para o mesmo efeito, os 10 (dez) Procuradores de Justiça que se lhes seguirem, em ordem decrescente de votação.

§ 4º – São inelegíveis para o Órgão Especial do Colégio de Procuradores de Justiça os Procuradores de Justiça que estiverem afastados da carreira até 60 (sessenta) dias antes da data da eleição.

§ 5º – O membro do Órgão Especial do Colégio de Procuradores de Justiça não poderá abster-se de votar, qualquer que seja a matéria em pauta; ressalvados os casos de impedimento e de suspeição.

§ 6º – O Órgão Especial do Colégio de Procuradores de Justiça poderá constituir Comissões, na forma do seu Regimento Interno, para examinar assuntos de sua competência, submetendo-os, a seguir, à consideração do Colegiado.

§ 7º – Na composição das Comissões deverá ser observada a participação de membros natos e eleitos.

Art. 19. Compete ao Órgão Especial do Colégio de Procuradores de Justiça:
I – aprovar:
a) proposta do Procurador-Geral de Justiça de criação ou extinção de cargos de carreira do Ministério Público ou de cargos de confiança;
b) os quantitativos a que se referem os arts. 86 e 87;
c) proposta do Procurador-Geral de Justiça de criação ou extinção de órgãos de execução, bem como as de modificações da estruturação destes ou de suas atribuições;
d) por maioria absoluta, proposta do Procurador-Geral de Justiça de exclusão, inclusão ou outra alteração nas atribuições das Promotorias de Justiça e Procuradorias de Justiça ou dos cargos que as integrem;

e) a proposta orçamentária anual do Ministério Público, elaborada pela Procuradoria-Geral de Justiça;
f) propostas de criação e extinção de serviços auxiliares e respectivos cargos;
g) projetos de Lei de iniciativa do Ministério Público;
II – deliberar sobre outros assuntos de relevância institucional que lhe sejam submetidas;
III – regulamentar todas as eleições previstas nesta Lei e aprovar os nomes dos componentes das respectivas mesas receptoras e apuradoras, indicados pelo Procurador-Geral de Justiça;
IV – dar posse, em sessão solene, ao Procurador-Geral de Justiça e ao Corregedor-Geral do Ministério Público.
V – **Revogado pela LC 187/19.**
VI – julgar recurso contra decisão:
a) de vitaliciamento, ou não, de membro do Ministério Público;
b) condenatória em processo disciplinar de membro do Ministério Público;
c) proferida em reclamação sobre o quadro geral de antiguidade;
d) de disponibilidade e remoção por motivo de interesse público e afastamento, provisório ou cautelar, de membro do Ministério Público;
e) da recusa prevista no Art. 68 desta Lei;
VII – decidir pedido de revisão de processo disciplinar de membro do Ministério Público quando aplicada sanção;
VIII – deliberar, por iniciativa de um quarto (1/4) dos seus integrantes, do Procurador-Geral de Justiça ou do Corregedor-Geral do Ministério Público, e pelo voto da maioria simples, quanto ao ajuizamento de ação civil para decretação de perda do cargo de membro vitalício do Ministério Público, nos casos previstos em lei;
* **Nova redação dada pela Lei Complementar 187/19.**
IX – aprovar os pedidos de reversão;
X – indicar para aproveitamento membro do Ministério Público em disponibilidade;
XI – fixar percentual, no limite máximo de 15% dos integrantes da carreira do Ministério Público para o exercício de cargos e funções de confiança;
XII – elaborar o regimento interno do Colégio de Procuradores de Justiça;
XIII – exercer quaisquer outras atribuições do Colégio de Procuradores de Justiça, não reservadas à composição plenária no Art. 17 desta Lei.
§ 1º – Aplica-se às decisões do Órgão Especial do Colégio de Procuradores de Justiça o disposto no parágrafo único do Art. 17 desta Lei.
§ 2º – A ausência injustificada de membro do Órgão Especial do Colégio de Procuradores de Justiça a 3 (três) sessões consecutivas ou 5 (cinco) alternadas, no período de doze meses, implicará a perda automática do mandato e, em relação aos membros natos, a suspensão pelo período de doze meses, assegurada a ampla defesa.

Seção III
Do Conselho Superior do Ministério Público

Art. 20. O Conselho Superior do Ministério Público é composto pelo Procurador-Geral de Justiça, que o preside, pelo Corregedor-Geral do Ministério Público e por 8 (oito) Procuradores de Justiça, sendo 4 (quatro) eleitos pelo Colégio de Procuradores de Justiça e 4 (quatro) eleitos pelos Promotores de Justiça.

§ 1º – O Procurador Geral de Justiça, nas deliberações do Conselho, além do voto de membro, tem o de qualidade, exceto nas hipóteses dos incisos VI e VII do Art. 22, sendo substituído, no exercício das atribuições previstas nos arts. 11 e 39 desta Lei, pelo:
I – Subprocurador Geral de Justiça que indicar, em suas faltas, férias e licenças;
II – membro eleito do Conselho Superior mais antigo na classe, nos casos de impedimento, suspeição, afastamento vacância.
* **Parágrafo alterado pela LC nº 159/14.**

§ 2º – Os integrantes do Conselho Superior do Ministério Público não poderão abster-se de votar, qualquer que seja a matéria em pauta; ressalvados os casos de impedimento ou de suspeição.

§ 3º – O Conselho Superior do Ministério Público poderá funcionar em turmas, conforme dispuser o seu Regimento Interno.
* **Nova redação dada pela LC 166/15.**
* **Nesta Edição, Regimento Interno do CSMP/RJ.**

Art. 21. – A eleição dos integrantes do Conselho Superior do Ministério Público dar-se-á no mês de novembro, dos anos pares, mediante voto obrigatório, plurinominal e secreto.

§ 1º – São inelegíveis os Procuradores de Justiça que estiverem afastados da carreira até 60 (sessenta) dias antes da data da eleição.

§ 2º – Os integrantes do Conselho Superior do Ministério Público terão mandato de 2 (dois) anos, permitida uma recondução, sendo-lhes vedado, durante esse período, o exercício concomitante dos cargos de Subprocurador-Geral de Justiça, Subcorregedor-Geral do Ministério Público, Chefe de Gabinete e Secretário-Geral.

§ 3º – Os Procuradores de Justiça que se seguirem, na ordem de votação, aos 8 (oito) eleitos, serão suplentes, com a numeração ordinal correspondente à colocação e, nessa ordem, serão convocados para substituição dos titulares, nos seus impedimentos e faltas.

§ 4º – Em caso de empate, considerar-se-á eleito o candidato mais antigo na classe, ou, sendo igual a antiguidade, o mais idoso.

Art. 22. Ao Conselho Superior do Ministério Público compete:

I – indicar ao Procurador-Geral de Justiça, em lista tríplice, os candidatos a promoção e remoção por merecimento;
II – indicar ao Procurador-Geral de Justiça o nome do mais antigo membro do Ministério Público para promoção ou remoção por antiguidade;
III – aprovar os pedidos de remoção por permuta entre os membros do Ministério Público;
IV – indicar ao Procurador-Geral de Justiça Promotor de Justiça para substituição ou auxílio por convocação na forma dos arts. 30, I, e 54, desta Lei;
V – determinar, pelo voto da maioria absoluta dos seus integrantes, na forma dos Art. 74, parágrafo único, 132 e 134, §§ 5º e 6º, desta Lei Complementar, e assegurada ampla defesa, a remoção e a disponibilidade, por interesse público, bem como o afastamento cautelar de membro do Ministério Público;
* **Nova redação dada pela Lei Complementar 187/19.**
VI – decidir sobre o afastamento provisório do membro do Ministério Público de suas funções, no caso do Art. 141 desta Lei;
VII – decidir sobre vitaliciamento de membro do Ministério Público;
VIII – aprovar o quadro geral de antiguidade do Ministério Público e decidir reclamações a respeito;
IX – sugerir ao Procurador-Geral de Justiça a edição de recomendações, sem caráter vinculativo, aos órgãos do Ministério Público, para desempenho de suas funções e adoção de medidas convenientes ao aprimoramento dos serviços;
X – aprovar o regulamento do concurso para ingresso na carreira do Ministério Público e escolher os membros da Comissão de Concurso, na forma do Art. 46, desta Lei;
XI – julgar recursos interpostos contra ato de indeferimento de inscrição no concurso para ingresso na carreira;
XII – autorizar afastamento de membro do Ministério Público para frequentar cursos, seminários e atividades similares de aperfeiçoamento e estudo, no País ou no exterior, nas hipóteses do Art. 104, IV, desta Lei;
XIII – elaborar as listas sêxtuplas a que se referem os arts. 94, *caput* e 104, parágrafo único, no II, da Constituição da República;
XIV – elaborar o seu Regimento Interno;
XV – exercer outras atribuições correlatas, decorrentes de lei.
§ 1º – As reuniões do Conselho Superior do Ministério Público serão públicas, suas decisões motivadas e publicadas por extrato, salvo nos casos dos arts. 66, § 2º, e 139, desta Lei, e nas demais hipóteses legais de sigilo, ou por deliberação de seus membros.
§ 2º – Todas as deliberações do Conselho serão tomadas por maioria dos votos dos seus integrantes, salvo disposição em contrário.

Lei Complementar Estadual 106

Seção IV
Da Corregedoria-Geral do Ministério Público

Art. 23. O Corregedor-Geral do Ministério Público será eleito pelo Colégio de Procuradores de Justiça, dentre os Procuradores de Justiça, para mandato de dois anos, permitida uma recondução, observado o mesmo procedimento.

§ 1º – Observar-se-á, quanto à inelegibilidade, o disposto no Art. 9º desta Lei.

§ 2º – Vagando, no curso do biênio, o cargo de Corregedor-Geral do Ministério Público, observar-se-á, no que couber, o disposto no Art. 10 desta Lei.

Art. 24. A Corregedoria-Geral do Ministério Público é o órgão orientador e fiscalizador das atividades funcionais e da conduta dos membros do Ministério Público, incumbindo-lhe, entre outras atribuições:

I – realizar correições e inspeções nas Procuradorias e Promotorias de Justiça, bem como nos Grupos Especializados de Atuação Funcional;

II – encaminhar ao Procurador-Geral de Justiça e ao Órgão Especial do Colégio de Procuradores de Justiça os relatórios das correições e inspeções realizadas;

* **Incisos I e II com nova redação dada pela Lei Complementar 187/19.**

III – acompanhar o estágio confirmatório dos membros do Ministério Público;

IV – receber e analisar relatórios dos órgãos e membros do Ministério Público, na forma estabelecida em Resolução do Procurador-Geral de Justiça;

V – apresentar ao Procurador-Geral de Justiça, na primeira quinzena de fevereiro de cada ano, relatório com dados estatísticos sobre as atividades das Procuradorias de Justiça e Promotorias de Justiça, relativas ao ano anterior;

VI – remeter aos demais órgãos de Administração Superior do Ministério Público informações necessárias ao desempenho das atribuições destes;

VII – fazer recomendações, sem caráter vinculativo, a órgão de execução ou a membro do Ministério Público;

VIII – manter assentamentos funcionais atualizados de cada um dos membros da Instituição, para os fins do inciso IV do artigo seguinte;

IX – Revogado pela LC 187/19.

Art. 25. Além da supervisão geral das atividades previstas no artigo anterior, incumbe especialmente ao Corregedor-Geral do Ministério Público:

I – instaurar, de ofício ou por provocação de terceiros, sindicância ou processo disciplinar contra membro do Ministério Público;

* **Nova redação dada pela Lei Complementar 187/19.**

II – Revogado pela LC 187/19.

III – aplicar as sanções disciplinares de sua competência ou encaminhar os autos ao Procurador-Geral de Justiça, quando couber a este a decisão;

IV – prestar ao Conselho Superior do Ministério Público, para efeito de promoção ou remoção por merecimento, as informações pertinentes;

V – presidir a Comissão de Estágio Confirmatório, encaminhando ao Conselho Superior do Ministério Público a proposta de vitaliciamento, ou não, de Promotor de Justiça;

VI – regulamentar a consensualidade nos processos disciplinares, visando ao estabelecimento de condicionantes, temporalmente limitadas, que, cumpridas, excluam a aplicação das sanções de que tratam os incisos I e II do Art. 128;
* **Nova redação dada pela Lei Complementar 187/19.**

VII – exercer outras atribuições inerentes à sua função ou que lhe forem atribuídas ou delegadas pelo Órgão Especial do Colégio de Procuradores de Justiça.

Parágrafo único – O Corregedor Geral, em suas faltas, férias e licenças, será substituído pelo Subcorregedor-Geral que indicar e, nos casos de impedimento, suspeição, afastamento e vacância, pelo membro eleito do Órgão Especial do Colégio de Procuradores de Justiça mais antigo da classe.
* **Parágrafo alterado pela LC nº 159/14.**

Art. 26. O Corregedor-Geral do Ministério Público será assessorado por dois Procuradores de Justiça, que exercerão as funções de Subcorregedor-Geral, e por, no mínimo, quatro Promotores de Justiça vitalícios, por ele indicados e designados pelo Procurador-Geral de Justiça.

§ 1º – Recusando-se o Procurador-Geral de Justiça a designar os Promotores de Justiça que lhe forem indicados, o Corregedor-Geral poderá submeter a indicação à deliberação do Órgão Especial do Colégio de Procuradores de Justiça, cuja aprovação suprirá o ato de designação.

§ 2º – Caberá ao Órgão Especial do Colégio de Procuradores de Justiça, por proposta do Corregedor-Geral do Ministério Público, estabelecer o número de Promotores de Justiça para as funções de assessoria, observado o mínimo previsto no "*caput*" deste artigo.

Seção V
Das Procuradorias de Justiça

Art. 27. As Procuradorias de Justiça são órgãos de administração do Ministério Público, com cargos de Procurador de Justiça e serviços auxiliares necessários ao desempenho de suas funções.

Art. 28. As Procuradorias de Justiça Cíveis e as Procuradorias de Justiça Criminais, por seus Procuradores de Justiça, reunir-se-ão para fixar orientação sobre questões jurídicas, sem caráter vinculativo, encaminhando-as ao Procurador-Geral de Justiça.

Art. 29. A divisão dos serviços das Procuradorias de Justiça junto ao respectivo Órgão Judiciário sujeitar-se-á a critérios objetivos, definidos pelo Órgão Especial do Colégio de Procuradores de Justiça, que visem à distribuição ou redistribuição equitativa de processos por sorteio, observadas, para esse efeito, as regras de proporcionalidade, especialmente a alternância fixada em função da natureza, volume e espécie dos feitos.

§ 1º – A norma deste artigo só não incidirá nas hipóteses em que os Procuradores de Justiça definam, consensualmente, conforme critérios próprios, a divisão interna dos serviços.

§ 2º – Poderão ser instituídas Procuradorias de Justiça especializadas, com ou sem correspondência a órgãos judiciários, observado o disposto no Art. 11, IV, b, desta Lei.

Art. 30. Às Procuradorias de Justiça compete, entre outras atribuições:

I – solicitar ao Procurador-Geral de Justiça, em caso de licença de Procurador de Justiça ou afastamento de suas funções, a convocação de Promotor de Justiça para substituí-lo, na forma dos arts. 22, IV, e 54 desta Lei;

II – exercer inspeção permanente dos serviços dos Promotores de Justiça nos autos em que oficiem, relatando o que constatarem de relevante à Corregedoria-Geral do Ministério Público;

III – desempenhar outras funções que lhes sejam conferidas por deliberação do Colégio de Procuradores de Justiça.

Seção VI
Das Promotorias de Justiça

Art. 31. As Promotorias de Justiça são órgãos de administração do Ministério Público, com pelo menos 1 (um) cargo de Promotor de Justiça e serviços auxiliares necessários ao desempenho de suas funções.

Parágrafo único – As Promotorias de Justiça poderão ser judiciais ou extrajudiciais, especializadas, gerais ou cumulativas.

Art. 32. As atribuições das Promotorias de Justiça e dos cargos de Promotor de Justiça que a integrem serão fixadas mediante proposta do Procurador-Geral de Justiça, aprovada pelo Órgão Especial do Colégio de Procuradores de Justiça.

§ 1º – A exclusão, inclusão ou outra modificação das atribuições das Promotorias de Justiça ou dos cargos de Promotor de Justiça que a integrem serão efetuadas mediante proposta do Procurador-Geral de Justiça, aprovada por maioria absoluta do Órgão Especial do Colégio de Procuradores de Justiça.

§ 2º – No caso de exclusão de atribuição, o ato não atingirá os processos, inquéritos e procedimentos administrativos em curso na Promotoria de Justiça, salvo prévia e expressa concordância do titular.

§ 3º – O disposto neste artigo não obsta a que o Procurador-Geral de Justiça, com a concordância de Promotor de Justiça titular de órgão de execução, designe outro Promotor para funcionar em feito determinado, de atribuição daquele.

Art. 33. A divisão interna dos serviços das Promotorias de Justiça sujeitar-se-á a critério objetivo de distribuição equitativa dos processos, na forma de Resolução do Procurador-Geral de Justiça, aplicando-se-lhes, no que couber, o disposto no Art. 29 desta Lei.

Capítulo IV
Dos órgãos de execução
Seção I
Disposições gerais

Art. 34. Além das funções previstas nas Constituições da Federal e Estadual e em outras leis, incumbe, ainda, ao Ministério Público:
I – adotar todas as medidas necessárias à defesa da ordem jurídica, do regime democrático, dos interesses sociais e dos interesses individuais indisponíveis, considerados, dentre outros, os seguintes bens, fundamentos e princípios:
a) a soberania e a representatividade popular;
b) os direitos políticos;
c) os objetivos fundamentais do Estado e dos Municípios;
d) a independência e a harmonia dos Poderes do Estado e dos Municípios;
e) a autonomia do Estado e dos Municípios;
f) as vedações impostas ao Estado e aos Municípios;
g) a legalidade, a impessoalidade, a moralidade, a publicidade e a eficiência, relativas à administração pública direta ou indireta, de qualquer dos Poderes;
h) o sistema tributário, as limitações ao poder de tributar, a repartição do poder impositivo e das receitas tributárias e os direitos do contribuinte;
i) a gestão responsável das finanças públicas;
j) a seguridade social, a educação, a cultura, o desporto, a ciência, a tecnologia e a comunicação social;
k) a probidade administrativa;
l) a manifestação de pensamento, de criação, de expressão ou de informação;
m) a ordem econômica, financeira e social.
II – propor ação de inconstitucionalidade de leis ou atos normativos estaduais ou municipais, face à Constituição Estadual;
III – promover a representação de inconstitucionalidade para efeito de intervenção do Estado em Municípios;
IV – além das hipóteses dos incisos anteriores, intervir em qualquer caso em que seja arguida, de forma direta ou incidental, a inconstitucionalidade de Lei ou ato normativo;
V – promover, privativamente, a ação penal pública, na forma da Lei;
VI – promover o inquérito civil e propor a ação civil pública, na forma da Lei:
a) para a proteção, prevenção e reparação dos danos causados à criança e ao adolescente, ao idoso e à pessoa com deficiência, ao meio ambiente, ao consumidor, ao contribuinte, aos bens e direitos de valor artístico, estético, histórico, turístico e paisagístico e a outros interesses difusos, coletivos e individuais indisponíveis e homogêneos.
* **Nova redação dada pela LC-RJ 113/06.**

b) para anulação ou declaração de nulidade de atos lesivos ao patrimônio público ou à moralidade administrativa do Estado ou de Município, de suas administrações diretas, indiretas ou fundacionais ou de entidades privadas de que participem;
VII – promover outras ações, nelas incluído o mandado de injunção, sempre que a falta de norma regulamentadora torne inviável o exercício dos direitos e liberdades previstos na Constituição Estadual e das prerrogativas inerentes à cidadania, quando difusos, coletivos ou individuais indisponíveis os interesses a serem protegidos;
VIII – sugerir ao poder competente a edição de normas e a alteração da legislação em vigor;
IX – expedir recomendações, visando à melhoria dos serviços públicos e de relevância pública, bem como ao respeito aos interesses, direitos e bens cuja defesa lhe cabe promover;
X – exercer a fiscalização de estabelecimentos prisionais e dos que abriguem idosos, crianças, adolescentes, incapazes ou pessoas portadoras de deficiência;
XI – fiscalizar a aplicação de verbas públicas destinadas às instituições assistenciais e educacionais;
XII – velar pela regularidade de todos os atos e atividades, direta ou indiretamente relacionados às fundações sob sua fiscalização, devendo, entre outras medidas disciplinadas em resolução do Procurador-Geral de Justiça:
a) exigir e examinar a prestação de contas por parte dos administradores;
b) promover, sempre que necessário, a realização de auditorias, estudos atuariais e técnicos, e perícias, correndo as despesas por conta da entidade fiscalizada;
c) emitir pronunciamento prévio sobre os pedidos de alienação e de oneração dos bens patrimoniais das fundações;
d) comparecer, quando necessário, às dependências das fundações e às reuniões dos órgãos destas, com a faculdade de discussão das matérias, nas mesmas condições asseguradas aos respectivos membros;
XIII – fiscalizar a regularidade de todos os atos e atividades, direta ou indiretamente relacionados às organizações sociais, às organizações da sociedade civil de interesse público e às demais instituições de natureza similar, que recebam tal qualificação no âmbito estadual ou municipal na forma prevista em resolução do Procurador-Geral de Justiça, cabendo, entre outras medidas, promover, sempre que necessário, a realização de auditorias, estudos atuariais e técnicos, e perícias, correndo as despesas por conta da entidade fiscalizada;
XIV – exercer o controle externo da atividade policial;
XV – exercer a defesa dos direitos do cidadão assegurados nas Constituições Federal e Estadual;

XVI – deliberar sobre a participação em organismos estatais de defesa do meio ambiente, do consumidor, de política penal e penitenciária e outros afetos às suas áreas de atuação;
XVII – ingressar em juízo, de ofício, para responsabilizar agentes que tenham praticado atos de improbidade e gestores do dinheiro público condenados por Tribunais e Conselhos de Contas;
XVIII – interpor recursos, inclusive ao Supremo Tribunal Federal e ao Superior Tribunal de Justiça;
XIX – promover a dissolução compulsória de associações, sempre que a lei autorizar tal medida e o interesse público o exigir;
XX – aplicar medidas protetivas às crianças e aos adolescentes, bem como aos respectivos responsáveis, sempre que necessário;
XXI – exercer a fiscalização de todos os atos referentes ao Registro Público, podendo expedir requisições e adotar as medidas necessárias à sua regularidade, sendo previamente cientificado de todas as inspeções e correições realizadas pelo poder competente, devendo, ainda, receber, imediatamente após o encerramento, cópia do respectivo relatório final;
XXII – comunicar ao Tribunal de Justiça, ao Conselho da Magistratura e ao Corregedor-Geral de Justiça, conforme o caso, a prática de faltas disciplinares por Magistrados, serventuários e outros auxiliares da Justiça, bem como o atraso injustificado no processamento de feito;
XXIII – comunicar à Ordem dos Advogados do Brasil a prática de faltas cometidas pelos nela inscritos.
Parágrafo único – É vedado o exercício das funções do Ministério Público a pessoas a ele estranhas, sob pena de nulidade do ato praticado.
Art. 35. No exercício de suas funções, cabe ao Ministério Público:
I – instaurar inquéritos civis e outras medidas e procedimentos administrativos para a apuração de fatos de natureza civil, sempre que tal se fizer necessário ao exercício de suas atribuições e, para instruí-los:
a) expedir notificações para colher depoimentos ou esclarecimentos e, em caso de não comparecimento injustificado, requisitar condução coercitiva, inclusive pela Polícia Civil ou Militar, sem prejuízo do processo por crime de desobediência, ressalvadas as prerrogativas previstas em lei;
b) requisitar informações, exames, perícias e documentos de autoridades e outros órgãos federais, estaduais e municipais, bem assim das entidades da administração direta, indireta ou fundacional de qualquer dos poderes da União, dos Estados, do Distrito Federal e dos Municípios e das entidades sem fins lucrativos que recebam verbas públicas ou incentivos fiscais ou creditícios;
c) promover inspeções e diligências investigatórias junto às autoridades, órgãos e entidades a que se refere a alínea anterior;
d) requisitar informações e documentos a entidades privadas, para instruir procedimentos ou processos em que atue;

II – Fiscalizar e requisitar ao Conselho Tutelar diligências, tais como procura por familiares e afins na circunvizinhança e confecção de relatórios de acompanhamento de crianças e adolescentes;

III – requisitar diligências investigatórias e a instauração de inquérito policial e de inquérito policial-militar, observando o disposto no Art. 129, VIII, da Constituição da República, podendo acompanhá-los;

IV- receber diretamente da Polícia Judiciária o inquérito policial, tratando-se de infração de ação penal pública;

* **Inciso IV declarado inconstitucional – ADI 2886.**

V – requisitar informações quando o inquérito policial não for encerrado em trinta dias, tratando-se de indiciado solto mediante fiança ou sem ela;

VI – sugerir ao poder competente a edição de normas e a alteração da legislação em vigor, bem assim a adoção de medidas ou propostas destinadas à prevenção e combate à criminalidade;

VII – solicitar da Administração Pública os serviços temporários de servidores civis ou policiais militares e os meios materiais necessários à consecução de suas atividades;

VIII – praticar atos administrativos executórios, de caráter preparatório;

IX – dar publicidade dos procedimentos administrativos não disciplinares de sua exclusiva atribuição e das medidas neles adotadas, onde quer que se instaurem;

X – manifestar-se, em qualquer fase dos processos, acolhendo solicitação do juiz, da parte ou por sua iniciativa, quando entender existente interesse em causa que justifique a intervenção;

XI – ter acesso incondicional a procedimento instaurado no âmbito da Administração direta e indireta de todos os órgãos ou Poderes, ainda que em curso, e a qualquer banco de dados de caráter público ou relativo a serviço de relevância pública;

XII – representar ao órgão jurisdicional competente para quebra de sigilo, nas hipóteses em que a ordem judicial seja exigida pela Constituição da República, sempre que tal se fizer necessário à instrução de inquérito policial, à investigação cível ou criminal realizada pelo Ministério Público, bem como à instrução processual;

XIII – manifestar-se em autos administrativos ou judiciais por meio de cota;

XIV – atestar a miserabilidade de qualquer pessoa para fins de recebimento de benefício junto aos Poderes Constituídos e aos seus delegatários, nas hipóteses legais.

§ 1º – As notificações e requisições previstas neste artigo, quando tiverem como destinatários o Governador do Estado, os Ministros de Estado, os membros do Poder Legislativo Federal e Estadual, os Ministros do Supremo Tribunal Federal e dos Tribunais Superiores, os membros dos Tribunais Federais e

Estaduais, os membros do Ministério Público junto aos referidos Tribunais e os membros dos Tribunais de Contas, serão encaminhadas pelo Procurador-Geral de Justiça.

§ 2º – O membro do Ministério Público será responsável pelo uso indevido das informações e documentos que requisitar, inclusive nas hipóteses legais de sigilo.

§ 3º – Serão cumpridas gratuitamente as requisições feitas pelo Ministério Público às autoridades, órgãos e entidades da administração pública direta, indireta ou fundacional, de qualquer dos poderes da União, dos Estados, do Distrito Federal e dos Municípios.

§ 4º – A falta ao trabalho, em virtude de atendimento a notificação ou requisição, na forma do inciso I deste artigo, não autoriza desconto de vencimentos ou salário, considerando-se de efetivo exercício, para todos os efeitos, mediante comprovação escrita do membro do Ministério Público.

§ 5º – Toda representação ou petição dirigida ao Ministério Público será distribuída aos órgãos que tenham atribuição para apreciá-la.

§ 6º – Só poderão ser requisitadas informações de caráter sigiloso para instruir procedimentos em curso, de atribuição do requisitante, que deverá indicar o número do procedimento e, quando for o caso, o motivo da requisição.

§ 7º – Na hipótese do inciso I deste artigo, surgindo no curso dos procedimentos indícios da prática de infração penal, o Promotor de Justiça tomará as providências cabíveis e remeterá peças ao órgão com atribuição.

Art. 36. O Ministério Público exercerá o controle externo da atividade policial observando a legislação pertinente.

Art. 37. Cabe igualmente ao Ministério Público exercer a defesa dos direitos assegurados nas Constituições Federal e Estadual, sempre que se cuidar de garantir-lhes o respeito:

I – pelos poderes estaduais ou municipais;

II – pelos órgãos da administração pública direta estadual ou municipal e, bem assim, pelas entidades de administração indireta ou fundacional;

III – por quaisquer entidades ou pessoas que exerçam função delegada do Estado ou do Município, ou executem serviços de relevância pública.

Art. 38. No exercício das atribuições a que se refere o artigo anterior, incumbe ao Ministério Público, entre outras providências:

I – receber notícias de irregularidades, petições ou reclamações orais ou escritas, dar-lhes andamento, no prazo de 30 (trinta) dias, realizando as diligências pertinentes, encaminhando-lhes a solução adequada;

II – promover audiências públicas e emitir relatórios, anual ou especiais e recomendações dirigidas aos órgãos e entidades mencionadas neste artigo, requisitando do destinatário sua divulgação adequada e imediata, assim como resposta por escrito;

III – zelar pela celeridade e racionalização dos procedimentos administrativos.
IV – comunicar ao titular do direito violado a sua opinião conclusiva nos autos de procedimento de polícia judiciária ou nas peças de informação.

Seção II
Do Procurador-Geral de Justiça

Art. 39 – Além das atribuições previstas nas Constituições Federal e Estadual, nesta e em outras leis, compete ao Procurador-Geral de Justiça:
I – propor ação direta de inconstitucionalidade;
II – representar para fins de intervenção do Estado em Município, com o objetivo de assegurar a observância de princípios inscritos na Constituição Estadual ou promover a execução de lei, de ordem ou de decisão judicial;
III – oficiar, como órgão do Ministério Público, inclusive assistindo às respectivas sessões e fazendo uso da palavra, para intervir em qualquer assunto ou feito:
a) no Tribunal Pleno, no Órgão Especial e no Conselho da Magistratura do Tribunal de Justiça;
* **Nova redação dada pela LC-RJ 113/06.**
b) no Plenário do Tribunal de Contas do Estado;
***Alínea declarada inconstitucional pelo STF na ADIn 2.884/RJ, Rel. Min. Celso de Mello, 02.12.2004.**
IV – interpor recurso ao Supremo Tribunal Federal e ao Superior Tribunal de Justiça;
V – ajuizar mandado de injunção;
VI – ajuizar ação penal de competência originária do Tribunal de Justiça, bem como medidas cautelares a ela conexas, em todas oficiando;
VII – determinar o arquivamento de representação, notícia de crime, peças de informação, conclusões de Comissões Parlamentares de Inquérito ou inquérito policial, nas hipóteses de suas atribuições legais, inclusive em procedimento visante à ação de que trata o inciso anterior;
VIII – exercer as atribuições previstas no Art. 129, II e III, da Constituição da República, quando a autoridade reclamada for o Governador do Estado, o Presidente da Assembleia Legislativa ou os Presidentes de Tribunais, bem como quando contra estes, por ato praticado em razão de suas funções, deva ser ajuizada a competente ação;
IX – representar ao Tribunal de Justiça, ao Conselho da Magistratura e ao Corregedor-Geral de Justiça, conforme o caso, sobre faltas disciplinares dos magistrados, serventuários e outros auxiliares da Justiça;
X – oferecer ou encaminhar ao Corregedor-Geral da Justiça representação sobre retardamento de feito;
XI – representar, na forma da lei, ao Tribunal de Justiça, ao Conselho de Magistratura e ao Corregedor Geral de Justiça, relativamente a infrações disciplinares envolvendo servidores do Poder Judiciário;

XII – representar ao Procurador-Geral Federal sobre crime comum ou de responsabilidade, quando ao Ministério Público Federal couber a iniciativa de ação penal contra autoridade estadual;
XIII – propor ação civil de decretação de perda do cargo de membro vitalício do Ministério Público, observado o disposto no Art. 19, VIII, desta Lei;
XIV – oferecer denúncia ou representação, designar outro órgão do Ministério Público para fazê-lo ou insistir em promoção por arquivamento, nos casos previstos em lei;
XV – requisitar autos arquivados, relacionados à prática de infração penal, ou de ato infracional atribuído a adolescente, promover seu desarquivamento e, se for o caso, oferecer denúncia ou representação, ou designar outro órgão do Ministério Público para fazê-lo;
XVI – exercer ou delegar a membro da Instituição qualquer função atribuída ao Ministério Público nas Constituições Federal e Estadual, nesta e em outras leis, quando não conferida, expressamente, a outro órgão;
XVII – delegar a membro do Ministério Público suas funções de órgão de execução;
XVIII – designar administrador provisório para as fundações de direito privado, desde que não tenham sido criadas por lei e não sejam mantidas pelo Poder Público, sempre que inexistir administrador regularmente investido e tal se fizer necessário.

Seção III
Do Colégio de Procuradores de Justiça

Art. 40. Compete ao Colégio de Procuradores de Justiça, através de seu Órgão Especial, rever, na forma que dispuser o seu Regimento Interno, mediante requerimento de legítimo interessado, decisão de arquivamento de Inquérito Policial ou peças de informação determinada pelo Procurador-Geral de Justiça, nos casos de sua atribuição originária.

Parágrafo único – Sendo revista a decisão, o Órgão Especial do Colégio de Procuradores de Justiça designará um de seus membros para oferecer a denúncia.

*V. Nesta edição, **Regimento Interno do Órgão Especial do Colégio de Procuradores de Justiça**

Seção IV
Do Conselho Superior do Ministério Público

Art. 41. Cabe ao Conselho Superior do Ministério Público:
I – Decidir:
a) **Revogada pela LC 174/16.**
b) o desarquivamento, por provocação de órgão do Ministério Público, de inquérito civil, peças de informação ou procedimento preparatório de inquérito civil.

II – Rever:
a) o arquivamento de inquérito civil, peças de informação e procedimento preparatório a inquérito civil;
b) a decisão de indeferimento de representação de instauração de inquérito civil;
c) **Revogada pela LC-RJ 113/06.**
III – Exercer as demais atribuições que lhe são conferidas em Lei.

Seção V
Dos Procuradores de Justiça

Art. 42. Cabe aos Procuradores de Justiça exercer as atribuições do Ministério Público junto ao Tribunal de Justiça e ao Tribunal de Contas do Estado, desde que não cometidas ao Procurador-Geral de Justiça.
* **A expressão "e ao Tribunal de Contas do Estado" foi declarada inconstitucional pelo STF na ADIn 2.884/RJ, Rel. Min. Celso de Mello, em 02.12.2004.**

§ 1º – É obrigatória a presença de Procurador de Justiça nas sessões de julgamento dos processos em que oficie o Ministério Público.

§ 2º – Incumbe aos Procuradores de Justiça correição permanente da atuação dos membros do Ministério Público em exercício nos órgãos de execução junto ao primeiro grau de jurisdição, sem prejuízo do disposto no Art. 30, II, desta Lei.

§ 3º – A atribuição a que se refere o Art. 39, IV, poderá ser exercida, concorrentemente, pelo Procurador de Justiça que oficie no feito.

Seção VI
Dos Promotores de Justiça

Art. 43. Além de outras funções cometidas nas Constituições Federal e Estadual, nesta e demais leis, compete aos Promotores de Justiça, dentro de sua esfera de atribuições:
I – impetrar "habeas-corpus" e mandado de segurança e oferecer reclamação, inclusive perante os Tribunais competentes;
II – atender a qualquer do povo, tomando as providências cabíveis;
III – oficiar perante a Justiça Eleitoral de primeiro grau, com as atribuições do Ministério Público Eleitoral previstas na Lei Orgânica do Ministério Público da União, que forem pertinentes, além de outras estabelecidas na legislação eleitoral e partidária.

Capítulo V
Dos órgãos e serviços auxiliares
Seção I
Dos Centros de Apoio Operacional

Art. 44. Os Centros de Apoio Operacional são órgãos auxiliares da atividade funcional do Ministério Público, competindo-lhes:

I – estimular a integração e o intercâmbio entre órgãos de execução que atuem na mesma área de atividade e que tenham atribuições comuns;
II – remeter informações técnico-jurídicas, sem caráter vinculativo, aos órgãos ligados à sua atividade;
III – estabelecer intercâmbio permanente com entidades ou órgãos públicos ou privados que atuem em áreas afins, para obtenção de elementos técnicos especializados necessários ao desempenho de suas funções;
IV – remeter, anualmente, ao Procurador-Geral de Justiça, relatório das atividades do Ministério Público referentes às suas áreas de atribuições;
V – exercer outras funções compatíveis com suas finalidades, vedado o exercício de qualquer atividade de órgãos de execução, bem como a expedição de atos normativos a estes dirigidos.
Parágrafo único – O Procurador-Geral de Justiça, mediante Resolução, definirá a estrutura interna dos órgãos a que se refere este artigo, podendo suas atribuições ser desdobradas em órgãos distintos.
* V. Nesta edição, Res. GPGJ 2402/21.

Seção II
Dos Centros Regionais de Apoio Administrativo e Institucional

Art. 45. Os Centros Regionais de Apoio Administrativo e Institucional são órgãos auxiliares de atividade funcional do Ministério Público, competindo-lhes:
I – estimular a integração entre órgãos de execução que atuem na respectiva região;
II – promover o intercâmbio de informações entre os Centros de apoio Operacional e os órgãos de execução que atuem na região;
III – organizar eventos culturais propostos pela Procuradoria-Geral de Justiça;
IV – reportar-se aos órgãos de administração da Procuradoria-Geral de Justiça em tudo que for do interesse dos órgãos de execução da região, sugerindo as providências cabíveis;
V – exercer outras funções compatíveis com suas finalidades, vedado o exercício de qualquer atividade de órgão de execução, bem como a expedição de atos normativos a estes dirigidos.
Parágrafo único – O Procurador-Geral de Justiça, mediante resolução, definirá a estrutura interna dos órgãos a que se refere este artigo, podendo suas atribuições ser desdobradas em órgãos distintos.
*V. Nesta edição, Res. GPGJ 2402/21.

Seção III
Da Comissão de Concurso

Art. 46. A Comissão de Concurso, órgão auxiliar da Procuradoria-Geral de Justiça de natureza transitória, é presidida pelo Procurador-Geral de Justiça, integrada por Procuradores de Justiça e constituída na forma do Art. 22, X, desta Lei e do que dispuser o Regimento Interno do Conselho Superior do Ministério Público.

§ 1º – Nos casos de impedimento ou suspeição do Procurador-Geral de Justiça, caberá a presidência da Comissão ao Procurador de Justiça mais antigo na classe.

§ 2º – À Comissão de Concurso incumbe realizar a seleção de candidatos ao ingresso na carreira do Ministério Público, nos termos do Art. 129, § 3º, da Constituição da República.

§ 3º – Revogado pela LC-RJ 113/06.

Seção IV
Do Centro de Estudos e Aperfeiçoamento Funcional
* **Nova redação dada pela Lei Complementar 159/14**

Art. 47. O Centro de Estudos e Aperfeiçoamento Funcional é órgão auxiliar da Procuradoria-Geral de Justiça destinado a promover cursos, seminários, congressos, simpósios, pesquisas, atividades, estudos e publicações, visando ao aprimoramento profissional e cultural dos membros da Instituição e dos seus auxiliares e funcionários, à melhor execução dos seus serviços e à racionalização do uso de seus recursos materiais.

* **Artigo alterado pela LC nº 159/14.**

§ 1º – Compete ao Centro de Estudos e Aperfeiçoamento Funcional:

* **Parágrafo alterado pela LC nº 159/14.**

I – promover pesquisas e estudos de natureza jurídica de interesse do Ministério Público;

II – realizar cursos, seminários, conferências, programas de treinamento ou reciclagem profissional e palestras que contribuam para o aperfeiçoamento do Ministério Público;

III – manter biblioteca especializada em matéria jurídica;

IV – divulgar matéria jurídica e administrativa de interesse da Instituição, editando publicações a respeito;

V – manter intercâmbio com instituições congêneres, nacionais ou estrangeiras;

VI – apoiar administrativamente a Comissão a que se refere o artigo anterior;

VII – promover a realização de concursos públicos para ingresso nos quadros dos serviços auxiliares do Ministério Público;

VIII – celebrar, com autorização do Procurador-Geral de Justiça, convênios para realização de seus objetivos;

IX – indicar ao Conselho Superior, para designação, os membros do Ministério Público que atuarão como monitores dos Promotores de Justiça em estágio confirmatório, na avaliação do requisito indicado no inciso III do Art. 61.

X – coordenar a atuação dos monitores referidos no inciso anterior, submetendo os relatórios por eles elaborados à Comissão de Estágio Confirmatório de que trata o *caput* do Art. 61.
* **Incisos IX e X incluídos pela Lei Complementar 177/17.**
XI – exercer outras funções correlatas, que lhe sejam atribuídas pelo Procurador-Geral de Justiça.
* **Renumerado pela Lei Complementar 177/17.**
§ 2º – Além das dotações orçamentárias próprias, o Centro de Estudos e Aperfeiçoamento Funcional contará com os demais recursos que lhe forem destinados por lei.
§ 3º – O Procurador-Geral de Justiça, mediante Resolução, estabelecerá normas para o funcionamento do Centro de Estudos e Aperfeiçoamento Funcional.
* **Parágrafos §§ 2º e 3ºalterados pela LC nº 159/14.**
*V. Nesta edição, Res GPGJ nº 2402/21.

Seção V
Dos serviços auxiliares e de apoio administrativo

Art. 48. Os serviços auxiliares e de apoio administrativo do Ministério Público serão prestados por servidores organizados em quadro próprio de carreira, definido em lei de iniciativa do Procurador-Geral de Justiça e com funções e atribuições descritas em Resoluções e em regimentos internos da Instituição, visando a atender às necessidades da administração e das atividades funcionais desta.
* **V. Nesta Edição, Lei/RJ 5891/2011, que dispõe sobre o Quadro Permanente dos serviços auxiliares do MPRJ.**

Seção VI
Dos estagiários

Art. 49. Os estagiários do Ministério Público, auxiliares dos órgãos administrativos e de execução na área jurídica, serão nomeados pelo Procurador-Geral de Justiça, para período não superior a 2 (dois) anos, sendo a atividade reservada a alunos dos 3 (três) últimos anos ou dos períodos correspondentes do curso de bacharelado em direito, de escolas oficiais ou reconhecidas, selecionados em concurso público, nos termos do § 1º deste artigo.
* **Nova redação dada pela Lei Complementar 187/19.**
§ 1º O concurso público de que trata o *caput* será administrado pela Secretaria Geral do Ministério Público, incumbindo-lhe, ainda, acompanhar o desempenho e o aproveitamento dos estagiários.
* **Nova redação dada pela Lei Complementar 187/19.**
§ 2º – Aplicam-se aos estagiários, enquanto durar o estágio e sob pena de cancelamento sumário deste, todas as proibições e normas disciplinares a que

estão sujeitos os integrantes do quadro de serviços auxiliares do Ministério Público e os servidores públicos em geral, sendo-lhes, ainda, especialmente vedado:

I – exercer qualquer atividade relacionada com a advocacia e com funções judiciárias ou policiais;

II – revelar quaisquer fatos de que tenham conhecimento em razão das atividades do estágio;

III – receber, a qualquer título e sob qualquer pretexto, honorários, percentagens, custas ou participações de qualquer natureza, pelas atividades do estágio, salvo, exclusivamente, o valor da bolsa a que se refere o parágrafo seguinte.

§ 3º – O Procurador-Geral de Justiça, mediante Resolução, regulamentará a concessão e o cumprimento dos estágios de que trata este artigo, de modo a que sejam reconhecidos como prática profissional, para todos os fins, perante a Ordem dos Advogados do Brasil e fixará, para cada exercício, observadas as limitações orçamentárias, o valor das bolsas respectivas e o seu regime de reajuste, se necessário.

Título II
Do Estatuto dos Membros do Ministério Público
Capítulo I
Da carreira

Art. 50. O Ministério Público é constituído de um quadro permanente único, estruturado em carreira e escalonado em cargos de Procurador de Justiça, de Promotor de Justiça e de Promotor de Justiça Substituto, agrupando cada classe os cargos da mesma denominação e equivalentes atribuições e responsabilidades.

Capítulo II
Do preenchimento dos órgãos de execução

Art. 51. O preenchimento dos órgãos de execução do Ministério Público é feito por lotação, por designação ou por convocação, para exercício como titular, ou em substituição ou auxílio ao titular.

Art. 52. Aos Procuradores de Justiça cabe a titularidade, por lotação, das Procuradorias de Justiça.

Art. 53. Os Promotores de Justiça serão lotados, como titulares, em Promotorias de Justiça e os Promotores de Justiça Substitutos em Promotorias de Justiça de substituição.

Parágrafo único – Os Promotores de Justiça poderão ser designados, em caso de necessidade de serviço, para exercício cumulativo em outras Promotorias de Justiça, em substituição ou auxílio.

Art. 54. Os Promotores de Justiça integrantes do primeiro quinto da classe, em caso de incontornável necessidade de serviço e quando impossível a redistribuição do trabalho na forma do Art. 29 ou o suprimento da carência de pessoal por outro meio, poderão ser convocados para oficiarem, em substituição, nas Procuradorias de Justiça, observado o inciso IV do Art. 22 desta Lei.

Capítulo III
Do provimento originário
Seção I
Do concurso

Art. 55. O ingresso na carreira do Ministério Público dar-se-á em cargo de Promotor de Justiça Substituto, após aprovação em concurso público de provas e títulos, organizado e realizado nos termos de Regulamento editado pelo Conselho Superior do Ministério Público, com observância do disposto nesta Lei, assegurada a participação do Conselho Seccional da Ordem dos Advogados do Brasil.

§ 1º. O regulamento do concurso estipulará:
* **Parágrafo renumerado pela LC nº 153/13.**
I – os requisitos para inscrição;
II – prazo, não superior a 15 (quinze dias), a contar do encerramento das inscrições, para publicação, pelo Presidente da Comissão do Concurso, da relação dos requerentes de inscrição;
III – prazo, não inferior a 48 (quarenta e oito) horas, contadas da publicação do indeferimento de inscrição, para interposição de recurso ao Conselho Superior do Ministério Público, que deverá proferir decisão em, no máximo, 5 (cinco) dias;
IV – o caráter eliminatório das provas de conhecimentos jurídicos, que serão escritas e orais, versando, no mínimo, sobre questões de Direito Penal, Processual Penal, Civil, Processual Civil, Empresarial, Administrativo, Constitucional, Tributário, Tutela Coletiva, Infância e Juventude, Eleitoral e Princípios Institucionais do Ministério Público;
* **Nova redação dada pela LC nº 159/14.**
V – o caráter classificatório de prova de Língua Portuguesa;
VI – a reserva de vagas às pessoas portadoras de deficiência física, desde que compatível com o exercício funcional, no percentual de até 5% (cinco por cento);
VII – as condições para aprovação.
VIII – as provas escritas de conhecimentos jurídicos serão divididas em:
a) preambular, preferencialmente discursiva; e
b) específicas, necessariamente discursivas.
* **Inciso incluído pela LC nº 153/13.**
§ 2º – Se for adotada, na prova preambular, a modalidade de questões objetivas de múltipla escolha, estas deverão ser de pronta resposta e apuração padronizada, em número previamente estabelecido pelo edital do concurso.

§ 3º – Na hipótese do parágrafo anterior:
I – a prova não poderá ser elaborada com base em entendimentos doutrinários divergentes ou jurisprudência não consolidada dos tribunais;
II – as opções consideradas corretas devem ter embasamento na legislação, em súmulas ou jurisprudência dominante dos Tribunais Superiores;
III – não será permitida consulta à legislação, súmulas e jurisprudência dos Tribunais, anotações ou quaisquer outros comentários.
* **Parágrafos 2º e 3º incluídos pela LC nº 153/13.**
Art. 56. A abertura do concurso, por ato do Procurador-Geral de Justiça, será obrigatória, sempre que o número de vagas atingir 1/5 (um quinto) do número de cargos existentes na classe inicial da carreira do Ministério Público.
Art. 57. Assegurar-se-á ao candidato aprovado, no prazo de validade do concurso, a nomeação na ordem de classificação, dentro do número das vagas existentes.

Seção II
Da investidura

Art. 58. São requisitos para ingresso na carreira do Ministério Público:
I – ser brasileiro;
II – ser bacharel em direito, tendo concluído o curso em escola oficial ou reconhecida;
III – comprovar, pelo menos, 3 (três) anos de prática profissional;
IV – estar em gozo dos direitos políticos;
V – estar quite com o serviço militar;
VI – gozar de saúde física e mental, constatada por exame médico em órgão oficial;
VII – ter conduta pública e particular irrepreensível, não haver sido demitido, em qualquer época, do serviço público, nem registrar antecedentes criminais incompatíveis com o exercício do cargo.
Parágrafo único – O regulamento do concurso fixará oportunidade para comprovação dos requisitos enumerados neste artigo, podendo estabelecer outras exigências para ingresso na carreira.
* **V. Nesta edição Res. CNMP 14/2006, que dispõe sobre Regras Gerais Regulamentadoras para o Concurso de ingresso na Carreira do MP Brasileiro.**
Art. 59. O candidato nomeado terá o prazo de 30 (trinta) dias, prorrogável por igual período, a critério do Procurador-Geral de Justiça, para tomar posse no cargo.
§ 1º – Até o ato da posse o candidato deverá apresentar declaração de seus bens e informar sobre a ocupação de outro cargo, função ou emprego, e sobre a existência de qualquer outra fonte de renda, em relação a si próprio e àqueles que vivam sob sua dependência econômica.

§ 2º – O Procurador-Geral de Justiça, perante o Conselho Superior do Ministério Público, dará posse aos nomeados, que prestarão compromisso de desempenhar com retidão as funções do cargo e de cumprir a Constituição e as leis, em defesa da sociedade.

§ 3º – Se o nomeado não tomar posse no prazo estabelecido neste artigo, tornar-se-á sem efeito o ato da nomeação.

Art. 60. O empossado deverá entrar em exercício imediatamente, ressalvado o disposto no parágrafo seguinte.

§ 1º – Havendo motivo relevante, poderá ser-lhe concedido o prazo de 30 (trinta) dias para entrar em exercício, prorrogável por igual período.

§ 2º – Não entrando em exercício no prazo previsto no parágrafo anterior, o empossado será exonerado *ex officio*.

Seção III
Do vitaliciamento

Art. 61. Os 2 (dois) primeiros anos de exercício no cargo da carreira do Ministério Público serão de estágio confirmatório, durante o qual a atuação do Promotor de Justiça será acompanhada por Comissão, presidida pelo Corregedor-Geral e constituída na forma do Regulamento expedido pelo Conselho Superior do Ministério Público, com vistas à avaliação de suas condições para vitaliciamento, mediante verificação de suficiência dos seguintes requisitos:

I – idoneidade moral;
II – zelo funcional;
III – eficiência;
IV – disciplina.

§ 1º – A avaliação do requisito indicado no inciso III deste artigo será realizada pela Comissão de Estágio Confirmatório, com base nos relatórios apresentados pelos monitores vinculados ao Centro de Estudos e Aperfeiçoamento Funcional, na forma e periodicidade definidas em deliberação do Conselho Superior do Ministério Público, dando-se lhe publicidade.

* **Incluído pela Lei Complementar 177/17.**

§ 2º – O cumprimento anterior de estágio probatório ou confirmatório em outro cargo ou de qualquer outro tipo de estágio com idêntico objetivo não isenta o Promotor de Justiça do estágio para vitaliciamento.

* **Renumerado pela Lei Complementar 177/17.**

Art. 62. A Comissão de Estágio Confirmatório, até 90 (noventa) dias do término do biênio estabelecido no artigo anterior, encaminhará ao Conselho Superior do Ministério Público, proposta de vitaliciamento ou não, acompanhada de relatório circunstanciado sobre o desempenho de cada Promotor de Justiça, considerados, motivadamente, os requisitos previstos naquele dispositivo.

§ 1º – No caso de o relatório concluir pelo não vitaliciamento do Promotor de Justiça, o Conselho, na forma do seu Regimento Interno, dele dará ciência ao interessado para, no prazo de 10 (dez) dias, querendo, apresentar defesa e produzir provas, sobre o que se manifestará a Comissão em 72 (setenta e duas) horas.

§ 2º – Se não considerar satisfatória a defesa, o Conselho Superior receberá a impugnação e determinará a suspensão, até definitivo julgamento, do exercício funcional do membro do Ministério Público e do prazo para vitaliciamento.

§ 3º – Recebida a impugnação, o Conselho Superior determinará as diligências que entender cabíveis e, em seguida, abrirá vista ao vitaliciando para apresentação das alegações finais no prazo de 10 (dez) dias.

§ 4º – Durante a tramitação do procedimento de impugnação, o membro do Ministério Público receberá vencimentos integrais, contando-se para todos os efeitos o tempo de suspensão do exercício funcional, no caso de vitaliciamento.

§ 5º – O Conselho Superior decidirá, no prazo máximo de 60 (sessenta) dias, contados do recebimento da impugnação.

Art. 63. A decisão sobre o vitaliciamento, ou não, de Promotor de Justiça será proferida pelo voto da maioria absoluta dos integrantes do Conselho Superior.

§ 1º – Na hipótese de vitaliciamento, em contrariedade à proposta da Comissão de Estágio Confirmatório, haverá recurso necessário para o Órgão Especial do Colégio de Procuradores de Justiça, que o apreciará em 30 dias.

§ 2º – Na hipótese de não vitaliciamento, caberá recurso voluntário, no prazo de 15 dias, para o Órgão Especial do Colégio de Procuradores de Justiça, que o apreciará no mesmo prazo do parágrafo anterior.

§ 3º – Decidido o recurso, o Órgão Especial do Colégio de Procuradores de Justiça encaminhará o processo ao Procurador-Geral de Justiça para o fim de ser providenciado o respectivo ato de vitaliciamento ou, se for o caso, de exoneração.

§ 4º – Não interposto recurso, caberá ao Conselho Superior encaminhar o processo ao Procurador-Geral de Justiça para os fins do parágrafo anterior.

Capítulo IV
Do provimento derivado

Seção I
Da promoção

Art. 64. As promoções na carreira do Ministério Público serão voluntárias e, alternadamente, por antiguidade e por merecimento da classe de Promotor de Justiça Substituto para a de Promotor de Justiça e desta para o cargo de Procurador de Justiça.

Art. 65. A antiguidade será apurada na classe e determinada pelo tempo de efetivo exercício na mesma.

§ 1º – O eventual empate se resolverá, na classe inicial, pela ordem de classificação no concurso e, nas demais, pela antiguidade na carreira.

§ 2º – Em janeiro de cada ano, o Procurador-Geral de Justiça mandará publicar, em diário oficial, a lista de antiguidade dos membros do Ministério Público, computando-se, em anos, meses e dias, o tempo de serviço na classe, na carreira, no serviço público estadual e no serviço público em geral e o contado para efeito de aposentadoria e disponibilidade.
* **Nova redação dada pela Lei Complementar 179/18.**
§ 3º – As reclamações contra a lista deverão ser apresentadas ao Conselho Superior no prazo de 30 (trinta) dias da respectiva publicação.

Art. 66. O merecimento será aferido pelo Conselho Superior do Ministério Público, com base nos seguintes critérios:
* V. Nesta edição, Res. CNMP 2/2005.
I – o procedimento do membro do Ministério Público, na vida pública e particular;
II – a pontualidade e o zelo no cumprimento dos deveres funcionais, aquilatados pelos relatórios de suas atividades e pelas observações feitas nas correições e visitas de inspeção;
III – a eficiência, a segurança e operosidade no desempenho de suas funções, verificadas através dos trabalhos produzidos;
IV – a contribuição à organização e à melhoria dos serviços da Instituição;
V – o aprimoramento de sua cultura jurídica, através da frequência e aproveitamento comprovados em cursos especializados oficiais ou reconhecidos;
VI – a publicação de livros, teses, estudos e artigos, assim como a obtenção de prêmios, quando relevantes para o Ministério Público;
VII – o número de vezes em que tenha figurado nas listas de merecimento;
VIII – a participação em cursos, simpósios, palestras ou reuniões de aprimoramento funcional promovidos pelos órgãos auxiliares ou de administração do Ministério Público, observada a carga horária e a periodicidade disciplinadas em resolução do Procurador-Geral de Justiça.
§ 1º – O Conselho Superior do Ministério Público estabelecerá, em regulamento, os dados com base nos quais se aplicarão os critérios alinhados neste artigo e a pontuação correspondente a cada um deles.
§ 2º – Para os fins do disposto neste artigo, o Corregedor-Geral do Ministério Público prestará aos demais membros do Conselho Superior as informações constantes dos assentamentos funcionais dos concorrentes, sendo sigilosa a sessão, durante a solicitação ou prestação dessas informações.

Art. 67. Para efeito de promoção por merecimento, o Conselho Superior do Ministério Público organizará, para cada vaga, lista tríplice, com os integrantes do primeiro quinto da lista de antiguidade e que contem, pelo menos, 2 (dois) anos de exercício na respectiva classe, salvo se nenhum dos concorrentes preencher tais requisitos.
§ 1º – A lista de merecimento resultará dos três nomes mais votados, desde que obtida maioria de votos, procedendo-se, para alcançá-la, a tantas votações

quantas forem necessárias, examinados em primeiro lugar os nomes dos remanescentes da lista anterior.
§ 2º – Não poderão ser votados os membros do Ministério Público que estiverem afastados da carreira.
§ 3º – A lista de promoção por merecimento poderá conter menos de 3 (três) nomes, quando o número de requerentes inviabilizar a formação de lista tríplice.
§ 4º – Será obrigatória a promoção do Promotor de Justiça que figure por 3 (três) vezes consecutivas ou 5 (cinco) alternadas em lista de merecimento, preferindo-se, entre dois ou mais concorrentes numa dessas situações, aquele que tiver figurado maior número de vezes em lista.
§ 5º – Não incidindo a regra do parágrafo anterior, será promovido o mais votado, observada a ordem dos escrutínios, ou, em caso de empate, o mais antigo da classe.

Art. 68. Na indicação para promoção por antiguidade, somente pelo voto de 2/3 (dois terços) dos seus integrantes poderá o Conselho Superior do Ministério Público recusar o membro do Ministério Público mais antigo na classe.
§ 1º – No prazo de 5 (cinco) dias da sessão pública em que for deliberada a recusa, caberá recurso para o Órgão Especial do Colégio de Procuradores de Justiça, que em igual prazo decidirá.
§ 2º – A recusa suspenderá as votações subsequentes para as promoções, até julgamento de eventual recurso interposto.

Art. 69. Verificada vaga para promoção, o Procurador-Geral de Justiça, na qualidade de Presidente do Conselho Superior do Ministério Público, dentro em 60 (sessenta) dias da data da vaga, publicará edital, com prazo de 5 (cinco) dias, para ciência e habilitação dos integrantes da classe concorrente.
Parágrafo único – O Conselho Superior deliberará em 90 (noventa) dias do término do prazo de inscrição, devendo o ato de promoção ser publicado no prazo máximo de 30 dias.

Seção II
Do reingresso e do aproveitamento

Art. 70. O reingresso na carreira do Ministério Público se dará em virtude de reintegração ou reversão.

Art. 71. A reintegração, que decorrerá de decisão judicial transitada em julgado, é o retorno do membro do Ministério Público ao cargo, com ressarcimento dos direitos e vantagens não percebidos em razão da perda indevida do cargo, inclusive a contagem do período de afastamento dela decorrente como tempo de serviço, para todos os efeitos, observadas as seguintes normas:
I – se o cargo estiver extinto, o reintegrado será posto em disponibilidade, sem prejuízo de vencimentos e vantagens;

II – se o cargo estiver preenchido, seu ocupante será posto em disponibilidade, sem prejuízo de vencimentos e vantagens;

III – se, em exame médico obrigatório, for considerado incapaz, o reintegrado será aposentado, na forma do Art. 108 desta Lei.

Parágrafo único – A disponibilidade prevista neste artigo cessará com o aproveitamento obrigatório na primeira vaga que venha a ocorrer na classe.

Art. 72. A reversão é o retorno à atividade do membro do Ministério Público aposentado por invalidez, cessada a causa da aposentadoria.

§ 1º – Dar-se-á a reversão na classe em que se aposentou o membro do Ministério Público, na primeira vaga a ser provida pelo critério de merecimento, que nela se abrir.

§ 2º – O pedido de reversão, devidamente instruído, será dirigido ao Procurador Geral de Justiça, que o encaminhará ao Órgão Especial do Colégio de Procuradores de Justiça, para exame e deliberação.

Art. 73. O aproveitamento é o retorno ao exercício funcional do membro do Ministério Público posto em disponibilidade não punitiva.

§ 1º – O aproveitamento terá precedência sobre as demais formas de provimento e sobre a remoção.

§ 2º – Havendo mais de um concorrente à mesma vaga, terá preferência o de maior tempo de disponibilidade e, em caso de empate, o mais antigo na classe.

§ 3º – Aplica-se ao aproveitamento o disposto no inciso III do Art. 71.

Capítulo V
Da remoção

Art. 74. A remoção de membro do Ministério Público, de um órgão de execução para outro, da mesma classe, quando voluntária, dar-se-á unilateralmente ou por permuta.

§ 1º – A remoção compulsória ocorrerá quando o exigir o interesse público, a juízo do Conselho Superior do Ministério Público e assegurada ao interessado ampla defesa, na forma que dispuser o regimento interno daquele órgão, cabendo recurso da decisão para o Órgão Especial do Colégio de Procuradores de Justiça, no prazo de 5 (cinco) dias.

* **Renumerado pela Lei Complementar 187/19.**

§ 2º Instaurado o processo administrativo visando à remoção compulsória, ficará o membro do Ministério Público cautelarmente afastado do órgão de execução de sua titularidade e impedido de postular remoção voluntária, perdurando o impedimento pelos doze meses subsequentes à efetivação da medida.

§ 3º O membro afastado cautelarmente, nos termos do parágrafo anterior, ficará à disposição do Procurador-Geral de Justiça para exercer funções afetas a outros órgãos, em substituição ou auxílio.

§ 4º Caberá ao Conselho Superior do Ministério Público lotar, em órgão de

execução que se encontre vago, o membro do Ministério Público removido compulsoriamente.
* §§ 2º ao 4º incluídos pela Lei Complementar 187/19.

Art. 75. A remoção voluntária unilateral será feita por antiguidade e por merecimento, alternadamente, aplicando-se, no que couber e com as modificações previstas neste artigo, o disposto nos arts. 64 a 69 desta Lei.

§ 1º – Não poderão habilitar-se à remoção de que trata este artigo, os membros do Ministério Público que tenham sido voluntariamente removidos nos 6 (seis) últimos meses anteriores à data do edital.

§ 2º – Para efeito de remoção por merecimento, o Conselho Superior organizará, sempre que possível, lista tríplice, composta pelos nomes dos concorrentes que obtiverem a maioria dos votos dos seus membros, procedendo-se a tantas votações quantas forem necessárias para esse fim.

Art. 76. A remoção por permuta, admissível entre membros do Ministério Público da mesma classe, dependerá de requerimento conjunto dirigido ao Procurador-Geral de Justiça e de aprovação por maioria absoluta do Conselho Superior do Ministério Público, sendo vedada quando contrariar conveniência do serviço ou quando acarretar prejuízo a outro membro do Ministério Público.

§ 1º – A remoção por permuta impede nova remoção voluntária unilateral de qualquer dos permutantes, nos 12 (doze) meses subsequentes a sua efetivação;

§ 2º – A renovação da remoção por permuta somente será permitida após o decurso de 2 (dois) anos.

§ 3º – É vedada a permuta entre membros do Ministério Público:

I – quando um dos permutantes estiver habilitado à promoção por antiguidade em razão da existência de vaga na classe superior;

II – no período de 1 (um) ano antes do limite de idade para a aposentadoria compulsória de qualquer dos permutantes.

Capítulo VI
Da vacância

Art. 77. A vacância de cargo da carreira do Ministério Público poderá decorrer de:
I – exoneração a pedido ou *ex officio*;
II – demissão;
III – promoção;
IV – aposentadoria;
V – disponibilidade punitiva;
VI – falecimento.
Parágrafo único. Dar-se-á a vacância na data do fato ou da publicação do ato que lhe der causa.

Art. 78. Será expedido ato de exoneração *ex officio*, nos casos de o membro do Ministério Público deixar de entrar em exercício no prazo legal, não ser vitaliciado ou tomar posse em outro cargo efetivo ou vitalício cuja acumulação não seja permitida.

Capítulo VII
Das garantias e prerrogativas

Art. 79. Os membros do Ministério Público estão sujeitos a regime jurídico especial e têm as seguintes garantias:

I – vitaliciedade, após 2 (dois) anos de efetivo exercício, observado o disposto nos arts. 61 a 63 desta Lei, não podendo perder o cargo senão por sentença judicial proferida em ação civil própria e transitada em julgado;

II – inamovibilidade, salvo por motivo de interesse público, mediante decisão do Conselho Superior do Ministério Público, por voto de 2/3 (dois terços) de seus membros, assegurada ampla defesa;

III – irredutibilidade de vencimentos e vantagens, observado, quanto à remuneração, o disposto na Constituição da República e nesta Lei

Art. 80. Em caso de extinção do órgão de execução, seu titular terá preferência nos concursos de remoção que se realizarem nos 6 (seis) meses subsequentes.

§ 1º O prazo para exercício do direito previsto no *caput* começará a fluir na data da abertura do primeiro concurso de remoção.

§ 2º O direito assegurado neste artigo somente poderá ser exercido em relação a órgão de execução ofertado à remoção voluntária unilateral que, nos últimos 3 (três) anos, tenha sido ocupado por titular com tempo de exercício na classe igual ou inferior ao do detentor da preferência.

§ 3º A partir da extinção referida no *caput* e enquanto não concretizada a remoção voluntária, o membro do Ministério Público será designado para exercer suas funções em substituição ou auxílio.

§ 4º Exaurido o prazo a que se refere o *caput* e não exercido o direito de preferência ou não efetivada, por outro modo, a remoção voluntária ou a promoção, o membro do Ministério Público será posto em disponibilidade, com aproveitamento obrigatório na primeira vaga que venha a ocorrer na classe.

* **Nova redação dada pela Lei Complementar 187/19.**

Art. 81. Constituem prerrogativas dos membros do Ministério Público, além de outras previstas nas Constituições Federal e Estadual, nesta e em outras leis:

I – ser ouvido, como testemunha ou ofendido, em qualquer processo, procedimento ou inquérito, em dia, hora e local previamente ajustados com o juiz ou a autoridade competente;

II – não estar sujeito a intimação ou convocação para comparecimento, exceto se expedida pela autoridade judiciária ou por Órgão Superior competente do Ministério Público, ressalvadas as hipóteses constitucionais;

III – não ser preso ou detido senão por ordem escrita do Tribunal competente, salvo em flagrante delito de crime inafiançável, caso em que a autoridade fará imediata comunicação e apresentação do membro do Ministério Público ao Procurador-Geral de Justiça, sob pena de responsabilidade e relaxamento da prisão;
IV – não ser indiciado em inquérito policial, observando-se o disposto no parágrafo 1º deste artigo;
V – ser processado e julgado originariamente pelo Tribunal de Justiça deste Estado, nos crimes comuns e de responsabilidade, ressalvada a competência da Justiça Eleitoral;
VI – ser custodiado ou recolhido a prisão domiciliar ou sala especial de Estado Maior, por ordem e à disposição do Tribunal competente, quando sujeito a prisão antes do julgamento final;
VII – ter assegurado o direito de acesso, retificação e complementação dos dados relativos à sua pessoa, nos órgãos da instituição.
§ 1º – Quando, no curso de investigação, houver indício de prática de infração penal por parte de membro do Ministério Público, a autoridade policial, civil ou militar, remeterá imediatamente, sob pena de responsabilidade, os respectivos autos ao Procurador-Geral de Justiça, a quem competirá dar prosseguimento à apuração.
§ 2º – O Ministério Público, representado pelo Procurador-Geral de Justiça, poderá habilitar-se como assistente em ação civil ajuizada em face de membro do Ministério Público em virtude de ato praticado no exercício das suas funções.

Art. 82. Constituem prerrogativas dos membros do Ministério Público, no exercício de suas funções, além de outras previstas nas Constituições Federal e Estadual, nesta e em outras leis:
I – ter as mesmas honras e receber o mesmo tratamento jurídico e protocolar dispensado aos membros do Poder Judiciário junto aos quais oficiem;
II – ter vista dos autos após distribuição aos órgãos perante os quais oficiem e intervir nas sessões de julgamento, para sustentação oral ou esclarecimento de matéria de fato;
III – receber intimação pessoal em qualquer processo ou procedimento, através da entrega dos autos com vista ao membro do Ministério Público com atribuição;
IV – gozar de inviolabilidade pelas opiniões que emitir ou pelo teor de suas manifestações, podendo ainda pronunciar-se livremente sobre os processos e procedimentos sob sua atribuição, ressalvadas as hipóteses de sigilo legal;
V – ingressar e transitar livremente:
a) nas salas de sessões dos Tribunais, mesmo além dos limites que separam a parte reservada aos integrantes do órgão julgador;

b) nas salas de audiências, dependências de secretarias, cartórios, tabelionatos, ofícios de justiça, inclusive de registros públicos, delegacias de polícia, quartéis e outras repartições, no horário de expediente ou fora dele, sempre que se ache presente qualquer servidor ou empregado;
c) em qualquer estabelecimento de internação ou segregação, individual ou coletiva, independentemente de marcação de hora, de revista ou de qualquer outra condição incompatível com suas prerrogativas;
d) Revogado pela Lei Complementar 177/17.
e) em qualquer recinto público ou privado, ressalvada a garantia constitucional de inviolabilidade de domicílio;
VI – examinar, em qualquer juízo ou Tribunal, autos de processos ou procedimentos findos ou em andamento, ainda que conclusos à autoridade, podendo copiar peças e tomar apontamentos;
VII – examinar, em qualquer repartição policial, civil ou militar, peças de informação de qualquer natureza e autos de flagrante ou inquérito, findos ou em curso, ainda que conclusos à autoridade competente, podendo copiar peças, tomar apontamentos e adotar outras providências;
VIII – ter acesso ao indiciado preso, a qualquer momento, mesmo quando decretada a sua incomunicabilidade;
IX – usar vestes talares e as insígnias privativas do Ministério Público;
X – sentar-se no mesmo plano e imediatamente à direita dos juízes singulares ou dos presidentes dos órgãos judiciários ou dos demais órgãos perante os quais oficiem, inclusive nas sessões solenes;
XI – ter prioridade em qualquer serviço de transporte ou comunicação, público ou privado, quando em atividade institucional de caráter urgente;
XII – colocar à disposição dos órgãos de origem, em seu local de atuação, após o respectivo pronunciamento e a devida comunicação, os autos de qualquer processo ou procedimento que lhe tenha sido entregue com vista;
XIII – ter presença e palavra asseguradas em todas as sessões dos colegiados em que oficiem;
Parágrafo único – As garantias e prerrogativas dos membros do Ministério Público previstas nesta Lei Complementar são inerentes ao exercício de suas funções e irrenunciáveis, não excluindo as estabelecidas em outras leis.

Art. 83. Os membros do Ministério Público terão carteira funcional, expedida na forma de Resolução do Procurador-Geral de Justiça, valendo em todo o território nacional como cédula de identidade e porte de arma, independentemente, neste caso, de qualquer ato formal de licença ou autorização.
Parágrafo único – Serão consignadas na cédula de identidade as prerrogativas constantes do *caput* e dos arts. 81, III, IV e VI, e 82, V, c, e XI, desta Lei.

Capítulo VIII
Dos vencimentos, vantagens e direitos

Seção I
Dos vencimentos e vantagens

Art. 84. A remuneração do membro do Ministério Público será fixada em nível condizente com a relevância de sua função e de forma a compensar todas as vedações e incompatibilidades que lhe são impostas.

Art. 85. A política remuneratória do Ministério Público observará o disposto na Constituição e em leis de iniciativa do Procurador-Geral de Justiça.
* **Nova redação dada pela LC 113/06.**

Art. 86. A indenização de transporte, a bolsa de estudo de caráter indenizatório, o auxílio pré-escolar, o auxílio-alimentação e a aquisição de obras jurídicas destinadas ao aprimoramento intelectual dos membros do Ministério Público serão disciplinados em resolução do Procurador-Geral de Justiça.
* **Nova redação dada pela LC 116/07.**
Parágrafo único. As obras jurídicas destinadas ao aprimoramento intelectual dos membros do Ministério Público serão adquiridas, única e exclusivamente, para compor o acervo bibliotecário da Instituição.
* **Acrescentado pela LC 116/07.**

Art. 87. Os vencimentos dos membros do Ministério Público são fixados com diferença de, no máximo, 10% (dez por cento) de uma para outra classe da carreira, a partir do cargo de Procurador de Justiça, garantindo-se a este os mesmos vencimentos atribuídos ao Procurador-Geral de Justiça, excluídas as gratificações inerentes ao cargo.

§ 1º – A diferença referida no "caput" deste artigo, permanecerá sendo de 10% (dez por cento) até 31 de dezembro de 2003, sendo a partir desta data fixada por Resolução do Procurador-Geral de Justiça, após aprovação do Órgão Especial do Colégio de Procuradores de Justiça, respeitado o limite de 5% (cinco por cento) desde que suportado por dotações orçamentárias próprias.

§ 2º – O membro do Ministério Público convocado ou designado para substituição terá direito à diferença de vencimentos, entre o seu cargo e o do substituído, incidindo, ainda, essa diferença sobre o percentual de gratificação adicional por tempo de serviço.

§ 3º – É vedada a percepção cumulativa da gratificação estabelecida no inciso VIII do Art. 91, desta Lei, com a diferença de vencimentos prevista no parágrafo anterior.

Art. 88. É defeso tomar a remuneração ou os vencimentos dos membros do Ministério Público como base, parâmetro ou paradigma dos estipêndios de qualquer classe ou categoria funcional estranha aos seus quadros.

Art. 89. Os vencimentos e vantagens dos membros do Ministério Público devem ser pagos até o último dia do mês a que corresponderem.

Art. 90. Consideram-se vencimentos, para os efeitos desta lei, a soma do valor do vencimento-base com o da verba de representação de Ministério Público.

Art. 91. Além dos vencimentos, são asseguradas as seguintes vantagens aos membros do Ministério Público:

I – ajuda de custo, para despesas de transporte e mudança;

II – auxílio-moradia, nas sedes de órgãos de execução onde não houver residência oficial condigna para o membro do Ministério Público;

* **V. Nesta edição, LC 162/14, que fixa o valor do benefício.**

III – salário-família, na forma da legislação estadual pertinente;

IV – diárias;

V – gratificação pela prestação de serviço à Justiça Eleitoral, equivalente àquela devida ao magistrado ante o qual oficiar e pagável com as dotações próprias do Tribunal Regional Eleitoral neste Estado;

* *Inciso declarado inconstitucional pelo STF, nos autos da ADIn 2.831, Rel. Min. Marco Aurélio, rel. p/ acórdão Min. Alexandre de Moraes, julgada em 11.05.2021.*

VI – gratificação adicional por tempo de serviço;

VII – gratificação pelo efetivo exercício em órgão de atuação de difícil provimento, assim definido pelo Órgão Especial do Colégio de Procuradores de Justiça;

VIII – gratificação pelo exercício cumulativo de funções, na forma de Resolução do Procurador-Geral de Justiça;

IX – gratificação pelo exercício de cargos ou funções de confiança, nos órgãos da Administração Superior do Ministério Público;

X – gratificação de magistério, por aula ou palestra proferida em curso promovido ou patrocinado pelo Centro de Estudos e Aperfeiçoamento Funcional, bem como por entidade conveniada com a Instituição, exceto quando receba remuneração específica para essa atividade;

* **Nova redação dada pela LC nº 159/14.**

XI – gratificação adicional de permanência;

XII – Revogado pela LC nº 159/14

XIII – gratificação pela prestação de serviços de natureza especial;

XIV – demais vantagens previstas em lei, inclusive as concedidas aos servidores públicos em geral.

§ 1º – O membro do Ministério Público, cuja remoção ou promoção, salvo por permuta, importar em necessária mudança de residência, perceberá ajuda de custo para transporte e reinstalação de até 100% (cem por cento) de seus vencimentos.

§ 2º – O valor máximo da gratificação a que se refere o inciso VII do *caput* deste artigo será de 10% (dez por cento) do subsídio do membro do Ministério Público beneficiário.

* **Parágrafo incluído pela LC nº 159/14.**
§ 3º – Perceberá diária o membro do Ministério Público que, em razão da função, tiver de se deslocar da sede do órgão onde tenha exercício, observadas as condições fixadas em resolução do Procurador-Geral de Justiça e obedecidos os seguintes limites máximos:
a) trigésima parte do subsídio, nos deslocamentos para fora do Estado;
b) nonagésima parte do subsídio, nos demais casos.
* **Nova redação dada pela LC-RJ 113/06.**
§ 4º – A gratificação adicional por tempo de serviço será de 10% (dez por cento), incidentes sobre os vencimentos, para os 3 (três) primeiros anos de serviço e de 5% (cinco por cento) por triênio subsequente, até o limite de 60% (sessenta por cento).
§ 5º – O membro do Ministério Público, quando exercer a acumulação de suas funções com as de outro cargo da carreira, perceberá gratificação não excedente a 1/3 (um terço) de seus vencimentos.
§ 6º – A gratificação de magistério será fixada e reajustada em Resolução do Procurador-Geral de Justiça.
§ 7º – A gratificação adicional de permanência será paga ao membro do Ministério Público que, tendo completado tempo de serviço suficiente para aposentadoria voluntária, permanecer em efetivo exercício e corresponderá a 5% (cinco por cento), calculados sobre o total de sua remuneração, por ano de serviço excedente daquele tempo, até o limite de 25% (vinte e cinco por cento), iniciando-se o pagamento um ano após a aquisição do direito à aposentadoria voluntária.
§ 8º – As vantagens relacionadas nos incisos I, II, IV, VII, VIII e IX a XIV do "*caput*" deste artigo serão regulamentadas em ato do Procurador-Geral de Justiça, atendidos os limites e as condições estabelecidas nos parágrafos anteriores.
§ 9º – São considerados serviços de natureza especial, dentre outros, a participação efetiva em bancas examinadoras e comissões de concursos públicos do Ministério Público, os plantões judiciários em geral e a fiscalização de concursos, assim definidos em ato do Procurador-Geral de Justiça, que fixará os respectivos valores, observado o mínimo de 5% (cinco por cento) e o máximo de 10% (dez por cento) do subsídio.
* **Nova redação dada pela LC nº 159/14.**
§ 10 – Aplicam-se aos membros do Ministério Público os direitos sociais previstos no Art. 7º, VIII, XII, XVII, XVIII e XIX da Constituição da República.

Seção II
Das licenças

Art. 92. Conceder-se-á licença:
I – para tratamento de saúde;

II – por motivo de doença em pessoa da família;
III – à gestante;
IV – paternidade;
V – em caráter especial;
VI – para trato de interesses particulares;
VII – por motivo de afastamento de cônjuge;
VIII – para casamento;
IX – por luto;
X – por adoção, na forma de ato a ser editado pelo Procurador-Geral;
XI – nos demais casos previstos em outras leis aplicáveis ao Ministério Público.

Art. 93. O membro do Ministério Público comunicará ao Procurador-Geral de Justiça o lugar onde poderá ser encontrado, quando em gozo de licença.

Art. 94. O membro do Ministério Público licenciado não poderá exercer qualquer de suas funções, nem exercitar qualquer função pública ou particular, ressalvados, quanto a atividades particulares, os casos dos incisos V a VII do Art. 92 desta Lei.

Parágrafo único – Salvo contraindicação médica, o membro do Ministério Público licenciado oficiará nos autos que tiver recebido com vista antes de iniciado o gozo da licença, na forma da Resolução do Procurador-Geral de Justiça.

Art. 95. A concessão de licença para tratamento de saúde dependerá de inspeção feita por médico do Quadro de Serviços Auxiliares do Ministério Público.

Parágrafo único. A licença dependerá de inspeção por junta médica, quando o prazo inicial, ou das prorrogações por período ininterrupto, ultrapasse 30 (trinta) dias.

Art. 96. A licença por doença em pessoa da família será concedida pelo mesmo prazo previsto no Estatuto dos Servidores Públicos Civis do Estado do Rio de Janeiro, quando o membro do Ministério Público comprovar, mediante inspeção médica, nos termos do artigo anterior, a indispensabilidade da assistência pessoal ao familiar enfermo, que não possa ser prestada concomitantemente ao exercício de suas funções.

* **Nova redação dada pela LC nº 159/14.**

Parágrafo único. Consideram-se pessoas da família, para os efeitos deste artigo, os ascendentes, descendentes, o cônjuge ou companheiro(a), e dependentes legais, para fins previdenciários, do membro do Ministério Público.

Art. 97. Observadas as condições do Art. 95, dar-se-á licença à gestante por até 4 (quatro) meses, prorrogáveis, em caso de aleitamento materno, por mais 2 (dois) meses.

Art. 98. Ao membro do Ministério Público será concedida licença paternidade de 30 (trinta) dias, contados do nascimento.

Parágrafo Único – A licença paternidade de que trata a presente lei será aplicada também aos casos de adoção.

* **Nova redação dada pela Lei Complementar nº 172/16.**

Art. 99. Após cada quinquênio ininterrupto de efetivo exercício no serviço público, o membro do Ministério Público terá direito ao gozo de licença em caráter especial, pelo prazo de 3 (três) meses, parceláveis em períodos não inferiores a 30 (trinta) dias, com todos os direitos e vantagens do cargo ou função que esteja exercendo.

§ 1º – Adquirido o direito à licença especial:

I – não haverá prazo para ser exercitado;

II – seu gozo poderá ser suspenso por ato excepcional do Procurador-Geral de Justiça, fundamentado na necessidade do serviço.

§ 2º – A licença especial poderá ser convertida em pecúnia indenizatória, não se estendendo aos inativos, na forma disciplinada em resolução do Procurador-Geral de Justiça.

* **Nova redação dada pela LC 129/09.**

Art. 100. Ao membro do Ministério Público, após o vitaliciamento, poderá conceder-se, a critério do Procurador-Geral de Justiça e pelo prazo de 1 (um) ano, prorrogável uma só vez por igual período, licença sem vencimentos e vantagens para tratar de interesses particulares.

Art. 101. Será concedida ao membro do Ministério Público licença, sem vencimentos e vantagens, para acompanhar o cônjuge ou companheiro investido em mandato para o Congresso Nacional ou mandado servir fora do Estado, se servidor público civil ou militar.

Art. 102. Dar-se-á licença por luto, com duração de 8 (oito) dias, contados do óbito, no caso de falecimento do cônjuge, companheiro, ascendente, descendente ou irmão do membro do Ministério Público.

Art. 103. Será concedida ao membro do Ministério Público licença por seu casamento, pelo prazo de 8 (oito) dias, contados do dia da celebração civil.

Seção III
Do afastamento

Art. 104. Além dos demais casos previstos nesta Lei, o membro do Ministério Público poderá afastar-se do cargo, ou do órgão de execução, conforme o caso, para:

I – exercer cargo eletivo ou a ele concorrer, observada a legislação pertinente;

II – exercer a Presidência da Associação do Ministério Público do Estado do Rio de Janeiro ou da Associação Nacional dos Membros do Ministério Público;

* **Inciso II com redação dada pela LC 113/06.**

III – pelo prazo máximo de 5 (cinco) dias úteis, comparecer, mediante autorização ou designação, individual ou coletiva, do Procurador-Geral de Justiça, a congressos, seminários ou encontros, promovidos pela Instituição

ou pelos órgãos ou entidades referidos no inciso anterior, ou relacionados, também a critério do Chefe da Instituição, com as funções do interessado;
IV – ministrar ou frequentar, com aproveitamento, cursos ou seminários de aperfeiçoamento e estudos, no País ou no exterior, de duração máxima de dois anos, mediante prévia autorização do Conselho Superior do Ministério Público;
V – filiar-se a partido político.
VI – integrar o Conselho Nacional do Ministério Público ou o Conselho Nacional de Justiça.
* **Nova redação dada pela LC 113/06.**
§ 1º – **Revogado pela LC 187/19**
§ 2º – Salvo no caso do inciso III deste artigo, o afastamento implicará, sempre, suspensão do prazo para vitaliciamento.
§ 3º – No caso do inciso V deste artigo, o afastamento dar-se-á sem a percepção de vencimentos ou vantagens, os quais somente serão restabelecidos com o requerimento de registro de candidatura a cargo eletivo, perante o órgão competente da Justiça Eleitoral, ou a partir da desincompatibilização prevista na Lei Eleitoral, cessando o pagamento, salvo se o membro do Ministério Público comprovar o seu desligamento do partido, no dia imediato à proclamação dos eleitos.
§ 4º – Ainda que o membro do Ministério Público tenha permanecido 2 (dois) anos afastado para a frequência de curso no exterior, ser-lhe-á assegurado, em comprovando a necessidade, um período suplementar de afastamento, a ser fixado pelo Conselho Superior, imprescindível para a defesa da tese ou dissertação.
§ 5º – Sem prejuízo do disposto no inciso II deste artigo, é facultado ao Procurador-Geral de Justiça, a requerimento do Presidente da Associação do Ministério Público do Estado do Rio de Janeiro, afastar do órgão de execução mais um membro do Ministério Público que exerça função de direção na referida entidade de classe.
§ 6º – É vedado o afastamento de que trata o parágrafo anterior ao membro ocupante de cargo em comissão ou função gratificada.
* **§§ 5º e 6º incluídos pela Lei Complementar 187/19.**

Seção IV
Das férias

Art. 105. Os membros do Ministério Público gozarão férias individuais de 60 (sessenta) dias, remunerados com os vencimentos e vantagens do cargo acrescidos de 1/3 (um terço) do total respectivo, a cada ano de efetivo exercício.
§ 1º – Os primeiros 60 (sessenta) dias de férias somente poderão ser gozados após 12 (doze) meses de efetivo exercício, contados do início deste.
§ 2º – As férias serão gozadas por períodos, consecutivos ou não, de 30 (trinta) dias cada um, nos meses indicados em requerimento, observadas a antecedência e demais condições estabelecidas em Resolução do Procurador-Geral de Justiça.

§ 3º – As férias não gozadas serão concedidas, acumuladamente ou não, dentro do prazo de cinco anos contados da data da respectiva aquisição.

§ 4º – Por ato excepcional do Procurador-Geral de Justiça, fundamentado na necessidade de serviço, poderá o membro do Ministério Público ter suspenso até um terço de cada período de suas férias, desde que deferida com antecedência mínima de três meses, caso em que terá o direito de optar pela fruição em outra oportunidade ou receber os dias suspensos em pecúnia indenizatória.

§ 5º – Não poderá entrar em gozo de férias o membro do Ministério Público que tiver processo ou procedimento em seu poder, por tempo excedente ao prazo legal.

Seção V
Da aposentadoria e da disponibilidade
Subseção I
Da aposentadoria

Art. 106. O membro do Ministério Público será aposentado, com proventos integrais, compulsoriamente, aos 70 (setenta) anos de idade ou por invalidez e, facultativamente, desde que atenda às seguintes condições:

a) 60 (sessenta) anos de idade e 35 (trinta e cinco) de contribuição previdenciária, se homem, e 55 (cinquenta e cinco) anos de idade e 30 (trinta) de contribuição previdenciária, se mulher;
b) dez anos de efetivo exercício no serviço público; e
c) cinco anos de efetivo exercício na carreira.

§ 1º – Ao membro do Ministério Público que tenha ingressado regularmente na carreira até 16.12.98 aplicar-se-ão as regras contidas no Art. 8º e parágrafos da Emenda Constitucional nº 20, de 15.12.98, no que lhe for aplicável.

§ 2º – Ao membro do Ministério Público que, até 16.12.98, tenha cumprido os requisitos para obtenção da aposentadoria aplicar-se-á o disposto no Art. 3º e parágrafos da Emenda Constitucional nº 20, de 15.12.98, no que lhe for aplicável.

Art. 107. A aposentadoria compulsória vigorará a partir do dia em que for atingida a idade limite.

Art. 108. A aposentadoria por invalidez será concedida a pedido ou decretada de ofício e dependerá da verificação, em inspeção de saúde, por junta médica, determinada pelo Procurador-Geral de Justiça, de moléstia que venha a determinar, ou que haja determinado, o afastamento contínuo da função por mais de 2 (dois) anos.

Art. 109. Os proventos da aposentadoria, que corresponderão à totalidade dos vencimentos e vantagens percebidos no serviço ativo, a qualquer título, serão revistos na mesma proporção e na mesma data, sempre que se modificar a remuneração dos membros do Ministério Público em atividade, sendo também estendidos aos inativos quaisquer benefícios ou vantagens posteriormente concedidos àqueles, inclusive quando decorrentes de transformação ou reclassificação do cargo ou função em que se deu a aposentadoria conforme o disposto na Constituição Federal.

Parágrafo único – Os proventos dos membros do Ministério Público aposentados serão pagos na mesma ocasião e na mesma folha de pagamento em que o forem os vencimentos dos membros do Ministério Público em atividade.

Subseção II
Da disponibilidade

Art. 110. Ficará em disponibilidade o membro do Ministério Público, com vencimentos e vantagens integrais, nas hipóteses dos arts. 71, I e II.

Parágrafo único – O membro do Ministério Público em disponibilidade continuará sujeito às vedações constitucionais e será classificado em quadro especial, provendo-se a vaga que ocorrer, no respectivo órgão de execução, quando couber.

Seção VI
Dos direitos previdenciários

Art. 111. A previdência social dos membros Ministério Público, mediante contribuição, é objeto de regime próprio instituído por lei.

Art. 112. O regime de previdência social dos membros do Ministério Público tem por finalidade assegurar a seus participantes e dependentes meios indispensáveis de manutenção, por motivo de incapacidade, de inatividade compulsória ou voluntária, definidos na forma das normas constitucionais e legais específicas, bem assim, garantir encargos familiares, em razão do falecimento daqueles de quem dependiam economicamente.

Parágrafo único – Aos membros do Ministério Público são assegurados, ainda, todo e qualquer benefícios instituído a seu favor por norma legal ou específica ou outros que sejam reconhecidos ou criados em prol dos servidores públicos estaduais em geral.

Art. 113. A pensão por morte, quando devida aos dependentes de membros do Ministério Público, corresponderá à totalidade dos vencimentos e vantagens ou proventos do falecido, assegurada a revisão do benefício, na forma do Art. 109 desta Lei.

Parágrafo único – A Lei a que se refere o Art. 111 definirá a forma de nomeação, identificação e habilitação dos beneficiários da pensão, a ordem de preferência destes, os modos de rateio e extinção do benefício da pensão por morte e as fontes de recursos para suprimento do disposto no artigo anterior.

Art. 114. Ao cônjuge sobrevivente e, em sua falta, aos herdeiros ou dependentes de membro do Ministério Público, ainda que aposentado ou em disponibilidade, será pago auxílio funeral em importância igual a um mês de vencimentos ou proventos percebidos pelo falecido.

Capítulo IX
Do tempo de serviço

Art. 115. A apuração do tempo de serviço dos membros do Ministério Público será feita em dias, convertendo-se o número de dias em anos e meses, à razão de 365 (trezentos e sessenta e cinco) dias por ano e 30 (trinta) dias por mês.

Art. 116. Será computado integralmente, para os efeitos de disponibilidade e acréscimos o tempo:
I – de serviço prestado à administração direta federal, estadual e municipal, inclusive o militar;
II – de serviço prestado a qualquer entidade da administração indireta ou fundacional federal, estadual ou municipal;
III – de exercício da advocacia, inclusive como provisionado, solicitador ou estagiário, comprovável na forma que se estipular em Resolução do Procurador-Geral de Justiça, até o limite de 15 (quinze) anos;
IV – de estágio forense instituído pela Procuradoria-Geral de Justiça, inclusive do antigo Distrito Federal e dos extintos Estados do Rio de Janeiro e da Guanabara.
§ 1º – Nos casos de serviços prestados à iniciativa privada ou no exercício de atividade autônoma, em que tenha havido, em qualquer das hipóteses, a correspondente contribuição previdenciária, bem como nas situações dos incisos I e II, o tempo de serviço será igualmente computado para fins de aposentadoria.
§ 2º – Em nenhuma hipótese será computado cumulativamente tempo de serviço simultâneo com o exercício no Ministério Público ou em mais de uma das situações previstas neste artigo.

Art. 117. Salvo para fins de vitaliciamento, considerar-se-á em efetivo exercício do cargo o membro do Ministério Público:
I – em gozo de férias ou de licença prevista no Art. 92, exceto as elencadas nos seus incisos VI e VII;
II – em missão oficial;
III – convocado para serviço militar e demais serviços obrigatórios por lei;
IV – afastado, nas hipóteses legais;
V – em disponibilidade, nos casos dos arts. 71, I e II, e 80, desta Lei.

Capítulo X
Dos deveres e vedações dos membros do Ministério Público

Art. 118. São deveres dos membros do Ministério Público, além de outros previstos em lei:
I – manter ilibada conduta pública e particular;

II – zelar por suas prerrogativas, pela dignidade de suas funções, pelo respeito aos membros da Instituição e pelo prestígio da Justiça;
III – indicar os fundamentos jurídicos de seus pronunciamentos processuais, elaborando relatório em sua manifestação final ou recursal;
IV – obedecer aos prazos processuais;
V – atender aos expedientes forense e institucional, bem como assistir aos atos judiciais, quando obrigatória ou conveniente a sua presença;
* **Nova redação dada pela Lei Complementar 187/19.**
VI – desempenhar com zelo e presteza suas funções;
VII – declarar-se suspeito ou impedido, nos termos da lei;
VIII – adotar, nos limites de suas atribuições, as providências cabíveis em face de irregularidade de que tenha conhecimento ou que ocorra nos serviços a seu cargo;
IX – tratar com urbanidade os magistrados, advogados, partes, testemunhas, funcionários e auxiliares da justiça;
X – residir, se titular, na Comarca ou Região correspondente à sua lotação, observado o disposto em Resolução do Procurador-Geral de Justiça;
XI – prestar informações solicitadas pelos órgãos da Instituição;
XII – identificar-se em suas manifestações funcionais;
XIII – atender às autoridades e aos interessados, a qualquer momento, nos casos e situações urgentes, mantendo-se permanentemente disponível para o cumprimento da missão social a que se destinam seu cargo e sua função;
XIV – atender às convocações e determinações de caráter administrativo e de ordem geral emanadas dos órgãos da Administração Superior do Ministério Público;

XV – encaminhar ao Corregedor-Geral do Ministério Público relatórios periódicos, para os fins do Art. 24, IV e V, desta Lei;
XVI – manter informado o Procurador-Geral dos meios para ser localizado, mesmo durante férias ou licença;
XVII – Comparecer pontualmente à hora de iniciar-se o expediente, a audiência ou a sessão, e não se ausentar injustificadamente antes de seu término;
XVIII – velar pela conservação e correta utilização dos bens confiados à sua guarda;
XIX – Encaminhar ao Corregedor-Geral do Ministério Público, quando da promoção, remoção voluntária ou substituição, declaração referente aos processos e procedimentos que estejam com vista aberta ao Ministério Público, permanecendo a eles pessoalmente vinculado;
XX – Apresentar anualmente declaração dos seus bens e informar sobre a ocupação de outro cargo, função ou emprego, e sobre a existência de qualquer outra fonte de renda, em relação a si próprio e àqueles que vivam sob sua dependência econômica.

Parágrafo único – Os membros do Ministério Público não estão sujeitos a ponto, mas o Procurador-Geral poderá estabelecer normas para comprovação do comparecimento, quando necessário.

Art. 119. Aos membros do Ministério Público se aplicam as seguintes vedações:

I – receber, a qualquer título e sob qualquer pretexto, honorários, percentagens ou custas processuais;

II – exercer a advocacia;

* **V. Nesta edição, Res. CNMP 8/2006.**

III – exercer atividade empresarial ou participar de sociedades empresárias, exceto como quotista ou acionista;

IV – exercer, ainda que em disponibilidade, qualquer outra função pública, salvo uma de magistério;

* **V. Nesta edição, Res. CNMP 73/2011.**

V – exercer atividade político-partidária, ressalvada a filiação e o direito de afastar-se para exercer cargo eletivo ou a ele concorrer.

Parágrafo único – Constituem funções do Ministério Público, não se lhes aplicando o inciso IV deste artigo, as atividades exercidas em organismos estatais afetos a área de atuação da Instituição e o exercício de cargos e funções de confiança na sua administração e nos órgãos auxiliares.

* **V. Nesta edição, Res. CNMP 5/2006.**

Art. 120. Além das vedações decorrentes do exercício de cargo público, aos membros do Ministério Público é, ainda, vedado especialmente:

I – valer-se de sua condição funcional para desempenhar atividade estranha às suas atribuições ou para lograr vantagem de qualquer natureza, que não decorra de previsão legal;

II – ausentar-se do País sem autorização do Procurador-Geral de Justiça, salvo nos casos de férias e licenças, sem prejuízo do disposto no inciso XVI do Art. 118.

Capítulo XI
Dos impedimentos, incompatibilidades e suspeições

Art. 121. É defeso ao membro do Ministério Público exercer as suas funções em processo ou procedimento judicial ou extrajudicial, nos casos de impedimento previstos na legislação processual.

Art. 122. O membro do Ministério Público não poderá, quando concorrer ou for interessado seu cônjuge, companheiro ou companheira ou parente consanguíneo ou afim em linha reta ou colateral, até o 3º (terceiro) grau:

I – participar da Comissão de Concurso e banca examinadora;

II – fiscalizar prova de concurso para ingresso na carreira;

III – participar de indicação para promoção, remoção ou convocação.

Parágrafo único – Ao membro do Ministério Público é vedado manter, sob sua chefia imediata, em cargo ou função de confiança, cônjuge, companheiro ou parente até o segundo grau civil.

Art. 123. O membro do Ministério Público não poderá atuar em órgão de execução junto a Juízo, no qual esteja em exercício qualquer das pessoas mencionadas no artigo anterior.

Art. 124. O membro do Ministério Público dar-se-á por suspeito quando:
I – tenha emitido parecer, respondido a consulta ou de qualquer forma opinado publicamente sobre o fato do processo ou procedimento;
II – houver motivo de ordem íntima que o iniba de funcionar;
III – nos demais casos previstos na legislação processual.
Parágrafo único – O membro do Ministério Público, na hipótese prevista no inciso II deste artigo, comunicará sua suspeição ao Procurador-Geral de Justiça, em expediente reservado. Neste caso, poderá o Procurador-Geral de Justiça, como medida compensatória, designar o que se declarou suspeito para atuar em procedimentos de atribuição do órgão tabelar, havendo expressa concordância deste, sem direito à percepção de qualquer vantagem correlata.

Capítulo XII
Da responsabilidade funcional

Seção I
Disposições gerais

Art. 125. Pelo exercício irregular de suas funções, o membro do Ministério Público responde penal, civil e administrativamente.
§ 1º – A atividade funcional dos membros do Ministério Público é sujeita a inspeção permanente, na forma dos arts. 24, I e II, 30, II, e 42, § 2º, desta Lei.
§ 2º – O membro do Ministério Público será civilmente responsável somente quando, no exercício de suas funções, proceder com dolo ou fraude.

Art. 126. A responsabilidade administrativa do membro do Ministério Público apurar-se-á sempre por meio de procedimento instaurado pela Corregedoria-Geral do Ministério Público.
* **Nova redação dada pela Lei Complementar 187/19.**

Seção II
Das faltas e penalidades

Art. 127. Constituem infrações disciplinares:
I – negligência no exercício das funções;
II – descumprimento de dever funcional;
III – infringência de proibição ou vedação;
IV – procedimento reprovável ou conduta que importe em desrespeito às leis em vigor, às autoridades constituídas ou à própria Instituição;
V – revelação de segredo que conheça em razão de cargo ou função;

VI – abandono de cargo;

VII – prática de crime incompatível com o exercício do cargo;

VIII – prática de improbidade administrativa, nos termos do Art. 37, § 4º, da Constituição da República.

Art. 128. Os membros do Ministério Público são passíveis das seguintes sanções disciplinares:

I – advertência;

II – censura;

III – suspensão;

IV – demissão;

V – cassação de aposentadoria ou de disponibilidade.

Art. 129. A pena de advertência será aplicada por escrito, de forma reservada, em caso de:

I – negligência no exercício das funções;

II – infringência das vedações previstas no inciso II do Art. 120;

III – descumprimento de dever funcional previsto no Art. 118, III, V, VI e IX a XX, desta Lei.

Art. 130. A pena de censura será aplicada por escrito, de forma reservada:

I – em caso de descumprimento de dever funcional previsto no Art. 118, I, II, IV, VII e VIII, desta Lei;

II – na reincidência em falta anteriormente punida com advertência;

III – na prática das infrações previstas nos incisos IV e V do Art. 127 desta Lei.

Art. 131. A pena de suspensão, de 10 (dez) até 90 (noventa) dias, será aplicada:

I – na infringência de vedação prevista nos incisos I, III, IV e V do Art. 119 e no inciso I do Art. 120, ambos desta Lei;

II – na reincidência em falta anteriormente punida com advertência ou censura, observado o disposto no Art. 135;

*Nova redação dada pela Lei Complementar 187/19.

III – na prática da infração prevista no Art. 127, VI, se inferior a 30 dias.

§ 1º – A suspensão importa, enquanto durar, na perda dos vencimentos e das vantagens pecuniárias inerentes ao exercício do cargo.

§ 2º – Quando houver conveniência para o serviço, anuindo expressamente o interessado, a penalidade de suspensão poderá ser convertida em multa, na base de 50% (cinquenta por cento) por dia de remuneração, ficando o membro do Ministério Público obrigado a permanecer em serviço.

§ 3º – O prazo para a anuência referida no parágrafo anterior será de 5 (cinco) dias, contados da data da intimação da decisão que determinou a suspensão do interessado.

Art. 132. A pena de disponibilidade, com vencimentos proporcionais ao tempo de serviço, será aplicada pelo Conselho Superior do Ministério Público, nos casos de:

I – infringência à vedação prevista no inciso I do Art. 120, se, inobstante a gravidade da infração, não deva ser aplicada a pena de demissão;
II – reincidência em falta anteriormente punida com suspensão;
* **Nova redação dada pela Lei Complementar 187/19.**

Parágrafo único – Na hipótese prevista no inciso I deste artigo, o Conselho Superior do Ministério Público, se não deliberar pela disponibilidade, poderá determinar a aplicação da pena de suspensão, na forma do Art. 131.

Art. 133. Considera-se reincidência, para os efeitos desta lei, a prática de nova infração, nos 5 (cinco) anos seguintes à ciência da imposição definitiva de sanção disciplinar, inclusive na hipótese do parágrafo 2º do Art. 131.

Art. 134. A demissão do cargo será aplicada:

I – ao membro vitalício do Ministério Público, mediante ação civil própria, nos casos de:
a) prática de crime incompatível com o exercício do cargo, após decisão judicial condenatória transitada em julgado;
b) exercício da advocacia;
c) abandono do cargo por prazo superior a 30 (trinta) dias corridos;
d) prática de improbidade administrativa;
II – ao membro do Ministério Público não vitalício, mediante processo administrativo, nas mesmas hipóteses das alíneas do inciso anterior e ainda no caso de falta grave, incompatível com o exercício do cargo.

§ 1º – A ação civil para decretação da perda do cargo do membro vitalício do Ministério Público, será proposta pelo Procurador-Geral de Justiça, perante o Tribunal de Justiça deste Estado, após autorização do Órgão Especial do Colégio de Procuradores de Justiça, por maioria simples.

§ 2º – A mesma ação será proposta para cassação da aposentadoria ou da disponibilidade, nos casos de falta punível com demissão, praticada quando o membro inativo do Ministério Público se achava em exercício.

§ 3º – Para os fins deste artigo, consideram-se incompatíveis com o exercício do cargo os crimes dolosos contra o patrimônio, contra a administração e a fé pública, os que importem em lesão aos cofres públicos, dilapidação do patrimônio público ou de bens confiados à guarda do Ministério Público, e os previstos no Art. 5º, inciso XLIII, da Constituição da República.

§ 4º – Além das hipóteses previstas no parágrafo anterior, são considerados incompatíveis com o exercício do cargo os crimes, cuja prática, no caso concreto, venha a ser assim considerada na deliberação do Órgão Especial do Colégio de Procuradores de Justiça que autorizar a propositura da ação civil.

Lei Complementar Estadual 106

§ 5º – Respondendo o membro do Ministério Público a processo criminal pela prática dos crimes descritos no § 3º, ou a qualquer outro crime que possa ser considerado incompatível com o exercício do cargo, deliberará o Órgão Especial do Colégio de Procuradores de Justiça, mediante provocação do Procurador-Geral de Justiça, sobre o afastamento do membro do Ministério Público de seu órgão de execução até o trânsito em julgado da decisão, permanecendo o mesmo à disposição do Procurador-Geral de Justiça nesse período.

§ 6º – A atribuição prevista no § 1º aplica-se a todas as ações civis de que possa resultar a perda do cargo do membro vitalício do Ministério Público, qualquer que seja o foro competente para o respectivo processo e julgamento.

* **Parágrafo acrescentado pela LC 113/06.**

§ 7º – A concessão da autorização de que trata o § 1º importará na instauração de processo específico, perante o Conselho Superior do Ministério Público, para que decida, em até 30 (trinta) dias, sobre a decretação da disponibilidade do membro do Ministério Público.

* **Incluído pela LC 187/19.**

Art. 135. Na aplicação das penalidades disciplinares, considerar-se-ão os antecedentes do infrator, a natureza e a gravidade da infração, as circunstâncias em que foi praticada e os danos que dela resultaram ao serviço ou à dignidade da Instituição ou da Justiça.

Parágrafo único – Em função do disposto no *caput* deste artigo, poderá ser aplicada pena mais branda do que a especificamente cominada para a infração.

Art. 136. Compete:
I – ao Corregedor-Geral do Ministério Público aplicar as penas de advertência e censura a Promotor de Justiça;
II – ao Procurador-Geral de Justiça:
a) aplicar as penas de advertência e censura a Procurador de Justiça;
b) aplicar a pena de suspensão;
c) impor ao membro do Ministério Público não vitalício a pena de demissão;
d) editar os atos de disponibilidade punitiva e de demissão de membro vitalício do Ministério Público, após o trânsito em julgado da ação civil para perda do cargo.

Parágrafo único. No exercício da competência a que se refere a alínea "a" do inciso II deste artigo, caso tenha sido celebrado, pela Corregedoria-Geral, o ajuste a que se refere o Art. 25, VI, o Procurador-Geral de Justiça pode ratificá-lo, propor novas condicionantes ao implicado ou, caso divirja de sua celebração, determinar o retorno dos autos ao órgão de origem para prosseguimento do processo disciplinar.

* **Incluído pela Lei Complementar 187/19.**

Art. 137. Extinguir-se-á, por prescrição, a punibilidade administrativa da falta:

I – em 2 (dois) anos, quando aplicáveis as penas de advertência ou censura;
II – em 3 (três) anos, quando aplicável a pena de suspensão;
III – em 5 (cinco) anos, quando cabíveis a disponibilidade, a demissão ou a cassação de aposentadoria.
Parágrafo único. A falta, prevista na lei penal como crime, terá sua punibilidade extinta no prazo prescricional aplicável ao respectivo delito, tomando-se sempre por base a pena cominada e fluindo a prescrição a partir do conhecimento do fato pela Corregedoria-Geral do Ministério Público.
* **Nova redação dada pela Lei Complementar 187/19.**

Art. 138. A prescrição começa a correr do dia em que a falta for praticada ou, nas faltas continuadas ou permanentes, do dia em que tenha cessado a continuação ou permanência.

Parágrafo único – Interrompem a prescrição a instauração do processo disciplinar e a decisão recorrível neste proferida, bem como a citação na ação civil para perda do cargo.

Capítulo XIII
Do processo disciplinar
Seção I
Disposições gerais

Art. 139. A apuração das infrações disciplinares será feita mediante processo de natureza administrativa, instaurado pelo Corregedor-Geral do Ministério Público, asseguradas as garantias da ampla defesa e do contraditório, observado o sigilo nas hipóteses previstas na ordem constitucional.
* **Nova redação dada pela Lei Complementar 187/19.**
§ 1º O processo disciplinar será:
I – ordinário, quando cabíveis as penas de suspensão, demissão ou cassação da aposentadoria ou da disponibilidade;
II – sumário, nos casos de faltas apenadas com advertência ou censura.

§ 2º – Independe de processo disciplinar a propositura da ação civil para perda do cargo, na hipótese de condenação irrecorrível pela prática de crime incompatível com o exercício do cargo, prevista nos §§ 3º e 4º do Art. 134.

Art. 140. O processo disciplinar será precedido de sindicância, de caráter investigatório, quando insuficientemente instruída a notícia de infração disciplinar.
* **Nova redação dada pela LC nº 187/19.**
§ 1º – Tratando-se de representação contra Procurador de Justiça, se houver urgência, o Procurador-Geral de Justiça, na qualidade de Presidente do Órgão Especial do Colégio de Procuradores de Justiça, determinará a realização das diligências necessárias, comunicando-as imediatamente àquele Colegiado.

§ 2º – Na sindicância, colher-se-ão as provas através dos meios pertinentes, observado o disposto no Art. 145 e obrigatoriamente ouvido o sindicado.
§ 3º – Encerrada a sindicância, o Corregedor-Geral do Ministério Público, no prazo de 60 (sessenta) dias, contados de sua abertura, prorrogável por igual período, em razão da necessidade do serviço, decidirá quanto à instauração do processo disciplinar.
* **Nova redação dada pela Lei Complementar 187/19.**
§ 4º – O Corregedor-Geral poderá delegar competência à Subcorregedor-Geral do Ministério Público para atuar como sindicante.

Art. 141. Ao instaurar processo disciplinar ordinário, ou no curso deste, o Corregedor-Geral do Ministério Público poderá representar ao Procurador-Geral de Justiça para o afastamento provisório do imputado de suas funções, se necessária a medida para garantia da regular apuração dos fatos.
§ 1º – O afastamento, sem prejuízo dos vencimentos e vantagens do imputado, terá duração de até 60 (sessenta) dias, prorrogável, no máximo, por mais 30 (trinta) dias.
§ 2º – Tratando-se de falta punível com as sanções previstas nos incisos III a V do Art. 128, imputada a membro do Ministério Público ainda não vitaliciado, o afastamento importará na imediata suspensão do exercício funcional e do prazo para vitaliciamento, na conformidade do disposto no Art. 62, §§ 2º e 4º, desta Lei.

Art. 142. Aplicam-se supletivamente ao processo disciplinar, no que couber, as normas da legislação processual penal e civil.

Seção II
Do processo disciplinar ordinário

Art. 143. O ato de instauração do processo disciplinar deverá conter o nome e a qualificação do indiciado, a exposição sucinta dos fatos a ele imputados e a respectiva capitulação legal.

Art. 144. O processo disciplinar será conduzido por Comissão designada pelo Corregedor-Geral do Ministério Público, sob sua presidência ou de seu substituto legal, e integrada por 2 (dois) outros membros vitalícios do Ministério Público, da mesma classe, preferencialmente mais antigos, ou de classe superior à do imputado.
§ 1º – Quando se tratar de Procurador de Justiça, a Presidência será do Corregedor-Geral, salvo nos casos de impedimento ou suspeição;
§ 2º – Um dos membros da Comissão será designado relator, cabendo-lhe:
I – sugerir as provas e diligências necessárias à comprovação dos fatos;
II – emitir parecer sobre os requerimentos apresentados pelo imputado;
III – elaborar a parte expositiva do relatório final.

§ 3º – Os trabalhos serão secretariados por servidor do Quadro de Serviços Auxiliares do Ministério Público, lotado na Corregedoria-Geral, que prestará compromisso de bem desempenhar suas funções e de observar rigorosamente o sigilo.

Art. 145. À Comissão serão assegurados todos os meios necessários ao desempenho de suas funções, sendo-lhe facultado o exercício das funções e prerrogativas asseguradas aos membros do Ministério Público nos arts. 35, I e VI, e 82, VI a VIII, desta Lei.

§ 1º – Os órgãos estaduais e municipais, sob pena de responsabilização de seus titulares, deverão atender com a máxima presteza às solicitações da Comissão, inclusive às requisições de técnicos e peritos, feitas por intermédio do Corregedor-Geral do Ministério Público.

§ 2º – Para a apuração de fatos fora do território do Estado, a Comissão poderá delegar atribuição a um de seus membros.

Art. 146. A Comissão deverá iniciar seus trabalhos dentro de 5 (cinco) dias de sua constituição e concluí-los, com apresentação de relatório final, no prazo máximo de 120 (cento e vinte) dias, contados da citação do imputado, prorrogável por mais 60 (sessenta) dias, a critério do Corregedor-Geral ou, na hipótese do Art. 11, XXII, desta Lei Complementar, a juízo do Procurador-Geral de Justiça.

* **Artigo alterado pela LC nº 159/14.**

Parágrafo único. A inobservância dos prazos estabelecidos neste artigo não acarretará nulidade do processo, podendo importar, contudo, em falta funcional dos integrantes da Comissão.

Art. 147. Instalada a Comissão de Processo Disciplinar, o seu Presidente encaminhará os autos ao Relator, para que proponha, em 5 (cinco) dias, as provas e diligências que entender necessárias, sobre o que decidirá a Comissão nos 5 (cinco) dias seguintes, designando, então, data para depoimento do indiciado e determinando sua citação.

§ 1º – A citação será pessoal, com antecedência mínima de 10 (dez) dias da data marcada para o depoimento do indiciado, entregando-se a este cópia do ato de instauração do processo e da decisão da Comissão quanto às provas e diligências a serem realizadas.

§ 2º – Não sendo encontrado o indiciado, ou furtando-se ele à citação, esta se fará por edital, publicado por 3 (três) vezes em diário oficial, na parte relativa ao expediente do Ministério Público, com prazo de 10 (dez) dias, a contar da última publicação, para comparecimento, a fim de ser ouvido.

* **Nova redação dada pela LC 179/18.**

§ 3º – Depois de citado, o indiciado não poderá, sob pena de prosseguir o processo à sua revelia, deixar de comparecer, sem justo motivo, aos atos processuais para os quais tenha sido regularmente intimado.

§ 4º – As intimações do indiciado, para os atos procedimentais, ser-lhe-ão feitas na pessoa de seu defensor, quando aquele não estiver presente, sempre com a antecedência mínima de 3 (três) dias, mediante termo de ciência nos autos, comunicação postal com aviso de recebimento, ou publicação em diário oficial, no expediente do Ministério Público.
* **Nova redação dada pela LC 179/18.**
§ 5º – Salvo o disposto no § 2º deste artigo, as publicações concernentes ao andamento de processo disciplinar serão feitas com omissão do nome do indiciado e de qualquer dado pelo qual se possa identificá-lo, limitando-se a referir o número do feito, de série própria da Corregedoria-Geral do Ministério Público, o nome dos advogados constituídos ou do defensor dativo e a finalidade da publicação.

Art. 148. Da data marcada para o depoimento do indiciado correrá o prazo de 15 (quinze) dias para o oferecimento de sua defesa preliminar, juntada de documentos e rol de testemunhas, no máximo de 8 (oito), requerimento de perícias e demais provas.
§ 1º – A Comissão poderá indeferir, fundamentalmente, as provas desnecessárias, impertinentes ou requeridas com intuito meramente protelatório.
§ 2º – Se o indiciado não atender à citação, nem se fizer representar por procurador, será declarado revel, sendo-lhe designado defensor dativo, pelo Corregedor-Geral, sem prejuízo da intervenção, em qualquer fase do processo, de defensor por ele constituído.

Art. 149. A Comissão procederá a todos os atos e diligências necessários ao completo esclarecimento dos fatos, podendo ouvir testemunhas, promover perícias, realizar inspeções locais e examinar documentos e autos.
Parágrafo único – Será assegurado ao indiciado o direito de participar, pessoalmente ou por seu defensor, dos atos procedimentais, podendo contraditar e reinquirir testemunhas, oferecer quesitos e indicar assistentes técnicos.

Art. 150. Encerrada a produção de provas, abrir-se-á vista dos autos ao indiciado para oferecer razões finais, no prazo de 15 (quinze) dias.
Parágrafo único – Havendo mais de um indiciado, o prazo será comum e em dobro.

Art. 151. Decorrido o prazo do artigo anterior, a Comissão, nos 15 (quinze) dias subsequentes, remeterá o feito ao órgão competente para a decisão, com relatório conclusivo, no qual proporá justificadamente o arquivamento do processo ou a punição do indiciado, especificando, neste caso, as disposições legais transgredidas e as sanções aplicáveis.
Parágrafo único – Divergindo os membros da Comissão quanto aos termos do relatório, deverão constar do processo as razões apresentadas pelos divergentes.

Art. 152. Recebido o processo, o órgão competente deverá julgá-lo no prazo de 60 (sessenta) dias, podendo:
* **Artigo alterado pela LC nº 159/14.**
I – julgar improcedente a imputação, determinando o arquivamento do processo;
II – aplicar ao indiciado a penalidade cabível, observado o disposto no Art. 135 e seu parágrafo único;
III – autorizar o Procurador-Geral de Justiça a ajuizar ação civil para decretação de perda do cargo.
Parágrafo único – A propositura da ação civil para perda do cargo acarretará o afastamento do membro do Ministério Público do exercício de suas funções, com a perda dos vencimentos e vantagens do cargo.

Art. 153. Da decisão que julgar procedente a imputação, caberá recurso para o Órgão Especial do Colégio de Procuradores de Justiça, no prazo de 15 (quinze) dias.
Parágrafo Único – O recurso deverá ser julgado no prazo de 60 (sessenta) dias, contados do recebimento dos autos.
* **Parágrafo alterado pela LC nº 159/14.**

Seção III
Do processo disciplinar sumário

Art. 154. O processo disciplinar sumário, para apuração de falta punível com advertência ou censura, será instaurado e conduzido pelo Corregedor-Geral do Ministério Público, observado o disposto no Art. 140 desta Lei.

Art. 155. Aplicam-se ao processo disciplinar sumário as disposições relativas ao processo disciplinar ordinário, com as seguintes modificações:
I – as atribuições conferidas à Comissão de Processo Disciplinar serão exercidas pelo Corregedor-Geral do Ministério Público, ou por delegação;
II – o número de testemunhas arroladas pelo indiciado não excederá de 3 (três);
III – os prazos para defesa preliminar e para razões finais serão de 5 (cinco) e 10 (dez) dias, respectivamente;
IV – o prazo para conclusão do processo será de 90 (noventa) dias, prorrogável por mais 60 (sessenta), conforme definido no art. 146.
* **Parágrafo alterado pela LC nº 159/14.**

Seção IV
Da revisão do processo disciplinar

Art. 156. Admitir-se-á, a qualquer tempo, salvo na hipótese de decretação de perda do cargo, a revisão do processo disciplinar de que tenha resultado imposição de sanção, sempre que forem alegados vícios insanáveis no procedimento ou prova nova que justifique o reexame da decisão.

§ 1º – Não constituirá fundamento para revisão a simples alegação de injustiça da penalidade imposta.

§ 2º – Não será admitida a reiteração do pedido de revisão pelo mesmo motivo.

Art. 157. A revisão poderá ser pleiteada pelo punido ou, se falecido, desaparecido ou interdito, por seu curador, cônjuge ou companheiro, ascendente, descendente ou irmão.

Art. 158. O pedido de revisão será dirigido ao Órgão Especial do Colégio de Procuradores de Justiça, que, se o admitir, determinará seu processamento, na forma regimental, em apenso aos autos originais e designará Comissão Revisora composta por três Procuradores de Justiça que não tenham participado do processo disciplinar.

Art. 159. Concluída a instrução no prazo máximo de 30 (trinta) dias, a Comissão Revisora relatará o processo em 10 (dez) dias e encaminhará ao Órgão Especial do Colégio de Procuradores de Justiça, que decidirá dentro de 30 (trinta) dias.

Art. 160. Julgada procedente a revisão, será tornada sem efeito a sanção aplicada, com o restabelecimento, em sua plenitude, dos direitos por ela atingidos, exceto se for o caso de aplicar-se penalidade mais branda.

Art. 161. O membro do Ministério Público punido com advertência ou censura poderá requerer ao Órgão Especial do Colégio de Procuradores de Justiça o cancelamento das respectivas notas em seus assentamentos, decorridos 5 (cinco) anos da decisão final que as aplicou, desde que não tenha sofrido, no período, nova punição, nem esteja respondendo a sindicância ou processo disciplinar.

Título III
Das disposições finais e transitórias

Art. 162. É assegurada aos membros do Ministério Público que, anteriormente à publicação da Emenda nº 20 à Constituição da República, preenchiam os requisitos exigidos em lei, a contagem em dobro dos períodos de férias e de licenças não gozadas para fins de aposentadoria.

Art. 163. Revogado pela LC 177/17.

Art. 164. Os membros do Ministério Público aposentados conservarão as prerrogativas e as honras do cargo e terão porte de arma, independentemente, neste caso, de qualquer ato formal de licença ou autorização.

Art. 165. Aos membros do Ministério Público, admitidos anteriormente à promulgação da Constituição da República de 1988, fica assegurado o que dispõe o § 3º do artigo 29 do respectivo Ato das Disposições Constitucionais Transitórias.

Art. 166. Aplica-se aos ocupantes dos cargos de Procurador-Geral de Justiça, Subprocurador-Geral de Justiça, Corregedor-Geral do Ministério Público, Subcorregedor-Geral do Ministério Público, Chefe de Gabinete e Secretário-Geral do Ministério Público o disposto no Art. 5º da Lei Complementar nº 113, de 24 de agosto de 2006.

Parágrafo único – Se o designado para exercer as funções de Secretário-Geral do Ministério Público não for membro da Instituição, será investido no cargo em comissão de idêntica nomenclatura, símbolo SA.

* **Nova redação dada pela LC 164/15.**

Art. 167. Enquanto não dispuser o Ministério Público de médicos em seu Quadro de Serviços Auxiliares, as inspeções médicas poderão ser feitas pelo Departamento de Perícias Médicas da Secretaria de Estado de Administração ou órgão de idêntica competência que venha a substituí-lo.

Art. 168. Fica mantida, como órgão de divulgação cultural do Ministério Público do Estado do Rio de Janeiro, na estrutura da Procuradoria-Geral de Justiça, a sua Revista.

Art. 169. Decorridos 120 (cento e vinte) dias da vigência desta Lei, serão convocadas eleições para o preenchimento das duas novas vagas para o Conselho Superior, criadas pelo artigo 20.

Parágrafo único – Os eleitos tomarão posse até 15 (quinze) dias após o pleito, extinguindo-se os respectivos mandatos juntamente com os dos demais Conselheiros.

Art. 170. O dia 05 (cinco) de outubro será considerado o Dia do Ministério Público do Estado do Rio de Janeiro.

Art. 171. As insígnias do Ministério Público do Estado do Rio de Janeiro, de uso exclusivo dos seus membros, e as vestes talares serão instituídas por Resolução do Procurador-Geral de Justiça, ouvido o Órgão Especial do Colégio de Procuradores de Justiça.

Art. 172. Ficam criados 02 (dois) cargos de Promotor de Justiça para exercício na Capital e no interior, respectivamente, em órgãos de execução destinados à proteção dos idosos.

Art. 173. O cargo de Secretário-Geral de Administração do Ministério Público é de livre nomeação do Procurador-Geral de Justiça, com remuneração correspondente ao símbolo SA, no caso de não ser nomeado membro da Instituição.

Art. 174. Todas as normas desta Lei, restritivas ou impeditivas de direito, não se aplicam aos atuais ocupantes de cargos ou funções nelas referidas.

Art. 175. Os artigos da Lei Complementar nº 28, de 21 de maio de 1982, que cuidam das atribuições dos órgãos de execução do Ministério Público, permanecerão em vigor até a edição das Resoluções que dispuserem sobre as novas atribuições.

Art. 176. Esta Lei entra em vigor em 1º de janeiro de 2003, revogadas as disposições em contrário, especialmente, em tudo o que não estiver mantida pela presente Lei, a Lei Complementar nº 28, de 21 de maio de 1982 e a referência, mediante remissão ao Art. 1º da Lei nº 680, de 08 de novembro de 1983, aos destinatários da referida Lei Complementar, contida no Art. 3º da Lei Complementar nº 68, de 07 de novembro de 1990.

Rio de Janeiro, 3 de janeiro de 2003
Rosinha Garotinho
Governadora

Lei Complementar nº 162, de 08 de Dezembro de 14.

FIXA O PERCENTUAL A QUE SE REFERE O ART. 1º DA LEI COMPLEMENTAR Nº 157, DE 20 DE DEZEMBRO DE 2013.

O **GOVERNADOR DO ESTADO DO RIO DE JANEIRO**

Faço saber que a Assembleia Legislativa do Estado do Rio de Janeiro decreta e eu sanciono a seguinte Lei:

Art. 1º. O valor do benefício a que se refere o inciso II, do artigo 91, da Lei Complementar nº 106, de 3 de janeiro de 2003, é equivalente ao fixado para os Ministros do Supremo Tribunal Federal, vedado o escalonamento entre as classes de carreiras.

Art. 2º. Esta Lei Complementar entra em vigor no dia 1º de janeiro de 2015, ficando revogada a Lei Complementar nº 157, de 20 de dezembro de 2013.

Rio de Janeiro, 08 de dezembro de 14.

LUIZ FERNANDO DE SOUZA
Governador

2

LEIS ESTADUAIS DO MINISTÉRIO PÚBLICO DO ESTADO DO RIO DE JANEIRO

Lei RJ nº 5.891 de 14 de janeiro de 2011.

(Alterada pela Lei nº 7956/18 e LC 187/19)

Dispõe sobre o quadro permanente dos serviços auxiliares do Ministério Público do Estado do Rio de Janeiro e dá outras providências.

O GOVERNADOR DO ESTADO DO RIO DE JANEIRO

Faço saber que a Assembleia Legislativa do Estado do Rio de Janeiro decreta e eu sanciono a seguinte Lei:

CAPÍTULO I
DISPOSIÇÕES GERAIS

Art. 1º. Esta lei dispõe sobre o Quadro Permanente dos Serviços Auxiliares do Ministério Público do Estado do Rio de Janeiro, nos termos do art. 170, § 2º, da Constituição Estadual.

Art. 2º. O Quadro Permanente dos Serviços Auxiliares do Ministério Público do Estado do Rio de Janeiro compreende os cargos de provimento efetivo, organizados em carreiras, e os cargos de provimento em comissão.

CAPÍTULO II
DOS CARGOS DE PROVIMENTO EFETIVO
SEÇÃO I
DAS CARREIRAS

Art. 3º. Os cargos de provimento efetivo do Quadro Permanente dos Serviços Auxiliares do Ministério Público do Estado do Rio de Janeiro organizam-se nas seguintes carreiras:

I – Analista do Ministério Público;
II – Técnico do Ministério Público;
III – Auxiliar Especializado do Ministério Público;
IV – Auxiliar do Ministério Público.

§ 1º – A carreira de Analista do Ministério Público é constituída do cargo de provimento efetivo de mesma denominação.

§ 2º – A carreira de Técnico do Ministério Público é constituída do cargo de provimento efetivo de mesma denominação.

§ 3º – A carreira de Auxiliar Especializado do Ministério Público é constituída do cargo de provimento efetivo de mesma denominação.

§ 4º – A carreira de Auxiliar do Ministério Público é constituída do cargo de provimento efetivo de mesma denominação.

Art. 4º. O quantitativo dos cargos de provimento efetivo que compõem o Quadro Permanente dos Serviços Auxiliares do Ministério Público do Estado do Rio de Janeiro é o constante do Anexo I.

Art. 5º. As carreiras de Analista do Ministério Público, Técnico do Ministério Público, Auxiliar Especializado do Ministério Público e Auxiliar do Ministério Público são estruturadas em três classes, sendo "A" a primeira e "C" a última, cada qual subdividida em cinco padrões remuneratórios, conforme Anexo II.

§ 1º – Classe é o segmento de padrões remuneratórios integrantes da carreira, que delimita a gradação para efeito de promoção, segundo critério de temporalidade.

§ 2º – Padrão é a posição do servidor na escala de remuneração da respectiva carreira.

§ 3º – As carreiras de que trata o *caput* deste artigo poderão ser divididas em áreas de atividade e especialização profissional.

§ 4º – Os servidores integrantes do Quadro Permanente dos Serviços Auxiliares do Ministério Público do Estado do Rio de Janeiro terão carteira funcional expedida pelo Procurador-Geral de Justiça, da qual deverá constar, além da denominação da respectiva carreira, a área de atividade, a especialização profissional e, quando for o caso, a designação funcional.

* **Incluído pela Lei 7.956/2018.**

§ 5º – Ao Técnico do Ministério Público da área de Notificação e Atos Intimatórios é atribuída a designação funcional de Oficial do Ministério Público e as certidões que emitir, no regular exercício de suas funções, são dotadas de fé pública.

* **Incluído pela Lei 7.956/2018.**

Art. 6º. As atribuições dos cargos e sua respectiva distribuição em áreas de atividade e especializações profissionais serão disciplinadas por Resolução do Procurador-Geral de Justiça.

Art. 7º. As carreiras de Auxiliar Especializado do Ministério Público e de Auxiliar do Ministério Público serão extintas, na medida em que vagarem todos os seus cargos.

Parágrafo único. Os cargos vagos das carreiras mencionadas no *caput* deste artigo serão transformados, de forma progressiva, em cargos de Analista do Ministério Público e Técnico do Ministério Público, respectivamente.

Art. 8º. O servidor ocupante de cargo de provimento efetivo do Quadro Permanente dos Serviços Auxiliares do Ministério Público do Estado do Rio de Janeiro poderá ser readaptado, *ex officio* ou a pedido, caso sobrevenha problema relacionado com sua saúde.

§ 1º – A readaptação se dará pela necessária adequação entre as atribuições a serem exercidas pelo servidor e o seu estado de saúde.

§ 2º - O ato do Procurador-Geral de Justiça que conceder a readaptação será precedido de avaliação pericial do órgão de saúde oficial do Ministério Público do Estado do Rio de Janeiro.

SEÇÃO II
DO INGRESSO E LOTAÇÃO

Art. 9º. O ingresso no Quadro Permanente dos Serviços Auxiliares do Ministério Público do Estado do Rio de Janeiro dar-se-á por concurso público de provas ou de provas e títulos, no padrão remuneratório inicial da primeira classe da respectiva carreira, observadas a área de atividade e a especialização profissional para as quais o candidato tenha sido aprovado.

§ 1º - São requisitos de escolaridade para o ingresso nas carreiras:
I - Analista do Ministério Público: nível superior completo, em curso correlacionado com as áreas de atividades e especialização profissional;
II - Técnico do Ministério Público: nível médio completo, abrangido o curso profissional técnico equivalente.
§ 2º - Além dos requisitos referidos no parágrafo anterior, poderão ser exigidos para ingresso nas carreiras do Quadro Permanente dos Serviços Auxiliares do Ministério Público do Estado do Rio de Janeiro, desde que expressamente previstos no regulamento ou no edital do concurso público:
I - formação especializada, experiência e/ou registro profissional prévios;
II - prova prática e/ou prova de capacidade física, de caráter eliminatório e/ou classificatório;
III - participação em programa de formação, de caráter eliminatório e/ou classificatório;
IV - exame psicotécnico, de caráter eliminatório.

Art. 10. Ficam mantidos os requisitos de escolaridade exigidos na ocasião do ingresso dos integrantes nas carreiras em extinção.

Art. 11. O servidor ocupante de cargo de provimento efetivo do Quadro Permanente dos Serviços Auxiliares será lotado e terá exercício nos órgãos do Ministério Público do Estado do Rio de Janeiro, ressalvada a autorização para ocupar cargo de provimento em comissão ou função gratificada em outros órgãos da Administração Pública, a critério exclusivo do Procurador-Geral de Justiça.

* **Nova redação dada pela Lei 6245/2012.**

SEÇÃO III
DA EVOLUÇÃO NAS CARREIRAS

Art. 12. A evolução nas carreiras dar-se-á por progressão e por promoção, obedecendo a critério de temporalidade que poderá ser conjugado com a avaliação especial de desempenho de que trata o art. 15 desta lei, na forma de Resolução do Procurador-Geral de Justiça.

§ 1º – Estará impedido de evoluir na carreira o servidor ocupante de cargo de provimento efetivo do Quadro Permanente dos Serviços Auxiliares do Ministério Público do Estado do Rio de Janeiro que, no ano anterior à progressão ou promoção:
I – tiver sido cedido para exercício de funções junto a outro órgão da Administração Pública, na forma do art. 11;
II – tiver se afastado voluntariamente do serviço, com perda de vencimento;
III – tiver falta não abonada;
IV – tiver sofrido sanção disciplinar;
V – tiver sido preso em decorrência de decisão judicial transitada em julgado.
§ 2º – A restrição estabelecida no inciso I do parágrafo anterior poderá deixar de incidir, desde que expressamente consignada na decisão do Procurador-Geral de Justiça que autorizar o afastamento do servidor, por interesse superior do Ministério Público do Estado do Rio de Janeiro.

Art. 13. Promoção é a movimentação do servidor do último padrão remuneratório de uma classe para o primeiro da classe seguinte, observado o interstício de dois anos em relação à progressão imediatamente anterior.

Parágrafo único. O escalonamento positivo dos padrões remuneratórios nas promoções corresponde a dez por cento.

Art. 14. Progressão é a movimentação do servidor de um padrão remuneratório para o seguinte, dentro de uma mesma classe, observado o interstício de um ano em relação à progressão imediatamente anterior.

Parágrafo único. O escalonamento dos padrões remuneratórios da primeira classe observa a proporção de sete por cento e, nas demais classes, cinco por cento.

SEÇÃO IV
DA AVALIAÇÃO ESPECIAL DE DESEMPENHO

Art. 15. A avaliação especial de desempenho constitui requisito para a aquisição de estabilidade e instrumento essencial à gestão da política de recursos humanos do Ministério Público do Estado do Rio de Janeiro, sendo sua forma regulamentada por Resolução do Procurador-Geral de Justiça.

Art. 16. O Procurador-Geral de Justiça instituirá Comissão de Avaliação Funcional, para os fins previstos no artigo anterior, à qual competirá:

I – a formulação do relatório final das avaliações especiais de desempenho, com a finalidade de subsidiar a decisão acerca da aquisição de estabilidade dos servidores, na forma do art. 41, § 4º, da Constituição Federal;
II – a elaboração do relatório final das avaliações periódicas, com a finalidade de colaborar com o permanente desenvolvimento dos recursos e métodos disponíveis para execução das funções técnico-administrativas no âmbito do Ministério Público do Estado do Rio de Janeiro.

§ 1º – Da Comissão farão parte, pelo menos, três servidores e seus respectivos suplentes, todos estáveis, ocupantes de cargo de provimento efetivo do Quadro Permanente dos Serviços Auxiliares do Ministério Público do Estado do Rio de Janeiro, sendo ao menos um titular e seu respectivo suplente indicados pela Associação de Classe dos Servidores do Ministério Público do Estado do Rio de Janeiro.

§ 2º – A nomeação dos membros da Comissão e a definição acerca das demais atribuições e da forma de realização das avaliações previstas no *caput* deste artigo serão objeto de regulamentação por Resolução do Procurador-Geral de Justiça.

SEÇÃO V
DA CAPACITAÇÃO

Art. 17. O Ministério Público do Estado do Rio de Janeiro instituirá Programa Permanente de Capacitação dos Servidores.

Parágrafo único. O Programa Permanente de Capacitação dos Servidores destina-se à elevação da capacitação profissional nas tarefas executadas, à educação profissional continuada, bem como à preparação para o desempenho de funções de maior complexidade e responsabilidade, aí incluídas as de direção, chefia e assessoramento.

CAPÍTULO III
DOS CARGOS DE PROVIMENTO EM COMISSÃO E DAS FUNÇÕES GRATIFICADAS
SEÇÃO I
DOS CARGOS DE PROVIMENTO EM COMISSÃO

Art. 18. Os cargos de provimento em comissão do Quadro Permanente dos Serviços Auxiliares do Ministério Público do Estado do Rio de Janeiro, de livre nomeação e exoneração pelo Procurador-Geral de Justiça, são voltados ao desempenho de atividades de direção, chefia e assessoramento e apresentam as seguintes denominações, de acordo com a complexidade das atividades a serem desenvolvidas pelos seus ocupantes:

I – Cargo em Comissão de Direção – CCD;
II – Cargo em Comissão de Gerência – CCG;
III – Cargo em Comissão de Assessoramento a Promotoria – CCA;
IV – Cargo em Comissão de Assessoramento a Procuradoria – CCP.

§ 1º – O Cargo em Comissão de Direção será preferencialmente ocupado por servidores ocupantes de cargo de provimento efetivo do Quadro Permanente dos Serviços Auxiliares do Ministério Público, a critério exclusivo do Procurador-Geral de Justiça.

§ 2º – O Cargo em Comissão de Gerência, no percentual de oitenta por cento do respectivo número, será ocupado por servidores ocupantes de cargo de provimento efetivo do Quadro Permanente dos Serviços Auxiliares do Ministério Público do Estado do Rio de Janeiro.

§ 3º – Os servidores ocupantes dos Cargos em Comissão de Assessoramento a Promotoria e de Assessoramento a Procuradoria deverão atuar com estrita observância às ordens, orientações e critérios estabelecidos pelo membro do Ministério Público ao qual estejam subordinados, competindo-lhes, em especial:

I – a organização e operacionalização do trâmite de documentos e processos no órgão de execução;

II – a realização das pesquisas necessárias ao desempenho da atividade funcional do membro do Ministério Público;

III – o auxílio na elaboração de minutas de manifestações e peças processuais;

IV – o atendimento ao público, quando necessário;

V – a execução das demais atividades que lhes forem determinadas.

§ 4º – Resolução do Procurador-Geral de Justiça definirá as demais atribuições dos ocupantes dos cargos de provimento em comissão, inclusive quanto às ordens, orientações e critérios, bem assim as respectivas posições na estrutura organizacional do Ministério Público do Estado do Rio de Janeiro.

Art. 19. Os cargos de provimento em comissão de símbolo DG, A e TP, de livre nomeação e exoneração pelo Procurador-Geral de Justiça, integram a estrutura básica da Procuradoria-Geral de Justiça.

Parágrafo único. Resolução do Procurador-Geral de Justiça definirá as atribuições inerentes aos cargos de provimento em comissão de que trata o *caput* deste artigo.

Art. 20. Estendem-se aos servidores ocupantes de cargos de provimento em comissão as disposições do art. 17 desta lei.

SEÇÃO II
DAS FUNÇÕES GRATIFICADAS

Art. 21. Os servidores ocupantes de cargo de provimento efetivo do Quadro Permanente dos Serviços Auxiliares do Ministério Público do Estado do Rio de Janeiro poderão ser designados, conforme ato do Procurador-Geral de Justiça, para o exercício das seguintes funções gratificadas:

I – chefia da secretaria de órgãos e serviços auxiliares;

II – supervisão de atividades administrativas nos órgãos de administração e nos órgãos e serviços auxiliares;

III – assessoria junto aos órgãos e serviços auxiliares;

IV – assessoramento direto às Promotorias de Justiça.

Parágrafo único. Resolução do Procurador-Geral de Justiça definirá as atribuições inerentes às funções gratificadas previstas neste artigo.

CAPÍTULO IV
DA REMUNERAÇÃO E VANTAGENS
SEÇÃO I
DA REMUNERAÇÃO DOS CARGOS DE PROVIMENTO EFETIVO

Art. 22. A remuneração dos cargos de provimento efetivo das carreiras de que trata esta lei é composta pelo vencimento, adicional por tempo de serviço, adicional de qualificação e demais vantagens previstas em lei.

Art. 23. O vencimento observará o escalonamento positivo existente entre os quinze padrões remuneratórios constantes do Anexo II.

Art. 24. Sobre o vencimento do cargo de provimento efetivo ocupado pelo servidor incidirá o adicional por tempo de serviço.

§ 1º – A cada três anos de efetivo exercício no serviço público, o servidor fará jus à percepção do acréscimo de cinco por cento ao vencimento, à exceção do primeiro triênio, que corresponde a dez por cento de acréscimo.

§ 2º – O adicional por tempo de serviço é limitado a 60% (sessenta por cento) do vencimento, sendo computado, para fins de sua concessão, o período exercido pelo servidor em cargo e emprego público da Administração Direta e Indireta federal, estaduais e municipais.

Art. 25. Aos servidores ocupantes de cargo de provimento efetivo do Quadro Permanente dos Serviços Auxiliares do Ministério Público do Estado do Rio de Janeiro portadores de títulos, diplomas ou certificados oficiais de cursos de ensino médio, graduação ou pós-graduação, em sentido amplo ou estrito, bem como àqueles concluintes de ações de capacitação, poderá ser concedido adicional de qualificação, a ser implantado na forma de Resolução do Procurador-Geral de Justiça.

§ 1º – O adicional de que trata este artigo não será concedido quando o curso constituir requisito para ingresso no cargo.

§ 2º – Resolução do Procurador-Geral de Justiça definirá as áreas de conhecimento dos cursos de graduação e de pós-graduação que ensejam a concessão do adicional de que trata este artigo.

§ 3º – Para efeito do disposto neste artigo, só serão considerados:

I – cursos de ensino médio, ministrados por estabelecimentos de ensino credenciados perante a respectiva Secretaria Estadual de Educação, na forma da legislação aplicável;

II – cursos de graduação e de pós-graduação, reconhecidos e ministrados por instituições de ensino credenciadas ou reconhecidas pelo Ministério da Educação, na forma da legislação específica;

III – ações de capacitação, devidamente reconhecidas pelo Ministério Público.

§ 4º – Os cursos de pós-graduação *lato sensu* serão admitidos, para fins de concessão do adicional, desde que com duração mínima de trezentas e sessenta horas.

§ 5º – O adicional de qualificação somente será considerado no cálculo dos proventos se o título ou o diploma forem anteriores à data da inatividade, excetuado do cômputo o disposto no art. 26, inciso VI, e observado, ainda, o que dispõe o § 3º do mesmo artigo.

§ 6º – As Resoluções do Procurador-Geral de Justiça que tratem de matéria relacionada a este artigo deverão estar disponíveis na internet, em site do Ministério Público, para acesso a qualquer cidadão, sempre que a página principal do referido site estiver acessível.

Art. 26. Fica instituído o Adicional de Qualificação – AQ, a ser concedido aos titulares dos cargos de que trata a presente Lei, de acordo com o estabelecido no Anexo IV, em retribuição ao atendimento a requisitos técnico-funcionais, acadêmicos e organizacionais necessários à melhoria do desempenho das atribuições inerentes aos respectivos cargos.

SEÇÃO II
DA REMUNERAÇÃO DOS CARGOS DE PROVIMENTO EM COMISSÃO E FUNÇÕES GRATIFICADAS

Art. 27. A remuneração dos cargos de provimento em comissão do Quadro Permanente dos Serviços Auxiliares do Ministério Público do Estado do Rio de Janeiro observa a seguinte forma:

I – Cargo em Comissão de Direção: vencimento correspondente a noventa e oito por cento do padrão remuneratório inicial da carreira de Analista do Ministério Público;

II – Cargo em Comissão de Gerência: vencimento correspondente a setenta e seis por cento do padrão remuneratório inicial da carreira de Analista do Ministério Público;

III – Cargos em Comissão de Assessoramento a Promotoria e de Assessoramento a Procuradoria: vencimento correspondente a cinquenta por cento do padrão remuneratório inicial da carreira de Analista do Ministério Público.

Parágrafo único. Aos ocupantes dos Cargos em Comissão de Direção e de Gerência, que não sejam titulares de cargo de provimento efetivo do Quadro dos Serviços Auxiliares do Ministério Público do Estado do Rio de Janeiro, será concedida gratificação correspondente a sessenta e seis por cento e sessenta e dois por cento, respectivamente, do vencimento do cargo.

Art. 28. A retribuição inerente ao exercício das funções gratificadas previstas no art. 21 observa a seguinte forma:

I – para o exercício da chefia de órgãos e serviços auxiliares, em valor correspondente a até setenta e cinco por cento do padrão remuneratório inicial da carreira de Analista do Ministério Público;

II – para o exercício da supervisão de atividades administrativas nos órgãos de administração e nos órgãos e serviços auxiliares, em valor correspondente a quarenta por cento do padrão remuneratório inicial da carreira de Analista do Ministério Público;

III – para o exercício da assessoria junto aos órgãos e serviços auxiliares, em valor correspondente a até noventa e cinco por cento do padrão remuneratório inicial da carreira de Analista do Ministério Público;

IV – para o assessoramento direto às Promotorias de Justiça, em valor correspondente a trinta por cento do padrão remuneratório inicial da carreira de Analista do Ministério Público, aplicando-se-lhes as disposições do art. 18, § 3º, desta lei.

Art. 29. O Procurador-Geral de Justiça poderá atribuir aos servidores ocupantes de cargos de provimento em comissão símbolos DG, A e TP da estrutura básica da Procuradoria-Geral de Justiça, sem vínculo com o Ministério Público, gratificação correspondente a até cento e oitenta por cento sobre o valor base e representação do respectivo cargo.

SEÇÃO III
DAS VANTAGENS

Art. 30. Os servidores ocupantes do cargo de provimento efetivo de Técnico do Ministério Público da área de atividade Notificação e Atos Intimatórios farão jus à gratificação de deslocamento para fins de indenização das despesas com sua locomoção, desde que esta se dê em razão do exercício estrito das funções inerentes ao cargo.

Parágrafo único. A gratificação de deslocamento será concedida em valor mensal, estabelecido conforme ato do Procurador-Geral de Justiça, e não integrará a base de cálculo de qualquer vantagem funcional nem será incorporada aos vencimentos, não sendo devido o seu pagamento nas férias, licenças e afastamentos de qualquer natureza.

Art. 31. Poderá ser atribuída aos servidores ocupantes de cargo de provimento efetivo do Quadro Permanente dos Serviços Auxiliares do Ministério Público do Estado do Rio de Janeiro, em razão das peculiaridades da função desempenhada e consoante critérios fixados em Resolução do Procurador-Geral de Justiça, gratificação correspondente a até dezoito por cento do padrão remuneratório inicial da carreira de Analista do Ministério Público.

Art. 32. Os servidores do Ministério Público do Estado do Rio de Janeiro farão jus à percepção de benefícios, de caráter assistencial e indenizatório, observada a forma disciplinada por Resolução do Procurador-Geral de Justiça.

CAPÍTULO V
DOS DIREITOS, DEVERES E VEDAÇÕES

Art. 33. Aplicam-se aos servidores do Ministério Público do Estado do Rio de Janeiro os direitos, deveres e vedações expressamente previstos no Estatuto dos Servidores Públicos Civis do Estado do Rio de Janeiro e respectivo Regulamento.

Art. 34. Poderão ser afastados do exercício do cargo, mediante autorização do Procurador-Geral de Justiça, sem prejuízo da percepção de remuneração e vantagens:

I – **Revogado pela LC 187/2019.**

II – servidores estáveis ocupantes de cargo de provimento efetivo do Quadro Permanente dos Serviços Auxiliares do Ministério Público do Estado do Rio de Janeiro para ministrar ou frequentar, com aproveitamento, curso de pós-graduação, em sentido amplo ou estrito, no País ou no exterior, de duração máxima de dois anos, mediante manifestação favorável da Comissão de Avaliação Funcional e autorização do Procurador-Geral de Justiça.

§ 1º – Fica garantida a manutenção do último órgão de lotação dos servidores afastados na forma do inciso I do *caput* deste artigo, pelo prazo mínimo de dois anos, contados da data do retorno ao exercício de suas funções.

§ 2º – Os demais critérios para os afastamentos previstos no *caput* deste artigo serão objeto de regulamentação por Resolução do Procurador-Geral de Justiça.

Art. 35. Os servidores do Ministério Público do Estado do Rio de Janeiro cumprirão jornada de trabalho diária de oito horas.

Art. 36. Ao servidor que já ocupava cargo de provimento efetivo do Quadro Permanente dos Serviços Auxiliares do Ministério Público do Estado do Rio de Janeiro na época da reestruturação promovida pela Lei Estadual nº 2.121, de 6 de junho de 1993, que tenha optado pelo regime de jornada de trabalho diária de seis horas, será facultado:

I – permanecer nesse regime especial, caso em que perceberá seis oitavos da remuneração fixada para a sua classe e padrão;

II – optar, a qualquer tempo e irreversivelmente, pelo regime comum previsto no *caput* deste artigo, caso em que deverá permanecer em exercício por um período mínimo de cinco anos, sendo os respectivos proventos calculados sobre o percebido no regime anterior, se o optante vier a se aposentar antes desse prazo.

Art. 37. No âmbito do Ministério Público do Estado do Rio de Janeiro, é vedada a nomeação ou designação para cargos de provimento em comissão e funções gratificadas de cônjuge, companheiro ou parente em linha reta, colateral ou por afinidade, até o terceiro grau, inclusive, dos respectivos membros ou de servidor ocupante, no âmbito do mesmo Ministério Público, de cargo de direção, chefia ou assessoramento.

§ 1º - A vedação prevista no parágrafo anterior abrange o ajuste mediante designações ou cessões recíprocas em qualquer órgão da Administração Pública direta e indireta dos Poderes da União, dos Estados, do Distrito Federal e dos Municípios.

§ 2º - Ficam ressalvadas as situações envolvendo servidor ocupante de cargo de provimento efetivo das carreiras do Quadro Permanente dos Serviços Auxiliares do Ministério Público do Estado do Rio de Janeiro, caso em que a vedação é restrita à nomeação ou designação para exercício perante o membro ou servidor determinante da incompatibilidade.

CAPÍTULO VI
DAS DISPOSIÇÕES FINAIS E TRANSITÓRIAS

Art. 38. As carreiras do Quadro Permanente dos Serviços Auxiliares do Ministério Público do Estado do Rio de Janeiro são renomeadas da seguinte forma:

I - Técnico Superior passa a ser denominada Analista do Ministério Público;

II - Técnico passa a ser denominada Técnico do Ministério Público;

III - Auxiliar Especializado passa a ser denominada Auxiliar Especializado do Ministério Público;

IV - Auxiliar passa a ser denominada Auxiliar do Ministério Público.

§ 1º - Ficam mantidas as atribuições dos cargos que compõem as carreiras do Quadro Permanente dos Serviços Auxiliares do Ministério Público do Estado do Rio de Janeiro, observado o que dispõe o art. 6º desta lei.

§ 2º - Os atuais servidores ocupantes dos cargos efetivos das carreiras de Técnico Superior, Técnico, Auxiliar Especializado e Auxiliar ficam enquadrados na mesma classe em que estiverem posicionados na data de início de vigência desta lei, observada a correspondência entre os padrões remuneratórios estabelecida, para cada carreira, pelo Anexo III.

Art. 39. As disposições do art. 9º, § 2º, desta lei aplicam-se aos concursos públicos realizados a partir da data de início de vigência desta lei.

Art. 40. Os servidores ocupantes de cargo de provimento efetivo em outros órgãos da Administração Pública cedidos ao Ministério Público do Estado do Rio de Janeiro farão jus, a critério do Procurador-Geral de Justiça, à percepção de gratificação correspondente a até oitenta por cento do padrão remuneratório inicial da carreira correspondente ao nível de escolaridade de seu cargo efetivo.

Art. 41. Nenhuma redução de remuneração poderá resultar da aplicação desta lei, assegurada ao servidor a percepção da diferença como vantagem pessoal nominalmente identificada, a ser absorvida por quaisquer reajustes subsequentes.

Art. 42. Compete ao Secretário-Geral do Ministério Público a aplicação de sanções disciplinares, exceto a de demissão, aos servidores ocupantes de cargo do Quadro Permanente dos Serviços Auxiliares do Ministério Público do Estado do Rio de Janeiro, cabendo recurso da decisão, no prazo de quinze dias, ao Procurador-Geral de Justiça.

Parágrafo único. A sanção de demissão, proposta pelo Secretário-Geral do Ministério Público, será aplicada pelo Procurador-Geral de Justiça, com recurso para o Órgão Especial do Colégio de Procuradores de Justiça, observado o mesmo prazo previsto no *caput* deste artigo.

Art. 43. Fica estabelecido o dia 1º de maio para a revisão geral anual da remuneração dos servidores ocupantes de cargo de provimento efetivo do Quadro Permanente dos Serviços Auxiliares do Ministério Público do Estado do Rio de Janeiro, prevista no art. 37, inciso X, da Constituição Federal.

Art. 44. O disposto nesta lei aplica-se aos aposentados e pensionistas, observadas as disposições da Constituição Federal e suas emendas.

Art. 45. O Procurador-Geral de Justiça baixará os atos necessários regulamentando as disposições contidas nesta lei.

Art. 46. As despesas resultantes da aplicação desta lei correrão à conta das dotações orçamentárias consignadas ao Ministério Público do Estado do Rio de Janeiro.

Art. 47. A execução das despesas decorrentes desta lei será escalonada, nos exercícios de 2011 e 2012, observadas as disponibilidades orçamentária e financeira e os limites estabelecidos pela Lei Complementar Federal nº 101, de 04 de maio de 2000, sendo efetivada, em 2011, no percentual mínimo de cinquenta por cento.

Parágrafo único. Enquanto perdurar a implementação desta lei, não se aplicará a revisão geral anual remuneratória de que trata o art. 43.

Art. 48. Esta lei entra em vigor na data de sua publicação, revogadas as disposições em contrário e, em especial, a Lei Estadual nº 3.899, de 19 de julho de 2002, o art. 1º da Lei Estadual nº 4.552, de 17 de maio de 2005, e o art. 1º da Lei Estadual nº 4.853, de 25 de setembro de 2006.

Rio de Janeiro, em 17 de janeiro de 2011.

SÉRGIO CABRAL
GOVERNADOR

LEI Nº 6.451, DE 21 DE MAIO DE 2013.

> Cria a Ouvidoria do Ministério Público do Estado do Rio de Janeiro, em consonância com o disposto no Art. 130-A, § 5º da Constituição da República e no Art. 173, § 5º, da Constituição Estadual

O GOVERNADOR DO ESTADO DO RIO DE JANEIRO

Faço saber que a Assembleia Legislativa do Estado do Rio de Janeiro decreta e eu sanciono a seguinte Lei:

Art. 1º. Fica criada, sem aumento de despesas, a Ouvidoria do Ministério Público do Estado do Rio de Janeiro, órgão auxiliar destinado a contribuir para a elevação dos padrões de transparência, presteza e segurança das atividades dos membros e dos órgãos da Instituição.

Parágrafo único. A Ouvidoria é um canal direto de comunicação que permite o recebimento e a transmissão de informações de interesse do cidadão, da sociedade e dos poderes constituídos.

Art. 2º. Compete à Ouvidoria, inserida na estrutura da Procuradoria-Geral de Justiça:

I – receber e encaminhar aos órgãos administrativos e de execução do Ministério Público representações, reclamações, denúncias e pedidos de providências e quaisquer outros expedientes que lhe sejam dirigidos;

II – receber e encaminhar aos órgãos competentes reclamações, denúncias e notícias de irregularidades envolvendo membros, servidores e órgãos da Instituição;

III – representar, fundamentadamente, aos órgãos da Administração Superior do Ministério Público ou, se for o caso, ao Conselho Nacional do Ministério Público, nas hipóteses a que alude o art. 130-A, § 2º, da Constituição da República;

IV – manter registro dos expedientes que lhe forem endereçados, informando ao interessado sobre as providências adotadas, ressalvadas as hipóteses legais de sigilo;

V – informar ao Procurador-Geral de Justiça e ao Conselho Nacional do Ministério Público, sempre que solicitado, o panorama geral de suas atividades;

VI – elaborar e encaminhar ao Procurador-Geral de Justiça, trimestralmente, relatório contendo a síntese de suas atividades;

§ 1º – É vedado à Ouvidoria substituir-se nas atribuições legalmente conferidas aos demais órgãos do Ministério Público.

§ 2º – Salvo no caso de lesão aos direitos humanos, a Ouvidoria não receberá representação, pedido de providência, notícia de irregularidade ou denúncia anônima, exceto aquelas devidamente fundamentadas ou acompanhadas de elemento probatório mínimo.

§ 3º – As ementas produzidas na Ouvidoria visando sintetizar denúncias, representações e reclamações a serem encaminhadas ao membro do Ministério Público com atribuição devem ter caráter estritamente descritivo, sendo vedadas subjetividades e adjetivações.

Art. 3º. A comunicação com a Ouvidoria pode ser feita:

I – pessoalmente, mediante petição ou manifestação oral, que será reduzida a termo;

II – por correspondência remetida pela via postal;

III – por via telefônica, hipótese em que o conteúdo da conversa será gravado e reduzido a termo; e

IV – por via eletrônica.

Art. 4º. O Ouvidor será nomeado, pelo Procurador-Geral de Justiça, dentre membros do Ministério Público com mais de 10 (dez) anos de carreira.

§ 1º – A nomeação do Ouvidor deve ser submetida à apreciação do Órgão Especial do Colégio dos Procuradores de Justiça, que poderá rejeitá-la pelo voto de dois terços dos seus membros.

§ 2º – O Ouvidor fica impedido de concorrer a cargo eletivo, no âmbito da Instituição, caso não se afaste do exercício da respectiva função com antecedência mínima de sessenta dias da data da eleição.

§ 3º – O Ouvidor será substituído, nas suas faltas, impedimentos, férias e licenças, por membro, indicado pelo Procurador-Geral de Justiça que preencha os requisitos previstos no *caput*.

Art. 5º. Para garantir a transparência e a publicidade de seus trabalhos, fica a Ouvidoria do Ministério Público do Estado do Rio de Janeiro obrigada a:

I – elaborar e divulgar relatório semestral de suas atividades, que conterá também as medidas propostas aos órgãos competentes e a descrição dos resultados obtidos;

II – promover atividades de intercâmbio com a sociedade civil;

III – estabelecer meios de comunicação direta entre o Ministério Público e a sociedade, para receber sugestões e reclamações, adotando as providências pertinentes e informando o resultado aos interessados;

IV – contribuir para a disseminação das formas de participação popular no acompanhamento e na fiscalização da prestação dos serviços realizados pelo Ministério Público

V – coordenar a realização de pesquisas periódicas e produzir estatísticas referentes ao índice de satisfação dos usuários, divulgando os resultados.

Art. 6º. Caberá ao Procurador-Geral de Justiça definir a estrutura organizacional e administrativa da Ouvidoria.

Art. 7º. Esta Lei entra em vigor na data de sua publicação.

Rio de Janeiro, 21 de maio de 2013.
SÉRGIO CABRAL
Governador

LEI Nº 7.280 DE 25 DE MAIO 2016.

Dispõe sobre a licença paternidade dos servidores integrantes do quadro permanente dos serviços auxiliares do Ministério Público do Estado do Rio de Janeiro.

O GOVERNADOR DO ESTADO DO RIO DE JANEIRO

Faço saber que a Assembleia Legislativa do Estado do Rio de Janeiro decreta e eu sanciono a seguinte Lei:

Art. 1º. Ao servidor integrante do Quadro Permanente dos Serviços Auxiliares do Ministério Público do Estado do Rio de Janeiro será concedida licença paternidade de 30 (trinta) dias, contados do nascimento.

Parágrafo único – A Licença Paternidade de que trata a presente Lei será aplicada também aos casos de adoção.

Art. 2º. Esta Lei entra em vigor na data de sua publicação.

Rio de Janeiro, em 25 de maio de 2016.
FRANCISCO DORNELLES
Governador em exercício

NORMAS DO CONSELHO NACIONAL DO MINISTÉRIO PÚBLICO

LEI Nº 11.372, DE 28 DE NOVEMBRO DE 2006.

Regulamenta o § 1º do art. 130-A da Constituição Federal, para dispor sobre a forma de indicação dos membros do Conselho Nacional do Ministério Público oriundos do Ministério Público e criar sua estrutura organizacional e funcional, e dá outras providências.

O PRESIDENTE DA REPÚBLICA

Faço saber que o Congresso Nacional decreta e eu sanciono a seguinte Lei:

Art. 1º. Os membros do Conselho Nacional do Ministério Público oriundos do Ministério Público da União serão escolhidos pelo Procurador-Geral de cada um dos ramos, a partir de lista tríplice composta por membros com mais de 35 (trinta e cinco) anos de idade, que já tenham completado mais de 10 (dez) anos na respectiva Carreira.

§ 1º – As listas tríplices serão elaboradas pelos respectivos Colégios de Procuradores do Ministério Público Federal, do Ministério Público do Trabalho e do Ministério Público Militar, e pelo Colégio de Procuradores e Promotores de Justiça do Ministério Público do Distrito Federal e Territórios.

§ 2º – O nome escolhido pelo Procurador-Geral de cada um dos ramos será encaminhado ao Procurador-Geral da República, que o submeterá à aprovação do Senado Federal.

Art. 2º. Os membros do Conselho Nacional do Ministério Público oriundos dos Ministérios Públicos dos Estados serão indicados pelos respectivos Procuradores-Gerais de Justiça, a partir de lista tríplice elaborada pelos integrantes da Carreira de cada instituição, composta por membros com mais de 35 (trinta e cinco) anos de idade, que já tenham completado mais de 10 (dez) anos na respectiva Carreira.

Parágrafo único. Os Procuradores-Gerais de Justiça dos Estados, em reunião conjunta especialmente convocada e realizada para esse fim, formarão lista com os 3 (três) nomes indicados para as vagas destinadas a membros do Ministério Público dos Estados, a ser submetida à aprovação do Senado Federal.

Art. 3º. Durante o exercício do mandato no Conselho Nacional do Ministério Público, ao membro do Ministério Público é vedado:

I – integrar lista para promoção por merecimento;

II – integrar lista para preenchimento de vaga reservada a membro do Ministério Público na composição do Tribunal;

III – integrar o Conselho Superior e exercer a função de Corregedor;

IV – integrar lista para Procurador-Geral.

Art. 4º. Compete ao Conselho Superior de cada Ministério Público estabelecer o procedimento para a elaboração das listas tríplices mencionadas nos arts. 1º e 2º desta Lei.

Art. 5º. (VETADO.)

Art. 6º. (Revogado pela Lei nº 11.967/09.)

Art. 7º. Ficam criados os cargos efetivos nas Carreiras de Analista e Técnico do Ministério Público da União para atender a estrutura do Conselho Nacional do Ministério Público, conforme o Anexo III desta Lei.

Parágrafo único. O provimento dos cargos efetivos de Analista e Técnico poderá ser efetuado com a nomeação de candidatos já aprovados em concursos públicos realizados pelo Ministério Público da União.

Art. 8º. O Conselho Nacional do Ministério Público poderá utilizar a estrutura administrativa da Procuradoria-Geral da República para atender as suas necessidades gerenciais, operacionais e de execução orçamentária.

Art. 9º. (VETADO)

Art. 10. Aos Conselheiros são asseguradas as prerrogativas conferidas em lei aos membros do Ministério Público.

Art. 11. As despesas decorrentes da aplicação desta Lei correrão à conta das dotações orçamentárias do Conselho Nacional do Ministério Público, e seus efeitos financeiros retroagirão à data de sua implantação.

Art. 12. Esta Lei entra em vigor na data de sua publicação.

Brasília, 23 de novembro de 2006;
185º da Independência e 118º da República.
LUIZ INÁCIO LULA DA SILVA
Márcio Thomaz Bastos
Guido Mantega
Paulo Bernardo Silva

RESOLUÇÕES DO CONSELHO NACIONAL DO MINISTÉRIO PÚBLICO

RESOLUÇÃO CNMP 1, DE 7 DE NOVEMBRO DE 2005.

(Vide Enunciado nº 01, Resolução 37

Disciplina o exercício de cargos, empregos e funções por parentes, cônjuges e companheiros de membros do Ministério Público e dá outras providências.

O CONSELHO NACIONAL DO MINISTÉRIO PÚBLICO, no exercício da competência fixada no art. 130-A, § 2.º, inciso II, da Constituição da República e com arrimo no art. 19 do seu Regimento Interno, conforme decisão plenária tomada em sessão realizada nesta data;

Considerando a existência de parentes de membros do Ministério Público ocupando cargos de provimento em comissão da estrutura de órgãos do Ministério Público da União e dos Estados;

Considerando os princípios constitucionais da isonomia e, especialmente, da moralidade e da impessoalidade;

Considerando que tais princípios impossibilitam o exercício da competência administrativa para obter proveito pessoal ou qualquer espécie de favoritismo, assim como impõem a necessária obediência aos preceitos éticos, principalmente os relacionados à indisponibilidade do interesse público;

Considerando que nepotismo é conduta nefasta que viola flagrantemente os princípios maiores da Administração Pública e, portanto, é inconstitucional, independentemente da superveniente previsão legal, uma vez que os referidos princípios são auto-aplicáveis e não precisam de lei para ter plena eficácia,
RESOLVE:

Art. 1º. É vedada a nomeação ou designação, para os cargos em comissão e para as funções comissionadas, no âmbito de qualquer órgão do Ministério Público da União e dos Estados, de cônjuge, companheiro ou parente até o terceiro grau, inclusive, dos respectivos membros.

* **Vide arts . 1° e 2° da Resolução n° 37, de 28 de abril de 2009.**

Art. 2º. A proibição não alcança o servidor ocupante de cargo de provimento efetivo dos quadros do Ministério Público, caso em que a vedação é restrita à nomeação ou designação para servir junto ao membro determinante da incompatibilidade.

* **Vide arts. 1° e 2° da Resolução n° 37, de 28 de abril de 2009.**

Art. 3º. Não serão admitidas nomeações no âmbito dos órgãos do Ministério Público que configurem reciprocidade por nomeações das pessoas indicadas no art. 1º para cargo em comissão de qualquer órgão da Administração Pública, direta e indireta, da União, dos Estados, do Distrito Federal e dos Municípios.

* Vide arts. 1º e 2º da Resolução nº 37, de 28 de abril de 2009.

Art. 4º. Os órgãos do Ministério Público não poderão contratar empresas prestadoras de serviços que tenham como sócios, gerentes ou diretores as pessoas referidas no art. 1º. Parágrafo único. As pessoas referidas no art. 1º que, eventualmente, sejam empregadas das prestadoras de serviços não poderão ser lotadas nos órgãos do Ministério Público.

* Vide art s . 3 º e 4º da Resolução nº 37, de 28 de abril de 2009.

Art. 5º. Os atuais ocupantes de cargos comissionados e funções gratificadas em desacordo com o disposto no artigo 1.º serão exonerados no prazo de 60 dias.

Art. 6º. Esta Resolução entra em vigor na data de sua publicação.

Belo Horizonte, 7 de novembro de 2005.

ANTONIO FERNANDO BARROS E SILVA DE SOUZA
Presidente do Conselho Nacional do Ministério Público

RESOLUÇÃO CNMP 2, DE 21 DE NOVEMBRO DE 2005.

Dispõe sobre os critérios objetivos e o voto aberto e fundamentado nas promoções e remoções por merecimento de membros dos Ministérios Públicos da União e dos Estados.

O **CONSELHO NACIONAL DO MINISTÉRIO PÚBLICO**, no uso das atribuições que lhe são conferidas pelo artigo 130-A, § 2º, I e II, da Constituição Federal, e pelo seu Regimento Interno, **RESOLVE**:

Art. 1º. As promoções e remoções por merecimento de membros do Ministério Público da União e dos Estados serão realizadas em sessão pública, em votação nominal, aberta e fundamentada.

Art. 2º. O merecimento será apurado e aferido conforme o desempenho e por critérios objetivos de produtividade e presteza no exercício das atribuições e pela frequência e aproveitamento em cursos oficiais ou reconhecidos de aperfeiçoamento.

Parágrafo único. É obrigatória a promoção do membro do Ministério Público que figure por três vezes consecutivas ou cinco alternadas em lista de merecimento.

Art. 3º. No prazo de 120 (cento e vinte) dias, os Conselhos Superiores dos Ministérios Públicos deverão editar atos administrativos, disciplinando a valoração objetiva dos critérios, para efeito de promoção e remoção por merecimento dos membros do Ministério Público da União e dos Estados, considerando:

I – o desempenho, produtividade e presteza nas manifestações processuais;

II – o número de vezes em que já tenha participado de listas;

III – a frequência e o aproveitamento em cursos oficiais ou reconhecidos de aperfeiçoamento, atribuindo-se respectiva gradação, observados, para efeito de participação nesses cursos, critérios de isonomia e razoabilidade, respeitado sempre o interesse público.

Parágrafo único. No prazo referido no *caput*, os Conselhos Superiores dos Ministérios Públicos deverão enviar ao Conselho Nacional do Ministério Público cópia dos respectivos atos administrativos.

Art. 4º. Durante o prazo referido no artigo anterior e até que sejam editados os respectivos atos, os membros dos Conselhos Superiores dos Ministérios Públicos que participarem dos procedimentos de votação para promoção por merecimento deverão fundamentar, detalhadamente, suas indicações, apontando os critérios valorativos que os levaram à escolha.

Parágrafo único. Inexistindo especificação de critérios valorativos que permitam diferenciar os membros do Ministério Público inscritos, deverão ser indicados os de maior antiguidade na entrância ou no cargo.

Art. 5º. Esta resolução entra em vigor na data de sua publicação.

Brasília, 21 de novembro de 2005.
Antonio Fernando Barros e Silva de Souza
PRESIDENTE

RESOLUÇÃO CNMP 5, DE 20 DE MARÇO DE 2006.

(* Alterada pela Resolução nº 144/2016)

Disciplina o exercício de atividade político-partidária e de cargos públicos por membros do Ministério Público Nacional.

O **CONSELHO NACIONAL DO MINISTÉRIO PÚBLICO**, no exercício da competência fixada no art. 130-A, § 2º, inciso II, da Constituição da República e, com arrimo no art. 19 do seu Regimento Interno, conforme decisão plenária tomada em sessão realizada nesta data;

Considerando as alterações promovidas pela Emenda Constitucional nº 45/2004 no § 5º, inciso II, e, do artigo 128 da Constituição da República;

Considerando o teor do § 5º, inciso II, alínea d, do art. 128 da Constituição de 1988, em sua redação original;

Considerando a necessidade de estabelecer parâmetros definitivos para o exercício de atividade político-partidária e de qualquer outro cargo público por membro do Ministério Público Nacional, **RESOLVE**:

Art. 1º. Estão proibidos de exercer atividade político-partidária os membros do Ministério Público que ingressaram na carreira após a publicação da Emenda nº 45/2004.

Art. 2º. Os membros do Ministério Público estão proibidos de exercer qualquer outra função pública, salvo uma de magistério.

* **Redação original restaurada pela Resolução n° 144, de 14 de junho de 2016.**

Parágrafo único. A vedação não alcança os que integravam o Parquet em 5 de outubro de 1988 e que tenham manifestado a opção pelo regime anterior.

* **Redação original restaurada pela Resolução n° 144, de 14 de junho de 2016.**

Art. 3º. O inciso IX do artigo 129 da Constituição não autoriza o afastamento de membros do Ministério Público para exercício de outra função pública, senão o exercício da própria função institucional, e nessa perspectiva devem ser interpretados os artigos 10, inciso IX, c, da Lei nº 8.625/93, e 6º, §§ 1º e 2º, da Lei Complementar nº 75/93.

* **Redação original restaurada pela Resolução n° 144, de 14 de junho de 2016.**

Art. 4º. O artigo 44, parágrafo único, da Lei nº 8.625/93 não autoriza o afastamento para o exercício de outra função, vedado constitucionalmente.

* **Redação original restaurada pela Resolução nº 144, de 14 de junho de 2016.**

Parágrafo único. As leis orgânicas estaduais que autorizam o afastamento de membros do Ministério Público para ocuparem cargos, empregos ou funções públicas contrariam expressa disposição constitucional, o que desautoriza sua aplicação, conforme reiteradas decisões do Supremo Tribunal Federal.

* **Redação original restaurada pela Resolução nº 144, de 14 de junho de 2016**

Art. 5º. Os membros do Ministério Público afastados para exercício de cargo público que não se enquadrem na hipótese do parágrafo único do art. 2º deverão retornar aos órgãos de origem, no prazo de 90 dias.

Art. 6º. Esta Resolução entra em vigor na data de sua publicação.

Brasília, 20 de março de 2006.
Antonio Fernando Barros e Silva de Souza
Presidente

RESOLUÇÃO CNMP 8, DE 8 DE MAIO DE 2006.

(* Alterado pela Resolução nº 16/2007)

Dispõe sobre impedimentos e vedações ao exercício de advocacia por membros do Ministério público com respaldo no § 3º do art. 29 do ADCT da Constituição Federal de 1988.

O **CONSELHO NACIONAL DO MINISTÉRIO PÚBLICO**, considerando o que consta no Processo nº 0.00.000.000071/2005-25, **RESOLVE**:

Art. 1º. Somente poderão exercer a advocacia com respaldo no § 3º do art. 29 do ADCT da Constituição de 1988, os membros do Ministério Público da União que integravam a carreira na data da sua promulgação e que, desde então, permanecem regularmente inscritos na Ordem dos Advogados do Brasil.

* **Redação dada pela Resolução nº 16, de 30 de janeiro de 2007.**

Parágrafo único. O exercício da advocacia, para os membros do Ministério Público do Distrito Federal e Territórios está, incondicionalmente, vedado, desde a vigência do artigo 24, § 2º, da Lei Complementar nº 40/81.

* **Incluído pela Resolução nº 16, de 30 de janeiro de 2007.**

Art. 2º. Além dos impedimentos e vedações previstos na legislação que regula o exercício da advocacia pelos membros do Ministério Público, estes não poderão fazê-lo nas causas em que, por força de lei ou em face do interesse público, esteja prevista a atuação do Ministério Público, por qualquer dos seus órgãos e ramos (Ministérios Públicos dos Estados e da União).

Art. 3º. Esta Resolução entra em vigor na data de sua publicação.

Brasília, 08 de maio de 2006.

Antonio Fernando Barros e Silva de Souza
Presidente

RESOLUÇÃO CNMP Nº 14, de 06 de novembro de 2006

(* Alterada pelas Resoluções nºs. 24/2007, 203/2019 e 219/2020)

Dispõe sobre Regras Gerais Regulamentares para o concurso de ingresso na carreira do Ministério Público Brasileiro.

O **CONSELHO NACIONAL DO MINISTÉRIO PÚBLICO**, no exercício das atribuições conferidas pelo artigo 130-A, § 2º, inciso II, da Constituição da República e no artigo 19 do seu Regimento Interno, em conformidade com decisão plenária tomada em Sessão realizada no dia 06 de novembro de 2006;

Considerando o disposto no art. 130-A, § 2º, inciso I, e art. 129, § 3º, da Constituição Federal, com a redação conferida pela Emenda Constitucional 41/2003;

Considerando as constantes reclamações, por parte de integrantes do Ministério Público e de outros interessados acerca das diversas formas como são realizados os concursos públicos para o ingresso na carreira do Ministério Público;

Considerando a necessidade da maior observância às regras do art. 37, "*caput*", da Constituição Federal, **RESOLVE:**

Art. 1º. Os regulamentos e os editais de concurso para o ingresso na carreira do Ministério Público deverão observar as regras contidas nas disposições seguintes, sem prejuízo de outras normas de caráter geral compatíveis com o disposto nesta Resolução, salvo se contrariarem normas constantes em Leis Orgânicas do Ministério Público.

* **Redação dada pela Resolução nº 24, de 3 de dezembro de 2007.**

Art. 2º. O ingresso na carreira do Ministério Público far-se-á mediante concurso público de provas e títulos, com prazo de validade de dois anos, a contar da homologação, prorrogável uma vez, por igual período.

Art. 3º. As Comissões de Concurso serão presididas e constituídas na forma prevista nas respectivas Leis Orgânicas.

* **Redação dada pela Resolução nº 24, de 3 de dezembro de 2007.**

§ 1º – O Procurador-Geral da República, o Procurador-Geral do Trabalho, o Procurador-Geral da Justiça Militar e o Procurador Geral de Justiça, em seus impedimentos, serão substituídos na forma da lei complementar respectiva.

§ 2º – Será vedada a participação de membro do Ministério Público na Comissão de Concurso e pessoas outras que, de alguma forma, integrarem a organização e fiscalização do certame, que tenham, entre os candidatos inscritos, parentes consanguíneos, civis ou afins até o terceiro grau, bem como amigos íntimos ou inimigos capitais.

§ 3º – Fica proibida de integrar a Comissão de Concurso pessoa que seja ou tenha sido, nos últimos três anos, titular, sócia, dirigente, empregada ou professora de curso destinado a aperfeiçoamento de alunos para fins de aprovação em concurso público.

§ 4º – Se as vedações a que aludem os parágrafos anteriores inviabilizarem a formação da Comissão, poderão compô-la integrantes de outros Ministérios Públicos.

Art. 4º. O Secretário do Concurso e da Comissão de Concurso será um membro do Ministério Público, designado pelo Presidente da Comissão, aplicando-se-lhe as mesmas vedações previstas nos §§ 2º e 3º do artigo anterior.

Parágrafo único. Aplicam-se ao pessoal de coordenação e de apoio as vedações dos §§ 2º e 3º do art. 3º.

DAS INSCRIÇÕES E DO PRAZO

Art. 5º. Poderão inscrever-se, no concurso público, bacharéis em Direito com, no mínimo, três anos de atividade jurídica (art. 129, § 3º da CF e Resolução nº 04/2.006, deste Conselho Nacional).

Art. 6º. As pessoas portadoras de deficiência que declararem tal condição no momento da inscrição do concurso, terão reservados 5% (cinco por cento) do total das vagas, arredondando para o número inteiro seguinte, caso fracionário, o resultado da aplicação do percentual indicado.

Art. 7º. O candidato portador de deficiência deverá juntar, obrigatoriamente, ao requerimento de inscrição preliminar relatório médico detalhado, recente, que indique a espécie e o grau ou nível de deficiência de que é portador, com expressa referência ao código correspondente da Classificação Internacional de Doenças (CID) e à sua provável causa ou origem.

Art. 8º. Ainda que fundamentado em laudo médico, por ocasião do exame de higidez física e mental a que se refere o art. 22, a condição de deficiente físico deverá ser apreciada pelo médico ou junta médica, designado ou designada para tal mister que, no caso, deverá fundamentar sua divergência, cabendo à Comissão do Concurso decidir.

Art. 9º. Serão adotadas todas as medidas necessárias a permitir o fácil acesso, aos locais das provas, dos candidatos portadores de deficiência, sendo de responsabilidade destes trazer os instrumentos e equipamentos necessários à feitura das provas, previamente autorizados pela Comissão de Concurso.

Art. 10. Considera-se deficiência física, para os fins previstos nesta Resolução, aquelas conceituadas na medicina especializada, de acordo com os padrões mundialmente estabelecidos e que constituam motivo de acentuado grau de dificuldade para a integração social.

Art. 11. Os candidatos portadores de deficiência concorrerão a todas as vagas oferecidas, somente utilizando-se das vagas reservadas quando, tendo sido aprovados, for insuficiente a classificação obtida no quadro geral de candidatos para habilitá-los à nomeação.

Art. 12. O Procurador-Geral fará publicar edital de abertura de concurso, no qual especificará a documentação necessária, nas diversas fases, bem como o valor da taxa de inscrição e a forma de pagamento.

§ 1º – As inscrições serão realizadas pelo prazo mínimo de 30 (trinta) dias, contados a partir do primeiro dia útil seguinte ao da publicação do edital, em local e horário nele indicados.

§ 2º – O candidato será dispensado do pagamento da taxa de inscrição ao concurso, se demonstrar que não dispõe de condições financeiras para suportá-la, devendo o edital prever procedimento hábil a tal intento.

Art. 13. Deverá ser publicada, no Diário Oficial e na página oficial da Instituição na internet, a relação dos inscritos nas diversas fases do concurso.

Art. 14. O deferimento das inscrições preliminar e definitiva poderá ser revisto pela Comissão, se for verificada a falsidade de qualquer declaração ou de documento apresentado.

Art. 15. Na conversão em caráter definitivo da inscrição, o Presidente da Comissão de Concurso poderá promover as diligências que se fizerem necessárias sobre a vida pregressa do candidato, colher elementos informativos junto a quem os possa fornecer, de tudo dando-se conhecimento ao interessado, assegurando-lhe ampla defesa e tramitação reservada.

DAS PROVAS E SEU JULGAMENTO

Art. 16. O concurso constará de provas escritas, oral e de títulos.

§ 1º – As provas versarão exclusivamente sobre matérias jurídicas detalhadas no programa, facultando-se a aplicação de prova sobre conhecimento da língua portuguesa.

* **Redação dada pela Resolução nº 24, de 3 de dezembro de 2007.**

§ 2º – As provas orais terão caráter eliminatório e serão registradas em gravação de áudio ou por qualquer outro meio que possibilite a sua posterior reprodução.

§ 3º – A prova de tribuna, onde houver, será meramente classificatória e, quanto ao registro, observará o disposto no parágrafo anterior.

§ 4º – A prova de títulos será meramente classificatória, devendo o edital estabelecer o prazo para a apresentação dos mesmos, com o devido detalhamento e pontuação.

DAS PROVAS PREAMBULAR E DISCURSIVAS

Art. 17. As provas escritas serão desdobradas em duas etapas, a saber:

I – prova preambular, composta por questões objetivas de múltipla escolha ou do tipo certo ou errado, de pronta resposta e apuração padronizada, em número estabelecido pelo edital, com a finalidade de selecionar os candidatos a serem admitidos às provas previstas no inciso II deste artigo.

* **Redação dada pela Resolução nº 219, de 6 de novembro de 2020.**

§ 1º – A prova preambular não poderá ser formulada com base em entendimentos doutrinários divergentes ou jurisprudência não consolidada dos tribunais. As opções consideradas corretas deverão ter embasamento na legislação, em súmulas ou jurisprudência dominante dos Tribunais Superiores.

§ 2º – Na prova preambular, não será permitida a consulta à legislação, súmulas e jurisprudência dos Tribunais, anotações ou quaisquer outros comentários.

II – prova ou provas discursivas de respostas fundamentadas, na forma que o edital estabelecer.

Art. 18. É vedado ao candidato, sob pena de nulidade, inserir na folha de respostas, afora o local reservado para esse fim, ou no corpo das provas, o seu nome, assinatura, local de realização, ou qualquer outro sinal que o possa identificar.

Art. 19. Na correção das provas escritas discursivas, o examinador lançará sua rubrica, a pontuação dada a cada uma das questões e, por extenso, a nota atribuída à prova.

Art. 20. O resultado das provas escritas será publicado no Diário Oficial e na página oficial da Instituição na internet, do qual constará a nota de cada prova.

Art. 21. O Presidente da Comissão de Concurso convocará por edital, publicado no Diário Oficial, os candidatos que tiverem deferida a inscrição definitiva a submeterem-se às provas orais, com indicação de hora e local da realização das arguições.

§ 1º – Nas provas orais o candidato será arguido por um ou mais dos membros da Comissão Examinadora, em sessão pública, sobre pontos do programa, sorteados no momento da arguição.

§ 2º – Após o resultado final das provas orais, serão avaliados pela Comissão os títulos tempestivamente apresentados, de acordo com os critérios objetivos que deverão constar do edital.

DOS RECURSOS

Art. 22. Os candidatos poderão recorrer para a Comissão de Concurso contra o resultado de qualquer uma das provas no tocante a erro material, ou relativamente ao conteúdo das questões e respostas, e contra a classificação final.

§ 1º – Assiste ao candidato, diretamente ou por intermédio de procurador habilitado com poderes específicos, a faculdade de ter vista das suas provas escritas e acesso à gravação da prova oral.

§ 2º – Os recursos não conterão identificação dos recorrentes, devendo o edital prever a forma de procedimento que impeça a identificação.

DA AFERIÇÃO DA HIGIDEZ

Art. 23. Somente após exame de higidez física e mental do candidato, será o concurso homologado por ato do Procurador-Geral, ouvido o Conselho Superior.

§ 1º – O exame de higidez física e mental do candidato poderá, a critério do Conselho Superior, ser realizado como pré-requisito para a inscrição definitiva no concurso, desde que previsto no edital.

§ 2º – A critério do Conselho Superior, o exame psicotécnico poderá constar do exame de higidez física e mental, e será realizado por especialistas idôneos que apresentarão laudo fundamentado.

§ 3º – É vedada a exigência de apresentação de exames ginecológicos durante o exame de higidez física e mental.

* Incluído pela Resolução nº 203, de 25 de novembro de 2019.

Art. 24. Esta resolução entra em vigor na data de sua publicação, não alcançando os concursos em andamento.

Brasília, 06 de novembro de 2006.
ANTONIO FERNANDO BARROS E SILVA DE SOUZA
PRESIDENTE

RESOLUÇÃO CNMP Nº 20, DE 28 DE MAIO DE 2007.

(* Alterada pelas Resoluções nº 36/2009, 65/2011, 98/2013, 113/2014 e 121/2015).

Regulamenta o Art. 9º da Lei Complementar nº 75, de 20 de maio de 1993 e o art. 80 da Lei nº 8.625, de 12 de fevereiro de 1993, disciplinando, no âmbito do Ministério Público, o controle externo da atividade policial.

O **CONSELHO NACIONAL DO MINISTÉRIO PÚBLICO**, no uso de suas atribuições, em conformidade com a decisão plenária tomada em Sessão realizada no dia 28 de maio de 2007;

O **CONSELHO NACIONAL DO MINISTÉRIO PÚBLICO**, no exercício das atribuições que lhe são conferidas pelo artigo 130-A, § 2º, inciso I, da Constituição Federal e com fulcro no artigo 64-A, de seu Regimento Interno;

Considerando o disposto no artigo 127, *caput* e artigo 129, incisos I, II e VII, da Constituição Federal;

Considerando o que dispõem o artigo 9º, da Lei Complementar nº 75, de 20 de maio de 1993 e o artigo 80, da Lei nº 8.625, de 12 de fevereiro de 1993;

Considerando a necessidade de regulamentar no âmbito do Ministério Público o controle externo da atividade policial; **RESOLVE:**

Art. 1º. Estão sujeitos ao controle externo do Ministério Público, na forma do art. 129, inciso VII, da Constituição Federal, da legislação em vigor e da presente Resolução, os organismos policiais relacionados no art. 144 da Constituição Federal, bem como as polícias legislativas ou qualquer outro órgão ou instituição, civil ou militar, à qual seja atribuída parcela de poder de polícia, relacionada com a segurança pública e persecução criminal.

Art. 2º. O controle externo da atividade policial pelo Ministério Público tem como objetivo manter a regularidade e a adequação dos procedimentos empregados na execução da atividade policial, bem como a integração das funções do Ministério Público e das Polícias voltada para a persecução penal e o interesse público, atentando, especialmente, para:

I – o respeito aos direitos fundamentais assegurados na Constituição Federal e nas leis;

II – a preservação da ordem pública, da incolumidade das pessoas e do patrimônio público;

III – a prevenção da criminalidade;

IV – a finalidade, a celeridade, o aperfeiçoamento e a indisponibilidade da persecução penal;

V – a prevenção ou a correção de irregularidades, ilegalidades ou de abuso de poder relacionados à atividade de investigação criminal;

VI – a superação de falhas na produção probatória, inclusive técnicas, para fins de investigação criminal;

VII – a probidade administrativa no exercício da atividade policial.

Art. 3º. O controle externo da atividade policial será exercido:

I – na forma de controle difuso, por todos os membros do Ministério Público com atribuição criminal, quando do exame dos procedimentos que lhes forem atribuídos;

II – em sede de controle concentrado, através de membros com atribuições específicas para o controle externo da atividade policial, conforme disciplinado no âmbito de cada Ministério Público.

Parágrafo único. As atribuições de controle externo concentrado da atividade policial civil ou militar estaduais poderão ser cumuladas entre um órgão ministerial central, de coordenação geral, e diversos órgãos ministeriais locais.

* **Incluído pela Resolução nº 113, de 4 de agosto de 2014.**

Art. 4º. Incumbe aos órgãos do Ministério Público, quando do exercício ou do resultado da atividade de controle externo:

I – realizar visitas ordinárias nos meses de abril ou maio e outubro ou novembro e, quando necessárias, a qualquer tempo, visitas extraordinárias, em repartições policiais, civis e militares, órgãos de perícia técnica e aquartelamentos militares existentes em sua área de atribuição;

* **Redação dada pela Resolução nº 121, de 10 de março de 2015.**

II – examinar, em quaisquer dos órgãos referidos no inciso anterior, autos de inquérito policial, inquérito policial militar, autos de prisão em flagrante ou qualquer outro expediente ou documento de natureza persecutória penal, ainda que conclusos à autoridade, deles podendo extrair cópia ou tomar apontamentos, fiscalizando seu andamento e regularidade;

III – fiscalizar a destinação de armas, valores, substâncias entorpecentes, veículos e objetos apreendidos;

IV – fiscalizar o cumprimento dos mandados de prisão, das requisições e demais medidas determinadas pelo Ministério Público e pelo Poder Judiciário, inclusive no que se refere aos prazos;

V – verificar as cópias dos boletins de ocorrência ou sindicâncias que não geraram instauração de Inquérito Policial e a motivação do despacho da autoridade policial, podendo requisitar a instauração do inquérito, se julgar necessário;

VI – comunicar à autoridade responsável pela repartição ou unidade militar, bem como à respectiva corregedoria ou autoridade superior, para as devidas providências, no caso de constatação de irregularidades no trato de questões relativas à atividade de investigação penal que importem em falta funcional ou disciplinar;

VII – solicitar, se necessária, a prestação de auxílio ou colaboração das corregedorias dos órgãos policiais, para fins de cumprimento do controle externo;

VIII – fiscalizar cumprimento das medidas de quebra de sigilo de comunicações, na forma da lei, inclusive através do órgão responsável pela execução da medida;

IX – expedir recomendações, visando à melhoria dos serviços policiais, bem como o respeito aos interesses, direitos e bens cuja defesa seja de responsabilidade do Ministério Público, fixando prazo razoável para a adoção das providências cabíveis.

§ 1º – Incumbe, ainda, aos órgãos do Ministério Público, havendo fundada necessidade e conveniência, instaurar procedimento investigatório referente a ilícito penal ocorrido no exercício da atividade policial.

§ 2º – O Ministério Público poderá instaurar procedimento administrativo visando sanar as deficiências ou irregularidades detectadas no exercício do controle externo da atividade policial, bem como apurar as responsabilidades decorrentes do descumprimento injustificado das requisições pertinentes.

§ 3º – Decorrendo do exercício de controle externo repercussão do fato na área cível e, desde que não possua o órgão do Ministério Público encarregado desse controle atribuição também para a instauração de inquérito civil público ou ajuizamento de ação civil por improbidade administrativa, incumbe a este encaminhar cópias dos documentos ou peças de que dispõe ao órgão da instituição com a referida atribuição.

* **Redação dada pela Resolução nº 65, de 26 de janeiro de 2011.**

Art. 5º. Aos órgãos do Ministério Público, no exercício das funções de controle externo da atividade policial, caberá:

I – ter livre ingresso em estabelecimentos ou unidades policiais, civis ou aquartelamentos militares, bem como casas prisionais, cadeias públicas ou quaisquer outros estabelecimentos onde se encontrem pessoas custodiadas, detidas ou presas, a qualquer título, sem prejuízo das atribuições previstas na Lei de Execução Penal que forem afetadas a outros membros do Ministério Público;

II – ter acesso a quaisquer documentos, informatizados ou não, relativos à atividade fim policial civil e militar, incluindo as de polícia técnica desempenhadas por outros órgãos, em especial:

a) ao registro de mandados de prisão;

b) ao registro de fianças;

c) ao registro de armas, valores, substâncias entorpecentes, veículos e outros objetos apreendidos;

d) ao registro de ocorrências policiais, representações de ofendidos e *notitia criminis*;

e) ao registro de inquéritos policiais;

f) ao registro de termos circunstanciados;

g) ao registro de cartas precatórias;

h) ao registro de diligências requisitadas pelo Ministério Público ou pela autoridade judicial;

i) aos registros e guias de encaminhamento de documentos ou objetos à perícia;

j) aos registros de autorizações judiciais para quebra de sigilo fiscal, bancário e de comunicações;

l) aos relatórios e soluções de sindicâncias findas.

III – acompanhar, quando necessária ou solicitada, a condução da investigação policial civil ou militar;

IV – requisitar à autoridade competente a instauração de inquérito policial ou inquérito policial militar sobre a omissão ou fato ilícito ocorrido no exercício da atividade policial, ressalvada a hipótese em que os elementos colhidos sejam suficientes ao ajuizamento de ação penal;

V – requisitar informações, a serem prestadas pela autoridade, acerca de inquérito policial não concluído no prazo legal, bem assim requisitar sua imediata remessa ao Ministério Público ou Poder Judiciário, no estado em que se encontre;

VI – receber representação ou petição de qualquer pessoa ou entidade, por desrespeito aos direitos assegurados na Constituição Federal e nas leis, relacionados com o exercício da atividade policial;

VII – ter acesso ao preso, em qualquer momento;

VIII – ter acesso aos relatórios e laudos periciais, ainda que provisórios, incluindo documentos e objetos sujeitos à perícia, guardando, quanto ao conteúdo de documentos, o sigilo legal ou judicial que lhes sejam atribuídos, ou quando necessário à salvaguarda do procedimento investigatório.

Art. 6º. Nas visitas de que trata o artigo 4º, inciso I, desta Resolução, o órgão do Ministério Público lavrará relatório respectivo, a ser enviado à validação da Corregedoria Geral da respectiva unidade do Ministério Público, mediante sistema informatizado disponível no sítio do CNMP, até o dia 5 (cinco) do mês subsequente à visita, consignando todas as constatações e ocorrências, bem como eventuais deficiências, irregularidades ou ilegalidades e as medidas requisitadas para saná-las, sem prejuízo de que, conforme estabelecido em atos normativos próprios, cópias sejam enviadas para outros órgãos com atuação no controle externo da atividade policial, para conhecimento e providências cabíveis no seu âmbito de atuação.

* **Redação dada pela Resolução nº 121, de 10 de março de 2015.**

§ 1º – O relatório será elaborado mediante o preenchimento de formulário, a ser aprovado pela Comissão do Sistema Prisional, Controle Externo da Atividade Policial e Segurança Pública, o qual será disponibilizado no sítio eletrônico do CNMP.

§ 2º – O preenchimento do formulário deverá indicar as alterações, inclusões e exclusões procedidas após a última remessa de dados, especialmente aquelas resultantes de iniciativa implementada pelo membro do Ministério Público.

§ 3º – Visitas com objeto e finalidade específicos poderão ser realizadas conforme necessidade ou definição de cada Ministério Público ou da Comissão do Sistema Prisional, Controle Externo da Atividade Policial e Segurança Pública, e com o preenchimento, no que for cabível, do formulário referido no § 1º.

§ 4º – Caberá às Corregedorias Gerais, além do controle periódico das visitas realizadas em cada unidade, o envio dos relatórios validados à Comissão do Sistema Prisional, Controle Externo da Atividade Policial e Segurança Pública, até o dia 5 (cinco) do mês subsequente à visita, mediante acesso ao mesmo sistema informatizado.

§ 5º – Cópias dos relatórios poderão, conforme estabelecido em atos normativos próprios, ser encaminhadas para órgãos de coordenação dos ramos do Ministério Público com atuação no controle externo da atividade policial, para conhecimento e adoção das providências cabíveis no seu âmbito de atuação.

§ 6º – O formulário referido no § 1º não terá conteúdo exaustivo, cabendo ao órgão responsável pelo exercício do controle externo verificar e certificar outras informações, ocorrências e providências referentes à unidade visitada, na forma do artigo 4º desta Resolução.

§ 7º – A autoridade diretora ou chefe de repartição policial poderá ser previamente notificada da data ou período da visita, bem como dos procedimentos e ações que serão efetivadas, com vistas a disponibilizar e organizar a documentação a ser averiguada.

§ 8º – A Comissão do Sistema Prisional, Controle Externo da Atividade Policial e Segurança Pública encaminhará à Corregedoria Nacional relatório semestral acerca do atendimento desta Resolução.

* **§§ 1º ao 8º com redação dada pela Resolução nº 121, de 10 de março de 2015.**

Art. 7º. Os Ministérios Públicos dos Estados e da União deverão adequar os procedimentos de controle externo da atividade policial, expedindo os atos necessários ao cumprimento da presente Resolução, no prazo de 90 dias a contar de sua entrada em vigor.

Art. 8º. Esta Resolução entra em vigor na data de sua publicação.

Brasília, 28 de maio de 2007.
ANTÔNIO FERNANDO BARROS E SILVA DE SOUZA
Presidente

RESOLUÇÃO CNMP Nº 23, DE 17 SETEMBRO DE 2007.

(* Alterada pelas Resoluções nº 35/2009, 59/2010, 107/2014, 126/2015, 161/2017, 164/2017, 193/2018 e 229/2021).

Regulamenta os artigos 6º, inciso VII, e 7º, inciso I, da Lei Complementar nº 75/93 e os artigos 25, inciso IV, e 26, inciso I, da Lei nº 8.625/93, disciplinando, no âmbito do Ministério Público, a instauração e tramitação do inquérito civil.

O CONSELHO NACIONAL DO MINISTÉRIO PÚBLICO, no exercício das atribuições que lhe são conferidas pelo artigo 130-A, § 2º, inciso I, da Constituição Federal e com fulcro no artigo 64-A, de seu Regimento Interno;

Considerando o disposto no artigo 129, inciso III e inciso VI, da Constituição Federal;

Considerando o que dispõem os artigos 6º, inciso VII, e 7º, inciso I, da Lei Complementar nº 75/93; os artigos 25, inciso IV, e 26, inciso I, da Lei nº 8.625/93 e a Lei nº 7.347/85;

Considerando a necessidade de uniformizar o procedimento do inquérito civil, em vista dos princípios que regem a Administração Pública e dos direitos e garantias individuais; **RESOLVE:**

Capítulo I
Dos Requisitos para Instauração

Art. 1º. O inquérito civil, de natureza unilateral e facultativa, será instaurado para apurar fato que possa autorizar a tutela dos interesses ou direitos a cargo do Ministério Público nos termos da legislação aplicável, servindo como preparação para o exercício das atribuições inerentes às suas funções institucionais.

Parágrafo único. O inquérito civil não é condição de procedibilidade para o ajuizamento das ações a cargo do Ministério Público, nem para a realização das demais medidas de sua atribuição própria.

Art. 2º. O inquérito civil poderá ser instaurado:

I – de ofício;

II – em face de requerimento ou representação formulada por qualquer pessoa ou comunicação de outro órgão do Ministério Público, ou qualquer autoridade, desde que forneça, por qualquer meio legalmente permitido, informações sobre o fato e seu provável autor, bem como a qualificação mínima que permita sua identificação e localização;

III – por designação do Procurador-Geral de Justiça, do Conselho Superior do Ministério Público, Câmaras de Coordenação e Revisão e demais órgãos superiores da Instituição, nos casos cabíveis.

§ 1º – O Ministério Público atuará, independentemente de provocação, em caso de conhecimento, por qualquer forma, de fatos que, em tese, constituam lesão aos interesses ou direitos mencionados no artigo 1º desta Resolução, devendo cientificar o membro do Ministério Público que possua atribuição para tomar as providências respectivas, no caso de não a possuir.

§ 2º – No caso do inciso II, em sendo as informações verbais, o Ministério Público reduzirá a termo as declarações. Da mesma forma, a falta de formalidade não implica indeferimento do pedido de instauração de inquérito civil, salvo se, desde logo, mostrar-se improcedente a notícia, atendendo-se, na hipótese, o disposto no artigo 5º desta Resolução.

§ 3º – O conhecimento por manifestação anônima, justificada, não implicará ausência de providências, desde que obedecidos os mesmos requisitos para as representações em geral, constantes no artigo 2º, inciso II, desta Resolução.

§ 4º – O Ministério Público, de posse de informações previstas nos artigos 6º e 7º da Lei nº 7.347/85 que possam autorizar a tutela dos interesses ou direitos mencionados no artigo 1º desta Resolução, poderá complementá-las antes de instaurar o inquérito civil, visando apurar elementos para identificação dos investigados ou do objeto, instaurando procedimento preparatório.

§ 5º – O procedimento preparatório deverá ser autuado com numeração sequencial à do inquérito civil e registrado em sistema próprio, mantendo-se a numeração quando de eventual conversão.

§ 6º – O procedimento preparatório deverá ser concluído no prazo de 90 (noventa) dias, prorrogável por igual prazo, uma única vez, em caso de motivo justificável.

§ 7º – Vencido este prazo, o membro do Ministério Público promoverá seu arquivamento, ajuizará a respectiva ação civil pública ou o converterá em inquérito civil.

Art. 3º. Caberá ao membro do Ministério Público investido da atribuição para propositura da ação civil pública a responsabilidade pela instauração de inquérito civil.

Parágrafo único. Eventual conflito negativo ou positivo de atribuição será suscitado, fundamentadamente, nos próprios autos ou em petição dirigida ao órgão com atribuição no respectivo ramo, que decidirá a questão no prazo de trinta dias.

Capítulo II
Da Instauração do Inquérito Civil

Art. 4º. O inquérito civil será instaurado por portaria, numerada em ordem crescente, renovada anualmente, devidamente registrada em sistema informatizado de controle e autuada, contendo:

* **Redação dada pela Resolução nº 229, de 8 de junho de 2021**

I – o fundamento legal que autoriza a ação do Ministério Público e a descrição do fato objeto do inquérito civil;

II – o nome e a qualificação possível da pessoa jurídica e/ou física a quem o fato é atribuído;

III – o nome e a qualificação possível do autor da representação, se for o caso;

IV – a data e o local da instauração e a determinação de diligências iniciais;

V – a designação do secretário, mediante termo de compromisso, quando couber;

VI – a determinação de remessa de cópia para publicação.

* **(Redação dada pela Resolução nº 229, de 8 de junho de 2021)**

Parágrafo único. Se, no curso do inquérito civil, novos fatos indicarem necessidade de investigação de objeto diverso do que estiver sendo investigado, o membro do Ministério Público poderá aditar a portaria inicial ou determinar a extração de peças para instauração de outro inquérito civil, respeitadas as normas incidentes quanto à divisão de atribuições.

Capítulo III
Do Indeferimento de Requerimento de Instauração do Inquérito Civil

Art. 5º. Em caso de evidência de que os fatos narrados na representação não configurem lesão aos interesses ou direitos mencionados no artigo 1º desta Resolução ou se o fato já tiver sido objeto de investigação ou de ação civil pública ou se os fatos apresentados já se encontrarem solucionados, o membro do Ministério Público, no prazo máximo de trinta dias, indeferirá o pedido de instauração de inquérito civil, em decisão fundamentada, da qual se dará ciência pessoal ao representante e ao representado.

§ 1º – Do indeferimento caberá recurso administrativo, com as respectivas razões, no prazo de dez dias.

§ 2º – As razões de recurso serão protocoladas junto ao órgão que indeferiu o pedido, devendo ser remetidas, caso não haja reconsideração, no prazo de três dias, juntamente com a representação e com a decisão impugnada, ao Conselho Superior do Ministério Público ou à Câmara de Coordenação e Revisão respectiva para apreciação.

§ 3º – Do recurso serão notificados os interessados para, querendo, oferecer contrarrazões.

§ 4º – Expirado o prazo do artigo 5º, § 1º, desta Resolução, os autos serão arquivados na própria origem, registrando-se no sistema respectivo, mesmo sem manifestação do representante.

§ 5º – Na hipótese de atribuição originária do Procurador-Geral, caberá pedido de reconsideração no prazo e na forma do parágrafo primeiro.

Capítulo IV
Da Instrução

Art. 6º. A instrução do inquérito civil será presidida por membro do Ministério Público a quem for conferida essa atribuição, nos termos da lei.

§ 1º – O membro do Ministério Público poderá designar servidor do Ministério Público para secretariar o inquérito civil.

§ 2º – Para o esclarecimento do fato objeto de investigação, deverão ser colhidas todas as provas permitidas pelo ordenamento jurídico, com a juntada das peças em ordem cronológica de apresentação, devidamente numeradas em ordem crescente.

§ 3º – Todas as diligências serão documentadas mediante termo ou auto circunstanciado.

§ 4º – As declarações e os depoimentos sob compromisso serão tomados por termo pelo membro do Ministério Público, assinado pelos presentes ou, em caso de recusa, na aposição da assinatura por duas testemunhas.

§ 5º – Qualquer pessoa poderá, durante a tramitação do inquérito civil, apresentar ao Ministério Público documentos ou subsídios para melhor apuração dos fatos.

§ 6º – Os órgãos da Procuradoria-Geral, em suas respectivas atribuições, prestarão apoio administrativo e operacional para a realização dos atos do inquérito civil.

§ 7º – O Ministério Público poderá deprecar diretamente a qualquer órgão de execução a realização de diligências necessárias para a investigação

§ 8º – As notificações, requisições, intimações ou outras correspondências expedidas por órgãos do Ministério Público da União ou pelos órgãos do Ministério Público dos Estados, destinadas a instruir inquérito civil ou procedimento preparatório observarão o disposto no artigo 8º, § 4º, da Lei Complementar nº 75/93, no artigo 26, § 1º, da Lei nº 8.625/93 e, no que couber, no disposto na legislação estadual, devendo serem encaminhadas no prazo de dez (10) dias pelo respectivo Procurador-Geral, não cabendo a este a valoração do contido no expediente, podendo deixar de encaminhar aqueles que não contenham os requisitos legais ou que não empreguem o tratamento protocolar devido ao destinatário.

* **Redação dada pela Resolução nº 59, de 27 de julho de 2010.**

§ 9º – Aplica-se o disposto no parágrafo anterior em relação aos atos dirigidos aos Conselheiros do Conselho Nacional de Justiça e do Conselho Nacional do Ministério Público.

* **Redação dada pela Resolução nº 35, de 23 de março de 2009.**

§ 10 – Todos os ofícios requisitórios de informações ao inquérito civil e ao procedimento preparatório deverão ser fundamentados e acompanhados de cópia da portaria que instaurou o procedimento ou da indicação precisa do endereço eletrônico oficial em que tal peça esteja disponibilizada.

* **Redação dada pela Resolução nº 59, de 27 de julho de 2010.**

§ 11 – O defensor constituído nos autos poderá assistir o investigado durante a apuração de infrações, sob pena de nulidade absoluta do seu depoimento e, subsequentemente, de todos os elementos investigatórios e probatórios dele decorrentes ou derivados, direta ou indiretamente, podendo, inclusive, no curso da respectiva apuração, apresentar razões e quesitos.

* **Incluído pela Resolução nº 161, de 21 de fevereiro de 2017.**

Art. 7º. Aplica-se ao inquérito civil o princípio da publicidade dos atos, com exceção dos casos em que haja sigilo legal ou em que a publicidade possa acarretar prejuízo às investigações, casos em que a decretação do sigilo legal deverá ser motivada.

§ 1º – Nos requerimentos que objetivam a obtenção de certidões ou extração de cópia de documentos constantes nos autos sobre o inquérito civil, os interessados deverão fazer constar esclarecimentos relativos aos fins e razões do pedido, nos termos da Lei nº 9.051/95.

§ 2º – A publicidade consistirá:

I – na divulgação oficial, com o exclusivo fim de conhecimento público mediante publicação de extratos na imprensa oficial;

II – na divulgação em meios cibernéticos ou eletrônicos, dela devendo constar as portarias de instauração e extratos dos atos de conclusão;

III – na expedição de certidão e na extração de cópias sobre os fatos investigados, mediante requerimento fundamentado e por deferimento do presidente do inquérito civil;

IV – na prestação de informações ao público em geral, a critério do presidente do inquérito civil;

V – na concessão de vistas dos autos, mediante requerimento fundamentado do interessado ou de seu procurador legalmente constituído e por deferimento total ou parcial do presidente do inquérito civil.

* **Suprimido pela Resolução nº 107, de 5 de maio de 2014.**

§ 3º – As despesas decorrentes da extração de cópias correrão por conta de quem as requereu.

§ 4º – A restrição à publicidade deverá ser decretada em decisão motivada, para fins do interesse público, e poderá ser, conforme o caso, limitada a determinadas pessoas, provas, informações, dados, períodos ou fases, cessando quando extinta a causa que a motivou.

§ 5º – Os documentos resguardados por sigilo legal deverão ser autuados em apenso.

§ 6º – O defensor poderá, mesmo sem procuração, examinar autos de investigações findas ou em andamento, ainda que conclusos à autoridade, podendo copiar peças e tomar apontamentos, em meio físico ou digital.

* **Incluído pela Resolução nº 161, de 21 de fevereiro de 2017.**

§ 7º – Nos autos sujeitos a sigilo, deve o advogado apresentar procuração para o exercício dos direitos de que trata o § 6º.

* **Incluído pela Resolução nº 161, de 21 de fevereiro de 2017.**

§ 8º – O presidente do inquérito civil poderá delimitar, de modo fundamentado, o acesso do defensor à identificação do(s) representante(s) e aos elementos de prova relacionados a diligências em andamento e ainda não documentados nos autos, quando houver risco de comprometimento da eficiência, da eficácia ou da finalidade das diligências.

* **Incluído pela Resolução nº 161, de 21 de fevereiro de 2017.**

§ 9º O acesso às unidades do Ministério Público para informações a respeito de publicações na impressa oficial é garantido a todos os cidadãos, na forma do que determina a Resolução CNMP nº 205, de 18 de dezembro de 2019, que instituiu a Política Nacional de Atendimento ao Público no âmbito do Ministério Público Brasileiro.

* **Incluído pela Resolução nº 229, de 8 de junho de 2021.**

Art. 8º. Em cumprimento ao princípio da publicidade das investigações, o membro do Ministério Público poderá prestar informações, inclusive aos meios de comunicação social, a respeito das providências adotadas para apuração de fatos em tese ilícitos, abstendo-se, contudo de externar ou antecipar juízos de valor a respeito de apurações ainda não concluídas.

Art. 9º. O inquérito civil deverá ser concluído no prazo de um ano, prorrogável pelo mesmo prazo e quantas vezes forem necessárias, por decisão fundamentada de seu presidente, à vista da imprescindibilidade da realização ou conclusão de diligências, dando-se ciência ao Conselho Superior do Ministério Público, à Câmara de Coordenação e Revisão ou à Procuradoria Federal dos Direitos do Cidadão.

* **Redação dada pela Resolução nº 193, de 14 de dezembro de 2018.**

§ 1º – Cada Ministério Público, no âmbito de sua competência administrativa, poderá estabelecer prazo inferior, bem como limitar a prorrogação mediante ato administrativo do Órgão da Administração Superior competente.

* **Anterior parágrafo único renumerado para § 1º pela Resolução nº 193, de 14 de dezembro de 2018.**

§ 2º Suspende-se o curso do prazo dos procedimentos em trâmite nos dias compreendidos entre 20 de dezembro e 20 de janeiro, inclusive, excetuados os prazos previstos nos artigos 8º, § 1º, e 9º, § 1º, da Lei nº 7347/85 e nos artigos 5º, § 2º, 6º, § 8º, art. 9º-A e art. 10, § 1º, desta Resolução.

§ 3º – Ressalvadas as férias individuais e os feriados instituídos por lei, os membros do Ministério Público exercerão suas atribuições durante o período previsto no parágrafo anterior.

§ 4º Ressalvadas situações urgentes devidamente justificadas, durante a suspensão do prazo, não se realizarão audiências.

* **§§ 2º ao 4º incluídos pela Resolução nº 193, de 14 de dezembro de 2018.**

Art. 9º-A. Após a instauração do inquérito civil ou do procedimento preparatório, quando o membro que o preside concluir ser atribuição de outro Ministério Público, este deverá submeter sua decisão ao referendo do órgão de revisão competente, no prazo de 3 (três) dias.

* **Incluído pela Resolução nº 126, de 29 de julho de 2015.**

Capítulo V
Do Arquivamento

Art. 10. Esgotadas todas as possibilidades de diligências, o membro do Ministério Público, caso se convença da inexistência de fundamento para a propositura de ação civil pública, promoverá, fundamentadamente, o arquivamento do inquérito civil ou do procedimento preparatório.

§ 1º Os autos do inquérito civil ou do procedimento preparatório, juntamente com a promoção de arquivamento, deverão ser remetidos ao órgão de revisão competente, no prazo de três dias, contado da comprovação da efetiva cientificação pessoal dos interessados, através de publicação na imprensa oficial, quando não localizados os que devem ser cientificados.

* **Redação dada pela Resolução nº 229, de 8 de junho de 2021.**

§ 2º – A promoção de arquivamento será submetida a exame e deliberação do órgão de revisão competente, na forma do seu Regimento Interno.

§ 3º – Até a sessão do Conselho Superior do Ministério Público ou da Câmara de Coordenação e Revisão respectiva, para que seja homologada ou rejeitada a promoção de arquivamento, poderão as pessoas co-legitimadas apresentar razões escritas ou documentos, que serão juntados aos autos do inquérito ou do procedimento preparatório.

§ 4º – Deixando o órgão de revisão competente de homologar a promoção de arquivamento, tomará uma das seguintes providências:

I – converterá o julgamento em diligência para a realização de atos imprescindíveis à sua decisão, especificando-os e remetendo os autos ao membro do Ministério Público que determinou seu arquivamento, e, no caso de recusa fundamentada, ao órgão competente para designar o membro que irá atuar;

* Redação dada pela Resolução nº 143, de 14 de junho de 2016.

II – deliberará pelo prosseguimento do inquérito civil ou do procedimento preparatório, indicando os fundamentos de fato e de direito de sua decisão, adotando as providências relativas à designação, em qualquer hipótese, de outro membro do Ministério Público para atuação.

§ 5º Será pública a sessão do órgão revisor, salvo no caso de haver sido decretado o sigilo.

Art. 11. Não oficiará nos autos do inquérito civil, do procedimento preparatório ou da ação civil pública o órgão responsável pela promoção de arquivamento não homologada pelo Conselho Superior do Ministério Público ou pela Câmara de Coordenação e Revisão, ressalvada a hipótese do art. 10, § 4º, I, desta Resolução.

* Redação dada pela Resolução nº 143, de 14 de junho de 2016.

Art. 12. O desarquivamento do inquérito civil, diante de novas provas ou para investigar fato novo relevante, poderá ocorrer no prazo máximo de seis meses após o arquivamento. Transcorrido esse lapso, será instaurado novo inquérito civil, sem prejuízo das provas já colhidas.

Parágrafo único. O desarquivamento de inquérito civil para a investigação de fato novo, não sendo caso de ajuizamento de ação civil pública, implicará novo arquivamento e remessa ao órgão competente, na forma do art. 10, desta Resolução.

Art. 13. O disposto acerca de arquivamento de inquérito civil ou procedimento preparatório também se aplica à hipótese em que estiver sendo investigado mais de um fato lesivo e a ação civil pública proposta somente se relacionar a um ou a algum deles.

Capítulo VI
Do Compromisso de Ajustamento de Conduta

Art. 14. O Ministério Público poderá firmar compromisso de ajustamento de conduta, nos casos previstos em lei, com o responsável pela ameaça ou lesão aos interesses ou direitos mencionados no artigo 1º desta Resolução, visando à reparação do dano, à adequação da conduta às exigências legais ou normativas e, ainda, à compensação e/ou à indenização pelos danos que não possam ser recuperados

Capítulo VII
Das Recomendações

Art. 15. Revogado pela Resolução nº 164, de 28 de março de 2017.

Parágrafo único. Revogado pela Resolução nº 164, de 28 de março de 2017.

Capítulo VIII
Das Disposições Finais

Art. 16. Cada Ministério Público deverá adequar seus atos normativos referentes a inquérito civil e a procedimento preparatório de investigação cível aos termos da presente Resolução, no prazo de noventa dias, a contar de sua entrada em vigor.

Art. 17. Esta Resolução entrará em vigor na data de sua publicação.

Brasília, 17 de setembro de 2007.

ANTONIO FERNANDO BARROS E SILVA DE SOUZA
Presidente do Conselho Nacional do Ministério Público

RESOLUÇÃO CNMP Nº 26, DE 17 DE DEZEMBRO DE 2007.

(*Alterada pela Res. 112/2014, 30/2018 e 211/2020)

Disciplina a residência na Comarca pelos membros do Ministério Público e determina outras providências.

O **CONSELHO NACIONAL DO MINISTÉRIO PÚBLICO**, no exercício das atribuições conferidas pelo artigo 130-A, § 2º, inciso II, da Constituição da República, e no artigo 19 do seu Regimento Interno, em conformidade com a decisão plenária tomada em Sessão realizada no dia 17 de dezembro de 2007;

Considerando o que dispõe o art. 129, § 2º, da Constituição Federal, com a redação conferida pela Emenda Constitucional nº 45/2004, impondo aos membros do Ministério Público o indeclinável dever de fixar residência na Comarca de sua titularidade;

Considerando o que dispõe o art. 93, inciso XII, da Constituição da República, que trata da atividade jurisdicional ininterrupta e o estabelecimento de plantões permanentes, aplicável ao Ministério Público nos termos do art. 129, § 4º, da Constituição Federal;

Considerando a possibilidade da autorização excepcional do Procurador-Geral, para que membros do Ministério Público possam residir em Comarca diversa de sua titularidade;

Considerando que os pedidos de remoção, promoção e permuta devem estar instruídos com elementos, entre outros, que comprovem a residência do membro do Ministério Público na Comarca;

Considerando que a prática dos atos administrativos em geral pressupõe a prévia exposição de sua motivação e fundamentação;

Considerando a necessidade de estabelecer parâmetros objetivos para as autorizações excepcionais para residir fora da Comarca, **RESOLVE**:

Art. 1º. É obrigatória a residência do membro do Ministério Público na Comarca ou na localidade onde exerce a titularidade de seu cargo.

* **Redação alterada pela Resolução nº 211, de 11 de maio de 2020.**

§ 1º – Para fins desta Resolução, configura-se residência a moradia habitual, legal e efetiva do membro do Ministério Público na respectiva Comarca ou localidade onde exerce as suas atribuições, ressalvado o afastamento temporário, na forma da lei.

§ 2º – A obrigatoriedade constitucional da residência na Comarca ou na localidade onde há o exercício da titularidade de seu cargo aplica-se aos membros do Ministério Público que atuam nas 1ª e 2ª instâncias e nos Tribunais Superiores.

§ 3º – Considera-se cumprida a exigência prevista no *caput* deste artigo com a residência, pelo membro, em município que pertença à mesma região metropolitana ou aglomeração urbana onde está localizada a sede da procuradoria ou promotoria.

* **Acrescido pela Resolução nº 211, de 11 de maio de 2020.**

Art. 2º. O Procurador-Geral, após manifestação da Corregedoria-Geral, poderá autorizar, por ato motivado, em caráter excepcional, a residência fora da Comarca ou da localidade onde o membro do Ministério Público exerce a titularidade de seu cargo.

* **Redação alterada pela Resolução nº 211, de 11 de maio de 2020.**

§ 1º – A autorização somente poderá ocorrer se não houver prejuízo ao serviço e à comunidade atendida.

§ 2º – A autorização não implicará no pagamento de diárias, ajuda de custo ou quaisquer parcelas remuneratórias e indenizatórias alusivas ao deslocamento.

§ 3º – A autorização está condicionada à prévia comprovação dos seguintes requisitos:

I – apresentar o interessado requerimento dirigido ao Procurador-Geral, devidamente fundamentado;

II – estar em conformidade com a distância máxima entre a sede da Comarca ou localidade onde exerce sua titularidade e a sede da Comarca ou localidade onde pretende fixar residência, definida em ato do Procurador-Geral, previsto nesta Resolução, de modo a oportunizar o pronto deslocamento à sede de sua Comarca para atendimento de situações emergenciais, urgentes e necessárias;

III – estar regular o serviço, inclusive quanto à disponibilidade para o atendimento ao público, às partes e à comunidade, atestada pela Corregedoria-Geral do Ministério Público.

IV – estar vitaliciado.

* **Suprimido pela Resolução nº 112, de 4 de agosto de 2014**.

§ 4º – O pedido não será conhecido se o interessado não estiver regularmente em dia com as suas atribuições ou tenha sido constatado atraso injustificado de serviço no cargo anteriormente ocupado.

§ 5º – O membro do Ministério Público que obtiver a autorização deverá, no caso de habilitação para concurso de promoção, remoção ou permuta, apresentar prova de efetiva residência no local autorizado.

§ 6º – É vedada a autorização para que membro do Ministério Público possa residir em Estado diverso do qual deva exercer as suas funções.

§ 7º – A Corregedoria-Geral do Ministério Público terá o prazo de 10 (dez) dias para se manifestar sobre o pedido.

* **Redação alterada pela Resolução nº 211, de 11 de maio de 2020.**

§ 8º – O Procurador-Geral poderá indeferir a autorização, com fundamento na conveniência e oportunidade do serviço, sempre tendo em vista o interesse público.

* **Acrescido pela Resolução nº 211, de 11 de maio de 2020.**

Art. 3º. Revogado pela Resolução nº 211, de 11 de maio de 2020.

Parágrafo único. **Revogado pela Resolução nº 211, de 11 de maio de 2020.**

Art. 4º. A autorização é de caráter precário, podendo ser revogada a qualquer momento por ato do Procurador-Geral, quando se tornar prejudicial à adequada representação da Instituição, se houver atraso injustificado de serviço ou pela ocorrência de falta funcional por parte do membro do Ministério Público.

* **Redação dada pela Resolução nº 211, de 11 de maio de 2020.**

§ 1º – O pedido de revogação deverá ser motivado e poderá ser feito pela Corregedoria-Geral, por membros do Ministério Público ou por qualquer cidadão, vedado o anonimato, ouvindo-se, neste caso, o interessado.

§ 2º – Revogado o ato, o membro do Ministério Público terá o prazo de trinta (30) dias para fixar residência na Comarca ou na localidade onde exerce a titularidade de seu cargo.

Art. 5º. A autorização será revogada pelo Procurador-Geral, de ofício ou a requerimento, devendo ser ouvida a Corregedoria-Geral, em caso de descumprimento de qualquer das disposições contidas nesta Resolução, ou na hipótese de instauração de processo administrativo disciplinar por inobservância dos deveres inerentes ao cargo.

* **Redação dada pela Resolução nº 211, de 11 de maio de 2020.**

Parágrafo único. A residência fora da Comarca ou do local onde exerce a titularidade de seu cargo, sem a devida autorização, caracterizará infração funcional, sujeita a processo administrativo disciplinar, nos termos da respectiva Lei Orgânica.

Art. 6º. O Procurador-Geral cientificará a Corregedoria-Geral sobre a autorização para residir fora da Comarca ou da localidade onde exerce a titularidade de seu cargo, bem como sua revogação, que exigirá, dos membros do Ministério Público autorizados, o relatório detalhado de suas atividades e do cumprimento de suas funções e atribuições.

Art. 7º. A Corregedoria-Geral manterá o cadastro atualizado dos membros do Ministério Público autorizados a residir fora da Comarca.

Parágrafo único. A relação nominal dos membros autorizados a residir fora da Comarca deverá ser divulgada no sítio eletrônico da Instituição, acessível ao público.

* **Acrescido pela Resolução nº 211, de 11 de maio de 2020.**

Art. 8º. Os Ministérios Públicos dos Estados e da União editarão ato administrativo, em até sessenta (60) dias, contendo estas normas gerais e outras, conforme as suas peculiaridades.

Art. 9º. Os Procuradores-Gerais informarão, em até noventa (90) dias da publicação desta Resolução, as providências adotadas no seu âmbito de administração.

§ 1º – As autorizações concedidas até o prazo do art. 8º serão revistas, à luz dos diplomas normativos de regência, após a regulamentação pelos Ministérios Públicos dos Estados e da União, no prazo de 30 (trinta) dias.

§ 2º – Os membros do Ministério Público que não preencherem os requisitos definidos nesta Resolução e nos atos normativos referidos no artigo anterior, fixarão residência na Comarca de lotação ou no local onde exercem a titularidade de seu cargo, no prazo de trinta (30) dias, comunicando ao Procurador-Geral com a devida comprovação.

Art. 10. Esta Resolução entre em vigor na data de sua publicação.

Brasília, 17 dezembro de 2007.

ANTONIO FERNANDO BARROS E SILVA DE SOUZA
Presidente do Conselho Nacional do Ministério Público

RESOLUÇÃO CNMP Nº 27, DE 10 DE MARÇO DE 2008.

Disciplina a vedação do exercício da advocacia por parte dos servidores do Ministério Público dos Estados e da União.

O **CONSELHO NACIONAL DO MINISTÉRIO PÚBLICO**, no exercício das atribuições conferidas pelo artigo 130-A, § 2º, inciso II, da Constituição da República, e no artigo 19 do seu Regimento Interno, em conformidade com a decisão plenária tomada em sessão realizada no dia 10 de março de 2008;

Considerando a decisão plenária proferida nos autos do processo nº 0.00.000.000126/2007-69, em sessão realizada no dia 18 de junho de 2007;

Considerando os princípios constitucionais da moralidade, da isonomia e da eficiência;

Considerando as disposições dos artigos 21 da Lei nº 11.415/2006 e 30 da Lei nº 8.906/94;

Considerando a necessidade de estabelecer, no particular, tratamento isonômico entre os servidores do Ministério Público da União e dos Estados, **RESOLVE:**

Art. 1º. É vedado o exercício da advocacia aos servidores efetivos, comissionados, requisitados ou colocados à disposição do Ministério Público dos Estados e da União.

Art. 2º. Ficam resguardados os atos processuais já praticados, vedando-se, entretanto, a continuidade do exercício da advocacia, mesmo àqueles que já venham exercendo essa atividade até a data da publicação desta Resolução, observado o impedimento fixado no art. 30, I, da Lei nº 8.906/94.

Art. 3º. Esta Resolução entra em vigor na data de sua publicação.

Brasília, 10 de março de 2008.

ANTONIO FERNANDO BARROS E SILVA DE SOUZA
Presidente do Conselho Nacional do Ministério Público

RESOLUÇÃO CNMP Nº 30, DE 19 DE MAIO DE 2008.

(* Alterada pelas Resoluções nº 90/2012 e 182/17)

Estabelece parâmetros para a indicação e a designação de membros do Ministério Público para exercer função eleitoral em 1º grau.

O **CONSELHO NACIONAL DO MINISTÉRIO PÚBLICO**, no exercício das atribuições conferidas pelo artigo 130-A, § 2º, inciso II, da Constituição Federal, e artigo 19 do seu Regimento Interno, em conformidade com a decisão plenária tomada em sessão realizada no dia 19 de maio de 2008;

Considerando que o exercício das funções eleitorais do Ministério Público Federal encontra-se disciplinado no art. 37, I, in fine, e arts. 72 a 80 da Lei Orgânica do Ministério Público da União (Lei Complementar nº 75, de 20 de maio de 1993);

Considerando a necessidade de conferir plena eficácia aos citados dispositivos da citada Lei Complementar;

Considerando que, sendo de natureza federal, a designação para o exercício da função eleitoral por membro do Ministério Público em primeiro grau compete ao Procurador Regional Eleitoral, a quem cabe, em cada Estado, dirigir as atividades do setor, nos termos do art. 77 da Lei Complementar nº 75, de 1993;

Considerando a aplicação, em tais hipóteses, da regra subsidiária estabelecida no art. 79, parágrafo único da mesma LOMPU;

Considerando a necessidade, em face da mesma hipótese (art. 79, parágrafo único da LOMPU), de estabelecimento de parâmetros uniformes e objetivos mínimos a serem observados no Ministério Público dos Estados e do Distrito Federal, na indicação ao Procurador Regional Eleitoral dos Promotores de Justiça que atuarão na primeira instância da Justiça Eleitoral, em consonância com os princípios da impessoalidade, da eficiência e da continuidade dos serviços eleitorais, **RESOLVE**:

Art. 1º. Para os fins do art. 79 da Lei Complementar nº 75/93, a designação de membros do Ministério Público de primeiro grau para exercer função eleitoral perante a Justiça Eleitoral de primeira instância, observará o seguinte:

I – a designação será feita por ato do Procurador Regional Eleitoral, com base em indicação do Chefe do Ministério Público local;

II – a indicação feita pelo Procurador-Geral de Justiça do Estado recairá sobre o membro lotado em localidade integrante de zona eleitoral que por último houver exercido a função eleitoral;

III – nas indicações e designações subsequentes, obedecer-se-á, para efeito de titularidade ou substituição, à ordem decrescente de antiguidade na titularidade da função eleitoral, prevalecendo, em caso de empate, a antiguidade na zona eleitoral;

IV – a designação será feita pelo prazo ininterrupto de dois anos, nele incluídos os períodos de férias, licenças e afastamentos, admitindo-se a recondução apenas quando houver um membro na circunscrição da zona eleitoral;

§ 1º – Não poderá ser indicado para exercer a função eleitoral o membro do Ministério Público:

I – lotado em localidade não abrangida pela zona eleitoral perante a qual este deverá oficiar, salvo em caso de ausência, impedimento ou recusa justificada, e quando ali não existir outro membro desimpedido;

II – que se encontrar afastado do exercício do ofício do qual é titular, inclusive quando estiver exercendo cargo ou função de confiança na administração superior da Instituição, ou

III – que tenha sido punido ou que responda a processo administrativo ou judicial, nos 3 (três) anos subsequentes, em razão da prática de ilícito que atente contra:

a) a celeridade da atuação ministerial;

b) a isenção das intervenções no processo eleitoral;

c) a dignidade da função e a probidade administrativa.

* Inciso III incluído pela Resolução nº 182, de 7 de dezembro de 2017.

§ 2º – Em caso de ausência, impedimento ou recusa justificada, terá preferência, para efeito de indicação e designação, o membro do Ministério Público que, sucessivamente, exercer suas funções:

I – na sede da respectiva zona eleitoral;

II – em município que integra a respectiva zona eleitoral;

III – em comarca contígua à sede da zona eleitoral.

§ 3º – Os casos omissos serão resolvidos pelo Procurador Regional Eleitoral.

Art. 2º. Não será permitida, em qualquer hipótese, a percepção cumulativa de gratificação eleitoral.

Art. 3º. É vedado o recebimento de gratificação eleitoral por quem não houver sido regularmente designado para o exercício de função eleitoral.

Art. 4º. A filiação a partido político impede o exercício de funções eleitorais por membros do Ministério Público pelo período de dois anos, a contar de seu cancelamento.

Art. 5º. As investiduras em função eleitoral não ocorrerão em prazo inferior a noventa dias da data do pleito eleitoral e não cessarão em prazo inferior a noventa dias após a eleição, devendo ser providenciadas pelo Procurador Regional Eleitoral as prorrogações eventualmente necessárias à observância deste preceito.

§ 1º – Excepcionalmente, as prorrogações de investidura em função eleitoral ficarão aquém ou irão além do limite temporal de dois anos estabelecido nesta Resolução, sendo a extensão ou redução do prazo realizada apenas pelo lapso suficiente ao cumprimento do disposto no *caput* deste artigo.

§ 2º – No período de 90 (noventa) dias que antecede o pleito até 15 (quinze) dias após a diplomação dos eleitos, é vedada a fruição de férias ou de licença voluntária pelo Promotor de Justiça que exerça funções eleitorais, salvo em situações excepcionais autorizadas pelo Chefe do Ministério Público respectivo, instruídos os pedidos, nessa ordem, com os seguintes requisitos:

I – demonstração da necessidade e da ausência de prejuízo ao serviço eleitoral;

II – indicação e ciência do Promotor substituto;

III – anuência expressa do Procurador Regional Eleitoral.

* **Redação dada pela Resolução nº 90, de 24 de outubro de 2012.**

Art. 6º. As autorizações previstas no art. 2º da Resolução CNMP nº 26, de 17.12.2007, que implicarem residência em localidade não abrangida pela zona perante a qual o promotor eleitoral deva oficiar serão suspensas por ato do Procurador-Geral, no período a que se refere o art. 5º, § 2º, desta Resolução.

Art. 7º. Os Procuradores Regionais Eleitorais editarão, no prazo máximo de sessenta dias, atos prorrogando a investidura dos atuais membros do Ministério Público Eleitoral de 1º grau indicados e designados para exercer a função eleitoral por prazo inferior a dois anos, observado o disposto no artigo 5º.

Art. 8º. Esta Resolução entra em vigor na data de sua publicação.

Brasília, 19 de maio de 2008.

ANTONIO FERNANDO BARROS E SILVA DE SOUZA
Presidente

RESOLUÇÃO Nº 37, DE 28 DE ABRIL DE 2009.

Altera as Resoluções CNMP nº 01/2005, nº 07/06 e nº 21/07, considerando o disposto na Súmula Vinculante nº 13 do Supremo Tribunal Federal.

O CONSELHO NACIONAL DO MINISTÉRIO PÚBLICO, no exercício da competência prevista no art. 130-A, §2º, inciso II, da Constituição Federal e com arrimo no artigo 19 do Regimento Interno, à luz dos considerandos mencionados nas Resoluções CNMP nº 01, de 07.11.2005, nº 07, de 17.04.2006, e nº 21, de 19.06.2007, e considerando, ainda, o disposto na Súmula Vinculante nº 13 do Supremo Tribunal Federal, em conformidade com a decisão plenária tomada na sessão realizada no dia 28.04.2009, RESOLVE:

Art. 1º. É vedada a nomeação ou designação para cargos em comissão e funções comissionadas, no âmbito do Ministério Público da União e dos Estados, de cônjuge, companheiro ou parente em linha reta, colateral ou por afinidade, até o terceiro grau, inclusive, dos respectivos membros, compreendido o ajuste mediante designações ou cessões recíprocas em qualquer órgão da Administração Pública direta e indireta dos Poderes da União, dos Estados, do Distrito Federal e dos Municípios.

Art. 2º. É vedada a nomeação ou designação de cônjuge, companheiro ou parente em linha reta, colateral ou por afinidade, até o terceiro grau, inclusive, de servidor ocupante, no âmbito do mesmo Ministério Público, de cargo de direção, chefia ou assessoramento, para exercício de cargo em comissão ou função comissionada, compreendido o ajuste mediante designações ou cessões recíprocas em qualquer órgão da administração pública direta e indireta dos Poderes da União, dos Estados, do Distrito Federal e dos Municípios.

Art. 2º-A. Não se aplicam as vedações constantes nos artigos 1º e 2º à nomeação ou à designação de servidor efetivo para ocupar cargo em comissão ou função de confiança, desde que não exista subordinação direta entre o nomeado e o membro do Ministério Público ou servidor determinante da incompatibilidade.

* **Incluído pela Resolução nº 192, de 9 de julho de 2018.**

Art. 3º. Constituem práticas de nepotismo vedadas no âmbito de todos os órgãos do Ministério Público da União e dos Estados:

* **Redação dada pela Resolução nº 172, de 4 de julho de 2017.**

I – a contratação, em casos excepcionais de dispensa ou inexigibilidade de licitação, de pessoa jurídica da qual sejam sócios cônjuge, companheiro ou parente em linha reta, colateral ou por afinidade, até o terceiro grau, inclusive, dos respectivos membros ou de servidor investido em cargo de direção e de assessoramento;

* **Incluído pela Resolução nº 172, de 4 de julho de 2017.**

II – a contratação, independentemente da modalidade de licitação, de pessoa jurídica que tenha em seu quadro societário cônjuge, companheiro ou parente em linha reta, colateral ou por afinidade até o terceiro grau, inclusive, dos membros ocupantes de cargos de direção ou no exercício de funções administrativas, assim como de servidores ocupantes de cargos de direção, chefia e assessoramento vinculados direta ou indiretamente às unidades situadas na linha hierárquica da área encarregada da licitação.

* **Incluído pela Resolução nº 172, de 4 de julho de 2017.**

§ 1º A vedação prevista no inciso II deste artigo não se aplica às hipóteses nas quais a contratação seja realizada por ramo do Ministério Público diverso daquele ao qual pertence o membro ou servidor gerador da incompatibilidade.

* **Incluído pela Resolução nº 172, de 4 de julho de 2017.**

§ 2º A vedação constante do inciso II deste artigo se estende às contratações cujo procedimento licitatório tenha sido deflagrado quando os membros e servidores geradores de incompatibilidade estavam no exercício dos respectivos cargos e funções, assim como às licitações iniciadas até 6 (seis) meses após a desincompatibilização.

* **Incluído pela Resolução nº 172, de 4 de julho de 2017.**

§ 3º A contratação de empresa pertencente a parente de membro ou servidor não abrangido pelas hipóteses expressas de nepotismo poderá ser vedada pelo órgão do Ministério Público competente, quando, no caso concreto, identificar risco potencial de contaminação do processo licitatório.

* **Incluído pela Resolução nº 172, de 4 de julho de 2017.**

Art. 4º. É vedada a prestação de serviço por empregados de empresas fornecedoras de mão-de-obra que sejam parentes até o terceiro grau dos respectivos membros ou servidores dos órgãos contratantes do Ministério Público da União e dos Estados, observando-se, no que couber, as restrições relativas à reciprocidade entre os Ministérios Públicos ou entre estes e órgãos da administração pública direta ou indireta, federal, estadual, distrital ou municipal.

Parágrafo único. Cada órgão do Ministério Público estabelecerá, nos contratos firmados com empresas prestadoras de serviços, cláusula proibitiva da prestação de serviço no seu âmbito, na forma estipulada no caput.

Art. 5º. Na aplicação desta Resolução serão considerados, no que couber, os termos do Enunciado nº 01/2006 do Conselho Nacional do Ministério Público.

Art. 6º. Ficam mantidos os efeitos das disposições constantes do artigo 5º da Resolução CNMP nº 01 de 07.11.2005, do artigo 3º da Resolução CNMP nº 07, de 17.04.2006, e do art. 3º da Resolução CNMP nº 21, de 19.06.2007.

Art. 7º. Os órgãos do Ministério Público da União e dos Estados adotarão as providências administrativas para adequação aos termos desta Resolução no prazo de trinta dias. Art. 8º Revogam-se as disposições em contrário.

Brasília-DF, 28 de abril de 2009.
ANTONIO FERNANDO BARROS E SILVA DE SOUZA
Presidente do Conselho Nacional do Ministério Público

RESOLUÇÃO CNMP Nº 40, DE 26 DE MAIO DE 2009

(* Alterada pelas Resoluções nº 57/2010, 141/2016, 188/2018 e 206/2019)

Regulamenta o conceito de atividade jurídica para concursos públicos de ingresso nas carreiras do Ministério Público e dá outras providências.

O **CONSELHO NACIONAL DO MINISTÉRIO PÚBLICO**, no exercício das atribuições conferidas pelo artigo 130-A da Constituição Federal, com a redação da Emenda Constitucional nº 45/2004, e na forma do artigo 66 do seu Regimento Interno, em conformidade com a decisão plenária tomada na 7ª Sessão Extraordinária, realizada em 26 de Maio de 2009;

Considerando a necessidade de adequação nas regras para concursos públicos de ingresso nas carreiras do Ministério Público, a propósito do disposto no § 3º do art. 129 da Constituição Federal, com a redação da Emenda Constitucional nº 45/2004, **RESOLVE**:

Art. 1º. Considera-se atividade jurídica, desempenhada exclusivamente após a conclusão do curso de bacharelado em Direito:

I – O efetivo exercício de advocacia, inclusive voluntária, com a participação anual mínima em 5 (cinco) atos privativos de advogado (Lei nº 8.906, de 4 Julho de 1994), em causas ou questões distintas.

II – O exercício de cargo, emprego ou função, inclusive de magistério superior, que exija a utilização preponderante de conhecimentos jurídicos.

III – O exercício de função de conciliador em tribunais judiciais, juizados especiais, varas especiais, anexos de juizados especiais ou de varas judiciais, assim como o exercício de mediação ou de arbitragem na composição de litígios, pelo período mínimo de 16 (dezesseis) horas mensais e durante 1 (um) ano;

IV – O exercício, por bacharel em Direito, de serviço voluntário em órgãos públicos que exija a prática reiterada de atos que demandem a utilização preponderante de conhecimentos jurídicos, pelo período mínimo de 16 (dezesseis) horas mensais e durante 1 (um) ano.

* Incluído pela Resolução nº 206, de 16 de dezembro de 2019.

§ 1º – É vedada, para efeito de comprovação de atividade jurídica, a contagem de tempo de estágio ou de qualquer outra atividade anterior à conclusão do curso de bacharelado em Direito.

§ 2º – A comprovação do tempo de atividade jurídica relativa a cargos, empregos ou funções não privativas de bacharel em Direito e a serviços voluntários será realizada por meio da apresentação de certidão circunstanciada, expedida pelo órgão competente, indicando as respectivas atribuições e a prática reiterada de atos que exijam a utilização preponderante de conhecimentos jurídicos, cabendo à comissão de concurso analisar a pertinência do documento e reconhecer sua validade em decisão fundamentada.

* **Redação dada pela Resolução nº 206, de 16 de dezembro de 2019.**

Art. 2º. Também serão considerados atividade jurídica, desde que integralmente concluídos com aprovação, os cursos de pós-graduação em Direito ministrados pelas Escolas do Ministério Público, da Magistratura e da Ordem dos Advogados do Brasil, bem como os cursos de pós-graduação reconhecidos, autorizados ou supervisionados pelo Ministério da Educação ou pelo órgão competente.

§ 1º – Os cursos referidos no *caput* deste artigo deverão ter toda a carga horária cumprida após a conclusão do curso de bacharelado em Direito, não se admitindo, no cômputo da atividade jurídica, a concomitância de cursos nem de atividade jurídica de outra natureza.

* **Redação dada pela Resolução n° 57, de 27 de abril de 2010.**

§ 2º – Os cursos *lato sensu* compreendidos no *caput* deste artigo deverão ter, no mínimo, um ano de duração e carga horária total de 360 horas-aulas, distribuídas semanalmente.

§ 3º – Independente do tempo de duração superior, serão computados como prática jurídica:

a) Um ano para pós-graduação *lato sensu*.

b) Dois anos para Mestrado.

c) Três anos para Doutorado.

§ 4º – Os cursos de pós-graduação (*lato sensu* ou *stricto sensu*) que exigirem apresentação de trabalho monográfico final serão considerados integralmente concluídos na data da respectiva aprovação desse trabalho.

§ 5º – Os casos omissos serão decididos pela comissão de concurso.

Art. 3º. A comprovação do período de três anos de atividade jurídica deverá ser feita no ato da inscrição definitiva do concurso.

* **Redação original restaurada pela Resolução n° 141, de 26 de abril de 2016.**

Art. 4º. É vedada a participação de quem exerce o magistério e/ou a direção de cursos destinados à preparação de candidatos a concursos públicos em comissão de concurso ou em banca examinadora.

Parágrafo único. A vedação prevista neste artigo prevalece por três anos, após o encerramento das referidas atividades.

Art. 4º-A. É vedada a contratação para organização de concurso público de entidade que promova cursos preparatórios para certames.

* **Incluído pela Resolução n° 188, de 4 de maio de 2018.**

Art. 5º. Aplicam-se ao membro da comissão de concurso ou da banca examinadora, no que couber, as causas de impedimento e de suspeição previstas nos arts. 144 e 145 do Código de Processo Civil.
* Redação dada pela Resolução nº 188, de 4 de maio de 2018.
Art. 6º. Considera-se fundada a suspeição de membro da comissão de concurso ou da banca examinadora, quando:
I – For deferida a inscrição de candidato que seja seu servidor funcionalmente vinculado, cônjuge, companheiro, ex-companheiro, padrasto, enteado ou parente em linha reta, colateral ou por afinidade, até o terceiro grau, inclusive.
II – Tiver participação societária, como administrador ou não, em cursos formais ou informais de preparação de candidatos para ingresso no Ministério Público, ou contar com parentes em até terceiro grau, em linha reta, colateral ou por afinidade nessa condição de sócio ou administrador.
§ 1º – O impedimento ou a suspeição decorrente de parentesco por afinidade cessará pela dissolução do casamento que lhe tiver dado causa, salvo sobrevindo descendentes; mas, ainda que dissolvido o casamento sem descendentes, não poderá ser membro da comissão de concurso ou da banca examinadora o ex-cônjuge, os sogros, o genro ou a nora de quem for candidato inscrito ao concurso.
§ 2º – Poderá, ainda, o membro da comissão de concurso ou da banca examinadora, declarar-se suspeito por motivo íntimo.
§ 3º – O impedimento ou suspeição deverá ser comunicado ao presidente da comissão de concurso, por escrito, até 5 (cinco) dias úteis após a publicação da relação dos candidatos inscritos no diário oficial respectivo.
§ 4º – Não prevalecerá o impedimento ou a suspeição para integrar a comissão de concurso ou a banca examinadora, para as fases subsequentes, se o candidato gerador dessa restrição for excluído definitivamente do concurso.
§ 5º – A suspeição por motivo íntimo não poderá ser retratada.
Art. 7º. O Conselho Superior de cada ramo do Ministério Público da União e de cada Ministério Público dos Estados deverá adequar o regulamento de seu concurso a esta resolução.
Art. 8º. Esta resolução entra em vigência na data de sua publicação e não se aplica aos concursos em andamento.
Art. 9º. Revoga-se a Resolução nº 29, de 31 de março de 2008, publicada no Diário da Justiça de 24/04/2008, pág. 228.

Brasília, DF, 26 de Maio de 2009
ANTONIO FERNANDO BARROS E SILVA DE SOUZA
Presidente

RESOLUÇÃO CNMP Nº 73, de 15 de junho de 2011.

(* alterada pelas Res. 132/2015, 133/2015 e 224/2021)

Dispõe sobre o acúmulo do exercício das funções ministeriais com o exercício do magistério por membros do Ministério Público da União e dos Estados.

O **CONSELHO NACIONAL DO MINISTÉRIO PÚBLICO**, no exercício das suas atribuições conferidas pelo artigo 130-A, parágrafo 2º, inciso I, da Constituição da República e no artigo 19 do seu Regimento Interno;

Considerando que aos membros do Ministério Público é vedada a acumulação de funções ministeriais com quaisquer outras, exceto as de magistério, nos termos do art. 128, II, "d", da Constituição;

Considerando a importância de serem delineados os contornos objetivos da atividade de magistério, para os efeitos previstos na Constituição; e

Considerando ainda, o decidido na sessão plenária de 15 de junho de 2011, no processo nº 2346/2010-22, **RESOLVE**:

Art. 1º. Ao membro do Ministério Público da União e dos Estados, ainda que em disponibilidade, é defeso o exercício de outro cargo ou função pública, ressalvado o magistério, público ou particular.

* **Redação dada pela Resolução nº 133, de 22 de setembro de 2015.**

§ 1º – A coordenação de ensino ou de curso é considerada compreendida no magistério e poderá ser exercida pelo membro do Ministério Público se houver compatibilidade de horário com as funções ministeriais.

§ 2º – Haverá compatibilidade de horário quando do exercício da atividade docente não conflitar com o período em que o membro deverá estar disponível para o exercício de suas funções institucionais, especialmente perante o público e o Poder Judiciário.

§ 3º – Consideram-se atividades de coordenação de ensino ou de curso, para os efeitos do parágrafo anterior, as de natureza formadora e transformadora, como o acompanhamento e a promoção do projeto pedagógico da instituição de ensino, a formação e orientação de professores, a articulação entre corpo docente e discente para a formação do ambiente acadêmico participativo, a iniciação científica, a orientação de acadêmicos, a promoção e a orientação da pesquisa e outras ações relacionadas diretamente com o processo de ensino e aprendizagem.

§ 4º – Não estão compreendidas nas atividades previstas no parágrafo anterior as de natureza administrativo-institucional e outras atribuições relacionadas à gestão da instituição de ensino.

§ 5º – As atividades de *coaching*, similares e congêneres, destinadas à assessoria individual ou coletiva de pessoas, inclusive na preparação de candidatos a concursos públicos, não são consideradas atividade docente, sendo vedada a sua prática por membros do Ministério Público.

* **Incluído pela Resolução nº 224, de 26 de fevereiro de 2021.**

Art. 2º. Somente será permitido o exercício da docência ao membro, em qualquer hipótese, se houver compatibilidade de horário com o do exercício das funções ministeriais, e desde que o faça em sua comarca ou circunscrição de lotação, ou na mesma região metropolitana.

* **Redação dada pela Resolução nº 132, de 22 de setembro de 2015.**

§ 1º – Fora das hipóteses previstas no *caput* deste artigo, a unidade do Ministério Público, através do órgão competente, poderá autorizar o exercício da docência por membro do Ministério Público, quando se tratar de instituição de ensino sediada em comarca ou circunscrição próxima, nos termos de ato normativo e em hipóteses excepcionais, devidamente fundamentadas.

* **Redação dada pela Resolução nº 132, de 22 de setembro de 2015.**

§ 2º – O cargo ou função de direção nas entidades de ensino não é considerado exercício de magistério, sendo vedado aos membros do Ministério Público.

Art. 3º. Não se incluem nas vedações referidas nos artigos anteriores as funções exercidas em curso ou escola de aperfeiçoamento do próprio Ministério Público ou aqueles mantidos por associações de classe ou fundações a ele vinculadas estatutariamente, desde que essas atividades não sejam remuneradas.

Art. 4º. O exercício de docência deverá ser comunicado pelo membro ao Corregedor-Geral da respectiva unidade do Ministério Público, ocasião em que informará o nome da entidade de ensino, sua localização e os horários das aulas que ministrará.

Parágrafo único. O Corregedor de cada unidade do Ministério Público deverá informar anualmente à Corregedoria Nacional os nomes dos membros de seu órgão que exerçam atividades de docência e os casos em que foi autorizado pela unidade o exercício da docência fora do município de lotação.

Art. 5º. Ciente de eventual exercício do magistério em desconformidade com a presente Resolução, o Corregedor-Geral, após oitiva do membro, não sendo solucionado o problema, tomará as medidas necessárias, no âmbito de suas atribuições.

Art. 6º. Esta Resolução entra em vigor na data de sua publicação, revogando-se a Resolução 3, de 16 de dezembro de 2005.

Brasília, 15 de junho de 2011.

Roberto Monteiro Gurgel Santos

Presidente

RESOLUÇÃO CNMP Nº 82, DE 29 DE FEVEREIRO DE 2012.

(* Alterada pelas Resoluções nº 159/2017 e 207/2020)

Dispõe sobre as audiências públicas no âmbito do Ministério Público da União e dos Estados.

O **CONSELHO NACIONAL DO MINISTÉRIO PÚBLICO**, no exercício da competência fixada no artigo 130-A, parágrafo 2º, inciso II, da Constituição Federal, e com arrimo no artigo 19 do Regimento Interno;

Considerando o disposto no artigo 27, parágrafo único, inciso IV, da Lei nº 8.625/93 (Lei Orgânica do Ministério Público), que estabelece como atribuição do Ministério Público promover audiências públicas e emitir relatórios, anual ou especiais;

Considerando o disposto no art. 6º, inciso XIV, da Lei Complementar nº 75/93 (Lei Orgânica do MPU), que estabelece como atribuição do Ministério Público da União a promoção de outras ações necessárias ao exercício de suas funções institucionais, em defesa da ordem jurídica, do regime democrático e dos interesses sociais e individuais indisponíveis;

Considerando que as audiências cometidas ao Ministério Público são um mecanismo pelo qual o cidadão e a sociedade organizada podem colaborar com o Ministério Público no exercício de suas finalidades institucionais ligadas ao zelo do interesse público e à defesa dos direitos e interesses difusos e coletivos de modo geral;

Considerando ainda que o referido ato normativo não exclui, a cada unidade do Ministério Público, na esfera de sua autonomia, a possibilidade de editar atos regulamentares sobre a matéria, **RESOLVE**:

Art. 1º. Compete aos Órgãos do Ministério Público, nos limites de suas respectivas atribuições, promover audiências públicas para auxiliar nos procedimentos sob sua responsabilidade, na identificação de demandas sociais que exijam a instauração de procedimento, para elaboração e execução de Planos de Ação e Projetos Estratégicos Institucionais ou para prestação de contas de atividades desenvolvidas.

* **Redação dada pela Resolução nº 159, de 14 de fevereiro de 2017.**

§ 1º – As audiências públicas serão realizadas na forma de reuniões organizadas, abertas a qualquer cidadão, representantes dos setores público, privado, da sociedade civil organizada e da comunidade, para discussão de situações das quais decorra ou possa decorrer lesão a interesses difusos, coletivos e individuais homogêneos, e terão por finalidade coletar, junto à sociedade e ao Poder Público, elementos que embasem a decisão do órgão do Ministério Público quanto à matéria objeto da convocação ou para prestar contas de atividades desenvolvidas.

* Redação dada pela Resolução n° 159, de 14 de fevereiro de 2017.

§ 2° – O Ministério Público poderá receber auxílio de entidades públicas para custear a realização das audiências referidas no *caput* deste artigo, mediante termo de cooperação ou procedimento específico, com a devida prestação de contas.

§ 3° – As audiências públicas poderão ser realizadas também no âmbito das Câmaras de Coordenação e Revisão e dos Centros de Apoio Operacional, no âmbito de suas atribuições, sem prejuízo da observância das demais disposições desta Resolução.

§ 4° – A audiência pública será autuada e registrada segundo o sistema adotado por cada ramo ou unidade do Ministério Público.

* §§ 3°e 4° incluídos pela Resolução n° 159, de 14 de fevereiro de 2017.

Art. 2°. As audiências públicas serão precedidas da expedição de edital de convocação do qual constará, no mínimo, a data, o horário e o local da reunião, bem como o objetivo e a forma de cadastramento dos expositores, além da forma de participação dos presentes.

Art. 3°. Ao edital de convocação será dada a publicidade possível, sendo facultada a sua publicação no Diário Oficial do Estado e nos perfis institucionais do Órgão Ministerial nas redes sociais e obrigatória a publicação no sítio eletrônico, bem como a afixação na sede da unidade do Ministério Público, com antecedência mínima de 3 (três) dias úteis, salvo em situações urgentes, devidamente motivadas no ato convocatório.

* Redação dada pela Resolução n° 207, de 5 de março de 2020.

Art. 4°. Da audiência será lavrada ata circunstanciada, no prazo de 30 (trinta) dias, a contar de sua realização, devendo constar o encaminhamento que será dado ao tema, se for o caso.

* Redação dada pela Resolução n° 159, de 14 de fevereiro de 2017.

§ 1° – Revogado pela Resolução n° 207, de 5 de março de 2020.

§ 2° – A ata, por extrato, será publicada no sítio eletrônico do respectivo Ministério Público.

* Redação dada pela Resolução n° 207, de 5 de março de 2020.

§ 3° – A ata poderá ser elaborada de forma sintética nos casos em que a audiência pública for gravada em imagem e em áudio, em meio digital ou analógico.

* Incluído pela Resolução n° 159, de 14 de fevereiro de 2017.

Art. 5°. Se o objeto da audiência pública consistir em fato que possa ensejar providências por parte de mais de um membro do Ministério Público, aquele que teve a iniciativa do ato comunicará sua realização aos demais membros, com antecedência mínima de 3 (três) dias úteis, podendo a audiência pública ser realizada em conjunto.

* **Redação dada pela Resolução nº 207, de 5 de março de 2020.**

Art. 6º. Ao final dos trabalhos que motivaram a audiência pública, o representante do Ministério Público deverá produzir um relatório, o qual poderá ser substituído pela ata prevista no artigo 4º, no caso de não haver providências imediatas a serem adotadas.

* **Redação dada pela Resolução nº 207, de 5 de março de 2020.**

Art. 7º. As deliberações, opiniões, sugestões, críticas ou informações emitidas na audiência pública ou em decorrência desta terão caráter consultivo e não-vinculante, destinando-se a subsidiar a atuação do Ministério Público, zelar pelo princípio da eficiência e assegurar a participação popular na condução dos interesses públicos.

Art. 8º. Cada unidade do Ministério Público debaterá, no âmbito de seu planejamento estratégico, a necessidade de realização de audiências públicas, podendo definir metas correlatas.

Art. 9º. Esta Resolução entra em vigor na data de sua publicação.

Brasília (DF), 29 de fevereiro de 2012.

Roberto Monteiro Gurgel Santos
Presidente

RESOLUÇÃO CNMP Nº 95, DE 22 DE MAIO DE 2013.

Dispõe sobre as atribuições das ouvidorias dos Ministérios Públicos dos Estados e da União e dá outras providências.

O **CONSELHO NACIONAL DO MINISTÉRIO PÚBLICO**, no exercício das atribuições conferidas pelo artigo 130-A, § 2º, inciso I, da Constituição da República e no artigo 19 do seu Regimento Interno; e pelo artigo 19 do Regimento Interno, em conformidade com a decisão Plenária proferida na 7ª Sessão Ordinária, realizada em 22 de maio de 2013;

Considerando a Recomendação nº 03, de 5 de março de 2007, que dispõe sobre a criação de ouvidorias dos Ministérios Públicos da União e dos Estados por meio da apresentação do devido projeto de lei, de acordo com o que estabelece o art. 130-A, § 5º da CR;

Considerando a necessidade de regulamentar as atribuições e procedimentos das Ouvidorias já existentes nos Ministérios Públicos;

Considerando a necessidade de integração das Ouvidorias Ministeriais para troca de informações necessárias ao atendimento das demandas dos usuários e ao aperfeiçoamento dos serviços prestados pelo Ministério Público, RESOLVE:

Art. 1º. Esta Resolução regulamenta as atribuições das ouvidorias do Ministério Público brasileiro.

* **Redação dada pela Resolução nº 153, de 21 de novembro de 2016**

Art. 2º. As Ouvidorias do Ministério Público representam um canal direto e desburocratizado dos cidadãos, servidores e membros com a instituição, com o objetivo de dar efetividade, manter e aprimorar um padrão de excelência nos serviços e atividades públicos.

Art. 3º. A função de Ouvidor do Ministério Público será exercida por membro em atividade e com mais de 10 anos de efetivo exercício, preferencialmente em caráter de exclusividade, de acordo com o disposto nos regulamentos e leis em vigor.

* **Redação dada pela Resolução nº 104, de 2 de dezembro de 2013.**

§ 1º – O Ouvidor do Ministério Público será eleito pelo órgão colegiado próprio, para mandato de 2 anos, admitida uma recondução, aplicando-se, no que couber, as normas pertinentes à eleição do Corregedor-Geral do Ministério Público.

§ 2º – O Ouvidor do Ministério Público será substituído em suas faltas e impedimentos pelo Ouvidor do Ministério Público Substituto, designado pelo Conselho Superior ou órgão equivalente.

§ 3º – **Revogado pela Resolução nº 104, de 2 de dezembro de 2013.**

Art. 4º. Compete às Ouvidorias do Ministério Público:

I – receber reclamações e representações de qualquer interessado contra membros ou órgãos do Ministério Público, inclusive contra seus serviços auxiliares, podendo representar diretamente ao Conselho Nacional do Ministério Público, no que couber, nos termos do art. 130-A, § 5º, da Constituição Federal;

II – receber elogios, críticas, representações, reclamações, pedidos de informações, sugestões e outros expedientes de qualquer natureza que lhes sejam encaminhados acerca dos serviços e das atividades desenvolvidas pelo Ministério Público, comunicando ao interessado as providências adotadas;

III – promover articulação e parcerias com outros organismos públicos e privados, visando ao atendimento das demandas recebidas e aperfeiçoamento dos serviços prestados;

IV – sugerir aos órgãos da Administração Superior do Ministério Público e ao Conselho Nacional do Ministério Público a adoção de medidas administrativas tendentes ao aperfeiçoamento das atividades desenvolvidas, com base em informações, sugestões, reclamações, representações, críticas, elogios e outros expedientes de qualquer natureza;

V – encaminhar, se pertinente, às instituições competentes elogios, críticas, representações, reclamações, pedidos de informações e sugestões que lhes sejam dirigidos acerca dos serviços e das atividades desempenhadas por instituições alheias ao Ministério Público;

VI – apresentar e dar publicidade aos dados estatísticos acerca das manifestações recebidas e das providências adotadas;

VII – encaminhar relatório estatístico trimestral e analítico semestral das atividades desenvolvidas pela ouvidoria aos respectivos órgãos colegiados superiores, Corregedoria e Procuradoria-Geral;

VIII – encaminhar, preferencialmente por meio eletrônico, relatório estatístico trimestral e analítico semestral das atividades desenvolvidas ao Conselho Nacional do Ministério Público, com os indicadores mínimos constantes no anexo desta Resolução.

* **Incisos I ao VIII com redação dada pela Resolução nº 153, de 21 de novembro de 2016.**

Art. 5º. A Ouvidoria terá estrutura material, tecnológica e de pessoal permanente e adequada ao cumprimento de suas finalidades e será localizada em espaço físico de fácil acesso à população.

Parágrafo único. Por ato próprio e de acordo com sua estrutura, cada ouvidoria poderá determinar seus critérios de atendimento presencial ao cidadão, dando ampla divulgação ao público.

* **Redação dada pela Resolução nº 153, de 21 de novembro de 2016.**

Art. 6º. As manifestações dirigidas à Ouvidoria não possuem limitação temática e poderão ser feitas pessoalmente ou por meio dos canais de comunicação eletrônicos, postais, telefônicos ou outros de qualquer natureza.

Parágrafo único. Diante do poder-dever da administração pública em controlar a legalidade e moralidade dos seus atos, as informações que, apesar de anônimas, interessarem ao Ministério Público, serão registradas e será dado conhecimento ao órgão respectivo, quando dotadas de plausibilidade.

Art. 7º. Os órgãos do Ministério Público, por meio de seus membros e servidores, prestarão, prioritariamente, as informações e os esclarecimentos solicitados pela ouvidoria para atendimento das demandas recebidas no prazo de até 30 dias.

* **Redação dada pela Resolução nº 153, de 21 de novembro de 2016.**

Art. 8º. Revogado pela Resolução nº 153, de 21 de novembro de 2016.

Art. 9º. O Conselho Nacional do Ministério Público, por ato próprio, promoverá a integração de todas as Ouvidorias do Ministério Público, visando a implementação de um sistema nacional que viabilize a obtenção de informações necessárias ao atendimento das demandas do Ministério Público.

Art. 10. Aplicam-se as disposições da presente Resolução às Ouvidorias do Ministério Público, salvo se houver disposição legal em sentido contrário.

Art. 11. Esta Resolução entra em vigor na data de sua publicação.

Brasília, 22 de maio de 2013.

ROBERTO MONTEIRO GURGEL SANTOS
Presidente do Conselho Nacional do Ministério Público

RESOLUÇÃO CNMP Nº 118, DE 1º DE DEZEMBRO DE 2014.

Dispõe sobre a Política Nacional de Incentivo à Autocomposição no âmbito do Ministério Público e dá outras providências.

O **CONSELHO NACIONAL DO MINISTÉRIO PÚBLICO**, no exercício da competência prevista no art.130-A, § 2º, inciso I, da Constituição da República Federativa do Brasil e com fundamento no artigo 147 e seguintes do seu Regimento Interno, em conformidade com a decisão Plenária tomada na 23ª Sessão Ordinária, realizada em 1º de dezembro de 2014, e, ainda;

Considerando que o acesso à Justiça é direito e garantia fundamental da sociedade e do indivíduo e abrange o acesso ao Judiciário, mas vai além para incorporar, também, o direito de acesso a outros mecanismos e meios autocompositivos de resolução dos conflitos e controvérsias, inclusive o acesso ao Ministério Público como garantia fundamental de proteção e de efetivação de direitos e interesses individuais indisponíveis e sociais (art. 127, *caput*, da CR/1988);

Considerando que a adoção de mecanismos de autocomposição pacífica dos conflitos, controvérsias e problemas é uma tendência mundial, decorrente da evolução da cultura de participação, do diálogo e do consenso;

Considerando a necessidade de se consolidar, no âmbito do Ministério Público, uma política permanente de incentivo e aperfeiçoamento dos mecanismos de autocomposição; Considerando a importância da prevenção e da redução da litigiosidade e que as controvérsias e os conflitos envolvendo o Poder Público e os particulares, ou entre estes, notadamente aquelas de natureza coletiva, podem ser resolvidas de forma célere, justa, efetiva e implementável;

Considerando que a negociação, a mediação, a conciliação, as convenções processuais e as práticas restaurativas são instrumentos efetivos de pacificação social, resolução e prevenção de litígios, controvérsias e problemas e que a sua apropriada utilização em programas já implementados no Ministério Público têm reduzido a excessiva judicialização e têm levado os envolvidos à satisfação, à pacificação, a não reincidência e ao empoderamento;

Considerando ser imprescindível estimular, apoiar e difundir a sistematização e o aprimoramento das práticas já adotadas pelo Ministério Público;

Considerando o teor do Acordo de Cooperação Técnica nº 14/2012, firmado entre o Ministério da Justiça, com a interveniência da Secretaria de Reforma do Judiciário, e o Conselho Nacional do Ministério Público;

Considerando a necessidade de uma cultura da paz, que priorize o diálogo e o consenso na resolução dos conflitos, controvérsias e problemas no âmbito do Ministério Público;

Considerando as várias disposições legais (art. 585, inciso II, do CPC; art. 57, parágrafo único, da Lei nº 9.099/1995; art. 5º, § 6º, da Lei nº 7.347/1985, dentre outras), que conferem legitimidade ao Ministério Público para a construção de soluções autocompositivas;

Considerando que o Ministério Público, como instituição permanente, é uma das garantias fundamentais de acesso à justiça da sociedade, incumbindo-lhe a defesa da ordem jurídica, do regime democrático e dos interesses sociais e individuais indisponíveis (arts. 127, *caput*, e 129, da CR/1988), funções essenciais à efetiva promoção da justiça;

Considerando que na área penal também existem amplos espaços para a negociação, sendo exemplo o que preveem os artigos 72 e 89, da Lei nº 9.099/1995 (Dispõe sobre os Juizados Cíveis e Criminais), a possível composição do dano por parte do infrator, como forma de obtenção de benefícios legais, prevista na Lei nº 9.605/1998 (Dispõe sobre as sanções penais e administrativas derivadas de condutas e atividades lesivas ao meio ambiente), a delação premiada inclusa na Lei nº 8.137/1990, artigo 16, parágrafo único, e Lei nº 8.072/1990, artigo 8º, parágrafo único, e a Lei 9.807/1999, e em tantas outras situações, inclusive atinentes à execução penal, em que seja necessária a atuação do Ministério Público, RESOLVE:

CAPÍTULO I
DA POLÍTICA NACIONAL DE INCENTIVO À AUTOCOMPOSIÇÃO NO ÂMBITO DO MINISTÉRIO PÚBLICO

Art. 1º. Fica instituída a POLÍTICA NACIONAL DE INCENTIVO À AUTOCOMPOSIÇÃO NO ÂMBITO DO MINISTÉRIO PÚBLICO, com o objetivo de assegurar a promoção da justiça e a máxima efetividade dos direitos e interesses que envolvem a atuação da Instituição.

Parágrafo único. Ao Ministério Público brasileiro incumbe implementar e adotar mecanismos de autocomposição, como a negociação, a mediação, a conciliação, o processo restaurativo e as convenções processuais, bem assim prestar atendimento e orientação ao cidadão sobre tais mecanismos.

Art. 2º. Na implementação da Política Nacional descrita no artigo 1º, com vista à boa qualidade dos serviços, à disseminação da cultura de pacificação, à redução da litigiosidade, à satisfação social, ao empoderamento social e ao estímulo de soluções consensuais, serão observados:

I – a formação e o treinamento de membros e, no que for cabível, de servidores;

II – o acompanhamento estatístico específico que considere o resultado da atuação institucional na resolução das controvérsias e conflitos para cuja resolução possam contribuir seus membros e servidores;

III – a revisão periódica e o aperfeiçoamento da Política Nacional e dos seus respectivos programas;

IV – a valorização do protagonismo institucional na obtenção de resultados socialmente relevantes que promovam a justiça de modo célere e efetivo.

Art. 3º. O Conselho Nacional do Ministério Público, com as unidades e ramos dos Ministérios Públicos, promoverá a organização dos mecanismos mencionados no art. 1º.

CAPÍTULO II
DAS ATRIBUIÇÕES DO CONSELHO NACIONAL DO MINISTÉRIO PÚBLICO E DO MINISTÉRIO PÚBLICO BRASILEIRO

Art. 4º. Compete ao Conselho Nacional do Ministério Público fomentar e implementar, com a participação de todas as unidades e ramos do Ministério Público, os programas e ações de incentivo à autocomposição.

Art. 5º. O Conselho Nacional do Ministério Público tem, entre outras funções, o objetivo de avaliar, debater e propor medidas administrativas, reformas normativas e projetos que incentivem a resolução autocompositiva extrajudicial ou judicial consensual de conflitos e controvérsias no âmbito do Ministério Público.

Art. 6º. Para consecução dos objetivos supracitados, o CNMP poderá:

I – Propor e promover a realização de seminários, congressos e outros eventos;

II – Promover a articulação e integração com outros projetos e políticas nesta temática, desenvolvidos pelos Poderes Executivo, Judiciário, Legislativo e pelas instituições que compõem o sistema de Justiça;

III – Mapear as boas práticas nesta temática e incentivar a sua difusão;

IV – Realizar pesquisas sobre negociação, mediação, conciliação, convenções processuais, processos restaurativos e outros mecanismos autocompositivos;

V – Promover publicações sobre negociação, mediação, conciliação, convenções processuais, processos restaurativos e outros mecanismos autocompositivos.

Art. 7º. Compete às unidades e ramos do Ministério Público brasileiro, no âmbito de suas atuações:

I – o desenvolvimento da Política Nacional de Incentivo à autocomposição no âmbito do Ministério Público;

II – a implementação, a manutenção e o aperfeiçoamento das ações voltadas ao cumprimento da política e suas metas;

III – a promoção da capacitação, treinamento e atualização permanente de membros e servidores nos mecanismos autocompositivos de tratamento adequado dos conflitos, controvérsias e problemas;

IV – a realização de convênios e parcerias para atender aos fins desta Resolução;

V – a inclusão, no conteúdo dos concursos de ingresso na carreira do Ministério Público e de servidores, dos meios autocompositivos de conflitos e controvérsias;

VI – a manutenção de cadastro de mediadores e facilitadores voluntários, que atuem no Ministério Público, na aplicação dos mecanismos de autocomposição dos conflitos.

VII – a criação de Núcleos Permanentes de Incentivo à Autocomposição, compostos por membros, cuja coordenação será atribuída, preferencialmente, aos profissionais atuantes na área, com as seguintes atribuições, entre outras:

a) propor à Administração Superior da respectiva unidade ou ramo do Ministério Público ações voltadas ao cumprimento da Política Nacional de Incentivo à autocomposição no âmbito do Ministério Público;

b) atuar na interlocução com outros Ministérios Públicos e com parceiros;

c) propor à Administração Superior da respectiva unidade ou ramo do Ministério Público a realização de convênios e parcerias para atender aos fins desta Resolução;

d) estimular programas de negociação e mediação comunitária, escolar e sanitária, dentre outras.

§ 1º – A criação dos Núcleos a que se refere o inciso VII deste artigo e sua composição deverão ser informadas ao Conselho Nacional do Ministério Público.

* **Antigo parágrafo único renumerado para § 1º pela Resolução nº 222, de 03 de dezembro de 2020.**

§ 2º – As unidades e os ramos do Ministério Público poderão incluir, a seu critério, representantes da Ouvidoria, do Centro de Estudos e Aperfeiçoamento Funcional ou de outros órgãos auxiliares na composição dos Núcleos Permanentes de Incentivo à Autocomposição.

* **Acrescido pela Resolução nº 222, de 03 de dezembro de 2020.**

§ 3º – É vedada a participação dos órgãos mencionados no § 2º em atividades dos Núcleos Permanentes de Incentivo à Autocomposição que constituam atos típicos de órgãos de execução.

* **Acrescido pela Resolução nº 222, de 03 de dezembro de 2020.**

CAPÍTULO III
DAS PRÁTICAS AUTOCOMPOSITIVAS NO ÂMBITO DO MINISTÉRIO PÚBLICO
Seção I
Da Negociação

Art. 8º. A negociação é recomendada para as controvérsias ou conflitos em que o Ministério Público possa atuar como parte na defesa de direitos e interesses da sociedade, em razão de sua condição de representante adequado e legitimado coletivo universal (art. 129, III, da CR/1988);

Parágrafo único. A negociação é recomendada, ainda, para a solução de problemas referentes à formulação de convênios, redes de trabalho e parcerias entre entes públicos e privados, bem como entre os próprios membros do Ministério Público.

Seção II
Da Mediação

Art. 9º. A mediação é recomendada para solucionar controvérsias ou conflitos que envolvam relações jurídicas nas quais é importante a direta e voluntária ação de ambas as partes divergentes.

Parágrafo único. Recomenda-se que a mediação comunitária e a escolar que envolvam a atuação do Ministério Público sejam regidas pela máxima informalidade possível.

Art. 10. No âmbito do Ministério Público:

I – a mediação poderá ser promovida como mecanismo de prevenção ou resolução de conflito e controvérsias que ainda não tenham sido judicializados;

II – as técnicas do mecanismo de mediação também podem ser utilizadas na atuação em casos de conflitos judicializados;

III – as técnicas do mecanismo de mediação podem ser utilizadas na atuação em geral, visando ao aprimoramento da comunicação e dos relacionamentos.

§ 1º – Ao final da mediação, havendo acordo entre os envolvidos, este poderá ser referendado pelo órgão do Ministério Público ou levado ao Judiciário com pedido de homologação.

§ 2º – A confidencialidade é recomendada quando as circunstâncias assim exigirem, para a preservação da intimidade dos interessados, ocasião em que deve ser mantido sigilo sobre todas as informações obtidas em todas as etapas da mediação, inclusive nas sessões privadas, se houver, salvo autorização expressa dos envolvidos, violação à ordem pública ou às leis vigentes, não podendo o membro ou servidor que participar da mediação ser testemunha do caso, nem atuar como advogado dos envolvidos, em qualquer hipótese.

Seção III
Da Conciliação

Art. 11. A conciliação é recomendada para controvérsias ou conflitos que envolvam direitos ou interesses nas áreas de atuação do Ministério Público como órgão interveniente e nos quais sejam necessárias intervenções propondo soluções para a resolução das controvérsias ou dos conflitos.

Art. 12. A conciliação será empreendida naquelas situações em que seja necessária a intervenção do membro do Ministério Público, servidor ou voluntário, no sentido de propor soluções para a resolução de conflitos ou de controvérsias, sendo aplicáveis as mesmas normas atinentes à mediação. Seção IV Das Práticas Restaurativas

Art. 13. As práticas restaurativas são recomendadas nas situações para as quais seja viável a busca da reparação dos efeitos da infração por intermédio da harmonização entre o (s) seu (s) autor (es) e a (s) vítima (s), com o objetivo de restaurar o convívio social e a efetiva pacificação dos relacionamentos.

Art. 14. Nas práticas restaurativas desenvolvidas pelo Ministério Público, o infrator, a vítima e quaisquer outras pessoas ou setores, públicos ou privados, da comunidade afetada, com a ajuda de um facilitador, participam conjuntamente de encontros, visando à formulação de um plano restaurativo para a reparação ou minoração do dano, a reintegração do infrator e a harmonização social. Seção V Das Convenções Processuais

Art. 15. As convenções processuais são recomendadas toda vez que o procedimento deva ser adaptado ou flexibilizado para permitir a adequada e efetiva tutela jurisdicional aos interesses materiais subjacentes, bem assim para resguardar âmbito de proteção dos direitos fundamentais processuais.

Art. 16. Segundo a lei processual, poderá o membro do Ministério Público, em qualquer fase da investigação ou durante o processo, celebrar acordos visando constituir, modificar ou extinguir situações jurídicas processuais.

Art. 17. As convenções processuais devem ser celebradas de maneira dialogal e colaborativa, com o objetivo de restaurar o convívio social e a efetiva pacificação dos relacionamentos por intermédio da harmonização entre os envolvidos, podendo ser documentadas como cláusulas de termo de ajustamento de conduta.

CAPÍTULO IV
DA ATUAÇÃO DOS NEGOCIADORES, CONCILIADORES E MEDIADORES

Art. 18. Os membros e servidores do Ministério Público serão capacitados pelas Escolas do Ministério Público, diretamente ou em parceria com a Escola Nacional de Mediação e de Conciliação (ENAM), da Secretaria de Reforma do Judiciário do Ministério da Justiça, ou com outras escolas credenciadas junto ao Poder Judiciário ou ao Ministério Público, para que realizem sessões de negociação, conciliação, mediação e práticas restaurativas, podendo fazê-lo por meio de parcerias com outras instituições especializadas.

CAPÍTULO V
DAS DISPOSIÇÕES FINAIS

Art. 19. Caberá ao Conselho Nacional do Ministério Público compilar informações sobre a resolução autocompositiva de conflitos.

Art. 20. Esta Resolução entra em vigor na data de sua publicação.

Brasília/DF, 1º de dezembro de 2014.
RODRIGO JANOT MONTEIRO DE BARROS
Presidente do Conselho Nacional do Ministério Público

RESOLUÇÃO CNMP Nº 129, DE 22 DE SETEMBRO DE 2015.

Estabelece regras mínimas de atuação do Ministério Público no controle externo da investigação de morte decorrente de intervenção policial.

O **CONSELHO NACIONAL DO MINISTÉRIO PÚBLICO**, no exercício da competência fixada no art. 130-A, § 2º, inciso I, da Constituição Federal, e com fundamento nos arts. 147 e seguintes do seu Regimento Interno, em conformidade com a decisão plenária proferida na 18ª Sessão Ordinária, realizada no dia 22 de setembro de 2015, nos autos da Proposição nº 0.00.000.000538/2015-17;

Considerando que a Constituição Federal confere ao Ministério Público a função institucional de exercer o controle externo da atividade policial (art. 129, VII);

Considerando que o exercício dessa função tem por primado a dignidade da pessoa humana, a construção de uma sociedade livre de ilegalidade ou abuso de poder, a promoção do bem de todos, sem qualquer forma de discriminação, e, finalmente, a observância dos princípios informadores das relações internacionais, notadamente a prevalência dos direitos humanos (CF, art. 1º, III, art. 3º, I e IV, e art. 4º, II);

Considerando que essas prioridades se encontram delineadas como premissas fundamentais na Declaração Universal dos Direitos Humanos e no Pacto Internacional sobre Direitos Civis e Políticos, adotados pela Assembleia Geral das Nações Unidas, respectivamente, em 10 de dezembro de 1948 e 16 de dezembro de 1966, este último promulgado pela República Federativa do Brasil por meio do Decreto nº 592, de 6 de julho de 1992;

Considerando que outros diplomas internacionais estabelecem a obrigação do Estado de investigar de forma eficiente e imparcial as violações de direitos humanos praticadas por profissionais de segurança pública;

Considerando que essa atribuição institucional e os princípios dela decorrentes encontram-se igualmente expressos nos artigos 3º e 9º da Lei Complementar nº 75, de 20 de maio de 1993, normas essas subsidiariamente aplicadas aos Ministérios Públicos Estaduais por força do disposto no artigo 80 da Lei nº 8.625, de 12 de fevereiro de 1993;

Considerando que o crescente número de mortes em operações policiais exige atenção para a sua causa, cuja elucidação e o combate reclamam a garantia de uma investigação imediata, específica, imparcial, célere e eficaz dos casos de letalidade policial;

Considerando que a Resolução nº 8, de 21 de dezembro de 2012, do Conselho de Defesa dos Direitos da Pessoa Humana, proclama a extinção dos registros de mortes decorrentes de intervenção policial por meio dos chamados "autos de resistência seguidos de morte", exigindo ampla e minuciosa investigação a respeito da presença de causas de exclusão de ilicitude em eventos dessa natureza, como forma de se possibilitar maiores chances de retratar a verdade real;

Considerando que o Relatório do Relator Especial da ONU para Execuções Extrajudiciais, Sumárias ou Arbitrárias (Philip Alston) reconhece a necessidade dos titulares da ação penal serem imediatamente comunicados a respeito do objeto da investigação policial a fim de que "possam prestar orientações no momento certo sobre quais provas precisam ser colhidas para lograr uma condenação" (item 95, a); RESOLVE:

Art. 1º. Compete ao Ministério Público, no âmbito institucional e interinstitucional, no caso de morte decorrente de intervenção policial, adotar medidas para garantir:

I – que a autoridade policial compareça pessoalmente ao local dos fatos tão logo seja comunicada da ocorrência, providenciando o seu pronto isolamento, a requisição da respectiva perícia e o exame necroscópico (CPP, art. 6º, I);

II – que seja realizada perícia do local do suposto confronto, com ou sem a presença física do cadáver (CPP, art. 6º, VII);

III – que no exame necroscópico seja obrigatória a realização de exame interno, documentação fotográfica e a descrição minuciosa de todas as demais circunstâncias relevantes encontradas no cadáver (CPP, art. 6º, VII);

IV – que haja comunicação do fato pela autoridade policial ao Ministério Público, em até 24 (vinte e quatro) horas (CPP, art. 292 c/c art. 306);

V – que seja instaurado inquérito policial específico, sem prejuízo de eventual prisão em flagrante;

VI – que o inquérito policial contenha informações sobre os registros de comunicação, imagens e movimentação das viaturas envolvidas na ocorrência;

VII – que as armas de todos os agentes de segurança pública envolvidos na ocorrência sejam apreendidas e submetidas à perícia específica;

VIII – que haja uma denominação específica nos boletins de ocorrência policial para o registro de tais fatos;

IX – que haja regulamentação, pelos órgãos competentes, da prestação de socorro por agentes de segurança pública em situação de confronto, visando coibir a eventual remoção indevida de cadáveres;

X – que seja designado um órgão ou setor no âmbito do Ministério Público capaz de concentrar os dados relativos a tais ocorrências, visando alimentar o "Sistema de Registro de Mortes Decorrentes de Intervenção Policial", criado pelo Conselho Nacional do Ministério Público;

Art. 2º. Cabe ao Ministério Público fomentar políticas públicas de prevenção à letalidade policial.

Art. 3º. Compete ao órgão de execução do Ministério Público verificar se as providências elencadas nos incisos I a IX do artigo 1º desta Resolução foram devidamente observadas no caso concreto, adotando-se as medidas cabíveis, se necessário.

Art. 4º. É recomendável que o órgão de execução do Ministério Público:

I – atente-se para eventual ocorrência de Fraude Processual (CP, art. 347) decorrente da remoção indevida do cadáver e de outras formas de inovação artificiosa do local do crime;

II – requisite a reprodução simulada dos fatos (CPP, art. 7º), sobretudo na ausência de perícia do local;

III – observe a necessidade de se postular, administrativa e judicialmente, a suspensão do exercício da função pública do agente (CPP, art. 319, VI);

IV – diligencie, ainda na fase de investigação, no sentido de ouvir familiares da vítima e testemunhas eventualmente não arroladas nos autos, bem como de receber destes eventuais sugestões, informações, provas e alegações, que deverão ser avaliadas fundamentadamente;

* **Redação dada pela Resolução nº 201, de 4 de novembro de 2019.**

V – adote procedimentos investigativos próprios, caso necessário;

VI – em caso de promoção de arquivamento das investigações criminais indique as diligências adotadas/requisitadas e os motivos da impossibilidade de seu cumprimento;

* **Incluído pela Resolução nº 201, de 4 de novembro de 2019.**

VII – nos casos de arquivamento das investigações criminais, notifique a vítima e/ou seus familiares sobre o pronunciamento do Ministério Público.

* **Incluído pela Resolução nº 201, de 4 de novembro de 2019.**

Art. 5º. Esta Resolução entra em vigor na data de sua publicação.

Brasília-DF, 22 de setembro de 2015.
RODRIGO JANOT MONTEIRO DE BARROS
Presidente do Conselho Nacional do Ministério Público

RESOLUÇÃO CNMP Nº 154, DE 13 DE DEZEMBRO DE 2016.

Dispõe sobre a atuação dos membros do Ministério Público na defesa dos direitos fundamentais das pessoas idosas residentes em instituições de longa permanência e dá outras providências.

O **CONSELHO NACIONAL DO MINISTÉRIO PÚBLICO**, no exercício da competência fixada no artigo 130-A, § 2º, inciso I, da Constituição Federal, com fundamento nos artigos 147 e seguintes de seu Regimento Interno, e na decisão plenária proferida nos autos da Proposição nº 1.00184/2016-91, julgada na 24ª Sessão Ordinária, realizada no dia 13 de dezembro de 2016;

Considerando que é dever do Ministério Público zelar pelo efetivo respeito dos Poderes Públicos e dos serviços de relevância pública aos direitos assegurados na Constituição da República, nos termos do seu art. 129, inciso II;

Considerando o disposto no art. 9º da Lei nº 10.741/2003, o qual estabelece ser obrigação do Estado garantir à pessoa idosa a proteção à vida e à saúde, mediante efetivação de políticas sociais públicas que permitam um envelhecimento saudável e em condições de dignidade;

Considerando as atribuições dispostas no art. 52 da Lei nº 10.741/2003, o qual estabelece que as entidades governamentais e não-governamentais de atendimento à pessoa idosa serão fiscalizadas pelo Ministério Público, Conselhos do Idoso, Vigilância Sanitária e outros órgãos previstos em lei;

Considerando a atribuição específica disposta no art. 74, inciso VII, da Lei nº 10.741/2003, de competir ao Ministério Público inspecionar as entidades públicas e particulares de atendimento e os programas de que trata esta lei, adotando de pronto as medidas administrativas ou judiciais necessárias a sanar irregularidades porventura verificadas;

Considerando o aumento da população idosa sem que haja na mesma proporção um incremento na prestação ou transparência desses serviços;

Considerando a necessidade de racionalização das atividades de inspeção, de forma a garantir sua plena efetividade, sem prejuízo das demais atividades sob a responsabilidade dos membros do Ministério Público, RESOLVE:

Art. 1º. O membro do Ministério Público em defesa dos direitos da pessoa idosa deve inspecionar pessoalmente, com periodicidade mínima anual, ressalvada a necessidade de comparecimento em período inferior, as instituições que prestem serviços de longa permanência a idosos.

Art. 2º. As respectivas unidades do Ministério Público devem disponibilizar, sempre que possível, ao menos um assistente social, um psicólogo e um arquiteto e/ou engenheiro para acompanharem os membros do Ministério Público nas fiscalizações, a fim de prestar-lhes assistência técnica, adotando as providências necessárias para a constituição da equipe, podendo, inclusive, realizar convênios com entidades habilitadas para tanto.

§ 1º – A impossibilidade de constituição da equipe interdisciplinar acima referida não exime os membros do Ministério Público com atribuição do dever de realizar as inspeções.

§ 2º – O membro do Ministério Público, na impossibilidade de realizar pessoalmente todas as inspeções referidas no *caput* deste artigo em razão da quantidade de equipamentos sob sua atribuição, poderá, de forma justificada, determinar que a equipe interdisciplinar realize a inspeção de alguns deles e envie o relatório preliminar respectivo para a sua apreciação.

§ 3º – Na hipótese do parágrafo anterior, deverá ser elaborado um plano de execução de fiscalização com calendário de visitas àquelas unidades às quais o membro do Ministério Público não pôde comparecer, a fim de fazê-lo.

Art. 3º. São finalidades da inspeção:

I – zelar pela efetividade e qualidade do serviço prestado;

II – zelar pela observância, nos equipamentos disponibilizados, das normas relativas à política de assistência à pessoa idosa;

III – identificar eventuais situações de violação dos direitos humanos dos usuários.

Art. 4º. As condições das unidades inspecionadas devem ser objeto de relatório a ser enviado à Corregedoria-Geral da respectiva unidade do Ministério Público, até o dia 15 (quinze) do mês subsequente, no qual serão registradas as providências adotadas, sejam judiciais ou administrativas.

Parágrafo único O relatório conterá dados sobre:

I – classificação, regularização formal, instalações físicas, recursos humanos, capacidade e ocupação da unidade inspecionada;

II – regularização dos serviços das entidades de atendimento, com os necessários registros e inscrições perante os Conselho Municipal de Assistencial Social (CMAS) e Conselho Municipal dos Direitos da Pessoa Idosa (CMDPI);

III – cumprimento, pela unidade, das normativas e orientações estabelecidas pelo Ministério do Desenvolvimento Social e Combate à Fome;

IV – a existência de violações a direitos humanos dos usuários;

V – considerações gerais e outros dados reputados relevantes.

Art. 5º. Os membros do Ministério Público deverão adotar as medidas administrativas e judiciais necessárias à implementação das Políticas Nacional, Estadual,

Municipal e/ou Distrital para a pessoa idosa, especialmente quanto aos serviços, programas, projetos e benefícios a ela destinados.

Art. 6º. A Comissão de Defesa dos Direitos Fundamentais do Conselho Nacional do Ministério Público avaliará o resultado das providências adotadas e promoverá as respectivas adequações sempre que necessárias ao aperfeiçoamento da atividade fiscalizatória dos serviços e programas destinados à pessoa idosa.

Art. 7º. Esta Resolução entra em vigor na data de sua publicação.

Brasília-DF, 13 de dezembro de 2016.

RODRIGO JANOT MONTEIRO DE BARROS

Presidente do Conselho Nacional do Ministério Público

RESOLUÇÃO CNMP Nº 164, DE 28 DE MARÇO DE 2017.

Disciplina a expedição de recomendações pelo Ministério Público brasileiro.

O **CONSELHO NACIONAL DO MINISTÉRIO PÚBLICO**, no exercício da competência fixada no artigo 130-A, § 2º, inciso I, da Constituição Federal, com fundamento nos artigos 147 e seguintes, e 157 de seu Regimento Interno, e na decisão plenária proferida nos autos da Proposição nº 0.00.000.000660/2014-02, julgada na 6ª Sessão Ordinária, realizada no dia 28 de março de 2017;

Considerando que a Constituição da República inclui dentre as funções institucionais do Ministério Público a de zelar pelo efetivo respeito dos Poderes Públicos e dos serviços de relevância pública aos direitos assegurados nesta Constituição, promovendo as medidas necessárias a sua garantia (Art. 129, II);

Considerando que esta função, atribuída ao Ministério Público após aprofundados debates constituintes em razão das peculiaridades da nova configuração institucional, se assemelha ao que no direito comparado se denomina função ombudsman ou de defensor do povo e conta com a recomendação, historicamente, como um de seus principais instrumentos;

Considerando que a Lei Complementar nº 75/93 estabeleceu, em seu art. 6º, XX, caber ao Ministério Público da União expedir recomendações, visando à melhoria dos serviços públicos e de relevância pública, bem como ao respeito, aos interesses, direitos e bens cuja defesa lhe cabe promover, fixando prazo razoável para a adoção das providências cabíveis, disposição que é extensível ao Ministério Público dos Estados por força do art. 80 da Lei nº 8.625/93;

Considerando que para o exercício da função institucional do art. 129, II, a Lei nº 8.625/1993 estabelece caber ao Ministério Público expedir recomendações, requisitando ao destinatário sua divulgação adequada e imediata, assim como resposta por escrito (art. 27, par. ún., IV);

Considerando a acentuada utilidade da recomendação para a autocomposição dos conflitos e controvérsias envolvendo os direitos de cuja defesa é incumbido o Ministério Público, sendo importante instrumento de redução da litigiosidade, e de ampliação do acesso à justiça em sua visão contemporânea;

Considerando a conveniência institucional de estimular a atuação resolutiva e proativa dos membros do Ministério Público para promoção da justiça;

Considerando, por fim, a necessidade de uniformizar a atuação do Ministério Público em relação à expedição de recomendações, como garantia da sociedade e legítimo mecanismo de promoção dos direitos fundamentais individuais e coletivos, sem prejuízo da preservação da independência funcional assegurada constitucionalmente a seus membros, RESOLVE:

Art. 1º. A recomendação é instrumento de atuação extrajudicial do Ministério Público por intermédio do qual este expõe, em ato formal, razões fáticas e jurídicas sobre determinada questão, com o objetivo de persuadir o destinatário a praticar ou deixar de praticar determinados atos em benefício da melhoria dos serviços públicos e de relevância pública ou do respeito aos interesses, direitos e bens defendidos pela instituição, atuando, assim, como instrumento de prevenção de responsabilidades ou correção de condutas.

Parágrafo único. Por depender do convencimento decorrente de sua fundamentação para ser atendida e, assim, alcançar sua plena eficácia, a recomendação não tem caráter coercitivo.

Art. 2º. A recomendação rege-se, entre outros, pelos seguintes princípios:

I – motivação;

II – formalidade e solenidade;

III – celeridade e implementação tempestiva das medidas recomendadas;

IV – publicidade, moralidade, eficiência, impessoalidade e legalidade;

V – máxima amplitude do objeto e das medidas recomendadas;

VI – garantia de acesso à justiça;

VII – máxima utilidade e efetividade;

VIII – caráter não-vinculativo das medidas recomendadas;

IX – caráter preventivo ou corretivo;

X – resolutividade;

XI – segurança jurídica;

XII – a ponderação e a proporcionalidade nos casos de tensão entre direitos fundamentais.

Art. 3º. O Ministério Público, de ofício ou mediante provocação, nos autos de inquérito civil, de procedimento administrativo ou procedimento preparatório, poderá expedir recomendação objetivando o respeito e a efetividade dos direitos e interesses que lhe incumba defender e, sendo o caso, a edição ou alteração de normas.

§ 1º – Preliminarmente à expedição da recomendação à autoridade pública, serão requisitadas informações ao órgão destinatário sobre a situação jurídica e o caso concreto a ela afetos, exceto em caso de impossibilidade devidamente motivada.

§ 2º – Em casos que reclamam urgência, o Ministério Público poderá, de ofício, expedir recomendação, procedendo, posteriormente, à instauração do respectivo procedimento.

Art. 4º. A recomendação pode ser dirigida, de maneira preventiva ou corretiva, preliminar ou definitiva, a qualquer pessoa, física ou jurídica, de direito público ou privado, que tenha condições de fazer ou deixar de fazer alguma coisa para salvaguardar interesses, direitos e bens de que é incumbido o Ministério Público.

§ 1º – A recomendação será dirigida a quem tem poder, atribuição ou competência para a adoção das medidas recomendadas, ou responsabilidade pela reparação ou prevenção do dano.

§ 2º – Quando dentre os destinatários da recomendação figurar autoridade para as quais a lei estabelece caber ao Procurador-Geral o encaminhamento de correspondência ou notificação, caberá a este, ou ao órgão do Ministério Público a quem esta atribuição tiver sido delegada, encaminhar a recomendação expedida pelo promotor ou procurador natural, no prazo de dez dias, não cabendo à chefia institucional a valoração do conteúdo da recomendação, ressalvada a possibilidade de, fundamentadamente, negar encaminhamento à que tiver sido expedida por órgão ministerial sem atribuição, que afrontar a lei ou o disposto nesta resolução ou, ainda, quando não for observado o tratamento protocolar devido ao destinatário.

Art. 5º. Não poderá ser expedida recomendação que tenha como destinatária(s) a(s) mesma(s) parte(s) e objeto o(s) mesmo(s) pedido(s) de ação judicial, ressalvadas as situações excepcionais, justificadas pelas circunstâncias de fato e de direito e pela natureza do bem tutelado, devidamente motivadas, e desde que não contrarie decisão judicial.

Art. 6º. Sendo cabível a recomendação, esta deve ser manejada anterior e preferencialmente à ação judicial.

Art. 7º. A recomendação deve ser devidamente fundamentada, mediante a exposição dos argumentos fáticos e jurídicos que justificam a sua expedição.

Art. 8º. A recomendação conterá a indicação de prazo razoável para a adoção das providências cabíveis, indicando-as de forma clara e objetiva.

Parágrafo único. O atendimento da recomendação será apurado nos autos do inquérito civil, procedimento administrativo ou preparatório em que foi expedida.

Art. 9º. O órgão do Ministério Público poderá requisitar ao destinatário a adequada e imediata divulgação da recomendação expedida, incluindo sua afixação em local de fácil acesso ao público, se necessária à efetividade da recomendação.

Art. 10. O órgão do Ministério Público poderá requisitar, em prazo razoável, resposta por escrito sobre o atendimento ou não da recomendação, bem como instar os destinatários a respondê-la de modo fundamentado.

Parágrafo único. Havendo resposta fundamentada de não atendimento, ainda que não requisitada, impõe-se ao órgão do Ministério Público que expediu a recomendação apreciá-la fundamentadamente.

Art. 11. Na hipótese de desatendimento à recomendação, de falta de resposta ou de resposta considerada inconsistente, o órgão do Ministério Público adotará as medidas cabíveis à obtenção do resultado pretendido com a expedição da recomendação.

§ 1º – No intuito de evitar a judicialização e fornecer ao destinatário todas as informações úteis à formação de seu convencimento quanto ao atendimento da recomendação, poderá o órgão do Ministério Público, ao expedir a recomendação, indicar as medidas que entende cabíveis, em tese, no caso de desatendimento da recomendação, desde que incluídas em sua esfera de atribuições.

§ 2º – Na hipótese do parágrafo anterior, o órgão ministerial não adotará as medidas indicadas antes de transcorrido o prazo fixado para resposta, exceto se fato novo determinar a urgência dessa adoção.

§ 3º – A efetiva adoção das medidas indicadas na recomendação como cabíveis em tese pressupõe a apreciação fundamentada da resposta de que trata o parágrafo único do artigo anterior.

Art. 12. As Escolas do Ministério Público e seus Centros de Estudos promoverão cursos de aperfeiçoamento sobre técnicas de elaboração de recomendações.

Art. 13. Fica revogado o art. 15 da Resolução CNMP nº 23, de 17 de setembro de 2007.

Art. 14. Esta Resolução entrará em vigor na data de sua publicação.

Brasília-DF, 28 de março de 2017.
RODRIGO JANOT MONTEIRO DE BARROS
Presidente do Conselho Nacional do Ministério Público

RESOLUÇÃO CNMP Nº 174, DE 4 DE JULHO DE 2017.

Disciplina, no âmbito do Ministério Público, a instauração e a tramitação da Notícia de Fato e do Procedimento Administrativo.

O **CONSELHO NACIONAL DO MINISTÉRIO PÚBLICO**, no exercício das atribuições que lhe são conferidas pelo artigo 130-A, § 2º, I, da Constituição Federal, com fundamento nos arts. 147 e seguintes de seu Regimento Interno, e na decisão plenária proferida nos autos da Proposição nº 0.00.000.001222/2014-53, julgada na 2ª Sessão Extraordinária, realizada no dia 4 de julho de 2017;

Considerando o disposto no art. 129, III e VI, da Constituição Federal;

Considerando o que dispõem o art. 7º, I, da Lei Complementar nº 75/93; os arts. 26, I e 27, parágrafo único, III, da Lei nº 8.625/93;

Considerando a necessidade de uniformizar a Notícia de Fato e o Procedimento Administrativo, em vista dos princípios que regem a Administração Pública e dos direitos e garantias individuais; RESOLVE:

CAPÍTULO I
DA NOTÍCIA DE FATO

Art. 1º. A Notícia de Fato é qualquer demanda dirigida aos órgãos da atividade-fim do Ministério Público, submetida à apreciação das Procuradorias e Promotorias de Justiça, conforme as atribuições das respectivas áreas de atuação, podendo ser formulada presencialmente ou não, entendendo-se como tal a realização de atendimentos, bem como a entrada de notícias, documentos, requerimentos ou representações.

Art. 2º. A Notícia de Fato deverá ser registrada em sistema informatizado de controle e distribuída livre e aleatoriamente entre os órgãos ministeriais com atribuição para apreciá-la.

§ 1º – Quando o fato noticiado for objeto de procedimento em curso, a Notícia de Fato será distribuída por prevenção.

§ 2º – Se aquele a quem for encaminhada a Notícia de Fato entender que a atribuição para apreciá-la é de outro órgão do Ministério Público promoverá a sua remessa a este.

§ 3º – Na hipótese do parágrafo anterior, a remessa se dará independentemente de homologação pelo Conselho Superior ou pela Câmara de Coordenação e Revisão se a ausência de atribuição for manifesta ou, ainda, se estiver fundada em jurisprudência consolidada ou orientação desses órgãos.

§ 4º – Poderão ser criados mecanismos de triagem, autuação, seleção e tratamento das notícias de fato com vistas a favorecer a tramitação futura de procedimentos decorrentes, consoante critérios para racionalização de recursos e máxima efetividade e resolutividade da atuação finalística, observadas as diretrizes do Planejamento Estratégico de cada ramo do Ministério Público.

* **Incluído pela Resolução nº 189, de 18 de junho de 2018**

Art. 3º. A Notícia de Fato será apreciada no prazo de 30 (trinta) dias, a contar do seu recebimento, prorrogável uma vez, fundamentadamente, por até 90 (noventa) dias.

Parágrafo único. No prazo do *caput*, o membro do Ministério Público poderá colher informações preliminares imprescindíveis para deliberar sobre a instauração do procedimento próprio, sendo vedada a expedição de requisições.

Art. 4º. A Notícia de Fato será arquivada quando:

I – o fato narrado já tiver sido objeto de investigação ou de ação judicial ou já se encontrar solucionado;

II – a lesão ao bem jurídico tutelado for manifestamente insignificante, nos termos de jurisprudência consolidada ou orientação do Conselho Superior ou de Câmara de Coordenação e Revisão;

III – for desprovida de elementos de prova ou de informação mínimos para o início de uma apuração, e o noticiante não atender à intimação para complementá-la.

§ 1º – O noticiante será cientificado da decisão de arquivamento preferencialmente por correio eletrônico, cabendo recurso no prazo de 10 (dez) dias.

§ 2º – A cientificação é facultativa no caso de a Notícia de Fato ter sido encaminhada ao Ministério Público em face de dever de ofício.

§ 3º – O recurso será protocolado na secretaria do órgão que a arquivou e juntado à Notícia de Fato, que deverá ser remetida, no prazo de 3 (três) dias, ao Conselho Superior do Ministério Público ou à Câmara de Coordenação e Revisão respectiva para apreciação, caso não haja reconsideração.

§ 4º – Será indeferida a instauração de Notícia de Fato quando o fato narrado não configurar lesão ou ameaça de lesão aos interesses ou direitos tutelados pelo Ministério Público ou for incompreensível.

§ 5º – A Notícia de Fato também poderá ser arquivada quando seu objeto puder ser solucionado em atuação mais ampla e mais resolutiva, mediante ações, projetos e programas alinhados ao Planejamento Estratégico de cada ramo, com vistas à concretização da unidade institucional.

* **Redação alterada pela Resolução nº 189, de 18 de junho de 2018**

Art. 5º. Não havendo recurso, a Notícia de Fato será arquivada no órgão que a apreciou, registrando-se no sistema respectivo, em ordem cronológica, ficando a documentação à disposição dos órgãos correcionais.

Art. 6º. Na hipótese de notícia de natureza criminal, além da providência prevista no parágrafo único do art. 3º, o membro do Ministério Público deverá observar as normas pertinentes do Conselho Nacional do Ministério Público e da legislação vigente.

Art. 7º. O membro do Ministério Público, verificando que o fato requer apuração ou acompanhamento ou vencido o prazo do *caput* do art. 3º, instaurará o procedimento próprio.

CAPÍTULO II
DO PROCEDIMENTO ADMINISTRATIVO

Art. 8º. O procedimento administrativo é o instrumento próprio da atividade-fim destinado a:

I – acompanhar o cumprimento das cláusulas de termo de ajustamento de conduta celebrado;

II – acompanhar e fiscalizar, de forma continuada, políticas públicas ou instituições;

III – apurar fato que enseje a tutela de interesses individuais indisponíveis;

IV – embasar outras atividades não sujeitas a inquérito civil.

Parágrafo único. O procedimento administrativo não tem caráter de investigação cível ou criminal de determinada pessoa, em função de um ilícito específico.

Art. 9º. O procedimento administrativo será instaurado por portaria sucinta, com delimitação de seu objeto, aplicando-se, no que couber, o princípio da publicidade dos atos, previsto para o inquérito civil.

Art. 10. Se no curso do procedimento administrativo surgirem fatos que demandem apuração criminal ou sejam voltados para a tutela dos interesses ou direitos difusos, coletivos ou individuais homogêneos, o membro do Ministério Público deverá instaurar o procedimento de investigação pertinente ou encaminhar a notícia do fato e os elementos de informação a quem tiver atribuição.

Art. 11. O procedimento administrativo deverá ser concluído no prazo de 1 (um) ano, podendo ser sucessivamente prorrogado pelo mesmo período, desde que haja decisão fundamentada, à vista da imprescindibilidade da realização de outros atos.

Art. 12. O procedimento administrativo previsto nos incisos I, II e IV do art. 8º deverá ser arquivado no próprio órgão de execução, com comunicação ao Conselho Superior do Ministério Público ou à Câmara de Coordenação e Revisão respectiva, sem necessidade de remessa dos autos para homologação do arquivamento.

Art. 13. No caso de procedimento administrativo relativo a direitos individuais indisponíveis, previsto no inciso III do art. 8º, o noticiante será cientificado da decisão de arquivamento, da qual caberá recurso ao Conselho Superior do Ministério Público ou à Câmara de Coordenação e Revisão, no prazo de 10 (dez) dias.

§ 1º – A cientificação será realizada, preferencialmente, por correio eletrônico.

§ 2º – A cientificação é facultativa no caso de o procedimento administrativo ter sido instaurado em face de dever de ofício.

§ 3º – O recurso será protocolado na secretaria do órgão que arquivou o procedimento e juntado aos respectivos autos extrajudiciais, que deverão ser remetidos, no prazo de 3 (três) dias, ao Conselho Superior do Ministério Público ou à Câmara de Coordenação e Revisão respectiva, para apreciação, caso não haja reconsideração.

§ 4º – Não havendo recurso, os autos serão arquivados no órgão que a apreciou, registrando-se no sistema respectivo.

Art. 14. Esta resolução entra em vigor na data de sua publicação.

Brasília-DF, 4 de julho de 2017.
JOSÉ BONIFÁCIO BORGES DE ANDRADA
Presidente do Conselho Nacional do Ministério Público em exercício

RESOLUÇÃO CNMP Nº 179, DE 26 DE JULHO DE 2017.

Regulamenta o § 6º do art. 5º da Lei nº 7.347/1985, disciplinando, no âmbito do Ministério Público, a tomada do compromisso de ajustamento de conduta.

O **CONSELHO NACIONAL DO MINISTÉRIO PÚBLICO**, no exercício da competência fixada no art. 130-A, § 2º, inciso I, da Constituição Federal, com fundamento nos arts. 147 e seguintes de seu Regimento Interno, e na decisão plenária proferida nos autos da Proposição nº 0.00.000.000659/2014-70, julgada na 14ª Sessão Ordinária, realizada no dia 26 de julho de 2017;

Considerando o disposto no art. 129, inciso III, da Constituição da República;

Considerando o que dispõe o art. 5º, § 6º, da Lei nº 7.347/1985;

Considerando a necessidade de garantir a efetividade dos compromissos de ajustamento de conduta;

Considerando a acentuada utilidade do compromisso de ajustamento de conduta como instrumento de redução da litigiosidade, visto que evita a judicialização por meio da autocomposição dos conflitos e controvérsias envolvendo os direitos de cuja defesa é incumbido o Ministério Público e, por consequência, contribui decisivamente para o acesso à justiça em sua visão contemporânea;

Considerando a conveniência institucional de estimular a atuação resolutiva e proativa dos membros do Ministério Público para promoção da justiça e redução da litigiosidade;

Considerando a necessidade de uniformizar a atuação do Ministério Público em relação ao compromisso de ajustamento de conduta como garantia da sociedade, sem prejuízo da preservação da independência funcional assegurada constitucionalmente a seus membros;

Considerando, por fim, que os direitos ou interesses coletivos, amplamente considerados, são direitos fundamentais da sociedade (Título II, Capítulo I, da Constituição da República), incumbindo ao Ministério Público a sua defesa, judicial ou extrajudicialmente, nos termos dos arts. 127, *caput* e 129, da Constituição da República, RESOLVE:

Art. 1º. O compromisso de ajustamento de conduta é instrumento de garantia dos direitos e interesses difusos e coletivos, individuais homogêneos e outros direitos de cuja defesa está incumbido o Ministério Público, com natureza de negócio jurídico que tem por finalidade a adequação da conduta às exigências legais e constitucionais, com eficácia de título executivo extrajudicial a partir da celebração.

§ 1º – Não sendo o titular dos direitos concretizados no compromisso de ajustamento de conduta, não pode o órgão do Ministério Público fazer concessões que impliquem renúncia aos direitos ou interesses difusos, coletivos e individuais homogêneos, cingindo-se a negociação à interpretação do direito para o caso concreto, à especificação das obrigações adequadas e necessárias, em especial o modo, tempo e lugar de cumprimento, bem como à mitigação, à compensação e à indenização dos danos que não possam ser recuperados.

§ 2º – É cabível o compromisso de ajustamento de conduta nas hipóteses configuradoras de improbidade administrativa, sem prejuízo do ressarcimento ao erário e da aplicação de uma ou algumas das sanções previstas em lei, de acordo com a conduta ou o ato praticado.

§ 3º – A celebração do compromisso de ajustamento de conduta com o Ministério Público não afasta, necessariamente, a eventual responsabilidade administrativa ou penal pelo mesmo fato, nem importa, automaticamente, no reconhecimento de responsabilidade para outros fins que não os estabelecidos expressamente no compromisso.

§ 4º – Caberá ao órgão do Ministério Público com atribuição para a celebração do compromisso de ajustamento de conduta decidir quanto à necessidade, conveniência e oportunidade de reuniões ou audiências públicas com a participação dos titulares dos direitos, entidades que os representem ou demais interessados.

Art. 2º. No exercício de suas atribuições, poderá o órgão do Ministério Público tomar compromisso de ajustamento de conduta para a adoção de medidas provisórias ou definitivas, parciais ou totais.

Parágrafo único. Na hipótese de adoção de medida provisória ou parcial, a investigação deverá continuar em relação aos demais aspectos da questão, ressalvada situação excepcional que enseje arquivamento fundamentado.

Art. 3º. O compromisso de ajustamento de conduta será tomado em qualquer fase da investigação, nos autos de inquérito civil ou procedimento correlato, ou no curso da ação judicial, devendo conter obrigações certas, líquidas e exigíveis, salvo peculiaridades do caso concreto, e ser assinado pelo órgão do Ministério Público e pelo compromissário.

§ 1º – Quando o compromissário for pessoa física, o compromisso de ajustamento de conduta poderá ser firmado por procurador com poderes especiais outorgados por instrumento de mandato, público ou particular, sendo que neste último caso com reconhecimento de firma.

§ 2º – Quando o compromissário for pessoa jurídica, o compromisso de ajustamento de conduta deverá ser firmado por quem tiver por lei, regulamento, disposição estatutária ou contratual, poderes de representação extrajudicial daquela, ou por procurador com poderes especiais outorgados pelo representante.

§ 3º – Tratando-se de empresa pertencente a grupo econômico, deverá assinar o representante legal da pessoa jurídica controladora à qual esteja vinculada, sendo admissível a representação por procurador com poderes especiais outorgados pelo representante.

§ 4º – Na fase de negociação e assinatura do compromisso de ajustamento de conduta, poderão os compromissários ser acompanhados ou representados por seus advogados, devendo-se juntar aos autos instrumento de mandato.

§ 5º – É facultado ao órgão do Ministério Público colher assinatura, como testemunhas, das pessoas que tenham acompanhado a negociação ou de terceiros interessados.

§ 6º – Poderá o compromisso de ajustamento de conduta ser firmado em conjunto por órgãos de ramos diversos do Ministério Público ou por este e outros órgãos públicos legitimados, bem como contar com a participação de associação civil, entes ou grupos representativos ou terceiros interessados.

Art. 4º. O compromisso de ajustamento de conduta deverá prever multa diária ou outras espécies de cominação para o caso de descumprimento das obrigações nos prazos assumidos, admitindo-se, em casos excepcionais e devidamente fundamentados, a previsão de que esta cominação seja fixada judicialmente, se necessária à execução do compromisso.

Art. 5º. As indenizações pecuniárias referentes a danos a direitos ou interesses difusos e coletivos, quando não for possível a reconstituição específica do bem lesado, e as liquidações de multas deverão ser destinadas a fundos federais, estaduais e municipais que tenham o mesmo escopo do fundo previsto no art. 13 da Lei nº 7.347/1985.

§ 1º – Nas hipóteses do *caput*, também é admissível a destinação dos referidos recursos a projetos de prevenção ou reparação de danos de bens jurídicos da mesma natureza, ao apoio a entidades cuja finalidade institucional inclua a proteção aos direitos ou interesses difusos, a depósito em contas judiciais ou, ainda, poderão receber destinação específica que tenha a mesma finalidade dos fundos previstos em lei ou esteja em conformidade com a natureza e a dimensão do dano.

§ 2º – Os valores referentes às medidas compensatórias decorrentes de danos irreversíveis aos direitos ou interesses difusos deverão ser, preferencialmente, revertidos em proveito da região ou pessoas impactadas.

Art. 6º. Atentando às peculiaridades do respectivo ramo do Ministério Público, cada Conselho Superior disciplinará os mecanismos de fiscalização do cumprimento do compromisso de ajustamento de conduta tomado pelos órgãos de execução e a revisão pelo Órgão Superior do arquivamento do inquérito civil ou do procedimento no qual foi tomado o compromisso, observadas as regras gerais desta resolução.

§ 1º – Os mecanismos de fiscalização referidos no *caput* não se aplicam ao compromisso de ajustamento de conduta levado à homologação do Poder Judiciário.

§ 2º - A regulamentação do Conselho Superior deve compreender, no mínimo, a exigência de ciência formal do conteúdo integral do compromisso de ajustamento de conduta ao Órgão Superior em prazo não superior a três dias da promoção de arquivamento do inquérito civil ou procedimento correlato em que foi celebrado.

Art. 7º. O Órgão Superior de que trata o art. 6º dará publicidade ao extrato do compromisso de ajustamento de conduta em Diário Oficial próprio ou não, no site da instituição, ou por qualquer outro meio eficiente e acessível, conforme as peculiaridades de cada ramo do Ministério Público, no prazo máximo de quinze dias, a qual deverá conter:

I - a indicação do inquérito civil ou procedimento em que tomado o compromisso;

II - a indicação do órgão de execução;

III - a área de tutela dos direitos ou interesses difusos, coletivos e individuais homogêneos em que foi firmado o compromisso de ajustamento de conduta e sua abrangência territorial, quando for o caso;

IV - a indicação das partes compromissárias, seus CPF ou CNPJ, e o endereço de domicílio ou sede;

V - o objeto específico do compromisso de ajustamento de conduta;

VI - indicação do endereço eletrônico em que se possa acessar o inteiro teor do compromisso de ajustamento de conduta ou local em que seja possível obter cópia impressa integral.

§ 1º - Ressalvadas situações excepcionais devidamente justificadas, a publicação no site da Instituição disponibilizará acesso ao inteiro teor do compromisso de ajustamento de conduta ou indicará o banco de dados público em que pode ser acessado.

§ 2º - A disciplina deste artigo não impede a divulgação imediata do compromisso de ajustamento de conduta celebrado nem o fornecimento de cópias aos interessados, consoante os critérios de oportunidade, conveniência e efetividade formulados pelo membro do Ministério Público.

Art. 8º. No mesmo prazo mencionado no artigo anterior, o Órgão Superior providenciará o encaminhamento ao Conselho Nacional do Ministério Público de cópia eletrônica do inteiro teor do compromisso de ajustamento de conduta para alimentação do Portal de Direitos Coletivos, conforme disposto na Resolução Conjunta CNJ/CNMP nº 2, de 21 de junho de 2011, que institui os cadastros nacionais de informações de ações coletivas, inquéritos e termos de ajustamento de conduta.

Art. 9º. O órgão do Ministério Público que tomou o compromisso de ajustamento de conduta deverá diligenciar para fiscalizar o seu efetivo cumprimento, valendo-se, sempre que necessário e possível, de técnicos especializados.

Parágrafo único. Poderão ser previstas no próprio compromisso de ajustamento de conduta obrigações consubstanciadas na periódica prestação de informações sobre a execução do acordo pelo compromissário.

Art. 10. As diligências de fiscalização mencionadas no artigo anterior serão providenciadas nos próprios autos em que celebrado o compromisso de ajustamento de conduta, quando realizadas antes do respectivo arquivamento, ou em procedimento administrativo de acompanhamento especificamente instaurado para tal fim.

Art. 11. Descumprido o compromisso de ajustamento de conduta, integral ou parcialmente, deverá o órgão de execução do Ministério Público com atribuição para fiscalizar o seu cumprimento promover, no prazo máximo de sessenta dias, ou assim que possível, nos casos de urgência, a execução judicial do respectivo título executivo extrajudicial com relação às cláusulas em que se constatar a mora ou inadimplência.

Parágrafo único. O prazo de que trata este artigo poderá ser excedido se o compromissário, instado pelo órgão do Ministério Público, justificar satisfatoriamente o descumprimento ou reafirmar sua disposição para o cumprimento, casos em que ficará a critério do órgão ministerial decidir pelo imediato ajuizamento da execução, por sua repactuação ou pelo acompanhamento das providências adotadas pelo compromissário até o efetivo cumprimento do compromisso de ajustamento de conduta, sem prejuízo da possibilidade de execução da multa, quando cabível e necessário.

Art. 12. O Ministério Público tem legitimidade para executar compromisso de ajustamento de conduta firmado por outro órgão público, no caso de sua omissão frente ao descumprimento das obrigações assumidas, sem prejuízo da adoção de outras providências de natureza civil ou criminal que se mostrarem pertinentes, inclusive em face da inércia do órgão público compromitente.

Art. 13. Cada ramo do Ministério Público adequará seus atos normativos que tratem sobre o compromisso de ajustamento de conduta aos termos da presente Resolução no prazo de cento e oitenta dias, a contar de sua entrada em vigor.

Art. 14. As Escolas do Ministério Público ou seus Centros de Estudos promoverão cursos de aperfeiçoamento sobre técnicas de negociação e mediação voltados para a qualificação de Membros e servidores com vistas ao aperfeiçoamento da teoria e prática do compromisso de ajustamento de conduta.

Art. 15. Esta Resolução entra em vigor na data de sua publicação.

Brasília-DF, 26 de julho de 2017.
RODRIGO JANOT MONTEIRO DE BARROS
Presidente do Conselho Nacional do Ministério Público

RESOLUÇÃO CNMP Nº 181, DE 07 DE AGOSTO DE 2017.

Dispõe sobre instauração e tramitação do procedimento investigatório criminal a cargo do Ministério Público.

O **CONSELHO NACIONAL DO MINISTÉRIO PÚBLICO**, no exercício da competência fixada no art. 130-A, § 2º, I, da Constituição Federal, com fundamento nos arts. 147 e seguintes de seu Regimento Interno, e na decisão plenária proferida nos autos da Proposição nº 1.00578/2017-01, julgada na 4ª Sessão Extraordinária, realizada no dia 7 de agosto de 2017;

Considerando o disposto nos arts. 127, *caput*, e 129, I, II, VIII e IX, da Constituição da República Federativa do Brasil, bem como no art. 8º da Lei Complementar nº 75/1993 (LOMPU) e no art. 26 da Lei nº 8.625/1993 (Lei Orgânica Nacional do Ministério Público);

Considerando as conclusões do Procedimento de Estudos e Pesquisas nº 01/2017, instaurado com o objetivo de levantar sugestões e apresentar propostas de aperfeiçoamento: a) para o exercício mais efetivo da função orientadora e fiscalizadora das Corregedorias do Ministério Público, com o objetivo de aprimorar a investigação criminal presidida pelo Ministério Público; e b) da Resolução CNMP nº 13 (que disciplina o procedimento investigatório criminal do Ministério Público), com o objetivo de tornar as investigações mais céleres, eficientes, desburocratizadas, informadas pelo princípio acusatório e respeitadoras dos direitos fundamentais do investigado, da vítima e das prerrogativas dos advogados;

Considerando que o Plenário do Supremo Tribunal Federal, fixou, em repercussão geral, a tese de que o "Ministério Público dispõe de competência para promover, por autoridade própria, e por prazo razoável, investigações de natureza penal, desde que respeitados os direitos e garantias que assistem a qualquer indiciado ou a qualquer pessoa sob investigação do Estado". (RE 593727, Repercussão Geral, Relator: Min. CÉZAR PELUSO, Relator para Acórdão: Min. GILMAR MENDES, julgamento em 14/5/2015, publicação em 8/9/2015);

Considerando que, como bem aponta o Ministro Roberto Barroso, em julgamento do Tribunal Pleno do Supremo Tribunal Federal, "a Constituição de 1988 fez uma opção inequívoca pelo sistema acusatório – e não pelo sistema inquisitorial – criando as bases para uma mudança profunda na condução das investigações criminais e no processamento das ações penais no Brasil" (ADI 5104 MC, Relator: Min. ROBERTO BARROSO, julgamento em 21/5/2014, publicação em 30/10/2014);

Considerando a necessidade de permanente aprimoramento das investigações criminais levadas a cabo pelo Ministério Público, especialmente na necessidade de modernização das investigações com o escopo de agilização, efetividade e proteção dos direitos fundamentais dos investigados, das vítimas e das prerrogativas dos advogados, superando um paradigma de investigação cartorial, burocratizada, centralizada e sigilosa;

Considerando a carga desumana de processos que se acumulam nas varas criminais do País e que tanto desperdício de recursos, prejuízo e atraso causam no oferecimento de Justiça às pessoas, de alguma forma, envolvidas em fatos criminais;

Considerando, por fim, a exigência de soluções alternativas no Processo Penal que proporcionem celeridade na resolução dos casos menos graves, priorização dos recursos financeiros e humanos do Ministério Público e do Poder Judiciário para processamento e julgamento dos casos mais graves e minoração dos efeitos deletérios de uma sentença penal condenatória aos acusados em geral, que teriam mais uma chance de evitar uma condenação judicial, reduzindo os efeitos sociais prejudiciais da pena e desafogando os estabelecimentos prisionais, RESOLVE, nos termos do art. 130-A, § 2º, I, da Constituição Federal, expedir a seguinte RESOLUÇÃO:

CAPÍTULO I
DA DEFINIÇÃO E FINALIDADE

Art. 1º. O procedimento investigatório criminal é instrumento sumário e desburocratizado de natureza administrativa e investigatória, instaurado e presidido pelo membro do Ministério Público com atribuição criminal, e terá como finalidade apurar a ocorrência de infrações penais de iniciativa pública, servindo como preparação e embasamento para o juízo de propositura, ou não, da respectiva ação penal.

§ 1º – O procedimento investigatório criminal não é condição de procedibilidade ou pressuposto processual para o ajuizamento de ação penal e não exclui a possibilidade de formalização de investigação por outros órgãos legitimados da Administração Pública.

§ 2º – A regulamentação do procedimento investigatório criminal prevista nesta Resolução não se aplica às autoridades abrangidas pela previsão do art. 33, parágrafo único, da Lei Complementar nº 35, de 14 de março de 1979.

* **Artigo com redação dada pela Resolução nº 183, de 24 de janeiro de 2018.**

Art. 2º. Em poder de quaisquer peças de informação, o membro do Ministério Público poderá:

I – promover a ação penal cabível;

II – instaurar procedimento investigatório criminal;

III – encaminhar as peças para o Juizado Especial Criminal, caso a infração seja de menor potencial ofensivo;

IV – promover fundamentadamente o respectivo arquivamento;

V – requisitar a instauração de inquérito policial, indicando, sempre que possível, as diligências necessárias à elucidação dos fatos, sem prejuízo daquelas que vierem a ser realizadas por iniciativa da autoridade policial competente.

Art. 3º. O procedimento investigatório criminal poderá ser instaurado de ofício, por membro do Ministério Público, no âmbito de suas atribuições criminais, ao tomar conhecimento de infração penal de iniciativa pública, por qualquer meio, ainda que informal, ou mediante provocação.

§ 1º – O procedimento investigatório criminal deverá tramitar, comunicar seus atos e transmitir suas peças, preferencialmente, por meio eletrônico.

§ 2º – A distribuição de peças de informação deverá observar as regras internas previstas no sistema de divisão de serviços.

§ 3º – No caso de instauração de ofício, o procedimento investigatório criminal será distribuído livremente entre os membros da instituição que tenham atribuições para apreciá-lo, incluído aquele que determinou a sua instauração, observados os critérios fixados pelos órgãos especializados de cada Ministério Público e respeitadas as regras de competência temporária em razão da matéria, a exemplo de grupos específicos criados para apoio e assessoramento e de forças-tarefas devidamente designadas pelo procurador-geral competente, e as relativas à conexão e à continência.

§ 4º – O membro do Ministério Público, no exercício de suas atribuições criminais, deverá dar andamento, no prazo de 30 (trinta) dias a contar de seu recebimento, às representações, requerimentos, petições e peças de informação que lhe sejam encaminhadas, podendo este prazo ser prorrogado, fundamentadamente, por até 90 (noventa) dias, nos casos em que sejam necessárias diligências preliminares.

* **Artigo com redação dada pela Resolução nº 183, de 24 de janeiro de 2018.**

Art. 4º. O procedimento investigatório criminal será instaurado por portaria fundamentada, devidamente registrada e autuada, com a indicação dos fatos a serem investigados e deverá conter, sempre que possível, o nome e a qualificação do autor da representação e a determinação das diligências iniciais.

Parágrafo único. Se, durante a instrução do procedimento investigatório criminal, for constatada a necessidade de investigação de outros fatos, o membro do Ministério Público poderá aditar a portaria inicial ou determinar a extração de peças para instauração de outro procedimento.

Art. 5º. Da instauração do procedimento investigatório criminal far-se-á comunicação imediata e, preferencialmente, eletrônica ao Órgão Superior competente, sendo dispensada tal comunicação em caso de registro em sistema eletrônico.

CAPÍTULO II
DAS INVESTIGAÇÕES CONJUNTAS

Art. 6º. O procedimento investigatório criminal poderá ser instaurado de forma conjunta, por meio de força tarefa ou por grupo de atuação especial composto por membros do Ministério Público, cabendo sua presidência àquele que o ato de instauração designar.

§ 1º – Poderá também ser instaurado procedimento investigatório criminal, por meio de atuação conjunta entre Ministérios Públicos dos Estados, da União e de outros países.

§ 2º – O arquivamento do procedimento investigatório deverá ser objeto de controle e eventual revisão em cada Ministério Público, cuja apreciação se limitará ao âmbito de atribuição do respectivo Ministério Público.

§ 3º – Nas hipóteses de investigações que se refiram a temas que abranjam atribuições de mais de um órgão de execução do Ministério Público, os procedimentos investigatórios deverão ser objeto de arquivamento e controle respectivo com observância das regras de atribuição de cada órgão de execução.

* **Incluído pela Resolução nº 183, de 24 de janeiro de 2018.**

CAPÍTULO III
DA INSTRUÇÃO

Art. 7º. O membro do Ministério Público, observadas as hipóteses de reserva constitucional de jurisdição e sem prejuízo de outras providências inerentes a sua atribuição funcional, poderá:

* **Redação dada pela Resolução nº 183, de 24 de janeiro de 2018.**

I – fazer ou determinar vistorias, inspeções e quaisquer outras diligências, inclusive em organizações militares;

II – requisitar informações, exames, perícias e documentos de autoridades, órgãos e entidades da Administração Pública direta e indireta, da União, dos Estados, do Distrito Federal e dos Municípios;

III – requisitar informações e documentos de entidades privadas, inclusive de natureza cadastral;

IV – notificar testemunhas e vítimas e requisitar sua condução coercitiva, nos casos de ausência injustificada, ressalvadas as prerrogativas legais;

V – acompanhar buscas e apreensões deferidas pela autoridade judiciária;

VI – acompanhar cumprimento de mandados de prisão preventiva ou temporária deferidas pela autoridade judiciária;

VII – expedir notificações e intimações necessárias;

VIII – realizar oitivas para colheita de informações e esclarecimentos;

IX – ter acesso incondicional a qualquer banco de dados de caráter público ou relativo a serviço de relevância pública;

X – requisitar auxílio de força policial

§ 1º – Nenhuma autoridade pública ou agente de pessoa jurídica no exercício de função pública poderá opor ao Ministério Público, sob qualquer pretexto, a exceção de sigilo, sem prejuízo da subsistência do caráter sigiloso da informação, do registro, do dado ou do documento que lhe seja fornecido, ressalvadas as hipóteses de reserva constitucional de jurisdição.

* **Redação dada pela Resolução nº 183, de 24 de janeiro de 2018.**

§ 2º – As respostas às requisições realizadas pelo Ministério Público deverão ser encaminhadas, sempre que determinado, em meio informatizado e apresentadas em arquivos que possibilitem a migração de informações para os autos do processo sem redigitação.

§ 3º – As requisições do Ministério Público serão feitas fixando-se prazo razoável de até 10 (dez) dias úteis para atendimento, prorrogável mediante solicitação justificada.

§ 4º – Ressalvadas as hipóteses de urgência, as notificações para comparecimento devem ser efetivadas com antecedência mínima de 48 horas, respeitadas, em qualquer caso, as prerrogativas legais pertinentes.

§ 5º – A notificação deverá mencionar o fato investigado, salvo na hipótese de decretação de sigilo, e a faculdade do notificado de se fazer acompanhar por defensor.

* **Redação dada pela Resolução nº 183, de 24 de janeiro de 2018.**

§ 6º – As correspondências, notificações, requisições e intimações do Ministério Público quando tiverem como destinatário o Presidente da República, o Vice-Presidente da República, membro do Congresso Nacional, Ministro do Supremo Tribunal Federal, Ministro de Estado, Ministro de Tribunal Superior, Ministro do Tribunal de Contas da União ou chefe de missão diplomática de caráter permanente serão encaminhadas e levadas a efeito pelo Procurador-Geral da República ou outro órgão do Ministério Público a quem essa atribuição seja delegada.

§ 7º – As notificações e requisições previstas neste artigo, quando tiverem como destinatários o Governador do Estado, os membros do Poder Legislativo e os desembargadores, serão encaminhadas pelo Procurador-Geral de Justiça ou outro órgão do Ministério Público a quem essa atribuição seja delegada.

§ 8º – As autoridades referidas nos §§ 6º e 7º poderão fixar data, hora e local em que puderem ser ouvidas, se for o caso.

§ 9º – O membro do Ministério Público será responsável pelo uso indevido das informações e documentos que requisitar, inclusive nas hipóteses legais de sigilo e de documentos assim classificados.

Art. 8º. A colheita de informações e depoimentos deverá ser feita preferencialmente de forma oral, mediante a gravação audiovisual, com o fim de obter maior fidelidade das informações prestadas.

§ 1º – Somente em casos excepcionais e imprescindíveis deverá ser feita a transcrição dos depoimentos colhidos na fase investigatória.

§ 2º – O membro do Ministério Público poderá requisitar o cumprimento das diligências de oitiva de testemunhas ou informantes a servidores da instituição, policiais civis, militares ou federais, guardas municipais ou a qualquer outro servidor público que tenha como atribuições fiscalizar atividades cujos ilícitos possam também caracterizar delito.

§ 3º – A requisição referida no parágrafo anterior deverá ser comunicada ao seu destinatário pelo meio mais expedito possível, e a oitiva deverá ser realizada, sempre que possível, no local em que se encontrar a pessoa a ser ouvida.

§ 4º – O funcionário público, no cumprimento das diligências de que trata este artigo, após a oitiva da testemunha ou informante, deverá imediatamente elaborar relatório legível, sucinto e objetivo sobre o teor do depoimento, no qual deverão ser consignados a data e hora aproximada do crime, onde ele foi praticado, as suas circunstâncias, quem o praticou e os motivos que o levaram a praticar, bem ainda identificadas eventuais vítimas e outras testemunhas do fato, sendo dispensável a confecção do referido relatório quando o depoimento for colhido mediante gravação audiovisual.

§ 5º – O Ministério Público, sempre que possível, deverá fornecer formulário para preenchimento pelo servidor público dos dados objetivos e sucintos que deverão constar do relatório.

§ 6º – O funcionário público que cumpriu a requisição deverá assinar o relatório e, se possível, também o deverá fazer a testemunha ou informante.

§ 7º – O interrogatório de suspeitos e a oitiva das pessoas referidas nos §§ 6º e 7º do art. 7º deverão necessariamente ser realizados pelo membro do Ministério Público.

§ 8º – As testemunhas, informantes e suspeitos ouvidos na fase de investigação serão informados do dever de comunicar ao Ministério Público qualquer mudança de endereço, telefone ou e-mail.

* **Parágrafos com redação dada pela Resolução nº 183, de 24 de janeiro de 2018.**

Art. 9º. O autor do fato investigado poderá apresentar, querendo, as informações que considerar adequadas, facultado o acompanhamento por defensor.

* **Redação dada pela Resolução nº 183, de 24 de janeiro de 2018.**

§ 1º – O defensor poderá examinar, mesmo sem procuração, autos de procedimento de investigação criminal, findos ou em andamento, ainda que conclusos ao presidente, podendo copiar peças e tomar apontamentos, em meio físico ou digital.

§ 2º – Para os fins do parágrafo anterior, o defensor deverá apresentar procuração, quando decretado o sigilo das investigações, no todo ou em parte.

§ 3º – O órgão de execução que presidir a investigação velará para que o defensor constituído nos autos assista o investigado durante a apuração de infrações, de forma a evitar a alegação de nulidade do interrogatório e, subsequentemente, de todos os elementos probatórios dele decorrentes ou derivados, nos termos da Lei nº 8.906, de 4 de julho de 1994.

§ 4º – O presidente do procedimento investigatório criminal poderá delimitar o acesso do defensor aos elementos de prova relacionados a diligências em andamento e ainda não documentados nos autos, quando houver risco de comprometimento da eficiência, da eficácia ou da finalidade das diligências.

* **Parágrafos com redação dada pela Resolução nº 183, de 24 de janeiro de 2018.**

Art. 10. As diligências serão documentadas em autos de modo sucinto e circunstanciado.

* **Redação dada pela Resolução nº 183, de 24 de janeiro de 2018.**

Art. 11. As inquirições que devam ser realizadas fora dos limites territoriais da unidade em que se realizar a investigação serão feitas, sempre que possível, por meio de videoconferência, podendo ainda ser deprecadas ao respectivo órgão do Ministério Público local.

§ 1º – Nos casos referidos no *caput* deste artigo, o membro do Ministério Público poderá optar por realizar diretamente a inquirição com a prévia ciência ao órgão ministerial local, que deverá tomar as providências necessárias para viabilizar a diligência e colaborar com o cumprimento dos atos para a sua realização.

§ 2º – A deprecação e a ciência referidas neste artigo poderão ser feitas por qualquer meio hábil de comunicação.

§ 3º – O disposto neste artigo não obsta a requisição de informações, documentos, vistorias, perícias a órgãos ou organizações militares sediados em localidade diversa daquela em que lotado o membro do Ministério Público.

Art. 12. A pedido da pessoa interessada, será fornecida comprovação escrita de comparecimento.

Art. 13. O procedimento investigatório criminal deverá ser concluído no prazo de 90 (noventa) dias, permitidas, por igual período, prorrogações sucessivas, por decisão fundamentada do membro do Ministério Público responsável pela sua condução.

§ 1º – Cada unidade do Ministério Público manterá, para conhecimento dos órgãos superiores, controle atualizado, preferencialmente por meio eletrônico, do andamento de seus procedimentos investigatórios criminais, observado o nível de sigilo e confidencialidade que a investigação exigir, nos termos do art. 15 desta Resolução.

§ 2º – O controle referido no parágrafo anterior poderá ter nível de acesso restrito ao Procurador-Geral da República, ao Procurador-Geral de Justiça, ao Procurador-Geral de Justiça Militar e ao respectivo Corregedor-Geral, mediante justificativa lançada nos autos.

* **Redação dada pela Resolução nº 183, de 24 de janeiro de 2018.**

CAPÍTULO IV
DA PERSECUÇÃO PATRIMONIAL

Art. 14. A persecução patrimonial voltada à localização de qualquer benefício derivado ou obtido, direta ou indiretamente, da infração penal, ou de bens ou valores lícitos equivalentes, com vistas à propositura de medidas cautelares reais, confisco definitivo e identificação do beneficiário econômico final da conduta, será realizada em anexo autônomo do procedimento investigatório criminal.

§ 1º – Proposta a ação penal, a instrução do procedimento tratado no *caput* poderá prosseguir até que ultimadas as diligências de persecução patrimonial.

§ 2º – Caso a investigação sobre a materialidade e autoria da infração penal já esteja concluída, sem que tenha sido iniciada a investigação tratada neste capítulo, procedimento investigatório específico poderá ser instaurado com o objetivo principal de realizar a persecução patrimonial.

CAPÍTULO V
PUBLICIDADE

Art. 15. Os atos e peças do procedimento investigatório criminal são públicos, nos termos desta Resolução, salvo disposição legal em contrário ou por razões de interesse público ou conveniência da investigação.

Parágrafo único. A publicidade consistirá:

I – na expedição de certidão, mediante requerimento do investigado, da vítima ou seu representante legal, do Poder Judiciário, do Ministério Público ou de terceiro diretamente interessado;

II – no deferimento de pedidos de extração de cópias, com atenção ao disposto no § 1º do art. 3º desta Resolução e ao uso preferencial de meio eletrônico, desde que realizados de forma fundamentada pelas pessoas referidas no inciso I, pelos seus procuradores com poderes específicos ou por advogado, independentemente de fundamentação, ressalvada a limitação de acesso aos autos sigilosos a defensor que não possua procuração ou não comprove atuar na defesa do investigado;

III – no deferimento de pedidos de vista, realizados de forma fundamentada pelas pessoas referidas no inciso I ou pelo defensor do investigado, pelo prazo de 5 (cinco) dias ou outro que assinalar fundamentadamente o presidente do procedimento investigatório criminal, com atenção à restrição de acesso às diligências cujo sigilo tenha sido determinado na forma do § 4º do art. 9º desta Resolução;

* **Incisos II e III com redação dada pela Resolução nº 183, de 24 de janeiro de 2018.**

IV – na prestação de informações ao público em geral, a critério do presidente do procedimento investigatório criminal, observados o princípio da presunção de inocência e as hipóteses legais de sigilo.

* **Anterior inciso III renumerado para IV pela Resolução nº 183, de 24 de janeiro de 2018.**

Art. 16. O presidente do procedimento investigatório criminal poderá decretar o sigilo das investigações, no todo ou em parte, por decisão fundamentada, quando a elucidação do fato ou interesse público exigir, garantido o acesso aos autos ao investigado e ao seu defensor, desde que munido de procuração ou de meios que comprovem atuar na defesa do investigado, cabendo a ambos preservar o sigilo sob pena de responsabilização.

* **Redação dada pela Resolução nº 183, de 24 de janeiro de 2018.**

Parágrafo único. Em caso de pedido da parte interessada para a expedição de certidão a respeito da existência de procedimentos investigatórios criminais, é vedado fazer constar qualquer referência ou anotação sobre investigação sigilosa.

CAPÍTULO VI
DOS DIREITOS DAS VÍTIMAS

Art. 17. O membro do Ministério Público que preside o procedimento investigatório criminal esclarecerá a vítima sobre seus direitos materiais e processuais, devendo tomar todas as medidas necessárias para a preservação dos seus direitos, a reparação dos eventuais danos por ela sofridos e a preservação da intimidade, vida privada, honra e imagem.

§ 1º – O membro do Ministério Público velará pela segurança de vítimas e testemunhas que sofrerem ameaça ou que, de modo concreto, estejam suscetíveis a sofrer intimidação por parte de acusados, de parentes deste ou pessoas a seu mando, podendo, inclusive, requisitar proteção policial em seu favor.

§ 2º – O membro do Ministério Público que preside o procedimento investigatório criminal, no curso da investigação ou mesmo após o ajuizamento da ação penal, deverá providenciar o encaminhamento da vítima ou de testemunhas, caso presentes os pressupostos legais, para inclusão em Programa de Proteção de Assistência a Vítimas e a Testemunhas ameaçadas ou em Programa de Proteção a Crianças e Adolescentes Ameaçados, conforme o caso.

§ 3º – Em caso de medidas de proteção ao investigado, as vítimas e testemunhas, o membro do Ministério Público observará a tramitação prioritária do feito, bem como providenciará, se o caso, a oitiva antecipada dessas pessoas ou pedirá a antecipação dessa oitiva em juízo.

§ 4º – O membro do Ministério Público que preside o procedimento investigatório criminal providenciará o encaminhamento da vítima e outras pessoas atingidas pela prática do fato criminoso apurado à rede de assistência, para atendimento multidisciplinar, especialmente nas áreas psicossocial, de assistência jurídica e de saúde, a expensas do ofensor ou do Estado.

§ 5º – Nos procedimentos de acolhimento, oitiva e atenção à vítima, o membro do Ministério Público diligenciará para que a ela seja assegurada a possibilidade de prestar declarações e informações em geral, eventualmente sugerir diligências, indicar meios de prova e deduzir alegações, que deverão ser avaliadas fundamentadamente pelo Ministério Público.

§ 6º – Os procedimentos previstos nesse artigo poderão ser estendidos aos familiares da vítima.

§ 7º – O membro do Ministério Público deverá diligenciar para a comunicação da vítima ou, na ausência desta, dos seus respectivos familiares sobre o oferecimento de ação penal.

§ 8º – Nas investigações que apurem notícia de violência manifestada por agentes públicos em desfavor de vítimas negras, em atenção ao disposto no art. 53 da Lei nº 12.288/2010, o membro do Ministério Público deve levar em consideração, para além da configuração típico-penal, eventual hipótese de violência sistêmica, estrutural, psicológica, moral, entre outras, para fins dos encaminhamentos previstos no presente artigo.

* §§ 5º ao 8º incluído pela Resolução nº 201, de 4 de novembro de 2019.

CAPÍTULO VII
DO ACORDO DE NÃO-PERSECUÇÃO PENAL

Art. 18. Não sendo o caso de arquivamento, o Ministério Público poderá propor ao investigado acordo de não persecução penal quando, cominada pena mínima inferior a 4 (quatro) anos e o crime não for cometido com violência ou grave ameaça a pessoa, o investigado tiver confessado formal e circunstanciadamente a sua prática, mediante as seguintes condições, ajustadas cumulativa ou alternativamente:

I – reparar o dano ou restituir a coisa à vítima, salvo impossibilidade de fazê-lo;

II – renunciar voluntariamente a bens e direitos, indicados pelo Ministério Público como instrumentos, produto ou proveito do crime;

III – prestar serviço à comunidade ou a entidades públicas por período correspondente à pena mínima cominada ao delito, diminuída de um a dois terços, em local a ser indicado pelo Ministério Público;

IV – pagar prestação pecuniária, a ser estipulada nos termos do art. 45 do Código Penal, a entidade pública ou de interesse social a ser indicada pelo Ministério Público, devendo a prestação ser destinada preferencialmente àquelas entidades que tenham como função proteger bens jurídicos iguais ou semelhantes aos aparentemente lesados pelo delito;

V – cumprir outra condição estipulada pelo Ministério Público, desde que proporcional e compatível com a infração penal aparentemente praticada.

§ 1º – Não se admitirá a proposta nos casos em que:

I – for cabível a transação penal, nos termos da lei;

II – o dano causado for superior a vinte salários mínimos ou a parâmetro econômico diverso definido pelo respectivo órgão de revisão, nos termos da regulamentação local;

III – o investigado incorra em alguma das hipóteses previstas no art. 76, § 2º, da Lei nº 9.099/95;

IV – o aguardo para o cumprimento do acordo possa acarretar a prescrição da pretensão punitiva estatal;

V – o delito for hediondo ou equiparado e nos casos de incidência da Lei nº 11.340, de 7 de agosto de 2006;

VI – a celebração do acordo não atender ao que seja necessário e suficiente para a reprovação e prevenção do crime.

§ 2º – A confissão detalhada dos fatos e as tratativas do acordo serão registrados pelos meios ou recursos de gravação audiovisual, destinados a obter maior fidelidade das informações, e o investigado deve estar sempre acompanhado de seu defensor.

§ 3º – O acordo será formalizado nos autos, com a qualificação completa do investigado e estipulará de modo claro as suas condições, eventuais valores a serem restituídos e as datas para cumprimento, e será firmado pelo membro do Ministério Público, pelo investigado e seu defensor.

§ 4º – Realizado o acordo, a vítima será comunicada por qualquer meio idôneo, e os autos serão submetidos à apreciação judicial.

§ 5º – Se o juiz considerar o acordo cabível e as condições adequadas e suficientes, devolverá os autos ao Ministério Público para sua implementação.

§ 6º – Se o juiz considerar incabível o acordo, bem como inadequadas ou insuficientes as condições celebradas, fará remessa dos autos ao procurador-geral ou órgão superior interno responsável por sua apreciação, nos termos da legislação vigente, que poderá adotar as seguintes providências:

I – oferecer denúncia ou designar outro membro para oferecê-la;

II – complementar as investigações ou designar outro membro para complementá-la;

III – reformular a proposta de acordo de não persecução, para apreciação do investigado;

IV – manter o acordo de não persecução, que vinculará toda a Instituição.

§ 7º – O acordo de não persecução poderá ser celebrado na mesma oportunidade da audiência de custódia.

§ 8º – É dever do investigado comunicar ao Ministério Público eventual mudança de endereço, número de telefone ou e-mail, e comprovar mensalmente o cumprimento das condições, independentemente de notificação ou aviso prévio, devendo ele, quando for o caso, por iniciativa própria, apresentar imediatamente e de forma documentada eventual justificativa para o não cumprimento do acordo.

§ 9º – Descumpridas quaisquer das condições estipuladas no acordo ou não observados os deveres do parágrafo anterior, no prazo e nas condições estabelecidas, o membro do Ministério Público deverá, se for o caso, imediatamente oferecer denúncia.

§ 10 – O descumprimento do acordo de não persecução pelo investigado também poderá ser utilizado pelo membro do Ministério Público como justificativa para o eventual não oferecimento de suspensão condicional do processo.

§ 11 – Cumprido integralmente o acordo, o Ministério Público promoverá o arquivamento da investigação, nos termos desta Resolução. (Incluído pela Resolução nº 183, de 24 de janeiro de 2018)

§ 12 – As disposições deste Capítulo não se aplicam aos delitos cometidos por militares que afetem a hierarquia e a disciplina.

§ 13 – Para aferição da pena mínima cominada ao delito, a que se refere o *caput*, serão consideradas as causas de aumento e diminuição aplicáveis ao caso concreto.

* **Artigo incluído pela Resolução nº 183, de 24 de janeiro de 2018.**

CAPÍTULO VII
DA CONCLUSÃO E DO ARQUIVAMENTO

Art. 19. Se o membro do Ministério Público responsável pelo procedimento investigatório criminal se convencer da inexistência de fundamento para a propositura de ação penal pública, nos termos do art. 17, promoverá o arquivamento dos autos ou das peças de informação, fazendo-o fundamentadamente.

* **Redação dada pela Resolução nº 183, de 24 de janeiro de 2018.**

§ 1º – A promoção de arquivamento será apresentada ao juízo competente, nos moldes do art. 28 do Código de Processo Penal, ou ao órgão superior interno responsável por sua apreciação, nos termos da legislação vigente.

* **Anterior parágrafo único renumerado para § 1º pela Resolução nº 183, de 24 de janeiro de 2018.**

§ 2º – Na hipótese de arquivamento do procedimento investigatório criminal, ou do inquérito policial, quando amparado em acordo de não persecução penal, nos termos do artigo anterior, a promoção de arquivamento será necessariamente apresentada ao juízo competente, nos moldes do art. 28 do Código de Processo Penal.

* **Incluído pela Resolução nº 183, de 24 de janeiro de 2018.**

§ 3º – Na hipótese de arquivamento do procedimento investigatório criminal, ou do inquérito policial, o membro do Ministério Público deverá diligenciar para a comunicação da vítima a respeito do seu pronunciamento.

* **Incluído pela Resolução nº 201, de 4 de novembro de 2019.**

§ 4º – Na hipótese do parágrafo anterior, admite-se, por opção do ofendido, o uso de meio eletrônico para comunicação.

* **Incluído pela Resolução nº 201, de 4 de novembro de 2019.**

Art. 20. Se houver notícia da existência de novos elementos de informação, poderá o membro do Ministério Público requerer o desarquivamento dos autos, providenciando-se a comunicação a que se refere o art. 5º desta Resolução.

CAPÍTULO VII
DAS DISPOSIÇÕES FINAIS E TRANSITÓRIAS

Art. 21. No procedimento investigatório criminal serão observados os direitos e as garantias individuais consagrados na Constituição da República Federativa do Brasil, bem como as prerrogativas funcionais do investigado, aplicando-se, no que couber, as normas do Código de Processo Penal e a legislação especial pertinente.

* **Redação dada pela Resolução nº 183, de 24 de janeiro de 2018.**

Parágrafo único * **Revogado pela Resolução nº 183, de 24 de janeiro de 2018.**

Art. 22. Os órgãos do Ministério Público deverão promover a adequação dos procedimentos de investigação em curso aos termos da presente Resolução, no prazo de 90 (noventa) dias a partir de sua entrada em vigor.

Art. 23. Esta Resolução entra em vigor na data de sua publicação.

Art. 24. Fica revogada a Resolução CNMP nº 13, de 2 de outubro de 2006.

Brasília-DF, 7 de agosto de 2017.
RODRIGO JANOT MONTEIRO DE BARROS
Presidente do Conselho Nacional do Ministério Público

RESOLUÇÃO CNMP Nº 221, DE 11 DE NOVEMBRO DE 2020.

Dispõe sobre a atuação do Ministério Público na audiência de custódia, incorpora as providências de investigação referentes ao Protocolo de Istambul, da Organização das Nações Unidas (ONU), e dá outras providências.

O **CONSELHO NACIONAL DO MINISTÉRIO PÚBLICO**, no exercício da competência fixada no art. 130-A, § 2º, inciso I, da Constituição Federal, com fundamento no art. 147 e seguintes de seu Regimento Interno e na decisão plenária proferida nos autos da Proposição nº 1.00709/2019-96, julgada na 15ª Sessão Ordinária, realizada no dia 13 de outubro de 2020;

Considerando o art. 9º, item 3, do Pacto Internacional de Direitos Civis e Políticos das Nações Unidas, bem como o art. 7º, item 5, da Convenção Americana sobre Direitos Humanos (Pacto de São José da Costa Rica);

Considerando a Lei nº 13.964, de 24 de dezembro de 2019, que promoveu alterações nos arts. 287 e 310 do Código de Processo Penal, introduzindo a previsão expressa de realização das audiências de custódia;

Considerando a decisão do Supremo Tribunal Federal nos autos da Ação Direta de Inconstitucionalidade nº 5.240, em 20 de agosto de 2015, em que declara a constitucionalidade da disciplina pelos Tribunais da apresentação da pessoa presa à autoridade judicial competente;

Considerando a Recomendação nº 28, de 22 de setembro de 2015, do CNMP, que "dispõe sobre a atuação dos membros do Ministério Público nas 'audiências de custódia", e o fato de que a implementação da Recomendação ensejou variadas modelagens de atribuições e de atuação do Ministério Público nas audiências de custódia;

Considerando a Recomendação nº 31, de 27 de janeiro de 2016, do CNMP, que "dispõe sobre a necessidade de observância, pelos membros do Ministério Público, das normas – princípios e regras – do chamado Protocolo de Istambul, da Organização das Nações Unidas (ONU), e, bem assim, do Protocolo Brasileiro de Perícia Forense, em casos de crimes de tortura e dá outras providências", e a necessidade de coadunar as providências descritas no referido Protocolo com as atribuições do órgão de execução do Ministério Público que atua na audiência de custódia;

Considerando o teor da Resolução nº 213, de 15 de dezembro de 2015, do Conselho Nacional de Justiça, que "dispõe sobre a apresentação de toda pessoa presa à autoridade judicial no prazo de 24 horas", em ato que conta com a participação do membro do Ministério Público;

Considerando o Termo de Cooperação Técnica nº 39/2018, que Conselho Nacional do Ministério Público, Conselho Nacional de Justiça e Ministério da Segurança Pública (hoje, Ministério da Justiça e Segurança Pública) celebraram entre si, "para conjugação de esforços destinados à melhoria do sistema de execução penal e da justiça criminal", em especial para o "aprimoramento da implementação das políticas de alternativas penais e monitoração eletrônica";

Considerando o Pacto pela Implementação dos Objetivos do Desenvolvimento Sustentável da Agenda 2030 das Nações Unidas no Poder Judiciário e Ministério Público, celebrado pelo CNJ, CNMP e ONU, no curso do mês de agosto de 2019, que prevê instrumentos de planejamento, gestão e aprimoramento para integração de metas e indicadores do Poder Judiciário e do Ministério Público, RESOLVE:

Art. 1º. A participação do membro do Ministério Público na audiência de custódia é obrigatória e integra o conjunto de atribuições constitucionalmente estabelecidas para a titularidade da ação penal e o controle externo da atividade policial.

Parágrafo único. O membro do Ministério Público deverá deslocar-se ao local assinalado para assegurar a realização do ato judicial nos casos em que a autoridade judicial designe audiência de custódia no local onde se encontre a pessoa presa, fora das dependências do juízo, por motivo de grave enfermidade, aqui incluídos casos de sofrimento psíquico grave ou outra circunstância excepcional.

Art. 2º. O membro do Ministério Público com atribuição para a audiência de custódia diligenciará para reunir elementos que subsidiarão sua manifestação subsequente sobre a legalidade da prisão e, em especial, sobre a necessidade e a adequação de eventuais medidas cautelares a serem requeridas em face da pessoa presa.

§ 1º – Observadas as especificidades dos diferentes contextos de atuação e as características regionais e locais, o membro do Ministério Público adotará providências para ter prévio acesso:

I – aos assentamentos anteriores da pessoa presa, com o objetivo de amparar a manifestação sobre seu perfil pessoal;

II – a eventuais atos de encaminhamento da pessoa presa a serviços de proteção social, de assistência à saúde e de atenção psicossocial;

III – aos resultados de exame de corpo de delito já realizados na pessoa presa;

IV – às ordens de medidas protetivas de urgência eventualmente decretadas em face da pessoa presa, se o motivo da prisão for crime que envolva violência doméstica e familiar contra a mulher, criança, adolescente, idoso, enfermo ou pessoa com deficiência.

§ 2º – Na impossibilidade de ter prévio acesso aos documentos a que se refere o § 1º, o membro do Ministério Público diligenciará perante o juízo para obtê-los, a qualquer momento.

Art. 3º. O membro do Ministério Público adotará providências para assegurar que os agentes de Estado responsáveis pela prisão ou investigação do fato determinante da prisão não estejam presentes na audiência de custódia.

Art. 4º. Após a inquirição pelo juiz, o membro do Ministério Público deverá formular, suplementarmente, questionamentos que se dirijam ao esclarecimento das circunstâncias da prisão, da realização do exame de corpo de delito e de eventual notícia de maus-tratos ou de tortura sofridos pela pessoa presa.

§ 1º – O membro do Ministério Público requisitará a realização de exame de corpo de delito nos casos em que:

I – essa modalidade de prova não tenha sido realizada;

II – os registros se mostrem insuficientes;

III – a alegação de maus-tratos ou tortura refira-se a momento posterior ao exame realizado;

IV – o exame tenha-se realizado na presença do agente policial de quem se noticia a prática de maus-tratos ou de tortura ou de quaisquer ilegalidades no curso da prisão.

§ 2º – Sem prejuízo do disposto no § 1º, o Ministério Público poderá requerer a realização de registro fotográfico e audiovisual sempre que a pessoa custodiada apresentar relatos ou sinais de tortura ou tratamentos cruéis, desumanos ou degradantes.

§ 3º – Havendo notícia de maus-tratos ou de tortura sofridos pela pessoa presa, os questionamentos do Ministério Público deverão se dirigir à descrição dos fatos e suas circunstâncias, à identificação e qualificação dos autores das agressões, bem como de eventuais testemunhas, da forma mais completa possível, respeitando-se a vontade da vítima, observando-se a efetiva compreensão dos termos utilizados e em atenção às ações e providências descritas no Protocolo de Istambul, da Organização das Nações Unidas (ONU), conforme as diretrizes do Anexo a esta Resolução.

§ 4º – O membro do Ministério Público deverá averiguar, por perguntas e visualmente, hipóteses de gravidez, existência de filhos ou dependentes sob cuidados da pessoa presa em flagrante delito, histórico de doença grave, incluídos os transtornos mentais e a dependência química, para analisar a hipótese de requerer encaminhamento assistencial e a concessão da liberdade provisória, com a imposição de medida cautelar, ou encaminhar o caso para o órgão do Ministério Público com atribuição para a curadoria de saúde.

Art. 5º. Obtidos os devidos esclarecimentos, o membro do Ministério Público requererá, conforme o caso:

I – o relaxamento da prisão em flagrante;

II – a concessão da liberdade provisória com aplicação de medida cautelar diversa da prisão;

III – a conversão da prisão em prisão preventiva;

IV – a adoção de outras medidas necessárias à preservação de direitos da pessoa presa.

§ 1º – O pedido de aplicação de medida cautelar diversa da prisão (art. 319 do Código de Processo Penal) deverá ser fundamentado na necessidade e na adequação da medida eleita para o caso concreto.

§ 2º – Nos crimes que envolvam violência doméstica e familiar contra mulher, criança, adolescente, idoso, enfermo ou pessoa com deficiência, o membro do Ministério Público:

I – diligenciará para assegurar que, caso a vítima tenha formulado pedido de medidas protetivas de urgência quando do registro da ocorrência, tais pedidos sejam apreciados pelo juiz da audiência de custódia quando da eventual concessão de liberdade provisória ao autuado;

II – avaliará a conveniência de requerer medidas protetivas de urgência para condicionarem a liberdade do autuado, mesmo que a vítima não tenha formulado requerimentos de tal natureza;

III – requererá ao juízo, no caso de concessão e liberdade provisória ao autuado, para que se realize a intimação da vítima, nos termos do art. 21 da Lei nº. 11.340, de 7 de agosto de 2006, com preferência pela via telefônica ou telemática, sempre que possível, antes da expedição da ordem de liberação;

IV – analisará a presença de fatores de risco próprios do contexto dessa forma de criminalidade para avaliar a necessidade de requerimento de decretação da prisão preventiva, especialmente em casos de desobediência à ordem de medida protetiva de urgência.

§ 3º – Havendo notícia da prática de maus-tratos ou de tortura, o membro do Ministério Público avaliará a necessidade de requerer a concessão da medida de proteção cabível, primordialmente para assegurar a integridade pessoal do denunciante, das testemunhas, do servidor que constatou a ocorrência da prática abusiva e de seus familiares. Se conveniente, avaliará ainda a formulação de pedido de sigilo das informações.

Art. 6º. Diante dos relatos produzidos na audiência de custódia, o membro do Ministério Público com atribuição para o ato deverá, imediatamente, requisitar a instauração de investigação dos fatos noticiados ou determinar a abertura de procedimento de investigação criminal, sem prejuízo da atribuição do membro do Ministério Público com atuação perante o juízo competente para eventual e futura ação penal.

Parágrafo único. O Ministério Público diligenciará para que o registro das declarações prestadas pelo preso na audiência de custódia, em mídia ou em qualquer outro tipo de documentação, instrua os autos da apuração da notícia de maus-tratos ou de tortura.

Art. 7º. Na regulamentação das atribuições de seus órgãos de execução para a audiência de custódia, os Ministérios Públicos farão constar o poder requisitório:

I – de perícias e de apresentação imediata do preso para tanto, com vistas à documentação do corpo de delito e aferição dos fatos noticiados de maus-tratos ou de tortura, independentemente de exame prévio à audiência de custódia;

II – de outros elementos de informação, como registros policiais de equipamentos de captura e registro de imagens, registros de GPS de viaturas, outros elementos relevantes à apuração dos fatos.

Art. 8º. Esta Resolução entra em vigor na data de sua publicação.

Brasília, 11 de novembro de 2020.
ANTÔNIO AUGUSTO BRANDÃO DE ARAS
Presidente do Conselho Nacional do Ministério Público

RECOMENDAÇÃO Nº 34, de 05 de abril de 2016.

Dispõe sobre a atuação do Ministério Público como órgão interveniente no processo civil.

O **CONSELHO NACIONAL DO MINISTÉRIO PÚBLICO**, no exercício da competência fixada no artigo 130-A, § 2º, I, da Constituição Federal e com fundamento nos artigos 147 e seguintes do Regimento Interno do Conselho Nacional do Ministério Público – RICNMP, nos autos da Proposição nº 0.00.000.001310/2013-74, julgada na 1ª Sessão Extraordinária, realizada em 5 de abril de 2016;

Considerando a necessidade de racionalizar a intervenção do Ministério Público no Processo Civil, notadamente em função da utilidade e efetividade da referida intervenção em benefício dos interesses sociais, coletivos e individuais indisponíveis;

Considerando a necessidade de orientar a atuação ministerial em respeito à evolução institucional do Ministério Público e ao perfil traçado pela Constituição da República, que priorizam a defesa de tais interesses na qualidade de órgão agente;

Considerando a Lei nº 13.105, de 16 de março de 2015 (Novo Código de Processo Civil) e a iterativa jurisprudência dos Tribunais pátrios, inclusive sumuladas, em especial dos Egrégios Supremo Tribunal Federal e Superior Tribunal de Justiça;

Considerando a exclusividade do Ministério Público na identificação do interesse que justifique a intervenção da Instituição na causa, RESOLVE, respeitada a independência funcional dos membros da Instituição, expedir a seguinte RECOMENDAÇÃO, sem caráter vinculativo:

Art. 1º. Os órgãos do Ministério Público Brasileiro, no âmbito de sua autonomia administrativa e funcional, devem priorizar:

I – o planejamento das questões institucionais;

II – a avaliação da relevância social dos temas e processos em que atuem;

III – a busca da efetividade em suas ações e manifestações;

IV – a limitação da sua atuação em casos sem relevância social para direcioná-la na defesa dos interesses da sociedade.

Art. 2º. A identificação do interesse público no processo é juízo exclusivo do membro do Ministério Público, sendo necessária a remessa e indevida a renúncia de vista dos autos.

Art. 3º. É prescindível a manifestação, em primeiro grau, acerca da admissibilidade de recurso, ressalvada disposição legal em contrário.

Art. 4º. É prescindível a atuação simultânea de mais de um órgão do Ministério Público em ações individuais ou coletivas, propostas ou não por membro da Instituição.

Parágrafo único. Nas ações não propostas pelo Ministério Público em que exista a necessidade de intervenção ministerial, atuará como 'custos legis' o membro do Ministério Público com atribuições especializadas de acordo com o objeto da ação em questão.

Art. 5º. Além dos casos que tenham previsão legal específica, destaca-se de relevância social, nos termos do art. 1º, inciso II, os seguintes casos:

I – ações que visem à prática de ato simulado ou à obtenção de fim proibido por lei;

II – normatização de serviços públicos;

III – licitações e contratos administrativos;

IV – ações de improbidade administrativa;

V – os direitos assegurados aos indígenas e às minorias;

VI – licenciamento ambiental e infrações ambientais;

VII – direito econômico e direitos coletivos dos consumidores;

VIII – os direitos dos menores, dos incapazes e dos idosos em situação de vulnerabilidade;

IX – **Revogado pela Recomendação nº 37, de 13 de junho de 2016.**

X – ações que envolvam acidentes de trabalho, quando o dano tiver projeção coletiva;

XI – ações em que sejam partes pessoas jurídicas de Direito Público, Estados estrangeiros e Organismos Internacionais, nos termos do art.83, inciso XIII, da Lei Complementar nº 75/93, respeitada a normatização interna;

XII – ações em que se discuta a ocorrência de discriminação ou qualquer prática atentatória à dignidade da pessoa humana do trabalhador, quando o dano tiver projeção coletiva;

XIII – ações relativas à representação sindical, na forma do inciso III do artigo 114 da Constituição da República/88;

XIV – ações rescisórias de decisões proferidas em ações judiciais nas quais o Ministério Público já tenha atuado como órgão interveniente;

Parágrafo único. Os assuntos considerados relevantes pelo planejamento institucional (Art. 1º, inciso I) são equiparados aos de relevância social.

Art. 6º. As unidades do Ministério Público, respeitada a autonomia administrativa e funcional, devem disciplinar a matéria da intervenção cível, por ato interno, preservada a independência funcional dos membros da Instituição, sem caráter vinculante, nos termos desta Recomendação.

Art. 7º. A modificação do quantitativo processual de promotoria ou ofício ministerial, decorrente da adoção da presente Recomendação, implicará a redefinição de suas atribuições, na transformação ou extinção da unidade.

Art. 8º. Revoga-se a Recomendação CNMP nº 16, de 28 de abril de 2010.

Brasília-DF, 5 de abril de 2016.

RODRIGO JANOT MONTEIRO DE BARROS
Presidente do Conselho Nacional do Ministério Público

4

NORMAS DO MINISTÉRIO PÚBLICO DO ESTADO DO RIO DE JANEIRO

RESOLUÇÕES DO GABINETE DA PROCURADORIA-GERAL DE JUSTIÇA DO MINISTÉRIO PÚBLICO DO RIO DE JANEIRO:

RESOLUÇÃO GPGJ nº 1.468 DE 04 DE NOVEMBRO DE 2008.

(* Alterada pela Resolução GPGJ nº 1.650 de 13 de abril de 2011)

> Dispõe sobre as atribuições das Promotorias de Justiça de Investigação Penal.

O **PROCURADOR-GERAL DE JUSTIÇA DO ESTADO DO RIO DE JANEIRO**, no uso de suas atribuições legais,

CONSIDERANDO que o deferimento de medida cautelar constritiva de liberdade não põe fim, necessariamente, o procedimento investigatório;

CONSIDERANDO que é atribuição das Promotorias de Justiça de Investigação Penal o exercício do controle externo da atividade policial, compreendendo todos os atos praticados no curso do procedimento investigatório;

CONSIDERANDO o deliberado pelo Egrégio Órgão Especial do Colégio de Procuradores de Justiça, nas sessões dos dias 02 de março de 2007 e 31 de outubro de 2008,

R E S O L V E

Art. 1º. As Promotorias de Justiça de Investigação Penal atuarão privativamente em todas as fases da investigação penal, inclusive nas medidas cautelares, excetuados os inquéritos policiais iniciados por auto de prisão em flagrante.

Parágrafo único – Incumbe às Promotorias de Justiça junto aos Juizados de Violência Doméstica e Familiar contra a Mulher oficiar, privativamente, nas medidas cautelares protetivas de urgência previstas na Lei nº 11.340, de 7 de agosto de 2006, no âmbito das respectivas circunscrições territoriais.

* Parágrafo único incluído pela Resolução GPGJ nº 1.650 de 13 de abril de 2011.

Art. 2º. Nos crimes de competência do juízo comum, não havendo composição civil ou aceitação da proposta de transação penal que possibilite a extinção da punibilidade, a atribuição para oficiar nos ulteriores termos do procedimento investigatório será da Promotoria de Justiça de Investigação Penal, até o oferecimento da denúncia.

Art. 3º. Em consequência do disposto no artigo 2º, a ciência da decisão de rejeição ou de não-recebimento da denúncia será privativa da Promotoria de Justiça que a ofereceu.

Parágrafo único – A atribuição para interpor recurso da decisão referida no *caput* será exercida, com exclusividade, pelo órgão de execução que ofereceu a denúncia.

Art. 4º. Na medida cautelar de produção antecipada de provas, a atribuição para atuar nos respectivos atos judiciais permanecerá com o órgão de execução que a requereu.

Art. 5º. Esta Resolução entra em vigor na data de sua publicação, somente se aplicando aos processos, inquéritos e procedimentos administrativos instaurados a partir de sua vigência, revogadas as disposições em contrário.

Rio de Janeiro, 04 de novembro de 2008.
Marfan Martins Vieira
Procurador-Geral de Justiça

RESOLUÇÃO GPGJ nº 1.521 DE 30 DE JUNHO DE 2009

Dispõe sobre a prorrogação das atribuições do Promotor de Justiça na hipótese de interposição de recurso em matéria criminal desacompanhada das respectivas razões.

O **PROCURADOR-GERAL DE JUSTIÇA DO ESTADO DO RIO DE JANEIRO**, no uso de suas atribuições legais,

CONSIDERANDO que, nos exatos termos do art. 576 do Código de Processo Penal, é vedado ao Ministério Público desistir do recurso que haja interposto;

CONSIDERANDO ser plenamente factível, à luz do Princípio da Independência Funcional, a existência de entendimentos divergentes entre membros do Ministério Público quanto à mesma base fática;

CONSIDERANDO que, não obstante legítima, a possível dissonância de opiniões entre o membro do Ministério Público que apresente a manifestação recursal e aquele responsável pelo oferecimento das razões recursais termina por afetar a unidade de um ato processual;

CONSIDERANDO não ser incomum que o membro do Ministério Público responsável pela elaboração das razões recursais não seja o mesmo que interpôs o respectivo recurso;

CONSIDERANDO o decidido pelo egrégio Órgão Especial do Colégio de Procuradores de Justiça na sessão realizada em 30 de junho de 2009 (Proc. MPRJ 2007.00096059 e 1999.001.13176.00);

RESOLVE

Art. 1º. Interposto recurso em matéria criminal, ao Promotor de Justiça que receber os autos para o oferecimento das respectivas razões, caso não encampe a posição antes assumida, incumbe, em 24 horas, promover a comunicação ao responsável pela interposição.

Parágrafo único – O Promotor de Justiça responsável pela interposição do recurso será comunicado por meio de expediente reservado, acompanhado dos fundamentos adotados pelo comunicante, com cópias para o Procurador-Geral de Justiça e para o Corregedor-Geral do Ministério Público.

Art. 2º. Na hipótese do artigo anterior, prorroga-se a atribuição do Promotor de Justiça que subscreveu o recurso, caso tenha sido removido para outro órgão de execução e, na fluência do prazo para o oferecimento das razões, encontre-se no regular exercício de suas funções.

Art. 3º. Não sendo possível a prorrogação referida no art. 2º, a atribuição se deslocará para o Procurador-Geral de Justiça, que designará integrante de sua assessoria para a apresentação das razões recursais.

Art. 4º. Esta Resolução entra em vigor na data de sua publicação, revogadas as disposições em contrário.

Rio de Janeiro, 30 de junho de 2009.
Cláudio Soares Lopes
Procurador-Geral de Justiça

RESOLUÇÃO GPGJ Nº 1.524 DE 8 DE JULHO DE 2009.

(* Nesta Edição, Res. CNMP 20/2007)

Disciplina a atuação do Ministério Público do Estado do Rio de Janeiro no controle externo da atividade policial, função constitucional prevista no art. 129, VII, da Constituição da República e no art. 34, XIV, da Lei Complementar Estadual no 106, de 3 de janeiro de 2003.

O **PROCURADOR-GERAL DE JUSTIÇA DO ESTADO DO RIO DE JANEI**RO, no uso de suas atribuições legais,

CONSIDERANDO que o Ministério Público é Instituição permanente, essencial à função jurisdicional do Estado, incumbindo-lhe a defesa da ordem jurídica e dos interesses sociais e individuais indisponíveis, nos termos do art. 127, *caput*, da Constituição da República, e do art. 167, *caput*, da Constituição do Estado do Rio de Janeiro;

CONSIDERANDO que o art. 129, VII, da Constituição da República e o art. 34, XIV, da Lei Complementar nº 106, de 3 de janeiro de 2003 atribuem ao Ministério Público o exercício do controle externo da atividade policial;

CONSIDERANDO a necessidade de padronização de procedimentos das Promotorias de Justiça com atribuição para o exercício do controle externo da atividade policial;

CONSIDERANDO o disposto na Resolução CNMP nº 20, de 28 de maio de 2007, sobretudo diante da regra posta em seu art. 7º, que prescreve a expedição de atos próprios no âmbito de cada Unidade do Ministério Público Brasileiro; e

CONSIDERANDO, por fim, o teor do parecer lançado pela Assessoria de Assuntos Institucionais nos autos do Prot. MPRJ 2009.00054415, devidamente aprovado pela Subprocuradoria-Geral de Justiça de Atribuição Originária Institucional e Judicial;

RESOLVE

CAPÍTULO I
DAS DISPOSIÇÕES GERAIS

Art. 1º. O controle externo da atividade policial pelo Ministério Público tem como objetivo a verificação da regularidade, da eficiência e da adequação dos procedimentos desenvolvidos na realização da atividade de polícia judiciária, bem como a integração das funções do Ministério Público e das polícias, voltada para a persecução penal e para o interesse público.

Parágrafo único – Para esse fim, em sua atividade de controle externo, o Ministério Público atentará, especialmente, para:

I – o respeito aos direitos fundamentais assegurados na Constituição da República e na legislação infraconstitucional;

II – a preservação da ordem pública, da incolumidade das pessoas e do patrimônio público;

III – a prevenção da criminalidade;

IV – a finalidade, a celeridade, o aperfeiçoamento e a indisponibilidade da persecução penal;

V – a prevenção ou a correção de irregularidades, ilegalidades ou abuso de poder relacionados à atividade policial;

VI – a busca da superação de falhas na produção da prova, inclusive técnica, para fins de investigação criminal;

VII – a probidade administrativa da atividade policial.

Art. 2º. Estão sujeitos ao controle externo do Ministério Público do Estado do Rio de Janeiro, na forma do art. 129, VII, da Constituição da República, da legislação em vigor e da presente Resolução, os organismos policiais relacionados no art. 144, IV e V, da Constituição da República, bem como as polícias legislativas ou qualquer outro órgão ou instituição, civil ou militar, à qual seja atribuída parcela de poder de polícia, relacionada com a segurança pública e persecução criminal.

§ 1º – Está igualmente sujeita ao controle externo a atividade dos agentes que fiscalizam presos recolhidos em delegacias, cadeias públicas ou quaisquer outros estabelecimentos penais.

§ 2º – O controle externo não abrange a atividade policial de caráter administrativo, em seus aspectos funcionais ou disciplinares, sujeita à fiscalização hierárquica e ao poder correcional por parte dos órgãos e das autoridades do próprio organismo policial.

Art. 3º. Incumbe aos órgãos do Ministério Público, quando do exercício ou do resultado da atividade de controle externo:

I – realizar visitas ordinárias periódicas e, quando necessárias, a qualquer tempo, visitas extraordinárias, em repartições policiais, civis e militares, órgãos de perícia técnica e aquartelamentos militares existentes em sua área de atribuição;

II – examinar, em quaisquer dos órgãos referidos no inciso anterior, autos de inquérito policial, inquérito policial militar, autos de prisão em flagrante ou qualquer outro expediente ou documento de natureza persecutória penal, ainda que conclusos à autoridade, dele podendo extrair cópia ou tomar apontamentos, fiscalizando seu andamento e regularidade;

RESOLUÇÕES DO GPGJ

III – fiscalizar a destinação de armas, valores, substâncias entorpecentes, veículos e objetos apreendidos;

IV – fiscalizar o cumprimento dos mandados de prisão, das requisições e demais medidas determinadas pelo Ministério Público e pelo Poder Judiciário, inclusive no que se refere aos prazos;

V – verificar as cópias dos registros de ocorrência ou sindicâncias que não geraram instauração de inquérito policial e a motivação do despacho da autoridade policial, podendo requisitar a instauração do inquérito, se julgar necessário;

VI – comunicar à autoridade responsável pela repartição ou unidade militar, bem como à respectiva Corregedoria ou autoridade superior, para as devidas providências, no caso de constatação de irregularidades no trato de questões relativas à atividade de investigação penal que importem falta funcional ou disciplinar;

VII – solicitar, se necessário, por intermédio do Procurador-Geral de Justiça, a prestação de auxílio ou colaboração das Corregedorias dos órgãos policiais, para fins de cumprimento do controle externo;

VIII – acompanhar, quando necessário ou solicitado, a condução da investigação policial civil ou militar;

IX – fiscalizar o cumprimento das medidas de quebra de sigilo de comunicações, na forma da lei, inclusive junto ao órgão responsável pela execução da medida;

X – expedir recomendações, visando à melhoria dos serviços policiais, bem como o respeito aos interesses, direitos e bens cuja defesa seja de responsabilidade do Ministério Público, fixando prazo razoável para a adoção das providências cabíveis;

XI – impetrar ordem de habeas corpus sempre que constatada a prisão ilegal de qualquer pessoa, ou postular em juízo todas as providências destinadas a restabelecer ou resguardar o direito de liberdade ameaçado ou violado;

XII – verificar a existência de irregularidades ou ofensas à lei quando das inspeções realizadas, adotando as medidas pertinentes para coibi-las, podendo proceder à oitiva de presos ou de pessoas, inclusive servidores públicos;

XIII – provocar, por escrito, o Procurador-Geral de Justiça, para que sugira ao Poder competente a edição de normas e a alteração de legislação em vigor, bem assim a adoção de medidas destinadas à prevenção e ao controle da criminalidade, e ao melhoramento da segurança pública.

§ 1º – Incumbe, ainda, aos órgãos do Ministério Público, havendo fundada necessidade e conveniência, instaurar procedimento investigatório referente a ilícito penal ocorrido no exercício da atividade policial.

§ 2º - O Ministério Público poderá instaurar procedimento administrativo visando a sanar as deficiências ou irregularidades detectadas no exercício do controle externo da atividade policial, bem como apurar as responsabilidades decorrentes do descumprimento injustificado das requisições pertinentes.

Art. 4º. Caso, no exercício de controle externo, seja verificada repercussão na área cível, deverão ser encaminhadas cópias dos documentos e peças disponíveis ao órgão do Ministério Público investido de atribuição para instauração de inquérito civil público ou ajuizamento de ação civil por improbidade administrativa.

Art. 5º. Se, em virtude do controle externo, for oferecida denúncia ou proposta ação civil pública por ato de improbidade contra policial civil ou militar, o órgão do Ministério Público deverá providenciar a extração de peças à autoridade administrativa competente, para as providências cabíveis.

CAPÍTULO II
DAS VISITAS ÀS REPARTIÇÕES POLICIAIS, CIVIS E MILITARES E AOS ÓRGÃOS DE PERÍCIA TÉCNICA

Art. 6º. O membro do Ministério Público com atribuição efetuará visitas periódicas às repartições policiais, civis e militares e aos órgãos de perícia técnica, cabendo-lhe, dentre outras:

I - ter livre ingresso em estabelecimentos ou unidades policiais, civis ou aquartelamentos militares, bem como casas prisionais, cadeias públicas ou quaisquer outros estabelecimentos onde se encontrem pessoas custodiadas, detidas ou presas, a qualquer título, sem prejuízo das atribuições previstas na Lei de Execução Penal, afetas, nos termos do art. 2º da Resolução GPGJ 1206/2003, às Promotorias de Justiça de Execução Penal;

II - ter acesso a quaisquer documentos, informatizados ou não, relativos à atividade-fim policial civil e militar, incluindo as de polícia técnica desempenhadas por outros órgãos, em especial:

a) ao registro de mandados de prisão;

b) ao registro de fianças;

c) ao registro de armas, valores, substâncias entorpecentes, veículos e outros objetos apreendidos;

d) ao registro de ocorrências policiais, representações de ofendidos e *notitia criminis*;

e) ao registro de inquéritos policiais;

f) ao registro de termos circunstanciados;

g) ao registro de cartas precatórias;

h) ao registro de diligências requisitadas pelo Ministério Público ou pela autoridade judicial;

i) aos registros e guias de encaminhamento de documentos ou objetos à perícia;

j) aos registros de autorizações judiciais para quebra de sigilo fiscal, bancário e de comunicações;

k) aos relatórios e soluções de sindicâncias findas.

III – acompanhar, quando necessário ou solicitado, a condução da investigação policial civil ou militar;

IV – requisitar à autoridade competente a instauração de inquérito policial ou inquérito policial militar sobre omissão ou fato ilícito ocorrido no exercício da atividade policial, ressalvada a hipótese em que os elementos colhidos sejam desde logo suficientes ao ajuizamento de ação penal;

V – requisitar informações, a serem prestadas pela autoridade, acerca de inquérito policial não concluído no prazo legal, bem assim requisitar sua imediata remessa ao Ministério Público, no estado em que se encontre;

VI – receber representação ou petição de qualquer pessoa ou entidade, por desrespeito aos direitos assegurados na Constituição e nas leis relacionado com o exercício da atividade policial;

VII – ter acesso ao preso, em qualquer momento;

VIII – ter acesso a relatórios e laudos periciais, ainda que provisórios, incluindo documentos e objetos sujeitos a perícia, guardando, quanto ao conteúdo de documentos, o sigilo legal ou judicial que lhes sejam atribuídos, ou quando necessário à salvaguarda do procedimento investigatório.

Art. 7º. No prazo de dez dias, a contar da realização da visita, o membro do Ministério Público lavrará a ata ou o relatório respectivo, consignando todas as constatações e ocorrências, bem como eventuais deficiências, irregularidades ou ilegalidades e as medidas requisitadas para saná-las, devendo manter, na Promotoria de Justiça, cópia em arquivo específico.

Parágrafo único – A autoridade diretora ou chefe de repartição policial poderá ser previamente notificada da data ou período da visita, bem como dos procedimentos e ações que serão efetivadas, com vistas a disponibilizar e organizar a documentação a ser averiguada.

CAPÍTULO III
DAS ATRIBUIÇÕES RELATIVAS
AO CONTROLE EXTERNO

Art. 8º. O controle externo da atividade policial será exercido:

I – na forma de controle difuso, por todos os membros do Ministério Público com atribuição criminal, quando do exame dos procedimentos cuja apreciação lhes seja submetida;

II – em sede de controle concentrado, mediante visitas periódicas e sempre que necessário, devendo encaminhar-se relatório bimestral das atividades à Procuradoria-Geral da Justiça e à Corregedoria-Geral do Ministério Público:

a) pelas Promotorias de Justiça de Investigação Penal, nos termos do art. 2º, XV, da Resolução GPGJ nº 786/96 e do art. 3º, VI, da Resolução GPGJ 447/1991, inclusive no tocante à fiscalização das unidades policiais, casas de custódia e demais estabelecimentos civis que abriguem pessoas detidas em regime de prisão provisória, sediados na sua área de atribuições;

b) pelas Promotorias de Justiça junto à Auditoria Militar, nos termos do art. 1º da Resolução GPGJ 894/1999, em relação às unidades militares, inclusive quanto aos estabelecimentos prisionais militares de custódia provisória, observada a respectiva área territorial de atribuição.

§ 1º – Os estabelecimentos destinados a presos provisórios deverão ser fiscalizados com periodicidade mínima mensal, nos termos do art. 2º, parágrafo único, e do art. 68, parágrafo único, ambos da Lei de Execução Penal, com a apresentação de relatório bimestral das atividades à Procuradoria-Geral da Justiça e à Corregedoria-Geral do Ministério Público.

§ 2º – Nas Comarcas onde não houver Promotoria de Justiça de Investigação Penal, a atribuição para fiscalizar os estabelecimentos destinados a presos provisórios caberá à respectiva Promotoria de Justiça Criminal ou, se houver mais de uma, à Promotoria de Justiça com atribuição para funcionar nos inquéritos policiais e demais procedimentos investigatórios.

§ 3º – A autoridade diretora ou chefe de repartição policial poderá ser previamente notificada da data ou período da visita, bem como dos procedimentos e ações que serão efetivadas, com vistas a disponibilizar e organizar a documentação a ser averiguada

CAPÍTULO IV
DAS DISPOSIÇÕES FINAIS

Art. 9º. Esta Resolução entra em vigor na data de sua publicação, revogadas as disposições em contrário.

Rio de Janeiro, 8 de julho de 2009.

Cláudio Soares Lopes
Procurador-Geral de Justiça

RESOLUÇÃO GPGJ nº 1.678 DE 05 DE SETEMBRO DE 2011.

(* Nesta Edição, Res. CNMP 181/2017)

Regulamenta o art. 26 da Lei nº 8.625/93, 1) disciplinando, no âmbito do Ministério Público do Estado do Rio de Janeiro, a instauração e tramitação do procedimento investigatório criminal.

O **PROCURADOR-GERAL DE JUSTIÇA DO ESTADO DO RIO DE JANEIRO**, no uso de suas atribuições legais,

CONSIDERANDO o disposto no art. 127, *caput*, e no art. 129, incisos I, II, VIII e IX, da Constituição da República,

CONSIDERANDO o disposto no art. 26 da Lei nº 8.625/93 e no art. 4º, parágrafo único, do Código de Processo Penal;

CONSIDERANDO a edição da Resolução nº 13/2006, do Conselho Nacional do Ministério Público (CNMP), que disciplinou, no âmbito do Ministério Público Brasileiro, a instauração e a tramitação do procedimento investigatório criminal;

CONSIDERANDO a necessidade de regulamentar, no âmbito do Ministério Público do Estado do Rio de Janeiro, a instauração e tramitação do procedimento investigatório criminal;

CONSIDERANDO a necessidade de efetivar o combate à criminalidade, primando pelo resguardo do poder punitivo estatal; e

CONSIDERANDO, por fim, o que consta nos autos do Proc. MPRJ 201100471874,

RESOLVE

Capítulo I
DA DEFINIÇÃO E FINALIDADE

Art. 1º. O procedimento investigatório criminal é instrumento de natureza administrativa e inquisitorial, instaurado e presidido pelo membro do Ministério Público com atribuição criminal, e terá como finalidade apurar a ocorrência de infrações penais de natureza pública, servindo como preparação e embasamento para o juízo de propositura, ou não, da respectiva ação penal.

Parágrafo único – O procedimento investigatório criminal não é condição de procedibilidade ou pressuposto processual para o ajuizamento de ação penal e não exclui a possibilidade de formalização de investigação por outros órgãos legitimados da Administração Pública.

Capítulo II
DA INSTAURAÇÃO

Art. 2º. Em poder de quaisquer peças de informação, o membro do Ministério Público poderá:

I – promover a ação penal cabível;

II – instaurar procedimento investigatório criminal;

III – encaminhar as peças para o Juizado Especial Criminal, caso a infração seja de menor potencial ofensivo;

IV – promover fundamentadamente o respectivo arquivamento;

V – requisitar a instauração de inquérito policial.

Art. 3º. O procedimento investigatório criminal poderá ser instaurado de ofício, por membro do Ministério Público, no âmbito de suas atribuições criminais, ao tomar conhecimento de infração penal, por qualquer meio, ainda que informal, ou mediante provocação.

§ 1º – O procedimento deverá ser instaurado sempre que houver determinação do Procurador-Geral de Justiça, diretamente ou por delegação, nos moldes da lei, em caso de discordância da promoção de arquivamento de peças de informação.

§ 2º – A designação a que se refere o § 1º deverá recair sobre membro do Ministério Público diverso daquele que promoveu o arquivamento.

§ 3º – A distribuição de peças de informação deverá observar as regras internas previstas no sistema de divisão de serviços.

§ 4º – No caso de instauração de ofício, o membro do Ministério Público poderá prosseguir na presidência do procedimento investigatório criminal até a distribuição da denúncia ou promoção de arquivamento em juízo.

§ 5º – O membro do Ministério Público, no exercício de suas atribuições criminais, deverá dar andamento, no prazo de 30 (trinta) dias a contar de seu recebimento, às representações, requerimentos, petições e peças de informação que lhes sejam encaminhadas.

§ 6º – O procedimento investigatório criminal poderá ser instaurado por grupo de atuação especial composto por membros do Ministério Público, cabendo sua presidência àquele que o ato de instauração designar.

Art. 4º. O procedimento investigatório criminal será instaurado por portaria fundamentada, devidamente registrada e autuada, com a indicação dos fatos a serem investigados e deverá conter, sempre que possível, o nome e a qualificação do autor da representação e a determinação das diligências iniciais.

Parágrafo único – Se, durante a instrução do procedimento investigatório criminal, for constatada a necessidade de investigação de outros fatos, o membro do Ministério Público poderá aditar a portaria inicial ou determinar a extração de peças para instauração de outro procedimento.

Art. 5º. Da instauração do procedimento investigatório criminal far-se-á comunicação imediata e escrita ao Procurador-Geral de Justiça ou ao órgão a quem incumbir por delegação, nos termos da lei.

Capítulo III
DA INSTRUÇÃO

Art. 6º. Sem prejuízo de outras providências inerentes à sua atribuição funcional e legalmente previstas, o membro do Ministério Público, na condução das investigações, poderá:

I – fazer ou determinar vistorias, inspeções e quaisquer outras diligências;

II – requisitar informações, exames, perícias e documentos de autoridades, órgãos e entidades da Administração Pública direta e indireta, da União, dos Estados, do Distrito Federal e dos Municípios;

III – requisitar informações e documentos de entidades privadas, inclusive de natureza cadastral;

IV – notificar testemunhas e vítimas e requisitar sua condução coercitiva, nos casos de ausência injustificada, ressalvadas as prerrogativas legais;

V – acompanhar buscas e apreensões deferidas pela autoridade judiciária;

VI – acompanhar cumprimento de mandados de prisão preventiva ou temporária deferidas pela autoridade judiciária;

VII – expedir notificações e intimações necessárias;

VIII – realizar oitivas para colheita de informações e esclarecimentos;

IX – ter acesso incondicional a qualquer banco de dados de caráter público ou relativo a serviço de relevância pública;

X – requisitar auxílio de força policial.

§ 1º – Nenhuma autoridade pública ou agente de pessoa jurídica no exercício de função pública poderá opor ao Ministério Público, sob qualquer pretexto, a exceção de sigilo, sem prejuízo da subsistência do caráter sigiloso da informação, do registro, do dado ou do documento que lhe seja fornecido.

§ 2º – O prazo mínimo para resposta às requisições do Ministério Público será de 10 (dez) dias úteis, a contar do recebimento, salvo hipótese justificada de relevância e urgência e em casos de complementação de informações.

§ 3º – Ressalvadas as hipóteses de urgência, as notificações para comparecimento devem ser efetivadas com antecedência mínima de 48 horas, respeitadas, em qualquer caso, as prerrogativas legais pertinentes.

§ 4º – A notificação deverá mencionar o fato investigado, salvo na hipótese de decretação de sigilo, e a faculdade do notificado de se fazer acompanhar por advogado.

§ 5º – As correspondências, notificações, requisições e intimações do Ministério Público quando tiverem como destinatário o Governador do Estado, membros do Poder Legislativo ou desembargadores, serão encaminhadas pelo Procurador-Geral de Justiça.

§ 6º – As autoridades referidas no parágrafo 5º poderão fixar data, hora e local em que puderem ser ouvidas, se for o caso.

§ 7º – O membro do Ministério Público será responsável pelo uso indevido das informações e documentos que requisitar, inclusive nas hipóteses legais de sigilo.

Art. 7º. O autor do fato investigado será notificado a apresentar, querendo, as informações que considerar adequadas, facultado o acompanhamento por advogado.

Art. 8º. As diligências serão documentadas em auto circunstanciado.

Art. 9º. As declarações e depoimentos serão tomados por termo, podendo ser utilizados recursos audiovisuais.

Art. 10. As diligências que devam ser realizadas fora dos limites territoriais da unidade em que se realizar a investigação, serão deprecadas ao respectivo órgão do Ministério Público local, podendo o membro do Ministério Público deprecante acompanhar a(s) diligência(s), com a anuência do membro deprecado.

§ 1º – A deprecação poderá ser feita por qualquer meio hábil de comunicação, devendo ser formalizada nos autos.

§ 2º – O disposto neste artigo não obsta a requisição de informações, documentos, vistorias, perícias a órgãos sediados em localidade diversa daquela em que lotado o membro do Ministério Público.

Art. 11. A pedido da pessoa interessada será fornecida comprovação escrita de comparecimento.

Art. 12. O procedimento investigatório criminal deverá ser concluído no prazo de 90 (noventa) dias, permitidas, por igual período, prorrogações sucessivas, por decisão fundamentada do membro do Ministério Público responsável pela sua condução.

§ 1º – O membro do Ministério Público do Estado, manterá, para conhecimento dos órgãos superiores, controle atualizado, preferencialmente por meio eletrônico, do andamento de seus procedimentos investigatórios criminais.

§ 2º – O controle referido no parágrafo anterior poderá ter nível de acesso restrito ao Procurador-Geral de Justiça, mediante justificativa lançada nos autos.

Capítulo IV
DA PUBLICIDADE

Art. 13. Os atos e peças do procedimento investigatório criminal são públicos, nos termos desta Resolução, salvo disposição legal em contrário ou por razões de interesse público ou conveniência da investigação.

Parágrafo único – A publicidade consistirá:

I – na expedição de certidão, mediante requerimento do investigado, da vítima ou seu representante legal, do Poder Judiciário, do Ministério Público ou de terceiro diretamente interessado;

II – no deferimento de pedidos de vista ou de extração de cópias, desde que realizados de forma fundamentada pelas pessoas referidas no inciso I ou a seus advogados ou procuradores com poderes específicos, ressalvadas as hipóteses de sigilo;

III – na prestação de informações ao público em geral, a critério do presidente do procedimento investigatório criminal, observados o princípio da presunção de inocência e as hipóteses legais de sigilo.

Art. 14. O presidente do procedimento investigatório criminal poderá decretar o sigilo das investigações, no todo ou em parte, por decisão fundamentada, quando a elucidação do fato ou interesse público exigir; garantida ao investigado a obtenção, por cópia autenticada, de depoimento que tenha prestado e dos atos de que tenha, pessoalmente, participado.

Capítulo V
DA CONCLUSÃO E DO ARQUIVAMENTO

Art. 15. Se o membro do Ministério Público responsável pelo procedimento investigatório criminal se convencer da inexistência de fundamento para a propositura de ação penal pública, promoverá o arquivamento dos autos ou das peças de informação, fazendo-o fundamentadamente.

Parágrafo único – A promoção de arquivamento será apresentada ao juízo competente, nos moldes do art. 28 do CPP.

Art. 16. Se houver notícia de outras provas novas, poderá o membro do Ministério Público requerer o desarquivamento dos autos, providenciando-se a comunicação a que se refere o artigo 5º desta Resolução.

Capítulo VI
DAS DISPOSIÇÕES ESPECIAIS

Art. 17. é admitida a atuação simultânea no mesmo procedimento investigatório de mais de um membro do Ministério Público ou de grupo designado pelo Procurador-Geral de Justiça.

Art. 18. Incumbe ao Procurador-Geral de Justiça:

I – instaurar e presidir o procedimento administrativo investigatório, pessoalmente ou mediante delegação, quando a autoridade noticiada ou investigada gozar de prerrogativa de foro em razão da função, conforme disciplinado na Constituição da República e na Constituição Estadual;

II – expedir e encaminhar as requisições e notificações, quando tiverem como destinatários:

a) Chefe do Poder Executivo da União ou dos Estados;

b) Ministros de Estado ou Secretários Estaduais;

c) membros do Congresso Nacional ou das Assembleias legislativas;

d) membros dos Tribunais de Contas da união e dos Estados;

e) membros do Supremo Tribunal Federal ou dos Tribunais Superiores, ou ainda dos órgãos do Poder Judiciário em segundo grau de jurisdição.

Capítulo VII
DAS DISPOSIÇÕES FINAIS E TRANSITÓRIAS

Art. 19. No procedimento investigatório criminal serão observados os direitos e garantias individuais consagrados na Constituição da República Federativa do Brasil, aplicando-se, no que couber, as normas do Código de Processo Penal e a legislação especial pertinente.

Art. 20. Os membros do Ministério Público do Estado do Rio de Janeiro deverão promover a adequação dos procedimentos de investigação em curso aos termos da presente Resolução, no prazo de 90 (noventa) dias a partir de sua entrada em vigor.

Art. 21. Esta Resolução entra em vigor na data de sua publicação.

Rio de Janeiro, 5 de setembro de 2011.

Cláudio Soares Lopes
Procurador-Geral de Justiça

RESOLUÇÃO GPGJ nº 1.804 DE 28 DE JANEIRO DE 2013

(*Alterada pelas Resoluções GPGJ 1.811 de 08 de março de 2013; 1.825 de 30 de abril de 2013 e nº 2.052 de 28 de janeiro de 2016)

Dispõe sobre os Centros de Apoio Operacional do Ministério Público do Estado do Rio de Janeiro.

O **PROCURADOR GERAL DE JUSTIÇA DO ESTADO DO RIO DE JANEIRO**, no uso de suas atribuições legais,

CONSIDERANDO a necessidade de reorganização dos Centros de Apoio Operacional previstos no art. 33 da Lei nº 8.625, de 12 de fevereiro de 1993, e no art. 44 da Lei Complementar nº 106, de 3 de janeiro de 2003, de modo a atender, com maior eficiência, as demandas dos órgãos de execução.

R E S O L V E

Art. 1º. Os Centros de Apoio Operacional passam a ter a seguinte organização:

I – Centro de Apoio Operacional das Procuradorias de Justiça;

II – Centro de Apoio Operacional das Promotorias de Justiça Criminais;

III – Centro de Apoio Operacional das Promotorias de Justiça Cíveis;

IV – Centro de Apoio Operacional das Promotorias de Justiça da Infância e da Juventude;

V – Centro de Apoio Operacional das Promotorias Eleitorais;

VI – Centro de Apoio Operacional das Promotorias de Justiça de Tutela Coletiva de Defesa da Cidadania;

VII – Centro de Apoio Operacional das Promotorias de Justiça de Tutela Coletiva de Defesa do Consumidor e do Contribuinte;

VIII – Centro de Apoio Operacional das Promotorias de Justiça de Tutela Coletiva de Defesa do Meio Ambiente e do Patrimônio Cultural;

IX – Centro de Apoio Operacional das Promotorias de Justiça de Tutela Coletiva de Defesa da Saúde;

X – Centro de Apoio Operacional das Promotorias de Justiça de Tutela Coletiva de Proteção à Educação;

XI – Centro de Apoio Operacional das Promotorias de Justiça de Proteção ao Idoso e à Pessoa com Deficiência;

XII – Centro de Apoio Operacional das Promotorias de Justiça de Execução Penal.

XIII – Centro de Apoio Operacional das Promotorias de Justiça de Violência Doméstica contra a Mulher.

* Inciso XIII incluído pela Resolução GPGJ nº 1.811 de 08 de março de 2013.

Art. 2º. O Centro de Apoio Operacional das Procuradorias de Justiça atende a totalidade dos órgãos de execução do Ministério Público com atuação junto ao Tribunal de Justiça.

Art. 3º. O Centro de Apoio Operacional das Promotorias de Justiça Criminais atende os órgãos de execução com atribuição em matéria criminal, inclusive na área de investigação penal, ressalvado o disposto no art. 13.

Art. 4º. O Centro de Apoio Operacional das Promotorias de Justiça Cíveis atende os órgãos de execução com atribuição em matéria cível, empresarial, de família, de órfãos e sucessões, de acidentes do trabalho, de fundações, de liquidações extrajudiciais, de registro civil, de fazenda pública, de registro público e de Juizados Especiais Cíveis.

Art. 5º. O Centro de Apoio Operacional das Promotorias de Justiça da Infância e da Juventude atende os órgãos de execução com atribuição em matéria da infância e da juventude.

Art. 6º. O Centro de Apoio Operacional das Promotorias Eleitorais atende os órgãos de execução com atuação junto à Justiça Eleitoral.

Art. 7º. O Centro de Apoio Operacional das Promotorias de Justiça de Tutela Coletiva de Defesa da Cidadania atende os órgãos de execução com atribuição na defesa de interesses difusos, coletivos e individuais homogêneos de relevância social, em matéria de cidadania, incluindo a defesa do patrimônio público e a repressão aos atos de improbidade administrativa.

Art. 8º. O Centro de Apoio Operacional das Promotorias de Justiça de Tutela Coletiva de Defesa do Consumidor e do Contribuinte atende os órgãos de execução com atribuição na defesa de interesses difusos, coletivos e individuais homogêneos de relevância social, em matéria do consumidor e do contribuinte.

Art. 9º. O Centro de Apoio Operacional das Promotorias de Justiça de Tutela Coletiva de Defesa do Meio Ambiente e do Patrimônio Cultural atende os órgãos de execução com atribuição na defesa de interesses difusos, coletivos e individuais homogêneos de relevância social, em matéria de meio ambiente, incluindo a proteção do meio ambiente natural, do patrimônio cultural e da ordem urbanística e da habitação.

Art. 10. O Centro de Apoio Operacional das Promotorias de Justiça de Tutela Coletiva da Saúde atende os órgãos de execução com atribuição na defesa de interesses difusos, coletivos e individuais homogêneos de relevância social, em matéria de saúde.

Art. 11. O Centro de Apoio Operacional das Promotorias de Justiça de Tutela Coletiva de Proteção à Educação atende os órgãos de execução com atribuição na defesa de interesses difusos, coletivos, individuais homogêneos de relevância social, em matéria de educação.

Art. 12. O Centro de Apoio Operacional das Promotorias de Proteção ao Idoso e à Pessoa com Deficiência atende os órgãos de execução com atuação na defesa de interesses difusos, coletivos, individuais homogêneos de relevância social e individuais indisponíveis, em matéria de proteção ao idoso e à pessoa com deficiência.

Art. 13. O Centro de Apoio Operacional das Promotorias de Justiça de Execução Penal atende os órgãos de execução com atribuição em matéria de execução penal.

Art. 14. O Centro de Apoio Operacional das Promotorias de Justiça de Violência Doméstica contra a Mulher atende os órgãos de execução com atribuição em matéria de violência doméstica contra a mulher, incluindo as hipóteses não abrangidas pela Lei Maria da Penha.

§ 1º – Fica instituído, no âmbito do Centro de Apoio Operacional das Promotorias de Justiça de Violência Doméstica contra a Mulher, o Núcleo de Gênero, que será responsável pelo suporte aos órgãos de execução em matérias afetas aos direitos e garantias individuais e coletivos das mulheres, sejam, ou não, vítimas de infrações penais.

§ 2º – O disposto neste artigo não afeta as atribuições do Centro de Apoio Operacional das Promotorias de Justiça da Infância e Juventude.

* Artigo incluído pela Resolução GPGJ nº 2.052 de 28 de julho de 2016.

Art. 15. Compete aos Centros de Apoio Operacional, como órgãos auxiliares da atividade funcional do Ministério Público, o exercício de atividades indutoras da atuação funcional, cumprindo-lhes:

I – estimular a integração e o intercâmbio entre os órgãos de execução que atuem na mesma área de atividade, inclusive para o fim de atuação conjunta, se for o caso;

II – interagir e realizar a articulação entre os órgãos do Ministério Público e entidades públicas ou privadas;

III – prestar suporte aos órgãos de execução do Ministério Público na adoção de medidas instrutórias;

IV – receber representações por meio do Sistema de Ouvidoria ou qualquer outro expediente, transmitindo-os aos órgãos encarregados de apreciá-las;

V – sugerir a celebração de convênios de interesse do Ministério Público, zelando pelo cumprimento das obrigações assumidas;

VI – acompanhar as políticas nacional e estadual afetas à sua área de atuação, realizando estudos e oferecendo sugestões às entidades públicas e privadas com atribuições no setor;

VII – prestar auxílio à Assessoria de Assuntos Parlamentares no permanente contato com o Poder Legislativo, inclusive acompanhando o trabalho das comissões temáticas encarregadas do exame de projetos de lei, na sua área de atuação;

VIII – representar o Ministério Público, quando cabível e por delegação do Procurador-Geral de Justiça, perante os órgãos que atuem nas respectivas áreas, excluído o exercício, a qualquer título, de funções de execução.

IX – prestar, de ofício ou por provocação, informações técnico-jurídicas;

X – sugerir ao Procurador-Geral de Justiça a elaboração e a execução de planos e grupos especiais de atuação, bem como a realização de cursos, palestras e eventos similares, auxiliando na sua organização;

XI – apresentar ao Procurador-Geral de Justiça sugestões para a elaboração da política institucional em sua área de atuação e de programas específicos;

XII – responder pela implementação dos planos e programas de sua área, em conformidade com as diretrizes fixadas;

XIII – sugerir a edição de atos e instruções voltados ao aperfeiçoamento dos serviços do Ministério Público;

XIV – dar publicidade a entendimentos da Administração Superior acerca de matérias relacionadas à sua área de atuação;

XV – manter arquivo digital atualizado de petições iniciais das ações ajuizadas pelos órgãos de execução, bem como de medidas de natureza extrajudicial consideradas relevantes, como termos de ajustamento de conduta e outros;

XVI – apresentar ao Procurador-Geral de Justiça relatório anual das atividades do Ministério Público em sua área de atuação.

Art. 16. Para o desempenho dos planos e programas afetos aos Centros de Apoio Operacional, os Coordenadores poderão fixar regulamentação interna e sugerir ao Procurador-Geral de Justiça a criação de grupos de trabalho e comissões.

Art. 17. A Procuradoria-Geral de Justiça, por intermédio da Secretaria-Geral do Ministério Público, providenciará o suporte administrativo necessário ao efetivo funcionamento dos Centros de Apoio Operacional.

Art. 18. Cada uma das três Centrais de Inquéritos existentes no âmbito do Ministério Público do Estado do Rio de Janeiro terá um Coordenador.

Parágrafo único. Sem prejuízo das atribuições definidas nos atos normativos próprios, compete, ainda, aos Coordenadores das Centrais de Inquéritos, reunirem-se regularmente, identificando problemas comuns e propondo soluções.

Art. 19. Esta Resolução entra em vigor na data de sua publicação, revogadas as disposições em contrário, em especial a Resolução nº 898, de 1º de fevereiro de 2000, e suas modificações.

Rio de Janeiro, 28 de janeiro de 2013.
Marfan Martins Vieira
Procurador-Geral de Justiça

RESOLUÇÃO GPGJ Nº 1.887 DE 26 DE DEZEMBRO DE 2013.

Institui, no âmbito do Ministério Público do Estado do Rio de Janeiro, o Sistema de Velamento de Fundações, cria órgãos de execução e dá outras providências.

O **PROCURADOR-GERAL DE JUSTIÇA DO ESTADO DO RIO DE JANEIRO**, no uso de suas atribuições legais,

CONSIDERANDO que é função institucional do Ministério Público a atuação na defesa dos interesses sociais, nos termos do art. 127 da Constituição Federal;

CONSIDERANDO que constitui atribuição do Ministério Público velar pelas fundações no Estado onde situadas, conforme dispõe o art. 66 do Código Civil;

CONSIDERANDO a necessidade de redefinição das atribuições dos órgãos de execução do Ministério Público, para adequá-los às novas demandas sociais;

CONSIDERANDO o deliberado pelo Órgão Especial do Colégio de Procuradores de Justiça, na sessão de 29 de novembro de 2013;

CONSIDERANDO o que consta nos autos do Processo MPRJ nº 2005.001.05480.00 e seus apensos,

R E S O L V E

Título I
Disposições Gerais

Art. 1º. É atribuição do Ministério Público do Estado do Rio de Janeiro velar pelas fundações de direito privado que atuem no território estadual, exceto as instituídas ou mantidas pelo Poder Público e submetidas ao controle dos Tribunais de Contas, bem como aquelas excluídas por expressa disposição de lei.

Art. 2º. Os atos normativos que disciplinem o exercício da atribuição em matéria fundacional serão editados exclusivamente pelo Procurador-Geral de Justiça, na forma do art. 34, XII, da Lei Complementar nº 106/03.

Parágrafo único – O disposto no *caput* não impede a organização, pelas Promotorias de Justiça de Fundações, de seus serviços auxiliares e rotinas administrativas internas mediante ordem de serviço, desde que esta não interfira na competência exclusiva do Procurador-Geral de Justiça nem conflite com o conteúdo de ato normativo por ele editado.

Título II
Do Sistema de Velamento de Fundações
Seção I
Dos órgãos de execução integrantes do sistema de velamento

Art. 3º. Para o exercício das atribuições de velamento das fundações no Estado do Rio de Janeiro, fica instituído o Sistema de Velamento de Fundações, em cuja estrutura atuarão, de forma articulada e integrada, os seguintes órgãos de execução:

I – 1ª, 2ª e 3ª Promotorias de Justiça de Fundações, sediadas na Comarca da Capital do Estado do Rio de Janeiro;

II – Promotorias de Justiça do interior que detenham atribuição em matéria cível.

Art. 4º. As Promotorias de Justiça de Fundações possuem atribuições exclusivas para:

I – atuar judicialmente, como parte ou custos legis, em processos em curso na Comarca da Capital, bem como ajuizar demandas relativas a matéria fundacional em todo o Estado;

II – atuar extrajudicialmente em matéria fundacional em todo o Estado.

§ 1º – As Promotorias de Justiça de Fundações comunicarão à Corregedoria-Geral do Ministério Público, na forma da Resolução Conjunta GPGJ/CGMP nº 07, de 12 de abril de 2011, a divisão de trabalho ajustada entre os respectivos titulares.

§ 2º – Na divisão de trabalho mencionada no parágrafo anterior, deverá ser prevista regra de alternância periódica entre os órgãos de execução no que se refere à análise de contas e às visitas às fundações, a fim de que a fiscalização de uma entidade não fique permanentemente vinculada ao mesmo órgão.

Art. 5º. Nas Comarcas do interior em que estiver localizada sede de fundação, a atuação em processos judiciais envolvendo matéria fundacional, após a propositura da ação, será exercida pelo Promotor de Justiça com atribuição em matéria cível na respectiva Comarca.

§ 1º – Nas Comarcas em que houver mais de uma Promotoria de Justiça com atribuição em matéria cível, a atuação prevista no *caput* incumbirá àquela que estiver vinculada ao órgão judicial onde tramita o processo.

§ 2º – Não se fixando a atribuição pela regra do parágrafo anterior, a mesma será definida por critério objetivo e equânime de distribuição, devidamente comunicado à Corregedoria-Geral do Ministério Público.

§ 3º – As Promotorias de Justiça de Fundações, no exercício de sua atribuição extrajudicial, poderão, excepcionalmente, deprecar diligências às Promotorias de Justiça referidas no *caput*, exceto a de realizar visitas regulares a fundações.

Seção II
Das Promotorias de Justiça de Fundações
Capítulo I
Das atribuições

Art. 6º. Incumbe às Promotorias de Justiça de Fundações velar pela regularidade de todos os atos e atividades direta ou indiretamente relacionados às fundações sob sua fiscalização, devendo, dentre outras, exercer as atribuições de:

I – atuar extrajudicial e judicialmente em procedimentos e processos que envolvam matéria afeta ao velamento das fundações, observado o disposto no art. 5º desta Resolução;

II – adotar as medidas judiciais e extrajudiciais que visem a assegurar a transparência e o controle na gestão das fundações.

III – exigir e examinar anualmente a prestação de contas por parte dos administradores;

IV – promover, sempre que necessário, a realização de auditorias, estudos atuariais e técnicos, e perícias, correndo as despesas por conta da entidade fiscalizada;

V – emitir pronunciamento prévio sobre os pedidos de alienação, oneração ou cessão em locação, comodato ou a qualquer outro título, dos bens patrimoniais das fundações;

VI – comparecer, com periodicidade anual, às dependências das fundações e, quando necessário, às reuniões dos órgãos destas, com a faculdade de discussão das matérias, nas mesmas condições asseguradas aos respectivos membros;

VII – exigir que o representante legal da fundação, no ato da aprovação e imediatamente após a inscrição dos atos constitutivos no Cartório de Registro Civil de Pessoas Jurídicas, protocolize, na respectiva Promotoria de Justiça, certidão de inteiro teor do registro e instrumentos que comprovem a transferência dos bens que constituem a entidade;

VIII – propor, autorizar ou negar qualquer modificação no estatuto, desde que necessárias ao atendimento dos interesses da fundação, fixando, no caso de aprovação, prazo razoável para que o presidente da entidade protocolize, na respectiva Promotoria de Justiça, o registro do estatuto com a averbação efetuada;

IX – propor judicialmente a extinção da fundação, exigindo prestação de contas e indicando outra fundação para absorver o patrimônio, sempre que a entidade estiver inativa e não puder ser reabilitada ou quando não estiver cumprindo suas finalidades, bem como nas demais hipóteses previstas em lei;

X – promover, nas hipóteses do inciso anterior, a extinção pela via administrativa, que poderá ser feita da forma como se deu a instituição;

XI – receber ou requisitar relatórios, orçamentos, planos de custeio, elementos contábeis, informações, cópias de atas, de atos gerais, regulamentares e especiais dos administradores das fundações e demais documentos que interessem à sua fiscalização;

XII – fiscalizar o funcionamento das administrações das fundações, para controle da adequação da atividade da instituição a seus fins e da legalidade e pertinência dos atos de seus administradores, levando em conta as disposições legais, regulamentares e estatutárias;

XIII – promover judicialmente a remoção definitiva de administradores das fundações, nos casos de gestão irregular ou ruinosa, conforme o caso, responsabilizando-os civilmente;

XIV – acompanhar e promover as medidas pertinentes visando à consecução da atividade finalística da fundação;

XV – subsidiar a alimentação dos bancos de dados e ferramentas institucionais de controle e transparência, em meio físico ou digital, com as informações relevantes acerca das atividades e situação das fundações;

XVI – aprovar os contratos de auditoria externa com base em requisitos de capacidade técnica e idoneidade, abstendo-se de instituir no âmbito da Promotoria de Justiça banco de auditores habilitados, cadastro prévio ou qualquer medida que possa restringir a competitividade entre profissionais do setor;

XVII – elaborar o estatuto da fundação projetada, quando presente a hipótese do art. 65, parágrafo único, do Código Civil;

XVIII – apreciar as hipóteses em que a fundação pretender filiar-se a outras entidades ou nelas ter participação;

XIX – apreciar as hipóteses de mudança de sede da fundação ou de instalação de filiais, estabelecimentos e unidades;

XX – praticar os demais atos necessários ao exercício de suas atribuições.

§ 1º – O Procurador-Geral de Justiça poderá, por provocação da Promotoria de Justiça de Fundações, designar administrador provisório para as fundações de direito privado, desde que não tenham sido criadas por lei e não sejam mantidas pelo Poder Público, sempre que inexistir administrador regularmente investido e tal se fizer necessário.

§ 2º – A administração provisória terá a duração de 6 (seis) meses, prorrogáveis fundamentadamente por igual período em caso de necessidade devidamente comprovada.

Capítulo II
Dos serviços auxiliares

Art. 7º. Para o exercício de suas atribuições, as Promotorias de Justiça de Fundações, sem prejuízo do apoio técnico prestado pelos órgãos existentes na estrutura da Procuradoria-Geral de Justiça, contarão com o apoio dos serviços auxiliares integrantes de sua estrutura.

Art. 8º. Os serviços auxiliares, desempenhados sob a chefia imediata das Promotorias de Justiça de Fundações, compreendem, dentre outras, as funções de:

I – receber os procedimentos remetidos pelos órgãos do Poder Judiciário ou por qualquer outro órgão, público ou privado, que sejam da atribuição das Promotorias de Justiça;

II – arquivar cópia de documentos por determinação do Promotor de Justiça;

III – encaminhar às Promotorias de Justiça de Fundações os processos judiciais, procedimentos e expedientes recebidos;

IV – receber diretamente das partes todos os documentos que se refiram a procedimentos em trâmite nas Promotorias de Justiça de Fundações;

V – proceder à remessa externa e interna de processos, procedimentos e expedientes em geral;

VI – expedir ofícios assinados pelos Promotores de Justiça de Fundações;

VII – preparar informações estatísticas;

VIII – juntar peças e prestar informações nos processos;

IX – lavrar termos e demais atos formais pertinentes;

X – atender inicialmente as partes interessadas e cidadãos, fazendo as anotações pertinentes, sem prejuízo do atendimento a ser realizado pelo membro do Ministério Público;

XI – organizar e manter em dia os livros e arquivos sob sua responsabilidade;

XII – organizar a agenda de reuniões;

XIII – organizar, conforme determinação das Promotorias de Justiça de Fundações, o calendário de visitas às fundações;

XIV – organizar o arquivo provisório de expedientes e documentos, mantendo os controles cabíveis em meio físico ou digital;

XV – praticar os demais atos fixados nesta ou em outras resoluções.

Título III
Disposições finais e transitórias

Art. 9º. Ficam criadas as 2ª e 3ª Promotorias de Justiça de Fundações, respectivamente, por transformação da 20ª Promotoria de Justiça de Substituição do CRAAI Rio de Janeiro e pelo aproveitamento de um dos cargos de Promotor de Justiça transformados pela Resolução GPGJ nº 1809/2013, com as atribuições definidas nesta Resolução.

Art. 10. Em razão do disposto no artigo anterior, a atual Promotoria de Justiça de Fundações passa a denominar-se 1ª Promotoria de Justiça de Fundações, ficando suas atribuições redefinidas nos termos desta Resolução.

Art. 11. Fica mantida a atribuição das Promotorias de Justiça de Tutela Coletiva para a apuração e ajuizamento de ações visando à responsabilização por atos de improbidade que envolvam, enquanto partícipes ou beneficiários, a entidade fundacional ou seus representantes, nesta condição.

Art. 12. As Promotorias de Justiça de Fundações comunicarão às entidades instituídas a entrada em vigor desta Resolução.

Art. 13. Até a edição de novo ato normativo pelo Procurador-Geral de Justiça no exercício da competência prevista no art. 2º, *caput*, desta Resolução, permanecem em vigor, naquilo que não conflitarem com a presente, as normas da Resolução GPGJ nº 68, de 20 de novembro de 1979.

Art. 14. A presente Resolução entra em vigor na data de sua publicação, revogadas as disposições em contrário.

Rio de Janeiro, 26 de dezembro de 2013.

Marfan Martins Vieira
Procurador-Geral de Justiça

RESOLUÇÃO GPGJ Nº 2.227 DE 12 DE JULHO DE 2018.

* Alterada pela Resolução GPGJ nº 2.259/18

Disciplina a atuação extrajudicial cível dos membros do Ministério Público do Estado do Rio de Janeiro e seus respectivos instrumentos.

O **PROCURADOR-GERAL DE JUSTIÇA DO ESTADO DO RIO DE JANEIRO**, no uso de suas atribuições legais,

CONSIDERANDO a necessidade de serem estabelecidos parâmetros básicos para a atuação extrajudicial dos membros do Ministério Público do Estado do Rio de Janeiro;

CONSIDERANDO a necessidade de compatibilização da normativa interna com o disposto nas Resoluções nº 23/2007, 82/2012, 89/2012, 159/2017, 161/2017, 163/2017, 164/2017, 174/2017 e 179/2017 do Conselho Nacional do Ministério Público;

CONSIDERANDO o que consta nos autos do Processo MPRJ nº 2017.01004871,

RESOLVE

Art. 1º. Esta Resolução dispõe sobre a atuação extrajudicial cível dos membros do Ministério Público do Estado do Rio de Janeiro, disciplinando os aspectos administrativos afetos à notícia de fato, ao inquérito civil, ao procedimento administrativo, ao compromisso de ajustamento de conduta, à recomendação, à audiência pública, à ação civil pública e aos livros e demais registros.

TÍTULO I
DA NOTÍCIA DE FATO E SEU PROCESSAMENTO

Art. 2º. A notícia de fato é qualquer demanda dirigida aos órgãos de execução do Ministério Público, de 1º e 2º graus, conforme as atribuições das respectivas áreas de atuação, podendo ser formulada presencialmente ou não, também se entendendo como tal a realização de atendimentos e a protocolização de notícias, documentos, requerimentos ou representações.

§ 1º – Caso as informações sejam prestadas verbalmente, deverá o órgão de execução reduzi-las a termo ou gravá-las em mídia adequada.

§ 2º – A notícia de fato anônima ou a inobservância de qualquer formalidade exigida não autoriza o seu indeferimento liminar, salvo nas hipóteses do art. 5º desta Resolução.

Art. 3º. A notícia de fato deverá ser registrada em sistema informatizado de controle e distribuída livre e aleatoriamente entre os órgãos ministeriais com atribuição para apreciá-la.

§ 1º – Quando o fato noticiado for objeto de procedimento em curso, a notícia de fato será distribuída por prevenção.

§ 2º – Se aquele a quem for encaminhada a notícia de fato entender que a atribuição para apreciá-la é de outro órgão do Ministério Público encaminhar-lhe-á o expediente.

§ 3º – Eventual conflito negativo ou positivo de atribuição entre órgãos do Ministério Público do Estado do Rio de Janeiro será suscitado, de modo fundamentado, nos próprios autos ou em petição dirigida ao Procurador-Geral de Justiça, que decidirá a questão no prazo de 30 (trinta) dias.

Art. 4º. A notícia de fato será apreciada no prazo de 30 (trinta) dias, a contar do seu recebimento, prorrogável uma vez, fundamentadamente, por mais 90 (noventa) dias.

Parágrafo único – O membro do Ministério Público poderá colher informações preliminares imprescindíveis para deliberar sobre a instauração de procedimento próprio, vedada a expedição de requisições.

Art. 5º. A notícia de fato será indeferida quando:

I – o fato narrado não configurar lesão ou ameaça de lesão aos interesses ou direitos tutelados pelo Ministério Público;

II – o fato narrado já tiver sido objeto de investigação ou de ação judicial ou já se encontrar solucionado;

III – a lesão ao bem jurídico tutelado for manifestamente insignificante, nos termos de jurisprudência consolidada ou orientação do Conselho Superior;

IV – for desprovida de elementos de prova ou de informação mínimos para o início de uma apuração, e o noticiante não atender à intimação para complementá-la;

V – for incompreensível.

§ 1º – Se a notícia de fato narrar lesão ou ameaça de lesão a direito individual não tutelado pelo Ministério Público, que, acaso reiterada, puder configurar dano de natureza coletiva, caberá ao membro do Ministério Público, antes de indeferi-la, aprofundar as investigações mediante consulta às bases de dados institucionais ou outras que entender cabíveis.

§ 2º – A notícia de fato que narrar lesão ou ameaça de lesão a direito individual não tutelado pelo Ministério Público será indeferida, podendo, contudo, ser utilizada como lastro probatório em procedimentos que envolvam a investigação da matéria sob a ótica coletiva.

§ 3º – Na hipótese do parágrafo anterior, o noticiante será orientado a procurar os órgãos competentes para solução de conflitos na esfera extrajudicial ou a buscar auxílio técnico de advogado ou Defensor Público, recebendo, em sendo o caso, a informação de que a matéria já é objeto de investigação sob a ótica coletiva, com indicação do número do procedimento correspondente.

Art. 6º. O noticiante será cientificado da decisão de indeferimento, cabendo recurso no prazo de 10 (dez) dias.

§ 1º – A cientificação será realizada, preferencialmente, por correio eletrônico.

§ 2º – Considerar-se-á realizada a intimação no dia em que o noticiante efetivar a consulta eletrônica ao teor da mensagem, certificando-se nos autos a sua realização.

§ 3º – A consulta referida no parágrafo anterior deverá ser feita em até 10 (dez) dias corridos, contados da data do envio da mensagem, sob pena de considerar-se a intimação automaticamente realizada na data do término desse prazo.

§ 4º – A cientificação é facultativa no caso de a notícia de fato ter sido encaminhada ao Ministério Público em face de dever de ofício.

Art. 7º. O recurso será protocolizado na secretaria do órgão que a indeferiu e juntado à notícia de fato, que deverá ser remetida, no prazo de 3 (três) dias, ao Conselho Superior do Ministério Público para apreciação, caso não haja reconsideração.

Art. 8º. Na hipótese de atribuição originária do Procurador-Geral de Justiça, aplicar-se-á o disposto nos arts. 6º e 7º desta Resolução.

Art. 9º. Não havendo recurso, a notícia de fato será arquivada no órgão que a apreciou, registrando-se no sistema respectivo, em ordem cronológica, ficando a documentação à disposição dos órgãos correcionais.

§ 1º – Na hipótese prevista no art. 5º, § 2º, desta Resolução, a notícia de fato será juntada aos autos do procedimento em curso no órgão de execução.

§ 2º – Em se tratando de notícia de fato eletrônica, não haverá necessidade de impressão do documento, desde que a íntegra da decisão de indeferimento e a identificação do membro oficiante constem do sistema informatizado.

Art. 10. O membro do Ministério Público, verificando que o fato requer apuração ou acompanhamento ou vencido o prazo do *caput* do art. 4º, instaurará o procedimento próprio.

TÍTULO II
DO INQUÉRITO CIVIL
Capítulo I
Da instauração

Art. 11. O inquérito civil, de natureza inquisitiva, unilateral e facultativa, destina-se à colheita das provas necessárias à atuação do Ministério Público, nos termos da legislação de regência.

Parágrafo único – O inquérito civil não é condição de procedibilidade para o ajuizamento das ações a cargo do Ministério Público nem para a adoção das demais medidas inseridas em sua esfera de atribuição.

Art. 12. O inquérito civil poderá ser instaurado:

I – de ofício;

II – em razão de notícia de fato;

III – por determinação do Conselho Superior do Ministério Público, nos casos em que tenha recusado o indeferimento anterior da notícia de fato ou o arquivamento de procedimento preparatório.

Parágrafo único – Na hipótese prevista no inciso I, havendo atribuição concorrente, a notícia de fato será submetida à livre distribuição, na forma do art. 3º, *caput*, desta Resolução.

Art. 13. Sempre que tomar conhecimento de condutas que constituam lesão à ordem jurídica, ao regime democrático e aos interesses sociais e individuais indisponíveis, deverá o órgão de execução do Ministério Público adotar as providências necessárias ou, caso não tenha atribuição, cientificar o órgão que a possua.

Art. 14. Caberá ao membro do Ministério Público com atribuição para ajuizar ação civil pública a instauração de inquérito civil, ressalvadas as hipóteses de impedimento ou suspeição.

Parágrafo único – Eventual conflito negativo ou positivo de atribuição será suscitado, de modo fundamentado, nos próprios autos ou em petição dirigida ao Procurador-Geral de Justiça, que decidirá a questão no prazo de 30 (trinta) dias.

Art. 15. O inquérito civil será instaurado por portaria, numerada em ordem crescente, renovada anualmente, devidamente autuada e registrada em livro próprio ou em sistema de controle informatizado, contendo:

I – ementa;

II – o fundamento legal que autoriza a atuação do Ministério Público e a descrição do fato objeto do inquérito civil;

III – o nome e a qualificação possível da pessoa jurídica e/ou física a quem o fato é atribuído;

IV – o nome e a qualificação possível do autor da notícia de fato, se for o caso;

V – a data e o local da instauração.

Capítulo II
Do procedimento preparatório do inquérito civil

Art. 16. O órgão de execução poderá instaurar procedimento preparatório de inquérito civil, de ofício, a partir de notícia de fato ou por determinação do Conselho Superior quando esclarecimentos complementares se fizerem necessários para formar o seu convencimento sobre o cabimento, em tese, da tutela de interesses ou direitos a que se refere o art. 13 desta Resolução, identificando os investigados ou o objeto.

§ 1º – O procedimento preparatório deverá ser instaurado por portaria, observado, no que couber, o disposto no art. 25 desta Resolução, sendo autuado com numeração sequencial à do inquérito civil e registrado em sistema próprio, mantendo-se a numeração quando de eventual conversão.

§ 2º – O procedimento preparatório deverá ser concluído no prazo de 90 (noventa) dias, prorrogável por igual período, uma única vez, por meio de promoção fundamentada.

Capítulo III
Da instrução

Art. 17. O inquérito civil e o procedimento preparatório serão presididos pelo membro do Ministério Público a quem for conferida atribuição, nos termos da normatização de regência.

§ 1º – O Presidente poderá designar servidor do Ministério Público para secretariá-lo ou, na sua falta, pessoa idônea, que firmará termo de compromisso.

§ 2º – Para o esclarecimento do fato objeto de investigação, poderão ser colhidas todas as provas permitidas pelo ordenamento jurídico, com a juntada das peças em ordem cronológica de apresentação.

§ 3º – As páginas do inquérito civil e do procedimento preparatório deverão ser numeradas, contendo, cada volume, no máximo 200 (duzentas) folhas, rubricadas pelo Presidente do inquérito ou pelo Secretário.

§ 4º – As diligências realizadas para a instrução do inquérito civil ou do procedimento preparatório serão documentadas mediante termo ou auto circunstanciado, assinado pelo Presidente, pelo Secretário e por qualquer interessado presente.

§ 5º – As declarações e os depoimentos sob compromisso serão tomados por termo pelo membro do Ministério Público, assinado pelos presentes ou, em caso de recusa, por duas testemunhas.

Art. 18. No caso de o dano, ou de sua ameaça, estender-se a áreas abrangidas por mais de um órgão de execução do Ministério Público, o inquérito civil ou o procedimento preparatório será presidido pelo membro do Ministério Público que primeiro houver instaurado a investigação ou proposto medida judicial pertinente, ressalvado o que dispõe o art. 93, II, da Lei nº 8.078/1990.

Art. 19. Para a instrução do inquérito civil e do procedimento preparatório, o órgão de execução, observados os permissivos constitucionais e legais, poderá, especialmente:

I – expedir notificações para colher depoimentos ou esclarecimentos e, em caso de não comparecimento injustificado, requisitar condução coercitiva, inclusive pela Polícia Civil ou Militar, ressalvadas as prerrogativas previstas em lei;

II – requisitar informações, exames periciais e documentos de autoridades federais, estaduais e municipais, bem como dos órgãos e entidades da administração direta, indireta ou fundacional, de qualquer dos Poderes da União, dos Estados, do Distrito Federal e dos Municípios;

III – promover inspeções e diligências investigatórias junto às autoridades, órgãos e entidades a que se refere o inciso anterior;

IV – requisitar informações e documentos às entidades privadas ou às pessoas naturais, para instruir procedimentos ou processos em que oficie;

V – requisitar à autoridade competente a instauração de sindicância ou procedimento administrativo cabível;

VI – praticar atos administrativos executórios, de caráter preparatório;

VII – ter acesso a qualquer banco de dados de caráter público ou relativo a serviço de relevância pública;

VIII – convocar audiência pública.

§ 1º – O Procurador-Geral de Justiça deve encaminhar, no prazo de 10 (dez) dias, os ofícios expedidos pelos membros do Ministério Público ao Presidente da República, Vice Presidente da República, Governadores de Estado, Senadores, Deputados Federais, Estaduais e Distritais, Ministros de Estado, Ministros de Tribunais Superiores, Conselheiros do Conselho Nacional de Justiça e do Conselho Nacional do Ministério Público, membros do Ministério Público que atuem junto aos Tribunais, Conselheiros dos Tribunais de Contas, Desembargadores e chefes de missão diplomática de caráter permanente, não cabendo à chefia institucional a valoração da essência do ofício, podendo deixar de encaminhar aqueles que não contenham os requisitos legais ou não empreguem o tratamento protocolar devido ao destinatário.

§ 2º – As inspeções, perícias, diligências investigatórias e colheitas de depoimentos realizadas em outras comarcas poderão ser diretamente deprecadas ao respectivo órgão de execução do Ministério Público.

§ 3º – Todos os ofícios que requisitem informações para instruir inquérito civil ou procedimento preparatório deverão conter a fundamentação legal, a identificação do expediente, a descrição sucinta de seu objeto, bem como a fixação de prazo razoável para atendimento, prorrogável mediante solicitação justificada.

§ 4º – Na hipótese do parágrafo anterior, deverá constar do ofício cópia da portaria que instaurou o procedimento ou a indicação precisa do endereço eletrônico oficial em que tal peça esteja disponibilizada.

Art. 20. Qualquer interessado poderá, no curso do inquérito civil ou do procedimento preparatório, apresentar documentos que auxiliem na apuração do fato ou requerer cópias ou certidão de seu conteúdo, ressalvadas as hipóteses de autos ou de documentos sob sigilo, assim determinado por meio de ato fundamentado do Presidente e que será grafado em destaque.

§ 1º – Ao Presidente do inquérito civil caberá o exame da pertinência e oportunidade dos documentos eventualmente apresentados, podendo, em promoção fundamentada, indeferir sua juntada ou determinar a autuação em apenso.

§ 2º – Se, no curso do inquérito civil, novos fatos indicarem a necessidade de investigação de objeto diverso do que estiver sendo investigado, o Presidente poderá aditar a portaria ou determinar a extração de peças para instauração de outro procedimento, respeitadas as normas incidentes quanto à divisão de atribuições.

Art. 21. Os Centros Regionais de Apoio Administrativo Institucional e o Centro de Apoio Operacional competente prestarão o apoio necessário na prática dos atos do inquérito civil e do procedimento preparatório, sempre que solicitados, na medida de suas atribuições.

Art. 22. O investigado no inquérito civil ou no procedimento preparatório, sempre que possível e conveniente, deverá ser notificado a prestar declarações ou convidado a oferecer subsídios, se assim o desejar, sem prejuízo da instrução e da natureza inquisitória da investigação.

Parágrafo único – O defensor constituído nos autos poderá assistir o investigado durante a apuração das infrações, sob pena de nulidade absoluta do seu depoimento e, subsequentemente, de todos os elementos investigatórios e probatórios dele decorrentes ou derivados, direta ou indiretamente, podendo, inclusive, no curso da respectiva apuração, apresentar razões e quesitos.

Capítulo IV
Da publicidade

Art. 23. Aplica-se ao inquérito civil o princípio da publicidade, com exceção dos casos em que haja sigilo legal ou em que a publicidade possa acarretar prejuízo às investigações, devendo ser motivada a decretação do sigilo.

§ 1º – A publicidade consistirá na:

I – afixação obrigatória do inteiro teor das portarias de instauração de inquéritos civis ou de procedimentos preparatórios em quadro próprio, na sede do órgão de execução, pelo prazo de 15 (quinze) dias;

II – publicação de extratos na imprensa oficial, preferencialmente em diário oficial eletrônico, quando disponível, nas hipóteses em que o presidente julgar oportuno e conveniente ao conhecimento público;

III – divulgação por meios cibernéticos ou eletrônicos, dela devendo constar portarias de instauração e extratos dos atos de conclusão;

IV – expedição de certidão e extração de cópias dos autos, mediante prévio deferimento do presidente do procedimento preparatório ou inquérito civil;

V – prestação de informações ao público em geral, a critério do presidente do procedimento preparatório ou do inquérito civil;

VI – concessão de vista, total ou parcial dos autos, sempre que possível imediata, a qualquer pessoa, devendo a impossibilidade ser justificada por escrito.

§ 2º – Nos casos previstos nesta Resolução, a ciência ao noticiante e ao noticiado poderá ser feita por qualquer meio hábil, desde que seja possível a sua comprovação.

§ 3º – Os requerimentos que objetivem à obtenção de certidões ou à extração de cópias dos autos deverão indicar os fins e as razões do pedido, nos termos da Lei nº 9.051/1995.

§ 4º – As despesas decorrentes da extração de cópias correrão por conta do requerente.

§ 5º – A restrição à publicidade, por razões de interesse público, deverá ser decretada em decisão motivada, e poderá ser, conforme o caso, limitada a determinadas pessoas, provas, informações, dados, períodos ou fases, cessando quando extinta a causa que a motivou.

§ 6º – Os documentos resguardados por sigilo legal deverão ser autuados em anexo.

§ 7º – O defensor poderá, mesmo sem procuração, examinar autos de investigações findas ou em andamento, ainda que conclusos à autoridade, podendo copiar peças e tomar apontamentos em meio físico ou digital.

§ 8º – Nos autos sujeitos a sigilo, deve o advogado apresentar procuração para o exercício dos direitos de que trata o parágrafo anterior.

§ 9º – O presidente do inquérito civil poderá limitar, de modo fundamentado, o acesso do defensor à identificação do(s) representado(s) e aos elementos de prova relacionados a diligências em andamento e ainda não documentados nos autos, quando houver risco de comprometimento da eficiência, da eficácia ou da finalidade das diligências.

Art. 24. Em cumprimento ao princípio da publicidade das investigações, o membro do Ministério Público poderá prestar informações, inclusive aos meios de comunicação social, a respeito das providências adotadas para a apuração de fatos em tese ilícitos, abstendo-se, contudo, de externar ou antecipar juízos de valor a respeito de apurações ainda não concluídas.

Art. 25. O inquérito civil deverá ser concluído no prazo de 1 (um) ano, que poderá ser prorrogado quantas vezes forem necessárias, a cada decisão que determinar a realização ou conclusão de diligências imprescindíveis para a investigação.

Parágrafo único – Anualmente, o membro do Ministério Público dará ciência ao Conselho Superior do Ministério Público dos inquéritos que se encontrem em tramitação há mais de 12 (doze) meses, observadas as seguintes regras:

I – o encaminhamento da relação dos procedimentos em curso há mais de 1 (um) ano se dará por ofício, ou por meio eletrônico, e será dirigido à Secretaria dos Órgãos Colegiados, devendo conter o número do procedimento e o extrato resumido do objeto investigado;

II – o encaminhamento será feito apenas uma vez ao ano, no final do mês de abril;

III – a fundamentação para a prorrogação do prazo de tramitação dos procedimentos em curso deverá constar de forma concisa da comunicação a que se refere o inciso I, o que não dispensa o membro do Ministério Público da fundamentação regular que deverá constar dos autos.

Art. 26. Após a instauração do inquérito civil ou do procedimento preparatório, quando o membro que o preside concluir ser atribuição de outra unidade do Ministério Público, da União ou dos Estados, deverá remeter os autos ao Conselho Superior do Ministério Público, no prazo de 3 (três) dias.

* **Alterada pela Resolução GPGJ nº 2.259/18**

Capítulo V
Do arquivamento e do desarquivamento.

Art. 27. Esgotadas todas as possibilidades de diligências, o órgão de execução, caso se convença da inexistência de fundamento para a propositura de ação civil pública ou de outra medida voltada para a tutela judicial ou extrajudicial de direitos difusos, coletivos ou individuais homogêneos, promoverá, fundamentadamente, o arquivamento do inquérito civil ou do procedimento preparatório.

§ 1º – Os autos do inquérito civil e do procedimento preparatório, juntamente com a promoção de arquivamento, deverão ser remetidos ao Conselho Superior do Ministério Público, no prazo de 3 (três) dias, contado da comprovação da efetiva ciência dos interessados, na forma do § 2º do art. 6º desta Resolução, ou, quando não localizados, da lavratura de termo de afixação de aviso na sede do órgão de execução.

§ 2º – Não sendo possível a efetiva ciência dos interessados, o prazo aludido no § 1º correrá da data da promoção de arquivamento ou da informação prestada nos autos sobre a impossibilidade de notificação dos interessados.

§ 3º – Quando constatada a existência de inquéritos civis idênticos ou com relação de continência, será possível o arquivamento fundado na duplicidade, desde que o inquérito principal esteja devidamente instruído.

§ 4º – Os interessados ou colegitimados à propositura da ação civil pública poderão apresentar recurso, no prazo de 15 (quinze) dias da intimação ou da fixação do aviso da decisão na sede do órgão de execução.

Art. 28. O Conselho Superior, recebida a promoção de arquivamento, poderá:

I – homologá-la;

II – não homologá-la e deliberar pela propositura de ação civil pública ou instauração de inquérito civil;

III – não homologá-la e deliberar por converter o julgamento em diligência, especificando aquelas que entender necessárias à formação de convicção do colegiado;

IV – não conhecê-la, nos casos em que o procedimento não exija a manifestação do colegiado.

§ 1º – O Conselho Superior do Ministério Público poderá converter o julgamento em diligência para a realização de atos imprescindíveis à prolação de sua decisão, especificando-os e remetendo os autos ao órgão do Ministério Público que determinou seu arquivamento e, no caso de recusa fundamentada, ao órgão competente para designar o membro que irá atuar;

§ 2º – Não homologada a promoção de arquivamento, o Conselho Superior do Ministério Público deliberará pela propositura de ação civil pública ou pela instauração de Inquérito Civil, quando for hipótese de indeferimento de representação, indicando os fundamentos de fato e de direito de sua decisão, adotando as providências conducentes à designação, na primeira hipótese, de outro membro do Ministério Público para atuação.

I – Na hipótese do § 1º, tendo o órgão de execução, após a conclusão das diligências complementares, se convencido da inexistência de elementos mínimos para a propositura de ação civil pública, deverá proferir nova decisão de arquivamento, a ser submetida à revisão do Conselho Superior.

II – Na hipótese do § 2º, em se tratando de não homologação de promoção de indeferimento de plano da representação, poderá o Conselho Superior determinar a instauração de Inquérito civil, devolvendo os autos ao mesmo órgão de execução que promoveu o indeferimento, na forma da sistemática do § 1º.

§ 3º – As sessões do Conselho Superior serão públicas, ressalvadas as hipóteses legais de sigilo, decretado ou referendado pela maioria do Colegiado.

Art. 29. Após a homologação da promoção de arquivamento do inquérito civil, do procedimento preparatório ou da notícia de fato pelo Conselho Superior do Ministério Público, será possível o desarquivamento, por provocação do órgão de execução dirigida ao Colegiado, nas seguintes hipóteses:

I – houver novas provas a respeito de fato apreciado na promoção de arquivamento;

II – for proferida por membro do Ministério Público impedido ou sem atribuição;

III – violar manifestamente norma jurídica;

IV – estiver fundada em prova falsa.

§ 1º – Desarquivado o procedimento na forma do *caput*, poderá receber nova numeração e autuação, se conveniente para o seu processamento.

§ 2º – O desarquivamento do inquérito civil poderá ocorrer no prazo máximo de 6 (seis) meses após o arquivamento.

§ 3º – Sobrevindo alguma das hipóteses do *caput* após o transcurso do prazo previsto no parágrafo anterior será instaurado novo inquérito civil, sem prejuízo das provas já colhidas.

§ 4º – O desarquivamento de inquérito civil, não sendo caso de ajuizamento de ação civil pública, implicará novo arquivamento e remessa ao Conselho Superior do Ministério Público, na forma do art. 27, desta Resolução.

Art. 30. Não oficiará nos autos do inquérito civil, do procedimento preparatório ou da ação civil pública o membro do Ministério Público responsável pela promoção de arquivamento rejeitada pelo Conselho Superior do Ministério Público, ressalvado o disposto no art. 28.

Art. 31. Proposta a ação civil pública somente em relação a um dos fatos objeto da investigação, não sendo hipótese de continuidade das investigações em relação aos fatos remanescentes, aplicar-se-lhes-ão as normas deste Capítulo.

TÍTULO III
DO PROCEDIMENTO ADMINISTRATIVO

Art. 32. O procedimento administrativo é o instrumento próprio da atividade-fim destinado a:

I – acompanhar o cumprimento das cláusulas de termo de ajustamento de conduta celebrado judicialmente e apurar notícias de descumprimento de cláusulas de compromisso de ajustamento de conduta;

II – acompanhar e fiscalizar, de forma continuada, políticas públicas ou instituições;

III – apurar fato que enseje a tutela de interesses individuais indisponíveis;

IV – embasar outras atividades não sujeitas a inquérito civil.

Parágrafo único – Nas hipóteses dos incisos II e IV o procedimento administrativo não tem caráter de investigação cível ou criminal de determinada pessoa, em função de um ilícito específico.

Art. 33. O procedimento administrativo será instaurado por portaria sucinta, com delimitação do seu objeto, aplicando-se, no que couber, as regras procedimentais, de instrução e de publicidade previstas para o inquérito civil.

Art. 34. Se no curso do procedimento administrativo surgirem novos fatos que indiquem a necessidade de investigação de objeto diverso do que tiver sendo investigado, que demandem apuração criminal ou que sejam voltados para a tutela dos interesses ou direitos difusos, coletivos ou individuais homogêneos, o membro do Ministério Público deverá aditar a portaria, instaurar o procedimento de investigação pertinente ou encaminhar a notícia do fato e os elementos de informação a quem tenha atribuição.

Art. 35. O procedimento administrativo deverá ser concluído no prazo de 1 (um) ano, podendo ser prorrogado quantas vezes forem necessárias, a cada decisão que determinar a realização ou conclusão de diligências imprescindíveis para a sua conclusão.

Art. 36. Esgotadas todas as possibilidades de diligências, o órgão de execução, caso se convença da inexistência de fundamento para a propositura de ação judicial ou de qualquer outra medida, promoverá, fundamentadamente, o arquivamento do procedimento administrativo.

Art. 37. No caso de procedimento administrativo instaurado com fulcro nos incisos I, II e IV do art. 32, deverá ser dada ciência da promoção de arquivamento ao Conselho Superior do Ministério Público, no prazo de 3 (três) dias, sem necessidade de remessa dos autos para homologação, arquivando-se os autos no órgão de execução.

Art. 38. No caso de procedimento administrativo relativo a direitos individuais indisponíveis, o noticiante será cientificado da decisão de arquivamento, da qual caberá recurso ao Conselho Superior do Ministério Público, no prazo de 10 (dez) dias, aplicando-se o disposto no art. 6º e parágrafos, e 7º, desta Resolução.

Art. 39. Havendo novas provas a respeito de fato apreciado na promoção de arquivamento será possível o desarquivamento do procedimento administrativo, por iniciativa do órgão de execução ou provocação do Conselho Superior, na hipótese de homologação por este órgão.

§ 1º – Desarquivado o procedimento na forma do *caput*, poderá receber nova numeração e autuação, se conveniente para o seu processamento.

§ 2º – O desarquivamento do procedimento administrativo, não sendo caso de ajuizamento de ação judicial ou adoção de outra medida cabível, implicará novo arquivamento, aplicando-se o disposto nos artigos anteriores.

TÍTULO IV
DO COMPROMISSO DE AJUSTAMENTO

Art. 40. O compromisso de ajustamento de conduta é instrumento de garantia dos direitos e interesses difusos e coletivos, individuais homogêneos e outros direitos de cuja defesa está incumbido o Ministério Público, com natureza de negócio jurídico que tem por finalidade a adequação da conduta às exigências legais e constitucionais, com eficácia de título executivo extrajudicial a partir da celebração.

§ 1º – Não sendo o titular dos direitos concretizados no compromisso de ajustamento de conduta, não pode o órgão do Ministério Público fazer concessões que impliquem renúncia aos direitos ou interesses difusos, coletivos e individuais homogêneos, cingindo-se a negociação à interpretação do direito para o caso concreto, à especificação das obrigações adequadas e necessárias, em especial o modo, tempo e lugar de cumprimento, bem como à mitigação, à compensação e à indenização dos danos que não possam ser recuperados.

§ 2º – É cabível o compromisso de ajustamento de conduta nas hipóteses configuradoras de improbidade administrativa, sem prejuízo do ressarcimento ao erário e da aplicação de uma ou algumas das sanções previstas em lei, de acordo com a conduta ou o ato praticado.

§ 3º – A celebração do compromisso de ajustamento de conduta com o Ministério Público não afasta, necessariamente, a eventual responsabilidade administrativa ou penal pelo mesmo fato, nem importa, automaticamente, no reconhecimento de responsabilidade para outros fins que não os estabelecidos expressamente no compromisso.

§ 4º – Caberá ao órgão do Ministério Público com atribuição para a celebração do compromisso de ajustamento de conduta decidir quanto à necessidade, conveniência e oportunidade de reuniões ou audiências públicas com a participação dos titulares dos direitos, entidades que os representem ou demais interessados.

Art. 41. No exercício de suas atribuições, poderá o órgão do Ministério Público tomar compromisso de ajustamento de conduta para a adoção de medidas provisórias ou definitivas, parciais ou totais.

Parágrafo único – Na hipótese de adoção de medida provisória ou parcial, a investigação deverá continuar em relação aos demais aspectos da questão, ressalvada situação excepcional que enseje arquivamento fundamentado.

Art. 42. O compromisso de ajustamento de conduta será tomado em qualquer fase da investigação, nos autos de inquérito civil ou procedimento correlato, ou no curso da ação judicial, devendo conter obrigações certas, líquidas e exigíveis, salvo peculiaridades do caso concreto, e ser assinado pelo órgão do Ministério Público e pelo compromissário.

§ 1º – Quando o compromissário for pessoa física, o compromisso de ajustamento de conduta poderá ser firmado por procurador com poderes especiais.

§ 2º – Quando o compromissário for pessoa jurídica, o compromisso de ajustamento de conduta deverá ser firmado por quem tiver por lei, regulamento, disposição estatutária ou contratual, poderes de representação extrajudicial daquela, ou por procurador com poderes especiais outorgados pelo representante.

§ 3º – Tratando-se de empresa pertencente a grupo econômico, deverá assinar o representante legal da pessoa jurídica controladora à qual esteja vinculada, sendo admissível a representação por procurador com poderes especiais.

§ 4º – É facultado ao órgão do Ministério Público colher assinatura, como testemunhas, das pessoas que tenham acompanhado a negociação ou de terceiros interessados.

§ 5º – Poderá o compromisso de ajustamento de conduta ser firmado em conjunto por órgãos de ramos diversos do Ministério Público ou por este e outros órgãos públicos legitimados, bem como contar com a participação de associação civil, entes ou grupos representativos ou terceiros interessados.

§ 6º – Em se tratando de compromisso de ajustamento de conduta firmado com o Poder Público, deverá constar, sempre que possível, a fonte de custeio para o cumprimento das obrigações assumidas.

Art. 43. O compromisso de ajustamento de conduta deverá prever multa diária ou outras espécies de cominação para o caso de descumprimento das obrigações nos prazos assumidos, admitindo-se, em casos excepcionais e devidamente fundamentados, a previsão de que esta cominação seja fixada judicialmente, se necessária à execução do compromisso.

Art. 44. As indenizações pecuniárias referentes a danos a direitos ou interesses difusos e coletivos, quando não for possível a reconstituição específica do bem lesado, e as liquidações de multas deverão ser destinadas a fundos federais, estaduais e municipais que tenham o mesmo escopo do fundo previsto no art. 13 da Lei nº 7.347/1985.

§ 1º – Nas hipóteses do *caput*, também é admissível a destinação dos referidos recursos a projetos de prevenção ou reparação de danos de bens jurídicos da mesma natureza, ao apoio a entidades cuja finalidade institucional inclua a proteção aos direitos ou interesses difusos, a depósito em contas judiciais ou, ainda, poderão receber destinação específica que tenha a mesma finalidade dos fundos previstos em lei, estando em conformidade com a natureza e a dimensão do dano.

§ 2º – Os valores referentes às medidas compensatórias decorrentes de danos irreversíveis aos direitos ou interesses difusos deverão ser, preferencialmente, revertidos em proveito da região ou pessoas impactadas.

Art. 45. Cópia do termo de ajustamento de conduta deverá ser afixada em quadro próprio, na sede do órgão de execução, pelo prazo de 15 (quinze) dias, bem como ser encaminhada, por meio de arquivo digital, ao Centro de Apoio Operacional correspondente, na forma do art. 80, inciso IV desta Resolução.

Art. 46. O órgão do Ministério Público que tomou o compromisso de ajustamento de conduta deverá diligenciar para fiscalizar o seu efetivo cumprimento, valendo-se, sempre que necessário e possível, de técnicos especializados.

Parágrafo único – Poderão ser previstas no próprio compromisso de ajustamento de conduta obrigações consubstanciadas na periódica prestação de informações sobre a execução do acordo pelo compromissário.

Art. 47. As diligências de fiscalização mencionadas no artigo anterior serão providenciadas nos próprios autos em que celebrado o compromisso de ajustamento de conduta, salvo se já promovido o arquivamento, quando ocorrerão em procedimento administrativo, ou em procedimento administrativo de acompanhamento especificamente instaurado para tal fim, na forma do art. 32, inciso I, parte final, desta Resolução.

Art. 48. Descumprido o compromisso de ajustamento de conduta, integral ou parcialmente, deverá o órgão de execução do Ministério Público com atribuição para fiscalizar o seu cumprimento promover, no prazo máximo de 60 (sessenta) dias, ou assim que possível, nos casos de urgência, a execução judicial.

Parágrafo único – O prazo de que trata este artigo poderá ser excedido se o compromissário, instado pelo órgão do Ministério Público, justificar satisfatoriamente o descumprimento ou reafirmar sua disposição para o cumprimento, casos em que ficará a critério do órgão ministerial decidir pelo imediato ajuizamento da execução, por sua repactuação ou pelo acompanhamento das providências adotadas pelo compromissário até o efetivo cumprimento do compromisso de ajustamento de conduta, sem prejuízo da possibilidade de execução da multa, quando cabível e necessário.

Art. 49. O Ministério Público tem legitimidade para executar compromisso de ajustamento de conduta firmado por outro órgão público, quando identificada a omissão frente ao descumprimento das obrigações assumidas, sem prejuízo da adoção de outras providências de natureza civil ou criminal que se mostrarem pertinentes, inclusive em face da inércia do celebrante.

Art. 50. Os órgãos de execução que tenham atribuição para celebrar compromisso de ajustamento de conduta deverão apresentar anualmente relatório sobre sua execução ao Conselho Superior.

§ 1º – O órgão do Ministério Público devera enviar cópia do relatório à Corregedoria-Geral.

§ 2º – Os relatórios serão arquivados na secretaria do Conselho Superior em pastas identificadas por órgão de execução.

§ 3º – Os relatórios, ao serem distribuídos a relator, serão acompanhados da pasta de relatórios para permitir exame do cumprimento do ajustamento ao longo do tempo.

§ 4º – O relator poderá requisitar informações e documentos constantes do inquérito civil.

TÍTULO V
DA RECOMENDAÇÃO

Art. 51. A recomendação é instrumento de atuação extrajudicial do Ministério Público por intermédio do qual expõe, em ato formal, razões fáticas e jurídicas sobre determinada questão, com o objetivo de persuadir o destinatário a praticar ou a deixar de praticar determinados atos em benefício da melhoria dos serviços públicos e de relevância pública ou do respeito aos interesses, direitos e bens defendidos pela Instituição, atuando, assim, como instrumento de prevenção de responsabilidades ou correção de irregularidades.

Art. 52. A recomendação rege-se, entre outros, pelos seguintes princípios:

I – motivação;

II – formalidade e solenidade;

III – celeridade e implementação tempestiva das medidas recomendadas;

IV – publicidade, moralidade, eficiência, impessoalidade e legalidade;

V – máxima amplitude do objeto e das medidas recomendadas;

VI – garantia de acesso à justiça;

VII – máxima utilidade e efetividade;

VIII – caráter não vinculativo das medidas recomendadas;

IX – caráter preventivo ou corretivo;

X – resolutividade;

XI – segurança jurídica;

XII – ponderação e proporcionalidade nos casos de tensão entre direitos fundamentais.

Art. 53. O Ministério Público, de ofício ou mediante provocação, nos autos de inquérito civil, de procedimento administrativo ou procedimento preparatório, poderá expedir recomendação objetivando o respeito e a efetividade dos direitos e interesses que lhe incumba defender e, sendo o caso, a edição ou alteração de normas.

§ 1º – Preliminarmente à expedição da recomendação à autoridade pública, serão requisitadas informações ao órgão destinatário sobre a situação jurídica e o caso concreto a ela afetos, exceto em caso de impossibilidade devidamente motivada.

§ 2º – Em casos que reclamam urgência, o Ministério Público poderá, de ofício, expedir recomendação, procedendo, posteriormente, à instauração do respectivo procedimento.

Art. 54. A recomendação pode ser dirigida, de maneira preventiva ou corretiva, preliminar ou definitiva, a qualquer pessoa, física ou jurídica, de direito público ou privado, que tenha condições de fazer ou deixar de fazer alguma coisa para salvaguardar interesses, direitos e bens de que é incumbido o Ministério Público.

§ 1º – A recomendação será dirigida a quem tem poder, atribuição ou competência para a adoção das medidas recomendadas, ou responsabilidade pela reparação ou prevenção do dano.

§ 2º – Quando entre os destinatários da recomendação figurar autoridade para as quais a lei estabelece caber ao Procurador-Geral o encaminhamento de correspondência ou notificação, caberá a este ou ao órgão do Ministério Público a quem esta atribuição tiver sido delegada realizar o encaminhamento, no prazo de 10 (dez) dias, não cabendo à chefia institucional a valoração do conteúdo da recomendação, ressalvada a possibilidade de, fundamentadamente, negar seguimento à que tiver sido expedida por órgão sem atribuição, afrontar a lei ou o disposto nesta Resolução ou, ainda, quando não for observado o tratamento protocolar devido ao destinatário.

Art. 55. Não poderá ser expedida recomendação que tenha como destinatária(s) a(s) mesma(s) parte(s) e objeto o(s) mesmo(s) pedido(s) de ação judicial, ressalvadas as situações excepcionais, justificadas pelas circunstâncias de fato e de direito e pela natureza do bem tutelado, devidamente motivadas, e desde que não contrarie decisão judicial.

Art. 56. Sendo cabível a recomendação, deve ser manejada anterior e preferencialmente à ação judicial.

Art. 57. A recomendação deve ser devidamente fundamentada, mediante a exposição dos argumentos fáticos e jurídicos que justificam a sua expedição.

Art. 58. A recomendação conterá a indicação de prazo razoável para a adoção das providências cabíveis, indicando-as de forma clara e objetiva.

Parágrafo único – O atendimento à recomendação será apurado nos autos do inquérito civil, procedimento administrativo ou preparatório em que foi expedida.

Art. 59. O órgão do Ministério Público poderá requisitar ao destinatário a adequada e imediata divulgação da recomendação expedida, incluindo sua afixação em local de fácil acesso ao público, se necessária à efetividade da recomendação.

Art. 60. O órgão do Ministério Público poderá requisitar, em prazo razoável, resposta por escrito sobre o atendimento ou não da recomendação, bem como instar os destinatários a respondê-la de modo fundamentado.

Parágrafo único – Havendo resposta fundamentada de não atendimento, ainda que não requisitada, impõe-se ao órgão do Ministério Público que expediu a recomendação apreciá-la fundamentadamente.

Art. 61. Na hipótese de desatendimento à recomendação, de falta de resposta ou de resposta considerada inconsistente, o órgão do Ministério Público adotará as medidas cabíveis à obtenção do resultado pretendido com a expedição da recomendação.

§ 1º – No intuito de evitar a judicialização e fornecer ao destinatário todas as informações úteis à formação de seu convencimento quanto ao atendimento da recomendação, poderá o órgão do Ministério Público, ao expedir a recomendação, indicar as medidas que entender cabíveis, em tese, no caso de desatendimento da recomendação, desde que incluídas em sua esfera de atribuições.

§ 2º – Na hipótese do parágrafo anterior, o órgão ministerial não adotará as medidas indicadas antes de transcorrido o prazo fixado para resposta, exceto se fato novo determinar a urgência dessa adoção.

§ 3º – A efetiva adoção das medidas indicadas na recomendação como cabíveis em tese pressupõe a apreciação fundamentada da resposta de que trata o parágrafo único do artigo anterior.

TÍTULO VI
DA AUDIÊNCIA PÚBLICA

Art. 62. Compete aos Órgãos do Ministério Público, nos limites de suas respectivas atribuições, promover audiências públicas para auxiliar nos procedimentos sob sua responsabilidade, na identificação de demandas sociais que exijam a instauração de procedimento, para elaboração e execução de Planos de Ação e Projetos Estratégicos Institucionais ou para prestação de contas de atividades desenvolvidas.

§ 1º – As audiências públicas serão realizadas na forma de reuniões organizadas, abertas a qualquer cidadão, representantes dos setores público, privado, da sociedade civil organizada e da comunidade, para discussão de situações das quais decorra ou possa decorrer lesão a interesses difusos, coletivos e individuais homogêneos, e terão por finalidade coletar, junto à sociedade e ao Poder Público, elementos que embasem a decisão do órgão do Ministério Público quanto à matéria objeto da convocação ou para prestar contas de atividades desenvolvidas.

§ 2º – O Ministério Público poderá receber auxílio de entidades públicas para custear a realização das audiências referidas no *caput* deste artigo, em procedimento devidamente formalizado perante a Procuradoria-Geral de Justiça, com a correlata prestação de contas.

§ 3º – As audiências públicas poderão ser realizadas também no âmbito dos Centros de Apoio Operacional, dentro de suas atribuições, sem prejuízo da observância das demais disposições desta Resolução.

§ 4º – A audiência pública será autuada e registrada em sistema próprio.

Art. 63. As audiências públicas serão precedidas da expedição de edital de convocação do qual constará, no mínimo, a data, o horário e o local da reunião, bem como o objetivo e a forma de cadastramento dos expositores, além da forma de participação dos presentes.

Parágrafo único – Deverá ó órgão responsável pela realização da audiência pública, sempre que possível, diligenciar para que dela participem representações de todos os grupos afetados pela discussão.

Art. 64. Ao edital de convocação será dada a publicidade possível, sendo facultada a sua publicação no Diário Oficial do Estado e nos perfis institucionais do Ministério Público nas redes sociais e obrigatória a publicação no sítio eletrônico, bem como a afixação na sede da unidade do Ministério Público, com antecedência mínima de 10 (dez) dias úteis, salvo em situações urgentes, devidamente motivadas no ato convocatório.

Art. 65. Da audiência será lavrada ata circunstanciada, no prazo de 30 (trinta) dias, a contar de sua realização, devendo constar o encaminhamento que será dado ao tema, se for o caso.

§ 1º – A ata e seu extrato serão encaminhadas ao Procurador-Geral de Justiça, no prazo de 30 (trinta) dias após sua lavratura, para fins de conhecimento.

§ 2º – A ata será afixada, por extrato, na sede da unidade e será publicada em sítio eletrônico, assegurando-se aos inscritos e participantes a comunicação por meio eletrônico, no endereço cadastrado.

§ 3º – A ata poderá ser elaborada de forma sintética, nos casos em que a audiência pública for gravada em imagem e em áudio, em meio digital ou analógico.

Art. 66. Se o objeto da audiência pública consistir em fato que possa ensejar providências por parte de mais de um membro do Ministério Público, aquele que teve a iniciativa do ato participará sua realização aos demais membros, com antecedência mínima de 10 (dez) dias úteis, podendo a audiência pública ser realizada em conjunto.

Art. 67. Ao final dos trabalhos que motivaram a audiência pública, o representante do Ministério Público deverá produzir relatório, no qual poderá constar, entre outras, alguma das seguintes providências:

I – arquivamento das investigações;

II – celebração de termo de ajustamento de conduta;

III – expedição de recomendações;

IV – instauração de procedimento, inquérito civil ou policial;

V – ajuizamento de ação civil pública;

VI – divulgação das conclusões de propostas de soluções ou providências alternativas, em prazo razoável, diante da complexidade da matéria.

VII – prestação de contas das atividades desenvolvidas em determinado período.

VIII – elaboração e revisão de Plano de Ação ou de Projeto Estratégico Institucional.

Art. 68. As deliberações, opiniões, sugestões, críticas ou informações emitidas na audiência pública ou em decorrência desta terão caráter consultivo e não vinculante, destinando-se a subsidiar a atuação do Ministério Público, zelar pelo princípio da eficiência e assegurar a participação popular na condução dos interesses públicos.

TÍTULO VII
DA AÇÃO CIVIL PÚBLICA

Art. 69. A ação civil pública será instruída com os elementos pertinentes dos autos do inquérito civil, procedimento preparatório, procedimento administrativo ou notícia de fato.

§ 1º – Na hipótese do *caput*, o Presidente providenciará a extração e o armazenamento de cópias, preferencialmente em meio digital, das principais peças do procedimento que embasou a propositura da ação, as quais permanecerão no respectivo órgão de execução, não sendo encaminhadas ao Conselho Superior.

§ 2º – Será formada, preferencialmente em meio digital, pasta de acompanhamento do processo judicial, a qual será integrada por cópias das principais peças do procedimento que subsidiou a propositura da ação.

§ 3º – A existência da pasta de acompanhamento, por si só, não importará na instauração de procedimento administrativo, salvo se necessárias diligências investigatórias que importem em requisições de informação para a instrução da ação judicial.

§ 4º – As solicitações aos órgãos de apoio interno não dão ensejo à instauração de procedimento administrativo.

§ 5º – Ajuizada a ação civil pública por meio eletrônico, deverão os originais dos documentos digitalizados serem preservados até o trânsito em julgado da sentença ou, quando admitida, até o final do prazo para interposição de ação rescisória.

§ 6º – Na hipótese do parágrafo anterior, decorridos seis meses da propositura da ação, é facultada a remessa dos autos físicos do inquérito civil, procedimento preparatório ou peças de informação à Gerência de Arquivo, com a prévia e integral digitalização dos autos, cabendo ao órgão de origem a comunicação do trânsito em julgado da sentença ou do decurso do prazo para ação rescisória para fins de descarte do procedimento.

§ 7º – Cópia da petição inicial deverá ser encaminhada pelo órgão de execução ao Coordenador do Centro de Apoio Operacional correspondente, por meio de arquivo digital, no prazo de 15 (quinze) dias.

§ 8º – Aplica-se o disposto neste título às demais ações que visem à tutela de direitos difusos, coletivos ou individuais homogêneos.

TÍTULO VIII
DOS LIVROS E DEMAIS REGISTROS

Art. 70. No âmbito dos órgãos de execução com atribuições previstas na presente Resolução, deverão ser adotados os seguintes controles, por meio de livro, pastas e sistema informatizado previsto no art. 79:

I – controle geral de protocolo, incluídos os inquéritos civis, procedimentos preparatórios, procedimentos administrativos, notícias de fato e processos judiciais, por meio de sistema informatizado;

II – atendimentos, por meio de livro próprio;

III – ofícios expedidos, por meio de pasta física ou digital;

IV – ofícios recebidos não vinculados a procedimentos em tramitação no órgão de execução, por meio de pasta física;

V – pasta de depoimentos, física ou digital;

VI – pastas de notificações, física ou digital;

VII – pasta de portarias, física ou digital;

VIII – pastas de atas de reuniões e de audiências públicas, físicas ou digitais;

IX – pasta de compromissos de ajustamento de condutas, física ou digital;

X – pastas de recomendações, física ou digital;

XI – pastas de cópias de petições iniciais e de recursos interpostos, com os respectivos recibos;

XII – pasta de relatórios de correição ou de inspeção.

Art. 71. Os livros serão abertos e encerrados pelo membro do Ministério Público com atribuição ou, sob sua supervisão, pela secretaria do órgão.

§ 1º – As folhas dos livros serão numeradas e rubricadas pelo membro do Ministério Público com atribuição ou por servidor designado para secretariar o inquérito civil ou procedimento preparatório.

§ 2º – Os livros e as pastas deverão ser conservados em local adequado, de modo a que sejam mantidos em sua integridade extrínseca e intrínseca.

§ 3º – Encerrado um livro ou preenchida uma pasta, abrir-se-á outro, com numeração crescente sequencial.

Art. 72. O Livro de Atendimento ao público será destinado ao registro dos atendimentos presenciais realizados no órgão de execução e na secretaria correlata, dele constando os seguintes dados:

I – número;

II – data e horário;

III – nome do atendido e do atendente;

IV – assunto;

V – providências adotadas e ofícios eventualmente expedidos.

Art. 73. As pastas, que devem ser encerradas anualmente, bem como os ofícios, serão numeradas em ordem crescente sequencial.

Art. 74. Os ofícios expedidos, relativos aos procedimentos tratados nesta Resolução, deverão ser extraídos em 3 (três) vias, sendo a primeira enviada ao destinatário, a segunda juntada aos autos do procedimento, acrescida da comprovação do recebimento, e a terceira arquivada na respectiva pasta, física ou digital.

Art. 75. As portarias de instauração serão expedidas em 3 (três) vias, sendo a primeira juntada aos autos do procedimento, a segunda afixada em quadro próprio na sede do órgão de execução e a terceira arquivada na respectiva pasta física ou digital.

Art. 76. Mediante requerimento protocolizado junto ao órgão de execução com atribuição, será expedida certidão das informações constantes dos controles a que se refere esta Resolução.

Art. 77. Os livros dos órgãos de execução ficarão sujeitos à consulta dos interessados, especialmente advogados.

Art. 78. Os procedimentos de que trata esta Resolução, quando definitivamente arquivados, deverão ser mantidos na sede do órgão de execução pelo prazo de 6 (seis) meses, a contar da promoção de arquivamento ou da homologação da promoção de arquivamento pelo Conselho Superior do Ministério Público.

Parágrafo único – Expirado o prazo estabelecido pelo *caput*, os procedimentos deverão ser encaminhados ao Arquivo Permanente do Ministério Público, mediante registro no Sistema MGP ou correspondente que o substitua.

Art. 79. As pastas previstas nesta Resolução poderão ser substituídas por sistemas de controle informatizado para registro e tramitação de inquéritos civis, procedimentos preparatórios, procedimentos administrativos ou notícias de fato, observadas as cautelas legais.

TÍTULO IX
DAS DISPOSIÇÕES FINAIS

Art. 80. Caberá aos órgãos de execução remeter aos Centros de Apoio Operacional, em arquivo eletrônico, no prazo de 15 (quinze) dias a contar do registro, as seguintes peças:

I – portarias de instauração de procedimento administrativo instaurados com fulcro no art. 32, incisos I e II desta Resolução, de procedimento preparatório e de inquérito civil;

II – promoções de arquivamento dos procedimentos referidos no inciso anterior;

III – recomendações expedidas;

IV – compromissos de ajustamento de conduta celebrados;

V – relatórios das audiências públicas celebradas.

VI – cópia da petição inicial das Ações Civis Públicas ajuizadas.

Parágrafo único – Para fins de cumprimento do disposto na Lei nº 12.527, de 18 de novembro de 2011 e art. 7º da Resolução CNMP nº 89, de 28 de agosto de 2012, caberá aos Centros de Apoio encaminhar à Secretaria de Tecnologia da Informação as peças referidas no *caput*.

Art. 81. Aplica-se o disposto no Título I desta Resolução às notícias veiculadas por meio dos sistemas informatizados da instituição, como os previstos na Resolução GPGJ nº 1369/2007 e Resolução GPGJ nº 1848/2013.

Art. 82. Aplica-se o disposto nesta Resolução, no que couber, nas hipóteses do inciso VIII do art. 29 da Lei nº 8.625, de 12 de fevereiro de 1993.

Art. 83. Os inquéritos civis instaurados até a entrada em vigor desta Resolução, cujo objeto esteja entre aqueles descritos no art. 32, deverão ser convertidos em procedimento administrativo, mediante aditamento da portaria inaugural.

Art. 84. Esta Resolução entre em vigor na data de sua publicação, revogadas as disposições em contrário, em especial as Resoluções GPGJ nº 1.769, de 6 de setembro de 2012, e 1.778, de 25 de outubro de 2012.

Rio de Janeiro, 12 de julho de 2018.

José Eduardo Ciotola Gussem

Procurador-Geral de Justiça

*Republicada por incorreção no texto original publicado no D. O. de 13.07.2018.

RESOLUÇÃO GPGJ Nº 2.320 DE 03 DE JANEIRO DE 2020.

Altera as atribuições dos órgãos do Ministério Público que menciona e dá outras providências.

O **PROCURADOR-GERAL DE JUSTIÇA DO ESTADO DO RIO DE JANEIRO**, no uso de suas atribuições legais,

CONSIDERANDO a necessidade de redefinição das atribuições dos órgãos de execução do Ministério Público, de modo a conferir maior efetividade à atuação ministerial na seara investigativa, na perspectiva do controle externo da atividade policial e do combate à violência doméstica e familiar contra a mulher;

CONSIDERANDO o que consta dos autos do expediente MPRJ nº 2019.01188381;

CONSIDERANDO o deliberado pelo Órgão Especial do Colégio de Procuradores de Justiça na sessão de 02 de dezembro de 2019.

RESOLVE

Título I
Disposições Gerais

Art. 1º. A definição e a divisão das atribuições das Promotorias de Justiça de Investigação Penal (PIP) dos Núcleos Rio de Janeiro, Niterói, São Gonçalo, Duque de Caxias e Nova Iguaçu regem-se pelo disposto na presente resolução.

Art. 2º. Os Núcleos de Investigação objeto da presente resolução correspondem ao território atualmente coberto pelas 1ª, 2ª e 3ª Centrais de Inquéritos, sendo doravante nomeados em função de sua subdivisão nas seguintes áreas, assim delimitadas:

I – Núcleo Rio de Janeiro – abarca a área correspondente ao município do Rio de Janeiro, compreendendo as Áreas Integradas de Segurança Pública (AISP) de números 2, 3, 4, 5, 6, 9, 14, 16, 17, 18, 19, 22, 23, 27, 31, 40 e 41;

II – Núcleo Niterói – abarca a área correspondente ao município de Niterói, compreendendo a parcela correspondente da Área Integrada de Segurança Pública (AISP) nº 12;

III – Núcleo São Gonçalo – abarca a área correspondente ao município de São Gonçalo, compreendendo a Área Integrada de Segurança Pública (AISP) nº 7;

IV – Núcleo Duque de Caxias – abarca a área correspondente aos municípios de Duque de Caxias, São João de Meriti e Belford Roxo, compreendendo as Áreas Integradas de Segurança Pública (AISP) de números 15, 21 e 39;

V – Núcleo Nova Iguaçu – abarca a área correspondente aos municípios de Nova Iguaçu, Nilópolis, Mesquita e Queimados, compreendendo a Área Integrada de Segurança Pública (AISP) de número 20 e a parcela correspondente da AISP nº 24.

Art. 3º. Tendo em vista a matéria em que precipuamente atuam, as Promotorias de Justiça de Investigação Penal classificam-se nas seguintes categorias:

I – Promotorias de Justiça de Investigação Penal Territoriais – atuam precipuamente em matéria não especializada, assim entendida a atividade investigativa que não envolva infração penal praticada em situação de violência doméstica e familiar contra a mulher ou procedimentos de natureza investigatória instaurados e em curso junto a delegacias especializadas, tendo sua atribuição delimitada em função da(s) Área(s) Integrada(s) de Segurança Pública na(s) qual(is) interagem e se integram;

II – Promotorias de Justiça de Investigação Penal de Violência Doméstica – atuam exclusivamente na investigação de infrações penais praticadas em situação de violência doméstica e familiar contra a mulher, tendo sua atribuição delimitada pela área do Núcleo que integram, observado o disposto no § 3º;

III – Promotorias de Justiça de Investigação Penal Especializadas – atuam exclusivamente nos feitos instaurados e em trâmite junto às delegacias especializadas, excepcionada a matéria de violência doméstica e observado o disposto no § 5º, tendo sua atribuição delimitada pela área do(s) Núcleo(s) que integram.

§ 1º – As Promotorias de Justiça de Investigação Penal Territoriais conservarão, em caráter excepcional, a atribuição para a apuração de infrações penais praticadas em situação de violência doméstica e familiar contra a mulher em curso junto às delegacias distritais exclusivamente quando se tratar de Inquéritos Policiais já em andamento quando da produção dos efeitos da presente resolução, assim entendidos aqueles que já tenham sido remetidos pelo menos uma vez a PIPs não especializadas.

§ 2º – Até que se verifiquem os efeitos previstos no art. 49, § 1º da presente Resolução, as regras do parágrafo anterior não se aplicarão à 11ª Promotoria de Justiça de Investigação da 1ª Central de Inquéritos, que terá atribuição integral para a apuração de infrações penais praticadas em situação de violência doméstica e familiar contra a mulher em curso junto às delegacias distritais perante as quais atualmente oficia.

§ 3º – As Promotorias de Justiça de Investigação Penal Territoriais terão atribuição para oficiar excepcionalmente junto às Delegacias Especializadas de Atendimento à Mulher – DEAMs exclusivamente quando se tratar da apuração de infração penal não praticada em situação de violência doméstica e familiar contra a mulher.

§ 4º – As Promotorias de Justiça de Investigação Penal de Violência Doméstica do Núcleo Rio de Janeiro terão suas atribuições vinculadas a áreas específicas no interior do referido Núcleo, conforme disposto no art. 15.

§ 5º – As Promotorias de Justiça de Investigação Penal Especializadas do Núcleo Rio de Janeiro não atuarão junto às Delegacias Especializadas indicadas no art. 20, § 1º, caso em que a atribuição será das Promotorias de Justiça Territoriais, conforme o local da infração penal.

§ 6º – Até que se verifiquem os efeitos previstos no art. 49, § 2º da presente Resolução, ficam ainda excluídas das atribuições das Promotorias de Justiça de Investigação Penal Especializadas do Núcleo Rio de Janeiro as de atuar junto às Delegacias Especializadas atualmente inseridas com exclusividade no plexo de atribuições da 21ª Promotoria de Justiça de Investigação Penal da 1ª Central de Inquéritos.

Título II
Da organização e das atribuições das Promotorias de Justiça de Investigação Penal
Seção I – Do Núcleo Rio de Janeiro
Capítulo I
Das Promotorias de Justiça de Investigação Penal (PIPs) Territoriais do Núcleo Rio de Janeiro

Art. 4º. As Promotorias de Justiça de Investigação Penal (PIPs) Territoriais do Núcleo Rio de Janeiro distribuem-se em nove áreas assim identificadas:

I – área Botafogo e Copacabana: correspondente às Áreas Integradas de Segurança Pública números 2 e 19;

II – área Centro e Zona Portuária: correspondente às Áreas Integradas de Segurança Pública números 4 e 5;

III – área Méier e Tijuca: correspondente às Áreas Integradas de Segurança Pública números 3 e 6;

IV – área Ilha do Governador e Bonsucesso: correspondente às Áreas Integradas de Segurança Pública números 17 e 22;

V – área Penha e Irajá: correspondente às Áreas Integradas de Segurança Pública números 16 e 41;

VI – área Madureira e Jacarepaguá: correspondente às Áreas Integradas de Segurança Pública números 9 e 18;

VII – área Bangu e Campo Grande: correspondente às Áreas Integradas de Segurança Pública números 14 e 40;

VIII – área Zona Sul e Barra da Tijuca: correspondente às Áreas Integradas de Segurança Pública números 23 e 31;

IX – área Santa Cruz: correspondente à Área Integrada de Segurança Pública número 27.

Área Botafogo e Copacabana

Art. 5º. As atuais 4ª e 5ª PIPs da 1ª Central de Inquéritos passam a ter atribuição para, relativamente às infrações penais praticadas na área territorial correspondente às áreas das 2ª e 19ª AISPs, ressalvadas as atribuições das PIPs de Violência Doméstica e Especializadas, atuar de forma concorrente nos inquéritos policiais, inclusive aqueles oriundos de DEAM, procedimentos investigatórios criminais e quaisquer outras peças de informação.

Parágrafo único – O disposto no *caput* não se aplica aos Inquéritos Policiais (IPs) e Procedimentos Investigatórios Criminais (PICs) em andamento quando da produção dos efeitos da presente resolução, assim entendidos aqueles IPs que já tenham sido remetidos pelo menos uma vez às 4ª e 5ª PIPs da 1ª Central de Inquéritos e os PICs porventura já instaurados pelos mesmos órgãos de execução, caso em que vigorará a seguinte distribuição:

I – a 4ª Promotoria de Justiça de Investigação Penal da 1ª Central de Inquéritos terá atribuição para atuar de forma exclusiva nos inquéritos policiais e procedimentos investigatórios criminais já em tramitação quando da produção dos efeitos da presente resolução relativamente às infrações penais praticadas na circunscrição da 12ª DP – Copacabana;

II – a 5ª Promotoria de Justiça de Investigação Penal da 1ª Central de Inquéritos terá atribuição para atuar de forma exclusiva nos inquéritos policiais e procedimentos investigatórios criminais já em tramitação quando da produção dos efeitos da presente resolução relativamente às infrações penais praticadas na circunscrição das 9ª DP – Catete. Área Centro e Zona Portuária

Art. 6º. As atuais 1ª, 2ª e 3ª PIPs da 1ª Central de Inquéritos passam a ter atribuição para, relativamente às infrações penais praticadas na área territorial correspondente às áreas das 4ª e 5ª AISPs, ressalvadas as atribuições das PIPs de Violência Doméstica e Especializadas, atuar de forma concorrente nos inquéritos policiais, inclusive aqueles oriundos de DEAM, procedimentos investigatórios criminais e quaisquer outras peças de informação.

Parágrafo único – O disposto no *caput* não se aplica aos Inquéritos Policiais (IPs) e Procedimentos Investigatórios Criminais (PICs) em andamento quando da produção dos efeitos da presente resolução, assim entendidos aqueles IPs que já tenham sido remetidos pelo menos uma vez às 1ª, 2ª e 3ª PIPs da 1ª Central de Inquéritos e os PICs porventura já instaurados pelos mesmos órgãos de execução, caso em que vigorará a seguinte distribuição:

I – a 1ª Promotoria de Justiça de Investigação Penal da 1ª Central de Inquéritos terá atribuição para atuar de forma exclusiva nos inquéritos policiais e procedimentos investigatórios criminais já em tramitação quando da produção dos efeitos da presente resolução relativamente às infrações penais praticadas na circunscrição da 1ª DP – Praça Mauá.

II – a 2ª Promotoria de Justiça de Investigação Penal da 1ª Central de Inquéritos terá atribuição para atuar de forma exclusiva nos inquéritos policiais e procedimentos investigatórios criminais já em tramitação quando da produção dos efeitos da presente resolução relativamente às infrações penais praticadas na circunscrição das 4ª DP- Praça da República e 5ª DP – Mem de Sá.

III – a 3ª Promotoria de Justiça de Investigação Penal da 1ª Central de Inquéritos terá atribuição para atuar de forma exclusiva nos inquéritos policiais e procedimentos investigatórios criminais já em tramitação quando da produção dos efeitos da presente resolução relativamente às infrações penais praticadas na circunscrição da 6ª DP- Cidade Nova. Área Méier e Tijuca

Art. 7º. As atuais 8ª, 9ª, 10ª e 12ª PIPs da 1ª Central de Inquéritos passam a ter atribuição para, relativamente às infrações penais praticadas na área territorial correspondente às áreas das 3ª e 6ª AISPs, ressalvadas as atribuições das PIPs de Violência Doméstica e Especializadas, atuar de forma concorrente nos inquéritos policiais, inclusive aqueles oriundos de DEAM, procedimentos investigatórios criminais e quaisquer outras peças de informação.

Parágrafo único – o disposto no *caput* não se aplica aos demais Inquéritos Policiais (IPs) e Procedimentos Investigatórios Criminais (PICs) em andamento quando da produção dos efeitos da presente resolução, assim entendidos aqueles IPs que já tenham sido remetidos pelo menos uma vez às 8ª, 9ª, 10ª e 12ª PIPs da 1ª Central de Inquéritos e os PICs porventura já instaurados pelos mesmos órgãos de execução, caso em que vigorará a seguinte distribuição:

I – a 8ª Promotoria de Justiça de Investigação Penal da 1ª Central de Inquéritos terá atribuição para atuar de forma exclusiva nos inquéritos policiais e procedimentos investigatórios criminais já em tramitação quando da produção dos efeitos da presente resolução relativamente às infrações penais praticadas na circunscrição da 20ª DP – Grajaú;

II – a 9ª Promotoria de Justiça de Investigação Penal da 1ª Central de Inquéritos terá atribuição para atuar de forma exclusiva nos inquéritos policiais e procedimentos investigatórios criminais já em tramitação quando da produção dos efeitos da presente resolução relativamente às infrações penais praticadas na circunscrição das 18ª DP- Praça da Bandeira e 19ª DP – Tijuca;

III – a 10ª Promotoria de Justiça de Investigação Penal da 1ª Central de Inquéritos terá atribuição para atuar de forma exclusiva nos inquéritos policiais e procedimentos investigatórios criminais já em tramitação quando da produção dos efeitos da presente resolução relativamente às infrações penais praticadas na circunscrição das 24ª DP- Piedade e 26ª DP – Todos os Santos;

IV – a 12ª Promotoria de Justiça de Investigação Penal da 1ª Central de Inquéritos terá atribuição para atuar de forma exclusiva nos inquéritos policiais e procedimentos investigatórios criminais já em tramitação quando da produção dos efeitos da presente resolução relativamente às infrações penais praticadas na circunscrição das 23ª DP – Méier e 25ª DP – Engenho Novo. Área Ilha do Governador e Bonsucesso.

Art. 8º. As atuais 11ª e 30ª PIPs da 1ª Central de Inquéritos passam a ter atribuição para, relativamente às infrações penais praticadas na área territorial correspondente às áreas das 17ª e 22ª AISPs, ressalvadas as atribuições das PIPs de Violência Doméstica e Especializadas no caso de delitos praticados em situação de violência doméstica e familiar contra a mulher na circunscrição da 37ª DP – Ilha do Governador, atuar de forma concorrente nos inquéritos policiais, inclusive aqueles oriundos de DEAM, procedimentos investigatórios criminais e quaisquer outras peças de informação.

§ 1º – Até que se verifique a condição prevista no art. 49, § 1º da presente resolução, a 11ª PIP da 1ª Central de Inquéritos conservará, com exclusividade, a atribuição para atuar na investigação de crimes praticados em situação de violência doméstica e familiar contra a mulher praticados na circunscrição da 21ª DP – Bonsucesso.

§ 2º – O disposto no *caput* não se aplica aos Inquéritos Policiais (IPs) e Procedimentos Investigatórios Criminais (PICs) em andamento quando da produção dos efeitos da presente resolução, assim entendidos aqueles IPs que já tenham sido remetidos pelo menos uma vez às 11ª e 30ª PIPs da 1ª Central de Inquéritos e os PICs porventura já instaurados pelos mesmos órgãos de execução, caso em que vigorará a seguinte distribuição:

I – a 11ª Promotoria de Justiça de Investigação Penal da 1ª Central de Inquéritos, ademais do disposto no § 1º, terá atribuição para atuar de forma exclusiva nos demais inquéritos policiais e procedimentos investigatórios criminais já em tramitação quando da produção dos efeitos da presente resolução relativamente às infrações penais praticadas na circunscrição da 21ª DP – Bonsucesso;

II – a 30ª Promotoria de Justiça de Investigação Penal da 1ª Central de Inquéritos terá atribuição para atuar de forma exclusiva nos inquéritos policiais e procedimentos investigatórios criminais já em tramitação quando da produção dos efeitos da presente resolução relativamente às infrações penais praticadas na circunscrição da 37ª DP – Ilha do Governador.

Área Penha e Irajá

Art. 9º. As atuais 6ª, 22ª e 28ª PIPs da 1ª Central de Inquéritos passam a ter atribuição para, relativamente às infrações penais praticadas na área territorial correspondente às áreas das 16ª e 41ª AISPs, ressalvadas as atribuições das PIPs de Violência Doméstica e Especializadas, atuar de forma concorrente nos inquéritos policiais, inclusive aqueles oriundos de DEAM, procedimentos investigatórios criminais e quaisquer outras peças de informação.

Parágrafo único – O disposto no *caput* não se aplica aos Inquéritos Policiais (IPs) e Procedimentos Investigatórios Criminais (PICs) em andamento quando da produção dos efeitos da presente resolução, assim entendidos aqueles IPs que já tenham sido remetidos pelo menos uma vez às 6ª, 22ª e 28ª PIPs da 1ª Central de Inquéritos e os PICs porventura já instaurados pelos mesmos órgãos de execução, caso em que vigorará a seguinte distribuição:

I – a 6ª Promotoria de Justiça de Investigação Penal da 1ª Central de Inquéritos terá atribuição para atuar de forma exclusiva nos inquéritos policiais e procedimentos investigatórios criminais já em tramitação quando da produção dos efeitos da presente resolução relativamente às infrações penais praticadas na circunscrição da 38ª DP – Braz de Pina;

II – a 22ª Promotoria de Justiça de Investigação Penal da 1ª Central de Inquéritos terá atribuição para atuar de forma exclusiva nos inquéritos policiais e procedimentos investigatórios criminais já em tramitação quando da produção dos efeitos da presente resolução relativamente às infrações penais praticadas na circunscrição das 27ª DP – Vicente de Carvalho e 39ª DP – Pavuna;

III – a 28ª Promotoria de Justiça de Investigação Penal da 1ª Central de Inquéritos terá atribuição para atuar de forma exclusiva nos inquéritos policiais e procedimentos investigatórios criminais já em tramitação quando da produção dos efeitos da presente resolução relativamente às infrações penais praticadas na circunscrição da 22ª DP – Penha.

Área Madureira e Jacarepaguá

Art. 10. As atuais 18ª, 19ª e 25ª PIPs da 1ª Central de Inquéritos passam a ter atribuição para, relativamente às infrações penais praticadas na área territorial correspondente às áreas das 9ª e 18ª AISPs, ressalvadas as atribuições das PIPs de Violência Doméstica e Especializadas, atuar de forma concorrente nos inquéritos policiais, inclusive aqueles oriundos de DEAM, procedimentos investigatórios criminais e quaisquer outras peças de informação.

Área Bangu e Campo Grande

Art. 11. As atuais 20ª, 21ª e 27ª PIPs da 1ª Central de Inquéritos passam a ter atribuição para, relativamente às infrações penais praticadas na área territorial correspondente às áreas das 14ª e 40ª AISPs, ressalvadas as atribuições das PIPs de Violência Doméstica e Especializadas, atuar de forma concorrente nos inquéritos policiais, inclusive aqueles oriundos de DEAM, procedimentos investigatórios criminais e quaisquer outras peças de informação.

§ 1º – a 21ª PIP da 1ª Central de Inquéritos conservará atribuição exclusiva para oficiar em toda e qualquer investigação em trâmite ou que venha a ser instaurada junto às Delegacias Especializadas quando se tratar de infração penal praticada na área territorial correspondente à circunscrição da 34ª DP – Bangu.

§ 2º – não se enquadram na ressalva do parágrafo anterior as investigações em curso nas DEAMs versando sobre infrações praticadas em situação de violência doméstica e familiar contra a mulher, caso em que a atribuição será das PIPs de Violência Doméstica da área Oeste/Jacarepaguá do Núcleo Rio de Janeiro.

§ 3º – o disposto no *caput* não se aplica, ainda, aos demais Inquéritos Policiais (IPs) e Procedimentos Investigatórios Criminais (PICs) em andamento quando da produção dos efeitos da presente resolução, assim entendidos aqueles IPs que já tenham sido remetidos pelo menos uma vez às 20ª, 21ª e 27ª PIPs da 1ª Central de Inquéritos e os PICs porventura já instaurados pelos mesmos órgãos de execução, caso em que vigorará a seguinte distribuição:

I – as 20ª e 27ª PIPs da 1ª Central de Inquéritos terão atribuição para atuar de forma concorrente nos inquéritos policiais e procedimentos investigatórios criminais já em tramitação quando da produção dos efeitos da presente resolução relativamente às infrações penais praticadas na circunscrição da 35ª DP – Campo Grande;

II – a 21ª PIP terá atribuição para atuar de forma exclusiva nos inquéritos policiais e procedimentos investigatórios criminais já em tramitação quando da produção dos efeitos da presente resolução relativamente às infrações penais praticadas na circunscrição da 34ª DP – Bangu.

Área Zona Sul e Barra da Tijuca

Art. 12. As atuais 7ª e 15ª PIPs da 1ª Central de Inquéritos passam a ter atribuição para, relativamente às infrações penais praticadas na área territorial correspondente às áreas das 23ª e 31ª AISPs, ressalvadas as atribuições das PIPs de Violência Doméstica e Especializadas, atuar de forma concorrente nos inquéritos policiais, inclusive aqueles oriundos de DEAM, procedimentos investigatórios criminais e quaisquer outras peças de informação.

Área Santa Cruz

Art. 13. As atuais 16ª e 32ª PIPs da 1ª Central de Inquéritos passam a ter atribuição para, relativamente às infrações penais praticadas na área territorial correspondente à área da 27ª AISP, ressalvadas as atribuições das PIPs de Violência Doméstica e Especializadas, atuar de forma concorrente nos inquéritos policiais, inclusive aqueles oriundos de DEAM, procedimentos investigatórios criminais e quaisquer outras peças de informação.

Parágrafo único – O disposto no *caput* não se aplica aos Inquéritos Policiais (IPs) e Procedimentos Investigatórios Criminais (PICs) em andamento quando da produção dos efeitos da presente resolução, assim entendidos aqueles IPs que já tenham sido remetidos pelo menos uma vez às 16ª e 32ª PIPs da 1ª Central de Inquéritos e os PICs porventura já instaurados pelos mesmos órgãos de execução, caso em que vigorará a seguinte distribuição:

I – a 16ª Promotoria de Justiça de Investigação Penal da 1ª Central de Inquéritos terá atribuição para atuar de forma exclusiva nos inquéritos policiais e procedimentos investigatórios criminais já em tramitação quando da produção dos efeitos da presente resolução relativamente às infrações penais praticadas na circunscrição da 43ª DP – Guaratiba;

II – a 32ª Promotoria de Justiça de Investigação Penal da 1ª Central de Inquéritos terá atribuição para atuar de forma exclusiva nos inquéritos policiais e procedimentos investigatórios criminais já em tramitação quando da produção dos efeitos da presente resolução relativamente às infrações penais praticadas na circunscrição da 36ª DP – Santa Cruz.

Dispositivo de renomeação das PIPs Territoriais do Núcleo Rio de Janeiro

Art. 14. Em razão do disposto nos artigos anteriores, as Promotorias de Justiça de Investigação Penal da 1ª Central de Inquéritos abaixo arroladas passam a ter a seguinte denominação:

I – as 4ª e 5ª PIPs da 1ª Central de Inquéritos passam a denominar-se 1ª e 2ª Promotorias de Justiça de Investigação Penal Territorial da área Botafogo e Copacabana do Núcleo Rio de Janeiro;

II – as 1ª, 2ª e 3ª PIPs da 1ª Central de Inquéritos passam a denominar-se 1ª, 2ª e 3ª Promotorias de Justiça de Investigação Penal Territorial da área Centro e Zona Portuária do Núcleo Rio de Janeiro;

III – as 8ª, 9ª, 10ª e 12ª PIPs da 1ª Central de Inquéritos passam a denominar-se 1ª, 2ª, 3ª e 4ª Promotorias de Justiça de Investigação Penal Territorial da área Méier e Tijuca do Núcleo Rio de Janeiro;

IV – as 11ª e 30ª PIPs da 1ª Central de Inquéritos passam a denominar-se 1ª e 2ª Promotorias de Justiça de Investigação Penal Territorial da área Ilha do Governador e Bonsucesso do Núcleo Rio de Janeiro;

V – as 6ª, 22ª e 28ª ª PIPs da 1ª Central de Inquéritos passam a denominar-se 1ª, 2ª e 3ª Promotorias de Justiça de Investigação Penal Territorial da área Penha e Irajá do Núcleo Rio de Janeiro;

VI – as 18ª, 19ª e 25ª PIPs da 1ª Central de Inquéritos passam a denominar-se 1ª, 2ª e 3ª Promotorias de Justiça de Investigação Penal Territorial da área Madureira e Jacarepaguá do Núcleo Rio de Janeiro;

VII – as 20ª, 21ª e 27ª PIPs da 1ª Central de Inquéritos passam a denominar-se 1ª, 2ª e 3ª Promotorias de Justiça de Investigação Penal Territorial da área Bangu e Campo Grande do Núcleo Rio de Janeiro;

VIII – as 7ª e 15ª PIPs da 1ª Central de Inquéritos passam a denominar-se 1ª e 2ª Promotorias de Justiça de Investigação Penal Territorial da área Zona Sul e Barra da Tijuca do Núcleo Rio de Janeiro;

IX – 16ª e 32ª PIPs da 1ª Central de Inquéritos passam a denominar-se 1ªe 2ª Promotorias de Justiça de Investigação Penal Territorial da área Santa Cruz do Núcleo Rio de Janeiro.

Capítulo II
Das Promotorias de Justiça de Investigação Penal (PIPs)
de Violência Doméstica do Núcleo Rio de Janeiro

Art. 15. As Promotorias de Justiça de Investigação Penal de Violência Doméstica do Núcleo Rio de Janeiro distribuem-se em duas áreas territoriais, a saber, área Centro e área Oeste/Jacarepaguá, assim delineadas: I – A área Centro de Investigação Penal de Violência Doméstica do Núcleo Rio de Janeiro compreende a DEAM-Centro e a área correspondente às circunscrições das 1ª, 4ª, 5ª, 6ª, 7ª, 9ª, 10ª, 11ª, 12ª, 13ª, 14ª, 15ª, 17ª, 18ª, 19ª, 20ª, 22ª, 23ª, 24ª, 25ª, 26ª, 27ª, 29ª, 30ª, 31ª, 37ª, 38ª, 39ª, 40ª, 44ª e 45ª DPs; II – A área Oeste/Jacarepaguá de Investigação Penal de Violência Doméstica do Núcleo Rio de Janeiro compreende as DEAMs Oeste e Jacarepaguá e a área correspondente às circunscrições das 16ª, 28ª, 32ª, 33ª, 34ª, 35ª, 36ª, 41ª, 42ª e 43ª DPs.

Art. 16. As atuais 23ª e 26ª Promotorias de Justiça de Investigação Penal da 1ª Central de Inquéritos passam a ter atribuição para, na área Centro de Investigação de Violência Doméstica do Núcleo Rio de Janeiro, a apuração de infrações penais praticadas em situação de violência doméstica ou familiar contra a mulher (Lei nº 11.340/06), inclusive para as investigações desta natureza instauradas junto às Delegacias Distritais relacionadas no inciso I do artigo anterior, excepcionado o disposto no art. 18.

Art. 17. As atuais 29ª e 31ª Promotorias de Justiça de Investigação Penal da 1ª Central de Inquéritos passam a ter atribuição para, na área Oeste/Jacarepaguá de Investigação de Violência Doméstica do Núcleo Rio de Janeiro, a apuração de infrações penais praticadas em situação de violência doméstica ou familiar contra a mulher (Lei nº 11.340/06), inclusive para as investigações desta natureza instauradas junto às Delegacias Distritais relacionadas no inciso II do art. 15, excepcionado o disposto no art. 18.

Art. 18. O disposto nos artigos anteriores não se aplica àqueles Inquéritos Policiais que apurem infrações penais praticadas em situação de violência doméstica ou familiar contra a mulher (Lei nº 11.340/06) em curso junto às Delegacias Distritais do referido Núcleo que já estejam em andamento quando da produção dos efeitos da presente resolução, assim entendidos aqueles IPs que já tenham sido remetidos pelo menos uma vez a alguma outra PIP não especializada da 1ª Central de Inquéritos.

Dispositivo de renomeação das PIPs de Violência Doméstica do Núcleo Rio de Janeiro

Art. 19. Em razão do disposto nos artigos anteriores: I – as 23ª e 26ª PIPs da 1ª Central de Inquéritos passam a denominar-se, respectivamente, 1ª e 2ª PIPs de Violência Doméstica da área Centro do Núcleo Rio de Janeiro. II – as 29ª e 31ª PIPs da 1ª Central de Inquéritos passam a denominar-se, respectivamente, 1ª e 2ª PIPs de Violência Doméstica da área Oeste/Jacarepaguá do Núcleo Rio de Janeiro.

Capítulo III
Das Promotorias de Justiça de Investigação Penal (PIPs) Especializadas do Núcleo Rio de Janeiro

Art. 20. As atuais 13ª, 14ª, 17ª e 24ª Promotorias de Justiça de Investigação Penal da 1ª Central de Inquéritos passam a ter atribuição para, excepcionada a atribuição das PIPs de Violência Doméstica, atuar concorrentemente nas investigações penais instauradas junto às Delegacias Especializadas, quando se trate de infrações penais ocorridas no município do Rio de Janeiro.

§ 1º – Não se incluem na regra do *caput* as investigações instauradas junto à Delegacia de Defesa dos Serviços Delegados (DDSD), à Delegacia Especial de Apoio ao Turismo (DEAT), à Delegacia Especial de Atendimento à Pessoa de Terceira Idade (DEAPTI), à Delegacia da Criança e do Adolescente Vítima (DCAV), à Delegacia de Proteção à Criança e ao Adolescente (DPCA) e à Delegacia do Aeroporto Internacional do Rio de Janeiro (DAIRJ);

§ 2º – Tratando-se de investigação instaurada junto às Delegacias Especializadas referidas no parágrafo anterior, a atribuição será da(s) respectiva(s) PIP(s) Territorial(is), levando-se em conta o local da infração;

§ 3º – Até que se operem plenamente os efeitos da presente resolução, na forma do art. 49 § 2º, excluem-se, ainda, da regra prevista no *caput* as investigações instauradas junto às Delegacias Especializadas quando se trate de infração ocorrida na área correspondente à circunscrição da 34ª DP – Bangu;

Art. 21. A atribuição concorrente prevista no *caput* do artigo anterior não se aplica aos Inquéritos Policiais (IPs) e Procedimentos Investigatórios Criminais (PICs) em andamento quando da produção dos efeitos da presente resolução, assim entendidos aqueles inquéritos policiais instaurados junto às Delegacias Especializadas que já tenham sido remetidos pelo menos uma vez às 14ª, 17ª e 24ª PIPs da 1ª Central de Inquéritos e os PICs porventura já instaurados pelos mesmos órgãos de execução, caso em que vigorará a seguinte distribuição:

I – a 14ª Promotoria de Justiça de Investigação Penal da 1ª Central de Inquéritos terá atribuição para atuar de forma exclusiva nos inquéritos policiais já em tramitação, nos termos do *caput*, quando oriundos da DRF, DRFA e DRFC;

II – a 17ª Promotoria de Justiça de Investigação Penal da 1ª Central de Inquéritos terá atribuição para atuar de forma exclusiva nos inquéritos policiais já em tramitação, nos termos do *caput*, quando oriundos da DECOD;

III – a 24ª Promotoria de Justiça de Investigação Penal da 1ª Central de Inquéritos terá atribuição para atuar de forma exclusiva nos inquéritos policiais já em tramitação, nos termos do *caput*, quando oriundos da DELFAZ.

Dispositivo de renomeação das Promotorias de Justiça de Investigação Penal Especializada

Art. 22. Em razão do disposto nos artigos anteriores, as 13ª, 14ª, 17ª e 24ª Promotorias de Justiça de Investigação Penal da 1ª Central de Inquéritos passam a denominar-se, respectivamente, 1ª, 2ª, 3ª e 4ª Promotorias de Justiça de Investigação Penal Especializadas do Núcleo Rio de Janeiro.

Seção II – Dos Núcleos Niterói e São Gonçalo
Subseção I – Do Núcleo Niterói
Capítulo I
Das Promotorias de Justiça de Investigação Penal (PIPs) Territoriais do Núcleo Niterói

Art. 23. As atuais 4ª e 6ª PIPs da 2ª Central de Inquéritos passam a ter atribuição para, relativamente às infrações penais praticadas na área territorial do Núcleo Niterói, ressalvadas as atribuições das PIPs de Violência Doméstica e Especializadas, atuar de forma concorrente nos inquéritos policiais, inclusive aqueles oriundos de DEAM, procedimentos investigatórios criminais e quaisquer outras peças de informação.

Parágrafo único – O disposto no *caput* não se aplica aos Inquéritos Policiais (IPs) e Procedimentos Investigatórios Criminais (PICs) em andamento quando da produção dos efeitos da presente resolução, assim entendidos aqueles IPs que já tenham sido remetidos pelo menos uma vez às 4ª e 6ª PIPs da 2ª Central de Inquéritos e os PICs porventura já instaurados pelos mesmos órgãos de execução, caso em que vigorará a seguinte distribuição:

I – a 4ª Promotoria de Justiça de Investigação Penal da 2ª Central de Inquéritos terá atribuição para atuar de forma exclusiva nos inquéritos policiais e procedimentos investigatórios criminais já em tramitação quando da produção dos efeitos da presente resolução relativamente às infrações penais praticadas na circunscrição da 76ª DP;

II – a 6ª Promotoria de Justiça de Investigação Penal da 2ª Central de Inquéritos terá atribuição para atuar de forma exclusiva nos inquéritos policiais e procedimentos investigatórios criminais já em tramitação quando da entrada em vigor da presente resolução relativamente às infrações penais praticadas na circunscrição das 78ª e 79ª DP. Dispositivo de renomeação das PIPs Territoriais de Niterói

Art. 24. Em razão do disposto no *caput* do artigo anterior as 4ª e 6ª PIPs da 2ª Central de Inquéritos passam a denominar-se 1ª e 2ª Promotorias de Justiça de Investigação Penal Territoriais do Núcleo Niterói.

Capítulo II
Da Promotoria de Justiça de Investigação Penal (PIP) de Violência Doméstica do Núcleo Niterói

Art. 25. A atual 5ª Promotoria de Justiça de Justiça de Investigação Penal da 2ª Central de Inquéritos passa a ter atribuição para, na área territorial do Núcleo Niterói, a apuração de infrações penais praticadas em situação de violência doméstica ou familiar contra a mulher (Lei nº 11.340/06), inclusive para as investigações desta natureza em curso junto às Delegacias Distritais do referido Núcleo.

Parágrafo único – o disposto no *caput* não se aplica apenas aos Inquéritos Policiais que apurem infrações penais praticadas em situação de violência doméstica ou familiar contra a mulher (Lei nº 11.340/06) em trâmite junto às Delegacias Distritais do referido Núcleo que já estejam em andamento quando da produção dos efeitos da presente resolução, assim entendidos aqueles IPs que já tenham sido remetidos pelo menos uma vez às 4ª, 5ª e 6ª PIPs da 2ª Central de Inquéritos.

Dispositivo de renomeação da PIP de Violência Doméstica do Núcleo Niterói

Art. 26. Em razão do disposto no artigo anterior, a 5ª Promotoria de Justiça de Investigação Penal da 2ª Central de Inquéritos passa a denominar-se Promotoria de Justiça de Investigação Penal de Violência Doméstica do Núcleo Niterói.

Subseção II – Do Núcleo São Gonçalo
Capítulo I
Das Promotorias de Justiça de Investigação Penal Territoriais do Núcleo São Gonçalo

Art. 27. As atuais 1ª, 2ª e 8ª PIPs da 2ª Central de Inquéritos passam a ter atribuição para, relativamente às infrações penais praticadas na área territorial do Núcleo São Gonçalo, ressalvadas as atribuições das PIPs de Violência Doméstica e Especializadas, atuar de forma concorrente nos inquéritos policiais, inclusive aqueles oriundos de DEAM, procedimentos investigatórios criminais e quaisquer outras peças de informação.

Parágrafo Único – O disposto no *caput* não se aplica aos Inquéritos Policiais (IPs) e Procedimentos Investigatórios Criminais (PICs) em andamento quando da produção dos efeitos da presente resolução, assim entendidos aqueles IPs que já tenham sido remetidos pelo menos uma vez às 1ª, 2ª e 8ª PIPs da 2ª Central de Inquéritos e os PICs porventura já instaurados pelos mesmos órgãos de execução, caso em que vigorará a seguinte distribuição:

I – a 1ª Promotoria de Justiça de Investigação Penal da 2ª Central de Inquéritos terá atribuição para atuar de forma exclusiva nos inquéritos policiais e procedimentos investigatórios criminais já em tramitação quando da produção dos efeitos da presente resolução relativamente às infrações penais praticadas na circunscrição da 72ª DP, salvo quanto aos procedimentos investigatórios relativos a crimes dolosos contra a vida;

II – a 2ª Promotoria de Justiça de Investigação Penal da 2ª Central de Inquéritos terá atribuição para atuar de forma exclusiva nos inquéritos policiais e procedimentos investigatórios criminais em tramitação quando da produção dos efeitos da presente resolução relativamente às infrações penais praticadas na circunscrição das 73ª DP e aos crimes dolosos contra a vida praticados na circunscrição da 72ª DP;

III – a 8ª Promotoria de Justiça de Investigação Penal da 2ª Central de Inquéritos terá atribuição para atuar de forma exclusiva nos inquéritos policiais e procedimentos investigatórios criminais em tramitação quando da produção dos efeitos da presente resolução relativamente às infrações penais praticadas na circunscrição das 75ª DP e aos crimes dolosos contra a vida praticados na circunscrição da 74ª DP. Dispositivo de renomeação das PIPs Territoriais de São Gonçalo

Art. 28. Em razão do disposto no *caput* do artigo anterior as 1ª, 2ª e 8ª PIPs da 2ª Central de Inquéritos passam a denominar-se 1ª, 2ª e 3ª Promotorias de Investigação Penal Territoriais do Núcleo São Gonçalo.

Capítulo II
Da Promotoria de Justiça de Investigação Penal (PIP) de Violência Doméstica do Núcleo São Gonçalo

Art. 29. A atual 3ª Promotoria de Justiça de Investigação Penal da 2ª Central de Inquéritos passa a ter atribuição para, na área territorial do Núcleo São Gonçalo, a apuração de infrações penais praticadas em situação de violência doméstica ou familiar contra a mulher (Lei nº 11.340/06), inclusive para as investigações desta natureza em curso junto às Delegacias Distritais do referido Núcleo.

Parágrafo Único – o disposto no *caput* não se aplica apenas aos Inquéritos Policiais que apurem infrações penais praticadas em situação de violência doméstica ou familiar contra a mulher (Lei nº 11.340/06) em trâmite junto às Delegacias Distritais do referido Núcleo que já estejam em andamento quando da produção dos efeitos da presente resolução, assim entendidos aqueles IPs que já tenham sido remetidos pelo menos uma vez às 1ª, 2ª, 3ª e 8ª PIPs da 2ª Central de Inquéritos.

Dispositivo de renomeação da PIP de Violência Doméstica do Núcleo São Gonçalo

Art. 30. Em razão do disposto no artigo anterior, a 3ª Promotoria de Justiça de Investigação Penal da 2ª Central de Inquéritos passa a denominar-se Promotoria de Justiça de Investigação Penal de Violência Doméstica do Núcleo São Gonçalo.

Subseção III
Das Promotorias de Justiça de Investigação Penal (PIPs) Especializadas dos Núcleos Niterói e São Gonçalo

Art. 31. As atuais 7ª e 9ª Promotorias de Justiça de Investigação Penal da 2ª Central de Inquéritos passam a ter atribuição para, excepcionada a atribuição das PIPs de Violência Doméstica, atuar concorrentemente nas investigações penais instauradas junto às Delegacias Especializadas, quando se trate de infrações penais ocorridas nas áreas territoriais dos Núcleos Niterói e São Gonçalo.

Parágrafo Único – A atribuição concorrente prevista no *caput* não se aplica a Inquéritos Policiais (IPs) e Procedimentos Investigatórios Criminais (PICs) em andamento quando da produção dos efeitos da presente resolução, assim entendidos aqueles inquéritos policiais instaurados junto às Delegacias Especializadas, que já tenham sido remetidos pelo menos uma vez às 7ª e 9ª PIPs da 2ª Central de Inquéritos e os PICs porventura já instaurados pelos mesmos órgãos de execução, caso em que vigorará a seguinte distribuição:

I – a 7ª Promotoria de Justiça de Investigação Penal da 2ª Central de Inquéritos terá atribuição para atuar de forma exclusiva nos inquéritos policiais já em tramitação, nos termos do *caput*, instaurados para apurar infrações penas praticadas na área territorial do Núcleo Niterói;

II – a 9ª Promotoria de Justiça de Investigação Penal da 2ª Central de Inquéritos terá atribuição para atuar de forma exclusiva nos inquéritos policiais já em tramitação, nos termos do *caput*, instaurados para apurar infrações penas praticadas na área territorial do Núcleo São Gonçalo. Dispositivo de renomeação das PIPs Especializadas dos Núcleos Niterói e São Gonçalo.

Art. 32. Em razão do disposto no artigo anterior, as 7ª e 9ª Promotorias de Justiça de Investigação Penal da 2ª Central de Inquéritos passam a denominar-se, respectivamente, 1ª e 2ª Promotorias de Justiça de Investigação Penal Especializadas do Núcleo Niterói e São Gonçalo.

Seção III – Dos Núcleos Duque de Caxias e Nova Iguaçu
Subseção I – Do Núcleo Duque de Caxias
Capítulo I
Das Promotorias de Justiça de Investigação Penal (PIPs) Territoriais do Núcleo Duque de Caxias

Art. 33. As atuais 2ª, 3ª, 4ª, 8ª e 12ª PIPs da 3ª Central de Inquéritos passam a ter atribuição para, relativamente às infrações penais praticadas na área territorial do Núcleo Duque de Caxias, ressalvadas as atribuições das PIPs de Violência Doméstica e Especializadas, atuar de forma concorrente nos inquéritos policiais, inclusive aqueles oriundos de DEAM, procedimentos investigatórios criminais e quaisquer outras peças de informação.

Parágrafo Único – O disposto no *caput* não se aplica aos Inquéritos Policiais (IPs) e Procedimentos Investigatórios Criminais (PICs) em andamento quando da produção dos efeitos da presente resolução, assim entendidos aqueles IPs que já tenham sido remetidos pelo menos uma vez às 2ª, 3ª, 4ª, 8ª e 12ª PIPs da 3ª Central de Inquéritos e os PICs porventura já instaurados pelos mesmos órgãos de execução, caso em que vigorará a seguinte distribuição:

I – a 2ª e a 12ª Promotorias de Justiça de Investigação Penal da 3ª Central de Inquéritos terão atribuição para atuar de forma concorrente nos inquéritos policiais e procedimentos investigatórios criminais já em tramitação quando da produção dos efeitos da presente resolução relativamente às infrações penais praticadas na circunscrição da 59ª DP;

II – a 3ª Promotoria de Justiça de Investigação Penal da 3ª Central de Inquéritos terá atribuição para atuar de forma exclusiva nos inquéritos policiais e procedimentos investigatórios criminais já em tramitação quando da produção dos efeitos da presente resolução relativamente às infrações penais praticadas na circunscrição da 54ª DP;

III – a 4ª Promotoria de Justiça de Investigação Penal da 3ª Central de Inquéritos terá atribuição para atuar de forma exclusiva nos inquéritos policiais e procedimentos investigatórios criminais com numeração final par já em tramitação quando da produção dos efeitos da presente resolução relativamente às infrações penais praticadas na circunscrição das 62ª e 64ª DPs;

IV – a 8ª Promotoria de Justiça de Investigação Penal da 3ª Central de Inquéritos terá atribuição para atuar de forma exclusiva nos inquéritos policiais e procedimentos investigatórios criminais com numeração final ímpar já em tramitação quando da produção dos efeitos da presente resolução relativamente às infrações penais praticadas na circunscrição das 62ª e 64ª DPs.

Dispositivo de renomeação das (PIPs) Territoriais do Núcleo Duque de Caxias

Art. 34. Em razão do disposto no *caput* do artigo anterior, as 2ª, 3ª, 4ª, 8ª e 12ª PIPs da 3ª Central de Inquéritos passam a denominar-se 1ª, 2ª, 3ª, 4ª e 5ª Promotorias de Justiça de Investigação Penal Territoriais do Núcleo Duque de Caxias.

Capítulo II
Das Promotorias de Justiça de Investigação Penal (PIPs) de Violência Doméstica do Núcleo Duque de Caxias

Art. 35. As atuais 6ª e 13ª Promotorias de Justiça de Investigação Penal da 3ª Central de Inquéritos passam a ter atribuição concorrente para, na área territorial do Núcleo Duque de Caxias, a apuração de infrações penais praticadas em situação de violência doméstica ou familiar contra a mulher (Lei nº 11.340/06), inclusive para as investigações desta natureza em curso junto às Delegacias Distritais do referido Núcleo.

Parágrafo Único – o disposto no *caput* não se aplica apenas aos Inquéritos Policiais que apurem infrações penais praticadas em situação de violência doméstica ou familiar contra a mulher (Lei nº 11.340/06) em trâmite junto às Delegacias Distritais do referido Núcleo que já estejam em andamento quando da produção dos efeitos da presente resolução, assim entendidos aqueles IPs que já tenham sido remetidos pelo menos uma vez às 2ª, 3ª 4ª, 8ª e 12ª PIPs da 3ª Central de Inquéritos.

Dispositivo de renomeação das (PIPs) de Violência Doméstica do Núcleo Duque de Caxias

Art. 36. Em razão do disposto no artigo anterior, a 6ª e a 13ª Promotorias de Justiça de Investigação Penal da 3ª Central de Inquéritos passam a denominar-se, respectivamente, 1ª e 2ª Promotorias de Justiça de Investigação Penal de Violência Doméstica do Núcleo Duque de Caxias.

Subseção II – Do Núcleo Nova Iguaçu

Capítulo I Das Promotorias de Justiça de Investigação Penal (PIPs) Territoriais do Núcleo Nova Iguaçu

Art. 37. As atuais 1ª, 9ª 10ª e 14ª PIPs da 3ª Central de Inquéritos passam a ter atribuição para, relativamente às infrações penais praticadas na área territorial do Núcleo Nova Iguaçu, ressalvadas as atribuições das PIPs de Violência Doméstica e Especializadas, atuar de forma concorrente nos inquéritos policiais, inclusive aqueles oriundos de DEAM, procedimentos investigatórios criminais e quaisquer outras peças de informação.

Parágrafo Único – O disposto no *caput* não se aplica aos Inquéritos Policiais (IPs) e Procedimentos Investigatórios Criminais (PICs) em andamento quando da produção dos efeitos da presente resolução, assim entendidos aqueles inquéritos policiais que já tenham sido remetidos pelo menos uma vez às 1ª, 9ª 10ª e 14ª PIPs da 3ª Central de Inquéritos e os PICs porventura já instaurados pelos mesmos órgãos de execução, caso em que vigorará a seguinte distribuição:

I – a 1ª Promotoria de Justiça de Investigação Penal da 3ª Central de Inquéritos terá atribuição para atuar de forma exclusiva nos inquéritos policiais e procedimentos investigatórios criminais já em tramitação quando da produção dos efeitos da presente resolução relativamente às infrações penais praticadas na circunscrição da 52ª DP;

II – a 9ª Promotoria de Justiça de Investigação Penal da 3ª Central de Inquéritos terá atribuição para atuar de forma exclusiva nos inquéritos policiais e procedimentos investigatórios criminais já em tramitação quando da produção dos efeitos da presente resolução relativamente às infrações penais praticadas na circunscrição das 53ª e 57ª DPs;

III – a 10ª Promotoria de Justiça de Investigação Penal da 3ª Central de Inquéritos terá atribuição para atuar de forma exclusiva nos inquéritos policiais e procedimentos investigatórios criminais já em tramitação quando da produção dos efeitos da presente resolução relativamente às infrações penais praticadas na circunscrição das 55ª e 56ª DPs;

IV – a 14ª Promotoria de Justiça de Investigação Penal da 3ª Central de Inquéritos terá atribuição para atuar de forma exclusiva nos inquéritos policiais e procedimentos investigatórios criminais já em tramitação quando da entrada em vigor da presente resolução relativamente às infrações penais praticadas na circunscrição da 58ª DP.

Dispositivo de renomeação das PIPs Territoriais do Núcleo Nova Iguaçu

Art. 38. Em razão do disposto no *caput* do artigo anterior as 1ª, 9ª 10ª e 14ª PIPs da 3ª Central de Inquéritos passam a denominar-se, respectivamente, 1ª, 2ª, 3ª e 4ª Promotorias de Justiça de Investigação Penal Territorial do Núcleo Nova Iguaçu.

Capítulo II
Da Promotoria de Justiça de Investigação Penal (PIP) de Violência Doméstica do Núcleo Nova Iguaçu

Art. 39. A atual 5ª Promotoria de Justiça de Investigação Penal da 3ª Central de Inquéritos passa a ter atribuição para, na área territorial do Núcleo Nova Iguaçu, a apuração de infrações penais praticadas em situação de violência doméstica ou familiar contra a mulher (Lei nº 11.340/06), inclusive para as investigações desta natureza em curso junto às Delegacias Distritais do referido Núcleo, excepcionados os delitos praticados no território do Município de Queimados, hipótese em que a atribuição será da 2ª Promotoria de Justiça Criminal de Queimados.

Parágrafo Único – o disposto no *caput* não se aplica aos inquéritos policiais que apurem infrações penais praticadas em situação de violência doméstica ou familiar contra a mulher (Lei nº 11.340/06) em trâmite junto às Delegacias Distritais do referido Núcleo que já estejam em andamento quando da produção dos efeitos da presente resolução, assim entendidos aqueles IPs que já tenham sido remetidos pelo menos uma vez às 1ª, 9ª 10ª e 14ª PIPs da 3ª Central de Inquéritos.

Dispositivo de renomeação da PIP de Violência Doméstica do Núcleo Nova Iguaçu

Art. 40. Em razão do disposto no artigo anterior, a 5ª Promotoria de Justiça de Investigação Penal da 3ª Central de Inquéritos passa a denominar-se Promotoria de Justiça de Investigação Penal de Violência Doméstica do Núcleo Nova Iguaçu.

Subseção III
Das Promotorias de Justiça de Investigação Penal (PIPs) Especializadas dos Núcleos Duque de Caxias e Nova Iguaçu.

Art. 41. As atuais 7ª e 11ª Promotorias de Justiça de Investigação Penal da 3ª Central de Inquéritos passam a ter atribuição para, excepcionada a atribuição das PIPs de Violência Doméstica, atuar de forma concorrente nas investigações penais instauradas junto às Delegacias Especializadas, quando se trate de infrações penais ocorridas nas áreas territoriais dos Núcleos Duque de Caxias e Nova Iguaçu.

Parágrafo Único – A atribuição concorrente prevista no *caput* não se aplica a Inquéritos Policiais (IPs) e Procedimentos Investigatórios Criminais (PICs) em andamento quando da produção dos efeitos da presente resolução, assim entendidos aqueles inquéritos policiais instaurados junto às Delegacias Especializadas que já tenham sido remetidos pelo menos uma vez às 7ª e 11ª PIPs da 3ª Central de Inquéritos e os PICs porventura já instaurados pelos mesmos órgãos de execução, caso em que vigorará a seguinte distribuição:

I – a 7ª Promotoria de Justiça de Investigação Penal da 3ª Central de Inquéritos terá atribuição para atuar de forma exclusiva nos inquéritos policiais já em tramitação, nos termos do *caput*, quando oriundos da Divisão Antissequestro, Coordenadoria de Recursos Especiais, da Delegacia de Atendimento ao Turista, da Delegacia de Defesa dos Serviços Delegados, da Delegacia de Polícia Federal de Nova Iguaçu, da Delegacia de Repressão às Ações Criminosas Organizadas, da Delegacia de Combate às Drogas, da Delegacia de Polícia de Repressão a Crimes contra a Propriedade Imaterial e, relativamente à Delegacia de Homicídios da Baixada – DHBF, nos procedimentos investigatórios relativos a infrações penais ocorridas nas circunscrições territoriais das 54ª, 59ª, 62ª e 64ª DPs;

II – a 11ª Promotoria de Justiça de Investigação Penal da 3ª Central de Inquéritos terá atribuição para atuar de forma exclusiva nos inquéritos policiais já em tramitação, nos termos do *caput*, quando oriundos da Corregedoria de Polícia Civil, da Delegacia de Defraudações, da Delegacia de Proteção à Criança e ao Adolescente (DEAC e Legal), da Delegacia da Criança e do Adolescente Vítima, da Delegacia Fazendária, da Delegacia de Proteção ao Meio Ambiente, da Delegacia de Roubos e Furtos, da Delegacia de Roubos e Furtos de autos, da Delegacia de Roubos e Furtos de Cargas, da Divisão de Capturas, da Delegacia de Repressão aos Crimes de Informática, Delegacia Especial de Atendimento à Pessoa da Terceira Idade, da Delegacia do Consumidor e, relativamente à Delegacia de Homicídios da Baixada – DHBF, nos procedimentos investigatórios relativos a infrações penais ocorridas nas circunscrições territoriais das 52ª, 53ª, 55ª, 56ª, 57ª, 58ª DPs.

Dispositivo de renomeação das PIPs Especializadas dos Núcleos Duque de Caxias e Nova Iguaçu

Art. 42. Em razão do disposto no artigo anterior, as 7ª e 11ª Promotorias de Justiça de Investigação Penal da 3ª Central de Inquéritos passam a denominar-se, respectivamente, 1ª e 2º Promotorias de Justiça de Investigação Penal Especializadas dos Núcleos Duque de Caxias e Nova Iguaçu.

Título III
Disposições Finais

Da Atribuição Concorrente

Art. 43. Relativamente aos inquéritos policiais e PICs já em curso anteriormente ao presente redimensionamento, assim entendidos aqueles que já foram, pelo menos uma vez, remetidos com vista ao Ministério Público quando da produção dos efeitos da presente resolução, a atribuição para oficiar, quando concorrente, será estabelecida mediante acordo entre as Promotorias de Justiça, obedecidos critérios objetivos e impessoais de distribuição e a equanimidade na divisão de trabalho, comunicando-se o que for avençado à Corregedoria-Geral do MPRJ, na forma da Res. Conjunta GPGJ/CGMP nº 07/2011.

Art. 44. Relativamente aos inquéritos policiais a serem originariamente distribuídos às PIPs após a implementação do presente redimensionamento, assim entendidos aqueles expedientes que ainda não tenham sido remetidos com abertura de vista ao respectivo órgão de execução de investigação penal até o momento da entrada em vigor da presente resolução, a atribuição será fixada mediante sistema eletrônico implementado pelo MPRJ que assegure a observância de critério objetivo, impessoal e equânime.

§ 1º – No caso de representação, notícia de fato ou peça de informação cujo objeto não seja idêntico ou guarde relação de conexão ou continência com Inquérito Policial ou Procedimento Investigatório Criminal (PIC) já em andamento, a fixação da atribuição para oficiar, quando houver concorrência, pressupõe sua prévia e livre distribuição, através do sistema eletrônico referido no *caput*.

§ 2º – Na hipótese de Inquérito Policial ou Procedimento Investigatório Criminal (PIC) que venha a ser recebido em declínio de atribuição, quando não houver prevenção ou relação de conexão ou continência com expediente já em curso junto a órgão de execução previamente determinado, e em havendo concorrência de atribuições entre dois ou mais órgãos destinatários, será o expediente remetido à livre distribuição, através de sistema eletrônico.

Dos Mutirões

Art. 45. Os órgãos de execução objeto da presente resolução poderão pleitear auxílio através de mutirões, se verificadas as seguintes condições:

I – quando da implantação do presente redimensionamento e/ou em razão dele o acervo do órgão equivaler a mais de 120% do acervo das demais PIPs integrantes da respectiva categoria (Territorial, Violência Doméstica ou Especializada) e núcleo (Rio de Janeiro, Niterói, São Gonçalo, Duque de Caxias ou Nova Iguaçu); ou

II – quando da implantação do presente redimensionamento e/ou em razão dele o acervo do órgão equivaler a valor situado entre 110% e 120% do acervo das demais PIPs integrantes do respectivo grupo (Territorial, Violência Doméstica ou Especializada) e núcleo (Rio de Janeiro, Niterói, São Gonçalo, Duque de Caxias ou Nova Iguaçu) desde que também haja ocorrido, em razão do redimensionamento, aumento da chegada de inquéritos novos, assim entendidos como aqueles enviados pela primeira vez ao Ministério Público, em relação à quantidade que era recebida antes da nova definição das atribuições.

Art. 46. O requerimento de auxílio por mutirão será dirigido à Comissão de Auxílios do MPRJ, na forma da Resolução Conjunta GPGJ/CGMP nº 13/13, que, ao apreciá-lo, verificará se a ocorrência de alguma das condições descritas nos incisos do art. 44 constitui impacto decorrente do modelo de reorganização das PIPs tratado nesta Resolução ou se é decorrente da sua não implementação integral, em razão da não apresentação de anuência, quando do redimensionamento, pelo respectivo titular.

Da Continuidade dos Estudos

Art. 47. A Procuradoria-Geral de Justiça, através da Subprocuradoria-Geral de Planejamento Institucional, realizará monitoramento e manterá estudos acerca das Promotorias de Justiça de Investigação Penal ora redimensionadas por, pelo menos, 18 (dezoito) meses após a criação dos respectivos órgãos de execução.

§ 1º – Os estudos e o monitoramento referidos no *caput*, terão por escopo a avaliação da adequação da força de trabalho, da efetividade da atuação ministerial e do impacto decorrente do presente redimensionamento.

§ 2º – Relativamente à atribuição das PIPs Especializadas para os inquéritos policiais oriundos da Corregedoria Geral da Polícia Civil (CGPOL), considerando os estudos sobre o exercício do controle externo da atividade policial pelo Ministério Púbico, caso a qualquer momento as avaliações referidas no § 1º apontem a necessidade de criação de órgão (s) com atribuição exclusiva para tal mister institucional previsto no art. 129, VII, da Constituição Federal e em havendo órgão de execução disponível para criação ou transformação, será encaminhada ao Órgão Especial proposta de criação nesse sentido, ressalvado o respeito integral ao princípio do Promotor Natural.

§ 3º – Quando da publicação do edital de remoção para quaisquer das Promotorias de Justiça de Investigação Penal Especializadas, será, para fins de prévio conhecimento e anuência, dada ciência do teor deste artigo aos postulantes.

Art. 48. Serão remetidos aos órgãos de execução, no prazo de 30 (trinta) dias, a contar da produção dos efeitos da presente resolução, todos os feitos em tramitação que se compreendam nas suas atribuições.

Regras de Transição

Art. 49. Ficam estabelecidas as seguintes regras de transição, visando à plena implementação do redimensionamento introduzido por meio da presente resolução:

§ 1º – Com a vacância da 11ª PIP da 1ª Central de Inquéritos, as atribuições para a apuração de infrações penais praticadas em situação de violência doméstica e familiar contra a mulher na circunscrição territorial da 11ª DP – Bonsucesso serão acrescidas às PIPs de Violência Doméstica do Núcleo Centro, ressalvados os procedimentos já em andamento quando da vacância.

§ 2º – Com a vacância da atual 21ª PIP da 1ª Central de Inquéritos, a atribuição para atuar nas investigações penais instauradas junto às Delegacias Especializadas, atualmente atribuídas ao referido órgão, será acrescida concorrentemente às Promotorias de Justiça de Investigação Penal Especializadas do Núcleo Rio de Janeiro, ressalvadas aquelas em trâmite junto à DDSD, DCAV, DAIRJ, DEAT, DEAPTI e DPCA, com relação às quais a atribuição será definida pelo local da infração penal.

Art. 50. Esta Resolução entrará em vigor na data de sua publicação, revogando-se as disposições em contrário, produzindo efeitos a contar de 1º de março de 2020.

Rio de Janeiro, 03 de janeiro de 2020.

José Eduardo Ciotola Gussem

Procurador-Geral de Justiça

RESOLUÇÃO GPGJ Nº 2.324 DE 07 DE FEVEREIRO DE 2020.

Dispõe sobre a estruturação dos Núcleos de Investigação das Promotorias de Justiça de Investigação Penal.

O PROCURADOR-GERAL DE JUSTIÇA DO ESTADO DO RIO DE JANEIRO, no uso de suas atribuições legais,

CONSIDERANDO o contido na Resolução GPGJ nº 2.320, de 03 de janeiro de 2020;

CONSIDERANDO a necessidade de aprimoramento da gestão e do funcionamento dos Núcleos de Investigação das Promotorias de Justiça de Investigação Penal, para o melhor aproveitamento dos recursos humanos disponíveis à maximização de sua eficiência;

CONSIDERANDO o que consta no Procedimento MPRJ nº 2020.00071218,

R E S O L V E

Art. 1º. Os Núcleos de Investigação das Promotorias de Justiça de Investigação Penal compõem-se da seguinte forma:

I – Núcleo Rio de Janeiro, que se subdivide em Núcleo Rio de Janeiro – Centro e Núcleo Rio de Janeiro – Barra da Tijuca;

II – Núcleo Niterói;

III – Núcleo São Gonçalo;

IV – Núcleo Duque de Caxias; e

V – Núcleo Nova Iguaçu.

§ 1º – O Núcleo Rio de Janeiro – Centro é integrado pelas Promotorias de Justiça sediadas no Bairro Centro.

§ 2º – O Núcleo Rio de Janeiro – Barra da Tijuca é integrado pelas Promotorias de Justiça sediadas no Bairro Barra da Tijuca.

§ 3º – A subdivisão mencionada no inciso I não altera a denominação das Promotorias de Justiça, estabelecida pela Resolução GPGJ nº 2.320, de 03 de janeiro de 2020.

Art. 2º. Cada Núcleo de Investigação contará com um Coordenador, função exclusiva de membro do Ministério Público, e uma secretaria, chefiada por um Supervisor.

Art. 3º. À Coordenação do Núcleo de Investigação das Promotorias de Justiça competirá:

I – promover a gestão administrativa e de pessoas;

II – representar interna e externamente o Núcleo de Investigação;

III – estabelecer diretrizes gerais e metas estratégicas;

IV – estabelecer em ordem de serviço interna os processos de trabalho, as regras de tramitação prioritária e de atendimento de urgências, os requisitos, as diretrizes e as metas de atendimento, tudo em consonância com o princípio da eficiência administrativa;

V – coordenar as atividades da Secretaria;

VI – indicar servidor para exercer a função de Supervisor da Secretaria do Núcleo de Investigação;

VII – exercer outras atividades compatíveis com suas funções.

Art. 4º. Além das competências estabelecidas no art. 3º da Resolução GPGJ nº 1.600, de 05 de julho de 2010, ao Supervisor da Secretaria dos Núcleos de Investigação das Promotorias de Justiça caberá:

I – auxiliar a Coordenação no desempenho da gestão administrativa e organizacional;

II – controlar o atendimento das metas de produção estabelecidas pela Coordenação;

III – prestar apoio administrativo aos membros e servidores em atuação no Núcleo.

Art. 5º. Esta Resolução entra em vigor a contar de 1º de março de 2020, revogadas as disposições em contrário.

Rio de Janeiro, 07 de fevereiro de 2020.

José Eduardo Ciotola Gussem

Procurador-Geral de Justiça

RESOLUÇÃO GPGJ Nº 2.331 DE 05 DE MARÇO DE 2020.

* Alterada pela Resolução GPGJ nº 2.350/20

Disciplina o Procedimento Preparatório Eleitoral no âmbito do Ministério Público do Estado do Rio de Janeiro.

O **PROCURADOR-GERAL DE JUSTIÇA DO ESTADO DO RIO DE JANEIRO**, no uso das atribuições legais,

CONSIDERANDO a interpretação dispensada pelo Egrégio Tribunal Superior Eleitoral ao art. 105-A da Lei nº 9.504 de 30 de setembro de 1997;

CONSIDERANDO que a apuração das infrações eleitorais de natureza não criminal exige o estabelecimento de requisitos procedimentais mínimos de modo a assegurar o respeito aos direitos individuais e o desenvolvimento do controle interno;

CONSIDERANDO que a disciplina dos procedimentos internos é projeção da autonomia constitucional assegurada a cada ramo do Ministério Público, devendo ser veiculada por ato normativo editado pelo Chefia Institucional;

CONSIDERANDO que, enquanto não sobrevier lei prevendo a possibilidade de revisão dos arquivamentos realizados, devem prevalecer, em sua integridade, os juízos valorativos realizados pelos Promotores de Justiça, consectário lógico de independência funcional;

CONSIDERANDO o que consta no Procedimento MPRJ nº 2019.01365286,

R E S O L V E

Art. 1º. Os Promotores de Justiça, no exercício da função eleitoral, podem instaurar Procedimento Preparatório Eleitoral – PPE visando à colheita dos subsídios necessários à adoção das medidas cabíveis em relação às infrações eleitorais de natureza não criminal.

Parágrafo único – O Procedimento Preparatório Eleitoral não constitui condição de procedibilidade para o ajuizamento das ações inseridas na esfera de atribuições dos Promotores Eleitorais.

Art. 2º. O Procedimento Preparatório Eleitoral será instaurado:

I – de ofício;

II – mediante notícia de fato ou representação de qualquer interessado.

§ 1º – A representação deverá conter os seguintes requisitos:

I – nome, qualificação e endereço do representante e, se possível, do autor do fato;

II – descrição do fato objeto da investigação;

III – indicação dos meios de prova ou apresentação de informações e documentos pertinentes, se houver.

§ 2º – O representante será instado, se for o caso, a complementar a representação, no prazo de 24 (vinte e quatro) horas, suprindo as falhas identificadas pelo Promotor Eleitoral.

§ 3º – Em caso de representação oral, o Promotor Eleitoral a reduzirá a termo.

§ 4º – A notícia de fato ou representação serão autuadas e registradas no sistema de controle e gestão de procedimentos – MGP, nos termos definidos em ato do Procurador Geral de Justiça.

§ 5º – A notícia de fato ou representação será indeferida liminarmente:

I – se não preenchidos os requisitos previstos nesta Resolução;

II – em razão da falta de atribuição do Ministério Público para apurar o fato;

III – quando o fato narrado não constituir infração eleitoral;

IV – quando o fato narrado em manifestação anônima não estiver minimamente definido, inviabilizando a sua compreensão ou o início da apuração;

V – se o fato já foi objeto de procedimento ou ação anterior promovido pelo Ministério Público.

VI – quando escoados os prazos de ajuizamento das ações eleitorais de natureza não criminal;

§ 6º – O noticiante será cientificado da decisão de indeferimento, preferencialmente por meio eletrônico, para, querendo, interpor recurso no prazo de 10 (dez) dias, contado da data da entrega da notificação, devendo ser protocolado na secretaria do órgão e remetido à Procuradoria Regional Eleitoral, no prazo de 3 (três) dias.

§ 7º – A cientificação da decisão de indeferimento é facultativa, caso a notícia tenha sido encaminhada em razão do dever de ofício, sendo dispensada se a notícia de fato for anônima ou apócrifa."

* §§ 6º e 7º alterados pela Resolução GPGJ nº 2.350/20.

§ 8º – Não havendo recurso contra a decisão de indeferimento da representação, os autos serão arquivados no respectivo órgão.

§ 9º – Caso a notícia de fato ou a representação tenha sido encaminhada pelo Sistema de Ouvidoria do Ministério Público, o indeferimento liminar pode ser feito por meio do próprio sistema, observado o disposto no § 6º, se for o caso."

* §§ 8º e 9º incluídos pela Resolução GPGJ nº 2.350/20.

Art. 3º. O Promotor Eleitoral expedirá portaria fundamentada, na qual indicará o objeto da investigação.

Parágrafo único – A portaria será numerada em ordem crescente, renovada anualmente, devidamente registrada em livro próprio e autuada, observados os requisitos legais e também:

I – o fundamento legal que autoriza a atuação do Ministério Público, a descrição de seu objeto e a justificativa, ainda que sucinta, da necessidade de instauração do procedimento;

II – a indicação, se possível, das pessoas envolvidas no fato a ser apurado;

III – a data e o local da instauração e a determinação das diligências iniciais, se isso não for prejudicial à investigação;

IV – a disponibilização da portaria no portal da Instituição, se não houver prejuízo para a investigação, devendo, para tanto, ser encaminhada cópia ao Centro de Apoio Operacional das Promotorias Eleitorais, via e-mail.

Art. 4º. O procedimento deverá ser concluído no prazo de 60 (sessenta dias), prorrogável quando necessário, por igual prazo, cabendo ao órgão de execução declinar os motivos da prorrogação.

§ 1º – A motivação referida no *caput* será precedida de relatório circunstanciado acerca das providências já tomadas e daquelas ainda em curso.

§ 2º – No período de 90 (noventa) dias que antecede o pleito, até 15 (quinze) dias após a diplomação dos eleitos, o prazo de 60 (sessenta) dias será reduzido à metade, sendo admissíveis prorrogações sucessivas, devidamente fundamentadas.

Art. 5º. Aplica-se ao Procedimento Preparatório Eleitoral o princípio da publicidade dos atos, excepcionando-se os casos em que haja sigilo legal ou em que a publicidade possa acarretar prejuízo às investigações, casos em que a decretação do sigilo deverá ser motivada.

§ 1º – A publicidade consistirá:

I – na publicação da portaria do Procedimento Preparatório Eleitoral, nos termos do art. 3º, inciso IV;

II – na expedição de certidão, a pedido do investigado, de seu advogado, procurador ou representante legal, do Poder Judiciário, do Ministério Público ou de terceiro diretamente interessado;

III – na concessão de vista dos autos, mediante requerimento fundamentado e por deferimento do Promotor Eleitoral encarregado do Procedimento Preparatório Eleitoral, às expensas do requerente e somente às pessoas referidas no inciso II, ressalvadas as hipóteses de sigilo legal ou judicialmente decretado.

§ 2º – É prerrogativa do Promotor Eleitoral responsável pela condução do Procedimento Preparatório Eleitoral, quando o caso exigir e mediante decisão fundamentada, decretar o sigilo das investigações, garantindo ao investigado a obtenção, por cópia autenticada, de depoimento que tenha prestado e dos atos de que tenha, pessoalmente, participado.

Art. 6º – Poderá o membro do Ministério Público, na condução das investigações, sem prejuízo de outras providências inerentes à suas atribuições funcionais previstas em lei:

I – notificar testemunhas;

II – requisitar informações, exames, perícias e documentos de autoridades da administração pública direta e indireta;

III – requisitar informações e documentos a entidades privadas;

IV – realizar inspeções e diligências investigatórias.

§ 1º – O prazo fixado para resposta às requisições do Ministério Público Eleitoral será de 05 (cinco) dias úteis, a contar do recebimento, salvo em caso de relevância e urgência ou em casos de complementação de informações;

§ 2º – Ressalvadas as hipóteses de urgência, as informações para comparecimento devem ser efetivadas com antecedência mínima de 48 horas (quarenta e oito) horas, respeitadas, em qualquer caso, as prerrogativas legais ou processuais pertinentes.

§ 3º – A notificação deverá mencionar o fato investigado e a faculdade do notificado de se fazer acompanhar por advogado.

Art. 7º. O procedimento será arquivado em razão:

I – de não comprovação ou inexistência do fato noticiado:

II – de não constituir o fato infração eleitoral;

III – de prova de que o investigado não concorreu para a infração;

IV – da ausência de prova de que o investigado concorreu ou foi beneficiado com a infração.

§ 1º – O representante será cientificado, preferencialmente por meio eletrônico, da decisão de arquivamento e da faculdade de apresentar razões e documentos que serão juntados aos autos para nova apreciação do órgão revisional, no prazo de 10 (dez) dias, contado da data da entrega da notificação

* **§ alterado pela Resolução GPGJ nº 2.350/20.**

§ 2º – Inviável a cientificação na forma referida no parágrafo primeiro ou em caso de desconhecimento ou não identificação do representante, deve a promoção de arquivamento ser afixada na sede da Promotoria de Justiça em que oficia o Promotor Eleitoral, no prazo de 05 (cinco) dias.

§ 3º – No mesmo prazo estabelecido no parágrafo primeiro, deve ser anexada a decisão de arquivamento no sistema de registro do MGP.

Art. 8º. Decorrido o prazo referido no § 1º do art. 7º, apresentadas, ou não, as razões e documentos pelo interessado, os autos serão encaminhados, no prazo de 5 (cinco) dias, à Procuradoria Regional Eleitoral, para fins de homologação e arquivamento.

* **Artigo alterado pela Resolução GPGJ nº 2.350/20.**

Parágrafo único – Tratando-se de notícia de fato encaminhada por meio do sistema de Ouvidoria do Ministério Público, o indeferimento da instauração de Procedimento Preparatório Eleitoral pode ser feito através do próprio sistema.

Art. 9º. O desarquivamento do procedimento, diante de novas provas ou para investigar fato novo relevante, poderá ocorrer no prazo máximo de 06 (seis) meses, após o arquivamento.

Parágrafo único – Transcorrido o prazo a que se refere o *caput*, o conhecimento de novas provas exigirá a instauração de novo procedimento que poderá aproveitar os elementos probatórios já existentes.

Art. 10. Os Promotores Eleitorais, no exercício da função eleitoral, adotarão as providências necessárias para que o Centro de Apoio Operacional das Promotorias Eleitorais receba cópia da portaria de instauração do procedimento, de indeferimento de plano, da promoção de arquivamento ou desarquivamento, e da medida judicial que venha a ser proposta, via e-mail.

Art. 11. O Promotor Eleitoral, ao final de sua designação, deve encaminhar todos os procedimentos em andamento diretamente ao seu sucessor, por meio do malote institucional e mediante registro prévio do MGP, cientificando-se o Centro de Apoio Operacional das Promotorias Eleitorais, por meio de e-mail.

Art. 12. Os Promotores Eleitorais deverão promover a adequação dos procedimentos em curso aos termos da presente Resolução, no prazo de 90 (noventa) dias a contar de sua entrada em vigor.

Art. 13. Os casos omissos serão resolvidos pelo Procurador Geral de Justiça.

Art. 14. Esta Resolução entrará em vigor na data de sua publicação, revogada a Resolução GPGJ nº 1.935/2014.

Rio de Janeiro, 05 de março de 2020.

José Eduardo Ciotola Gussem

Procurador-Geral de Justiça

RESOLUÇÃO GPGJ Nº 2.402 DE 2 DE MARÇO DE 2021.

Dispõe sobre a estrutura orgânica da Procuradoria-Geral de Justiça e dá outras providências.

O **PROCURADOR-GERAL DE JUSTIÇA DO ESTADO DO RIO DE JANEIRO**, no uso de suas atribuições legais,

CONSIDERANDO a necessidade de reestruturar organicamente a Procuradoria-Geral de Justiça, maximizando o aproveitamento dos recursos materiais e humanos disponíveis, de modo a melhor atender aos interesses da sociedade;

CONSIDERANDO, por fim, o que consta nos autos do Procedimento SEI nº 20.22.0001.0009713.2021-59,

RESOLVE

Art. 1º. A Procuradoria-Geral de Justiça é integrada pelos seguintes órgãos estruturais:

I – Gabinete do Procurador-Geral de Justiça;

II – Subprocuradoria-Geral de Justiça de Administração;

III – Subprocuradoria-Geral de Justiça de Planejamento e Políticas Institucionais;

IV – Subprocuradoria-Geral de Justiça de Assuntos Cíveis e Institucionais;

V – Subprocuradoria-Geral de Justiça de Assuntos Criminais;

VI – Subprocuradoria-Geral de Justiça de Relações Institucionais e Defesa de Prerrogativas.

Parágrafo único – A Procuradoria-Geral de Justiça, além das unidades administrativas localizadas no Estado do Rio de Janeiro, também é integrada pela unidade formada pelas salas n os 402 e 403 do Edifício Via Office, situado no Lote 2, do Bloco B, da Quadra 2, do SAF/Sul, na Capital da República.

Art. 2º. Em suas faltas, licenças, férias e afastamentos, a qualquer título, o Procurador-Geral de Justiça será substituído pelo Subprocurador-Geral de Justiça que designar.

Parágrafo único – Caberão aos Subprocuradores-Gerais as atribuições descritas nesta Resolução, além de outras que lhes forem delegadas por ato específico do Procurador-Geral de Justiça.

Art. 3º. Ao Gabinete do Procurador-Geral de Justiça incumbe oferecer suporte administrativo, técnico e institucional imediato às atividades desenvolvidas pela Chefia do Ministério Público, sendo composto pelos seguintes órgãos:

I – Chefia de Gabinete;

II – Consultoria Jurídica;

III – Assessoria Executiva;
IV – Coordenadoria de Comunicação Social;
V – Auditoria-Geral;
VI – Ouvidoria;
VII – Diretoria de Suporte aos Órgãos Colegiados;
VIII – Grupo de Apoio Técnico Especializado;
IX – Coordenadoria-Geral de Promoção da Dignidade da Pessoa Humana, organizada na forma de resolução do Procurador-Geral de Justiça e integrada pelas seguintes estruturas:
a) Coordenadoria de Direitos Humanos e de Minorias;
b) Coordenadoria de Promoção dos Direitos das Vítimas;
c) Coordenadoria de Mediação, Métodos Autocompositivos e Sistema Restaurativo;
X – Coordenação-Geral de Atuação Coletiva Especializada;
XI – Centro de Memória Procurador de Justiça João Marcello de Araújo Júnior;
XII – Centro de Estudos e Aperfeiçoamento Funcional, Instituto de Educação Roberto Bernardes Barroso e Revista do Ministério Público;
XIII – Coordenadorias de Movimentação;
XIV – Coordenadoria de Segurança e Inteligência;
XV – Comitê Estratégico de Tecnologia da Informação e Comitê Diretivo de Tecnologia da Informação;
XVI – Conselho de Gestão Estratégica;
XVII – Comissão de Eficiência.
§ 1º – À Chefia de Gabinete incumbe:
I – assistir o Procurador-Geral de Justiça em suas representações funcionais e sociais;
II – facilitar a interlocução e a integração entre os órgãos internos da Instituição sempre que necessária a intervenção do Procurador-Geral de Justiça;
III – organizar a agenda do Procurador-Geral de Justiça;
IV – dirigir a Assessoria de Cerimonial, órgão incumbido de:
a) exercer as atividades de cerimonial da Procuradoria-Geral de Justiça;
b) organizar e supervisionar as solenidades institucionais, expedindo convites e comunicados a elas relativos;
c) encaminhar à Chefia de Gabinete, para ciência e agendamento, os convites e compromissos do Procurador-Geral de Justiça, no que concerne a solenidades e eventos;
d) manter cadastro atualizado de autoridades;
e) remeter à Chefia de Gabinete, trimestralmente, por meio eletrônico, relatório das atividades desenvolvidas;
f) desempenhar outras atividades que lhe forem atribuídas pelo Chefe de Gabinete;

V – desempenhar outras atividades, conforme determinação do Procurador-Geral de Justiça.
§ 2º – À Consultoria Jurídica incumbe:
I – opinar, sempre que solicitada pelo Procurador-Geral de Justiça, em expedientes administrativos afetos à decisão da Chefia Institucional;
II – assessorar o Procurador-Geral de Justiça na elaboração, interpretação e aplicação de atos normativos concernentes ao Ministério Público;
III – desempenhar outras atividades, conforme determinação do Procurador-Geral de Justiça.
§ 3º – À Assessoria Executiva incumbe:
I – receber e analisar previamente os expedientes administrativos submetidos à apreciação do Procurador-Geral de Justiça, encarregando-se de sua guarda, processamento e tramitação física e eletrônica;
II – assessorar o Procurador-Geral de Justiça em expedientes administrativos e processos judiciais afetos à decisão da Chefia do Ministério Público, preparando atos, despachos, expedientes e correspondências, encarregando-se da respectiva expedição e divulgação;
III – receber, distribuir e controlar os prazos dos expedientes instaurados com base na Lei de Acesso à Informação, que tenham por objeto informações afetas às estruturas da Procuradoria-Geral de Justiça;
IV – supervisionar a Gerência de Suporte ao Gabinete do Procurador-Geral de Justiça;
V – desempenhar outras atividades, conforme determinação do Procurador-Geral de Justiça.
§ 4º – À Coordenadoria de Comunicação Social, organizada na forma de resolução do Procurador-Geral de Justiça, caberá estabelecer o intercâmbio de informações e zelar pela imagem do Ministério Público do Estado do Rio de Janeiro perante o público interno e externo, incumbindo-lhe:
I – implementar a política de comunicação do Ministério Público, a ser definida em resolução do Procurador-Geral de Justiça;
II – desenvolver atividades, programas e projetos de comunicação interna e externa de interesse institucional, mantendo intercâmbio de informações com outras estruturas orgânicas;
III – supervisionar, diariamente, notadamente quanto à precisão jurídica e à adequação institucional, os textos veiculados no portal do Ministério Público;
IV – manter informações atualizadas do noticiário da imprensa sobre matérias de interesse institucional;
V – redigir notas oficiais, providenciando sua divulgação;
VI – auxiliar os membros do Ministério Público em seus contatos com a imprensa, sempre que identificada a relevância institucional;

VII – assistir os profissionais da mídia encarregados da elaboração de matérias e produções jornalísticas relacionadas ao Ministério Público;
VIII – fomentar a comunicação do Ministério Público com seus diversos públicos por meio de mídias eletrônicas;
IX – zelar pelo constante aprimoramento da identidade visual do Ministério Público;
X – atuar na realização de campanhas publicitárias que busquem esclarecer a população a respeito do alcance dos seus direitos e das atribuições institucionais do Ministério Público;
XI – remeter ao Procurador-Geral de Justiça, trimestralmente, por meio eletrônico, relatório das atividades desenvolvidas;
XII – desempenhar outras atividades, conforme determinação do Procurador--Geral de Justiça.
§ 5º – À Ouvidoria, organizada na forma de resolução do Procurador-Geral de Justiça, incumbe contribuir para a elevação dos padrões de transparência, presteza e segurança da atuação das atividades do Ministério Público, devendo:
I – receber, analisar e encaminhar aos órgãos administrativos e de execução da Instituição representações, reclamações, notícias de fatos, pedidos de providências e quaisquer outros expedientes que lhe sejam dirigidos;
II – receber e encaminhar aos órgãos competentes reclamações e notícias de irregularidades envolvendo membros, servidores e órgãos da Instituição;
III – receber, distribuir e controlar os prazos dos expedientes instaurados com base na Lei de Acesso à Informação, ressalvado o disposto no § 3º, III, deste artigo;
IV – representar, fundamentadamente, aos órgãos da Administração Superior do Ministério Público ou, se for o caso, ao Conselho Nacional do Ministério Público, nas hipóteses a que alude o art. 130-A, § 2º, da Constituição da República;
V – manter registro dos expedientes que lhe forem endereçados, informando ao interessado sobre as providências adotadas, ressalvadas as hipóteses legais de sigilo;
VI – informar ao Procurador-Geral de Justiça e ao Conselho Nacional do Ministério Público, sempre que solicitado, o panorama geral de suas atividades;
VII – elaborar e encaminhar ao Procurador-Geral de Justiça, trimestralmente, relatório contendo a síntese de suas atividades.
§ 6º – Ao Grupo de Apoio Técnico Especializado incumbe prestar apoio técnico especializado aos membros do Ministério Público, na forma de resolução do Procurador-Geral de Justiça.
§ 7º – À Coordenadoria-Geral de Promoção da Dignidade da Pessoa Humana, organizada na forma de resolução do Procurador-Geral de Justiça, incumbe:

RESOLUÇÕES DO GPGJ

I – identificar as demandas sociais de atuação do Ministério Público na área de defesa dos direitos humanos, inclusive quanto aos direitos das minorias, com especial atenção à discriminação em razão da origem, raça, cor, idade, etnia, religião, sexo, orientação sexual ou identidade de gênero, provocando a atuação dos órgãos de execução com atribuição;
II – identificar as demandas de atuação do Ministério Público para a garantia dos direitos das vítimas, com base nos dados existentes no Ministério Público e demais instituições, especialmente quanto ao acesso à informação, à participação em procedimentos ou processos relacionados à situação de vitimização e em práticas restaurativas, à assistência psicossocial, médica e material, à reparação e à proteção das vítimas;
III – promover a política institucional de utilização do processo de mediação ou de outros instrumentos não adversariais de solução de conflitos e práticas restaurativas;
IV – propor ao Procurador-Geral de Justiça a celebração de convênios, contratos e acordos, objetivando o aprimoramento do Ministério Público na promoção e defesa dos direitos humanos, bem como na identificação dos principais obstáculos à sua efetiva implementação;
V – apresentar ao Procurador-Geral de Justiça sugestões para elaboração de política institucional relativa ao combate de atos de violência, intolerância e discriminação;
VI – contribuir para a atuação dos órgãos de execução, visando à prevenção e à repressão de atos de tortura, bem como de todas as formas de tratamento cruel, desumano e degradante, com o objetivo de promover a sua erradicação e punição, em articulação com órgãos públicos, entidades da sociedade civil e organismos internacionais;
VII – propor ao Procurador-Geral de Justiça a adoção de medidas administrativas relacionadas à sua área de atribuição;
VIII – promover a integração dos órgãos de execução do Ministério Público com os organismos estatais e da sociedade civil que atuem na defesa dos direitos humanos, apoiando projetos voltados à sua proteção e promoção;
IX – desempenhar outras atividades, conforme determinação do Procurador-Geral de Justiça.
§ 8º – Ao Centro de Estudos e Aperfeiçoamento Funcional, destinado a oferecer apoio cultural aos membros e servidores da Instituição, organizado na forma de resolução do Procurador-Geral de Justiça, incumbe:
I – realizar cursos, seminários, congressos, simpósios, conferências, atividades, programas de treinamento ou reciclagem profissional e palestras que contribuam para o aperfeiçoamento de membros e servidores do Ministério Público e da sociedade em geral;
II – manter biblioteca especializada em matéria jurídica;

III – divulgar matérias jurídicas e administrativas de interesse da Instituição;
IV – manter intercâmbio com instituições congêneres, nacionais ou estrangeiras;
V – apoiar administrativamente a Comissão de Concurso;
VI – celebrar, com autorização do Procurador-Geral de Justiça, parcerias para realização de seus objetivos.

§ 9º – O Centro de Estudos e Aperfeiçoamento Funcional contará em sua estrutura com o Instituto de Educação Roberto Bernardes Barroso, destinado à promoção da pesquisa científica e ao aprimoramento intelectual de membros e servidores da Instituição, bem como da sociedade, incumbindo-lhe:
a) promover pesquisas, estudos e publicações de natureza jurídica de interesse do Ministério Público;
b) produzir conhecimento científico e difundir estudos, diagnósticos e indicadores institucionais e sociais;
c) celebrar, com autorização do Procurador-Geral de Justiça, parcerias para realização de seus objetivos.

§ 10 – À Revista do Ministério Público incumbe a divulgação de trabalhos de doutrina, estudos e pareceres de membros do Ministério Público e de juristas de notório saber, com o objetivo de manter vivo e atualizado o pensamento jurídico dos integrantes da Instituição, além de organizar outras publicações de interesse institucional, em especial as que veiculem conteúdo normativo.

§ 11 – Às Coordenadorias de Movimentação incumbe formular as minutas do quadro de movimentação, inclusive eleitoral, bem como da escala anual de férias e de licença especial dos membros do Ministério Público, encaminhando-as ao Procurador-Geral de Justiça, para decisão.

§ 12 – À Coordenadoria de Segurança e Inteligência, organizada na forma de resolução do Procurador-Geral de Justiça, incumbe:
I – reunir e analisar dados e informações, com a finalidade de produzir e difundir conhecimentos necessários à atuação dos órgãos do Ministério Público, no que se refere à segurança e à atividade de inteligência, bem como assessorar diretamente o Procurador-Geral de Justiça com informações da mesma natureza;
II – prevenir, detectar, obstruir e neutralizar ações de inteligência adversa de qualquer natureza, que constituam ameaça à proteção e preservação de dados, informações e conhecimentos de interesse operacional e de segurança da Instituição e de seus membros;
III – planejar, coordenar e executar as atividades de apoio operacional aos órgãos de execução, bem como todas aquelas relacionadas à segurança pessoal e patrimonial e à prevenção a incêndio e pânico;
IV – exercer a supervisão das atividades desenvolvidas pelos Grupos de Apoio aos Promotores de Justiça;

V – remeter ao Procurador-Geral de Justiça, trimestralmente, por meio eletrônico, relatório das atividades desenvolvidas;
VI – desempenhar outras atividades, conforme determinação do Procurador-Geral de Justiça.
Art. 4º. À Subprocuradoria-Geral de Justiça de Administração, por delegação do Procurador-Geral de Justiça, incumbe supervisionar as atividades administrativas internas do Ministério Público, sendo composta pelos seguintes órgãos:
I – Secretaria-Geral do Ministério Público;
II – Centros de Apoio Administrativo e Institucional, divididos em:
a) Centro de Apoio Administrativo e Institucional dos Procuradores de Justiça;
b) Centros Regionais de Apoio Administrativo e Institucional;
III – Núcleos de Investigação das Promotorias de Justiça de Investigação Penal;
IV – Comissão Permanente Multidisciplinar de Acessibilidade;
V – Comissão para Prevenção ao Assédio Moral;
VI – Comitê Gestor de Sistemas de Informação;
VII – Comissão Permanente de Avaliação de Documentos;
VIII – Comissão de Gestão do Teletrabalho.
§ 1º – À Secretaria-Geral do Ministério Público, organizada na forma de resolução do Procurador-Geral de Justiça e dirigida pelo Secretário-Geral do Ministério Público, incumbe:
I – planejar, organizar, dirigir, coordenar e acompanhar as atividades de recursos humanos, tecnologia da informação, material e patrimônio, incluídas as que englobem caráter licitatório, bem assim aquelas relativas a finanças, controladoria, documentação, arquivo e demais atividades dos serviços auxiliares;
II – coordenar a elaboração da Proposta Anual de Orçamento e da Proposta Plurianual de Investimentos do Ministério Público, para apreciação da Administração Superior;
III – exercer a supervisão dos trabalhos realizados pela Comissão Permanente de Licitação e Pregoeiros, observando o que preconiza a legislação vigente;
IV – coordenar, orientar e acompanhar a elaboração e execução de programas pertinentes à formação, capacitação, desenvolvimento e reciclagem dos recursos humanos;
V – promover a realização de pesquisas e estudos, visando à utilização de novas técnicas e instrumentos de ação administrativa, destinados ao desenvolvimento e aprimoramento das atividades internas;
VI – coordenar a elaboração de normas e instruções destinadas à racionalização de métodos e procedimentos, articulando-se com os demais órgãos internos, bem assim orientar e supervisionar sua implementação, avaliando os resultados respectivos;

VII – emitir pareceres, em processos e outros documentos, sobre matérias que englobem assuntos afetos à sua esfera de atuação;
VIII – coordenar e supervisionar as tarefas destinadas ao suprimento dos órgãos de execução;
IX – articular-se com os demais integrantes da estrutura organizacional, visando à elaboração de relatórios parciais e anuais de atividades desenvolvidas pela Instituição;
X – supervisionar o preparo dos atos oficiais do Ministério Público e acompanhar os procedimentos destinados a dar-lhes publicidade;
XI – emitir certidões, apostilas, atestados e declarações;
XII – adotar providências para que sejam catalogados e mantidos atualizados atos oficiais, documentos, publicações e legislação de interesse da Secretaria-Geral;
XIII – promover e manter atualizado o registro e o controle dos bens patrimoniais do Ministério Público;
XIV – desempenhar outras atividades que lhe forem atribuídas pelo Subprocurador-Geral de Justiça.
§ 2º – Ao Centro de Apoio Administrativo e Institucional dos Procuradores de Justiça e aos Centros Regionais de Apoio Administrativo e Institucional incumbe:
I – exercer as atividades previstas no art. 45 da Lei Complementar nº 106, de 3 de janeiro de 2003, sugerindo providências à Administração Superior para atender às necessidades dos órgãos de execução;
II – encaminhar à Secretaria-Geral pedidos de material permanente e de consumo, para suprir as necessidades dos órgãos de execução;
III – desempenhar outras atividades que lhe forem atribuídas pelo Subprocurador-Geral de Justiça.
§ 3º – Os Centros Regionais de Apoio Administrativo e Institucional, divididos nos moldes abaixo, terão sede nos Municípios que constam de sua denominação:
I – CRAAI Angra dos Reis, abrangendo os órgãos de execução do Ministério Público situados nas Comarcas de Angra dos Reis, Mangaratiba e Paraty;
II – CRAAI Barra do Piraí, abrangendo os órgãos de execução do Ministério Público situados nas Comarcas de Barra do Piraí, Engenheiro Paulo de Frontin, Mendes, Miguel Pereira, Paty do Alferes, Piraí, Rio das Flores, Valença e Vassouras;
III – CRAAI Cabo Frio, abrangendo os órgãos de execução do Ministério Público situados nas Comarcas de Araruama, Armação de Búzios, Arraial do Cabo, Cabo Frio, Iguaba Grande, São Pedro da Aldeia e Saquarema;
IV – CRAAI Campos dos Goytacazes, abrangendo os órgãos de execução do Ministério Público situados nas Comarcas de Campos dos Goytacazes, São Fidélis, São Francisco do Itabapoana e São João da Barra;

V – CRAAI Duque de Caxias, abrangendo os órgãos de execução do Ministério Público situados nas Comarcas de Belford Roxo, Duque de Caxias, Magé e São João de Meriti;
VI – CRAAI Itaperuna, abrangendo os órgãos de execução do Ministério Público situados nas Comarcas de Bom Jesus do Itabapoana, Cambuci, Italva/Cardoso Moreira, Itaocara, Itaperuna, Laje do Muriaé, Miracema, Natividade, Porciúncula e Santo Antônio de Pádua;
VII – CRAAI Macaé, abrangendo os órgãos de execução do Ministério Público situados nas Comarcas de Casimiro de Abreu, Conceição de Macabu, Macaé, Quissamã/Carapebus, Rio das Ostras e Silva Jardim;
VIII – CRAAI Niterói, abrangendo os órgãos de execução do Ministério Público situados nas Comarcas de Maricá e Niterói;
IX – CRAAI Nova Friburgo, abrangendo os órgãos de execução do Ministério Público situados nas Comarcas de Bom Jardim, Cachoeiras de Macacu, Cantagalo, Cordeiro, Duas Barras, Nova Friburgo, Santa Maria Madalena, São Sebastião do Alto e Trajano de Moraes;
X – CRAAI Nova Iguaçu, abrangendo os órgãos de execução do Ministério Público situados nas Comarcas de Itaguaí, Japeri, Nilópolis, Nova Iguaçu, Paracambi, Queimados e Seropédica;
XI – CRAAI Petrópolis, abrangendo os órgãos de execução do Ministério Público situados nas Comarcas de Paraíba do Sul, Petrópolis, São José do Vale do Rio Preto e Três Rios;
XII – CRAAI Rio de Janeiro, abrangendo os órgãos de execução do Ministério Público situados na Comarca do Rio de Janeiro;
XIII – CRAAI São Gonçalo, abrangendo os órgãos de execução do Ministério Público situados nas Comarcas de Itaboraí, Rio Bonito e São Gonçalo;
XIV – CRAAI Teresópolis, abrangendo os órgãos de execução do Ministério Público situados nas Comarcas de Carmo, Guapimirim, Sapucaia, Sumidouro e Teresópolis;
XV – CRAAI Volta Redonda, abrangendo os órgãos de execução do Ministério Público situados nas Comarcas de Barra Mansa, Itatiaia, Pinheiral, Porto Real/Quatis, Resende, Rio Claro e Volta Redonda.
§ 4º – Aos Núcleos de Investigação das Promotorias de Justiça de Investigação Penal incumbe prestar apoio administrativo às Promotorias de Investigação Penal neles agrupadas, conforme detalhado em resolução do Procurador-Geral de Justiça.

Art. 5º. À Subprocuradoria-Geral de Justiça de Planejamento e Políticas Institucionais, por delegação do Procurador-Geral de Justiça, incumbe planejar, fomentar, apoiar, formular, monitorar e promover a integração para a implementação de políticas, planos e projetos, inclusive de natureza experimental, relacionados à atividade-fim ou meio, visando ao aperfeiçoamento da Instituição.

§ 1º – À Secretaria-Geral de Planejamento Institucional incumbe oferecer suporte às atividades desenvolvidas pela Subprocuradoria-Geral de Justiça de Planejamento e Políticas Institucionais, bem como coordenar, orientar e apreciar os trabalhos dos seguintes órgãos, organizados na forma de resolução do Procurador-Geral de Justiça:
I – Assessoria de Planejamento Estratégico e Modernização Organizacional;
II – Assessoria de Projetos de Tecnologia da Informação;
III – Núcleo de Gestão do Conhecimento, integrado pelas seguintes estruturas organizadas na forma de resolução do Procurador-Geral de Justiça:
a) Coordenadoria de Análises, Diagnósticos e Geoprocessamento, gestora da plataforma "MP em Mapas", incumbida da análise, sistematização e geoprocessamento de dados coletados de fontes internas ou externas, a fim de produzir estudos, diagnósticos e indicadores institucionais e sociais;
b) Centro de Pesquisas;
c) Laboratório de Inovação.
§ 2º – A Subprocuradoria-Geral de Justiça de Planejamento e Políticas Institucionais será integrada, ainda, pelas seguintes estruturas de suporte e apoio à atividade-fim, organizadas na forma de resolução do Procurador-Geral de Justiça:
I – Núcleo de Articulação Institucional;
II – Centros de Apoio Operacional, estruturados nos moldes abaixo:
a) Centro de Apoio Operacional das Procuradorias de Justiça;
b) Centro de Apoio Operacional das Promotorias de Justiça Criminais;
c) Centro de Apoio Operacional das Promotorias de Justiça de Execução Penal;
d) Centro de Apoio Operacional das Promotorias de Justiça de Investigação Penal;
e) Centro de Apoio Operacional das Promotorias de Justiça de Combate à Violência Doméstica e Familiar contra a Mulher;
f) Centro de Apoio Operacional das Promotorias de Justiça Cíveis e de Tutela Coletiva da Pessoa com Deficiência;
g) Centro de Apoio Operacional das Promotorias de Justiça da Infância e da Juventude;
h) Centro de Apoio Operacional das Promotorias Eleitorais;
i) Centro de Apoio Operacional das Promotorias de Justiça de Tutela Coletiva de Defesa da Cidadania;
j) Centro de Apoio Operacional das Promotorias de Justiça de Tutela Coletiva de Defesa do Consumidor e do Contribuinte;
k) Centro de Apoio Operacional das Promotorias de Justiça de Tutela Coletiva de Defesa do Meio Ambiente e do Patrimônio Cultural;

l) Centro de Apoio Operacional das Promotorias de Justiça de Tutela Coletiva de Defesa da Saúde;
m) Centro de Apoio Operacional das Promotorias de Justiça de Tutela Coletiva de Proteção à Educação;
n) Centro de Apoio Operacional das Promotorias de Justiça de Proteção ao Idoso.
III – Coordenadoria-Geral de Segurança Pública.
§ 3º – Aos Centros de Apoio Operacional, organizados na forma de resolução do Procurador-Geral de Justiça, incumbe, observadas as diretrizes do planejamento estratégico institucional:
I – estimular a integração e o intercâmbio entre órgãos de execução, de primeiro e de segundo graus, que atuem na mesma área de atividade ou que tenham atribuições comuns;
II – processar e remeter, aos órgãos de execução ligados à sua atividade, informações técnico-jurídicas ou indicadores institucionais e sociais que venham a produzir ou recebidos do Instituto de Educação Roberto Bernardes Barroso;
III – elaborar boletim informativo, com periodicidade não inferior a três meses, contendo as informações legais, doutrinárias e jurisprudenciais mais relevantes do período, bem como dados sobre a atuação dos órgãos de execução em casos de relevância para a sociedade;
IV – estabelecer intercâmbio permanente com entidades ou órgãos públicos ou privados que atuem em áreas afins, visando à obtenção de elementos técnicos especializados necessários ao desempenho de suas funções;
V – encaminhar ao Subprocurador-Geral de Justiça, trimestralmente, por meio eletrônico, relatório das atividades do Ministério Público referentes às suas atribuições;
VI – colaborar com os órgãos da Procuradoria-Geral de Justiça na identificação dos órgãos de execução com atribuição, para a análise inicial de notícias e representações encaminhadas à Instituição;
VII – exercer outras funções compatíveis com suas finalidades, vedado o exercício de qualquer atividade de órgão de execução, bem como a expedição de atos normativos a estes dirigidos;
VIII – desempenhar outras atividades que lhe forem atribuídas pelo Subprocurador-Geral de Justiça.
§ 4º – Poderão ser criadas ações coordenadas entre os Centros de Apoio Operacional para o enfrentamento de temas que exijam a atuação concomitante de mais de um deles, com vistas ao incremento da articulação e integração institucionais.
§ 5º – À Coordenadoria-Geral de Segurança Pública incumbe oferecer suporte às atividades desenvolvidas pela Subprocuradoria-Geral de Justiça de Plane-

jamento e Políticas Institucionais, bem como coordenar, orientar e promover a integração funcional entre os Centros de Apoio Operacional nas áreas de acompanhamento da política de segurança pública e de tutela de direitos transindividuais vinculados às atividades e aos serviços de segurança pública e persecução criminal.

Art. 6º. À Subprocuradoria-Geral de Justiça de Assuntos Cíveis e Institucionais, por delegação do Procurador-Geral de Justiça, incumbe:

I – prestar apoio técnico-jurídico nos feitos de natureza não penal de atribuição originária exclusiva do Procurador-Geral de Justiça;

II – realizar diligências investigatórias para apurar atos de improbidade administrativa, nas hipóteses dos arts. 39, VIII, e 134, § 6º, da Lei Complementar nº 106, de 3 de janeiro de 2003;

III – coordenar, orientar e apreciar os trabalhos dos seguintes órgãos, encarregados de prestar apoio técnico-jurídico à Chefia Institucional:

a) Assessoria de Atribuição Originária Cível e Institucional;

b) Assessoria de Recursos Constitucionais Cíveis.

§ 1º – À Assessoria de Atribuição Originária Cível e Institucional incumbe:

I – prestar apoio técnico-jurídico nos feitos de natureza não penal de atribuição originária exclusiva do Procurador-Geral de Justiça;

II – realizar diligências investigatórias para apurar atos de improbidade administrativa, bem como promover as tratativas preliminares à celebração de acordo de não persecução cível de atos de improbidade administrativa, nas hipóteses dos arts. 39, VIII e 134, § 6º, da Lei Complementar nº 106, de 3 de janeiro de 2003, agindo por delegação do Procurador-Geral de Justiça, conforme o art. 29, IX, da Lei Federal nº 8.625, de 12 de fevereiro de 1993;

III – exercer as atribuições administrativas concernentes ao controle concentrado de constitucionalidade das leis estaduais e municipais;

IV – opinar em matéria pertinente à aplicação analógica ou extensiva do art. 28 do Código de Processo Penal, em processos ou procedimentos de natureza não penal;

V – opinar em todos os conflitos ou declarações de atribuição de natureza não penal suscitados por membros do Ministério Público;

VI – elaborar enunciados sobre matérias repetitivas no âmbito de suas atribuições;

VII – encaminhar ao Subprocurador-Geral de Justiça, trimestralmente, por meio eletrônico, relatório das atividades desenvolvidas, com a produtividade de cada integrante da Assessoria;

VIII – desempenhar outras atividades que lhe forem atribuídas pelo Subprocurador-Geral de Justiça.

§ 2º – À Assessoria de Recursos Constitucionais Cíveis incumbe:

I – prestar apoio técnico-jurídico ao Subprocurador-Geral de Justiça na interposição de recursos especiais, extraordinários e ordinários em matéria não penal, sem prejuízo das atribuições dos Procuradores de Justiça, quando presentes questões de direito de relevante interesse público ou institucional, bem como interpor os respectivos embargos de declaração perante as Câmaras Cíveis e a Seção Cível do Tribunal de Justiça do Estado do Rio de Janeiro, para fins de prequestionamento;
II – promover o acompanhamento dos processos de interesse do Ministério Público, em matéria não penal, no âmbito do Supremo Tribunal Federal e do Superior Tribunal de Justiça;
III – desenvolver estudos visando à formulação de teses jurídicas, em matéria não penal, que devam ser sustentadas em recursos ordinários, especiais e extraordinários nos quais atue o Ministério Público Estadual;
IV – organizar e manter atualizados arquivos de jurisprudência e legislação sobre recursos constitucionais, bem como arquivos de peças técnicas elaboradas e estudos desenvolvidos no exercício de suas atribuições;
V – elaborar enunciados sobre matérias repetitivas no âmbito de suas atribuições;
VI – encaminhar ao Subprocurador-Geral de Justiça, trimestralmente, por meio eletrônico, relatório das atividades desenvolvidas, com a produtividade de cada integrante da Assessoria;
VII – desempenhar outras atividades que lhe forem atribuídas pelo Subprocurador-Geral de Justiça.
Art. 7º. À Subprocuradoria-Geral de Justiça de Assuntos Criminais, por delegação do Procurador-Geral de Justiça, incumbe:
I – prestar apoio técnico-jurídico nos feitos de natureza penal de atribuição originária exclusiva do Procurador-Geral de Justiça;
II – realizar diligências investigatórias para apuração de ilícito penal atribuído a pessoa que goze de foro por prerrogativa de função junto ao Tribunal de Justiça, agindo por delegação do Procurador-Geral de Justiça, conforme o art. 29, IX, da Lei Federal nº 8.625, de 12 de fevereiro de 1993, salvo na hipótese do parágrafo único do art. 33 da L.O.M.A.N.;
III – coordenar, orientar e apreciar os trabalhos dos seguintes órgãos, encarregados de prestar apoio técnico-jurídico à Chefia Institucional:
a) Assessoria de Atribuição Originária Criminal;
b) Assessoria de Recursos Constitucionais Criminais;
c) Assessoria Criminal.
§ 1º – À Assessoria de Atribuição Originária Criminal incumbe:
I – prestar apoio técnico-jurídico nos feitos de natureza penal de atribuição originária exclusiva do Procurador-Geral de Justiça;

II – realizar as diligências investigatórias previstas no art. 26, incisos I, II e V, da Lei Federal nº 8.625, de 12 de fevereiro de 1993, por delegação do Procurador-Geral de Justiça, conforme o art. 29, IX, do referido diploma normativo, para apuração de ilícito penal atribuído a pessoa que goze de foro especial junto ao Tribunal de Justiça, salvo na hipótese do parágrafo único do art. 33 da L.O.M.A.N;

III – elaborar enunciados sobre matérias repetitivas no âmbito de suas atribuições;

IV – encaminhar ao Subprocurador-Geral de Justiça, trimestralmente, por meio eletrônico, relatório das atividades desenvolvidas, com a produtividade de cada integrante da Assessoria;

V – desempenhar outras atividades que lhe forem atribuídas pelo Subprocurador-Geral de Justiça.

§ 2º – À Assessoria de Recursos Constitucionais Criminais incumbe:

I – prestar apoio técnico-jurídico ao Subprocurador-Geral de Justiça na interposição de recursos especiais e extraordinários em matéria penal, sem prejuízo das atribuições dos Procuradores de Justiça, quando presentes questões de direito de relevante interesse público ou institucional, bem como interpor os respectivos embargos de declaração perante as Câmaras Criminais e a Seção Criminal do Tribunal de Justiça do Estado do Rio de Janeiro;

II – promover o acompanhamento dos processos de interesse do Ministério Público, em matéria penal, no âmbito do Supremo Tribunal Federal e do Superior Tribunal de Justiça;

III – emitir parecer e contrarrazões:

a) sobre a admissibilidade de recursos extraordinários e especiais, em matéria penal;

b) em recursos ordinários constitucionais interpostos contra acórdãos denegatórios de habeas corpus e de mandados de segurança, em matéria penal;

IV – desenvolver estudos visando à formulação de teses jurídicas que devam ser sustentadas em recursos ordinários, especiais e extraordinários, em matéria penal, nos quais atue o Ministério Público Estadual;

V – organizar e manter atualizados arquivos de jurisprudência e legislação sobre recursos constitucionais, bem como arquivos de peças técnicas elaboradas e estudos desenvolvidos no exercício de suas atribuições;

VI – elaborar enunciados sobre matérias repetitivas no âmbito de suas atribuições;

VII – encaminhar ao Subprocurador-Geral de Justiça, trimestralmente, por meio eletrônico, relatório das atividades desenvolvidas, com a produtividade de cada integrante da Assessoria;

VIII – desempenhar outras atividades que lhe forem atribuídas pelo Subprocurador-Geral de Justiça.

§ 3º – À Assessoria Criminal incumbe:

I – opinar nos pedidos de desarquivamento de inquéritos policiais ou peças de informação;

II – opinar nos casos dos artigos 28, inclusive quando envolver aplicação extensiva ou analógica em matéria penal, e 28-A, § 14, ambos do Código de Processo Penal;

III – opinar em todos os conflitos ou declarações de atribuição de natureza penal suscitados por membros do Ministério Público;

IV – elaborar enunciados sobre matérias repetitivas no âmbito de suas atribuições;

V – encaminhar ao Subprocurador-Geral de Justiça, trimestralmente, por meio eletrônico, relatório das atividades desenvolvidas, com a produtividade de cada integrante da Assessoria;

VI – desempenhar outras atividades que lhe forem atribuídas pelo Subprocurador-Geral de Justiça.

Art. 8º. À Subprocuradoria-Geral de Justiça de Relações Institucionais e Defesa de Prerrogativas, por delegação do Procurador-Geral de Justiça, incumbe:

I – auxiliar o Procurador-Geral de Justiça na interlocução institucional junto às esferas de poder e órgãos com as quais o Ministério Público mantenha relações;

II – atuar nos processos de interesse da Instituição em tramitação no Conselho Nacional do Ministério Público e no Conselho Nacional de Justiça, adotando as medidas necessárias ao atendimento das demandas existentes;

III – acompanhar as proposições legislativas de interesse direto ou indireto do Ministério Público no âmbito do Poder Legislativo;

IV – manter comunicação com as Assessorias de Recursos Constitucionais, de modo a oferecer o apoio necessário à sua atuação perante o Supremo Tribunal Federal e o Superior Tribunal de Justiça, podendo, inclusive, participar de reuniões e realizar sustentações orais junto a estes Tribunais;

V – sem prejuízo das atribuições previstas no inciso anterior, promover o acompanhamento de processos no âmbito do Supremo Tribunal Federal e do Superior Tribunal de Justiça, sempre que versarem matérias de interesse do Ministério Público ou afetas às garantias e prerrogativas de seus membros;

VI – prestar assistência aos membros do Ministério Público em procedimentos, judiciais ou administrativos, instaurados em razão de fato relacionado ao exercício de suas funções;

VII – adotar as providências administrativas e judiciais cabíveis, sempre que configurada ameaça às garantias e prerrogativas funcionais dos membros do Ministério Público, com o objetivo de assegurar a sua observância;

VIII – adotar as providências administrativas necessárias ao funcionamento da unidade da Procuradoria-Geral de Justiça situada na Capital da República, ressalvadas as atribuições exclusivas da Secretaria-Geral do Ministério Público.

Art. 9º. A Subprocuradoria-Geral de Justiça de Relações Institucionais e Defesa de Prerrogativas será integrada pelos seguintes órgãos:

I – Assessoria de Relações Institucionais e Defesas de Prerrogativas;

II – Assessoria Internacional e de Grandes Eventos;

III – Assessoria de Assuntos Parlamentares.

§ 1º – À Assessoria de Relações Institucionais e Defesa de Prerrogativas incumbe:

I – acompanhar a tramitação das proposições de interesse do Ministério Público do Estado do Rio de Janeiro no âmbito do Conselho Nacional do Ministério Público e do Conselho Nacional de Justiça;

II – formar banco de dados, de modo a separar, por temática, as decisões individuais ou coletivas prolatadas pelo Conselho Nacional do Ministério Público;

III – elaborar minutas de manifestações a serem encaminhadas ao Conselho Nacional do Ministério Público e ao Conselho Nacional de Justiça;

IV – oferecer apoio às Assessorias de Recursos Constitucionais, sempre que solicitado, junto ao Supremo Tribunal Federal e ao Superior Tribunal de Justiça;

V – remeter ao Subprocurador-Geral de Justiça, trimestralmente, por meio eletrônico, relatório das atividades desenvolvidas;

VI – desempenhar outras atividades que lhe forem atribuídas pelo Subprocurador-Geral de Justiça.

§ 2º – À Assessoria Internacional e de Grandes Eventos incumbe:

I – coordenar os contatos internacionais do Ministério Público, principalmente junto a Universidades que venham a receber membros da Instituição para estudo, e assessorar os membros e os órgãos interessados em eventos e convênios internacionais;

II – sempre que solicitado pelo Conselho Superior do Ministério Público, emitir parecer nos pedidos de afastamento para estudo no exterior, a respeito da Universidade e do respectivo curso, acompanhando, ainda, as atividades desenvolvidas;

III – prestar suporte operacional aos órgãos do Ministério Público, inclusive no que concerne à interlocução com o Poder Público e a iniciativa privada, no aprimoramento da atuação ministerial frente às demandas oriundas de grandes eventos esportivos, artísticos e culturais;

IV – remeter ao Subprocurador-Geral de Justiça, trimestralmente, por meio eletrônico, relatório das atividades desenvolvidas;

V – desempenhar outras atividades que lhe forem atribuídas pelo Subprocurador-Geral de Justiça.

§ 3º – À Assessoria de Assuntos Parlamentares incumbe:

I – acompanhar a tramitação de proposições legislativas de interesse do Ministério Público, junto ao Poder Legislativo Federal, Estadual ou Municipal;

II – encaminhar ao Subprocurador-Geral de Justiça informações relativas à tramitação das proposições referidas no inciso anterior;

III – coordenar grupos de trabalho destinados a formular dados técnicos em projetos legislativos de interesse institucional do Ministério Público;

IV – remeter ao Subprocurador-Geral de Justiça, trimestralmente, por meio eletrônico, relatório das atividades desenvolvidas;

V – desempenhar outras atividades que lhe forem atribuídas pelo Subprocurador-Geral de Justiça.

§ 4º – No desempenho de suas atividades junto aos poderes e órgãos federais, a Subprocuradoria-Geral de Justiça de Relações Institucionais e Defesa de Prerrogativas contará com o suporte administrativo da Gerência de Apoio à unidade da Procuradoria-Geral de Justiça localizada na Capital da República.

Art. 10. Os órgãos referidos nesta Resolução e aqueles não contemplados em seu texto continuam regidos pelas normas infralegais vigentes, desde que com ela compatíveis.

§ 1º – Por intermédio de atos normativos específicos poderão ser acrescidas, quando necessário, atribuições aos órgãos mencionados nesta Resolução.

§ 2º – Serão disciplinadas na forma de resolução específica do Procurador-Geral de Justiça as atribuições dos órgãos e estruturas ora criados.

Art. 11. Esta Resolução entra em vigor na data de sua publicação, revogadas as disposições em contrário, especialmente, as Resoluções GPGJ nº 2.080, de 5 de janeiro de 2017 e GPGJ nº 2.273, de 31 de janeiro de 2019.

Rio de Janeiro, 2 de março de 2021.
Luciano Oliveira Mattos de Souza
Procurador-Geral de Justiça

RESOLUÇÃO GPGJ Nº 2.403 DE 3 DE MARÇO DE 2021.

> Reestrutura o Grupo de Atuação Especializada de Combate ao Crime Organizado (GAECO/RJ); revoga as Resoluções GPGJ nº 1.570, de 5 de março de 2010 (Reformula o Núcleo de Combate ao Crime Organizado e às Atividades Ilícitas Especializadas – NCCO, transformando-o em Grupo de Atuação Especial de Combate ao Crime Organizado – GAECO/RJ, no âmbito do Ministério Público do Estado do Rio de Janeiro, e dá outras providências) e nº 2.074, de 3 de novembro de 2016 (Cria, na estrutura da Procuradoria-Geral de Justiça do Estado do Rio de Janeiro, o Grupo de Atuação Especializada no Combate à Corrupção – GAECC), e alterações posteriores, bem como dá outras providências.

O **PROCURADOR-GERAL DE JUSTIÇA DO ESTADO DO RIO DE JANEIRO**, no uso de suas atribuições legais,

CONSIDERANDO que o Ministério Público é Instituição permanente, essencial à função jurisdicional do Estado, incumbindo-lhe a defesa da ordem jurídica, do regime democrático e dos interesses sociais e individuais indisponíveis, nos termos do art. 127, *caput*, da Constituição da República, e do art. 170, *caput*, da Constituição do Estado do Rio de Janeiro;

CONSIDERANDO que a repressão às organizações criminosas, à corrupção de agentes públicos, à lavagem de dinheiro e à criminalidade complexa reclama atuação especializada e a utilização de dados e informações interligados, a fim de que sejam promovidas, de forma célere e eficaz, as medidas pertinentes;

CONSIDERANDO que a investigação integrada de atos ilícitos, tanto na esfera penal quanto na esfera cível, conduz à otimização do trabalho a partir de uma perspectiva integral dos fatos apurados, o que decorre da ampliação dos instrumentos de investigação, da simetria das provas a serem utilizadas e do afastamento do risco de providências conflitantes;

CONSIDERANDO que as atividades das organizações criminosas geram grande volume de recursos econômicos, sendo implementados esquemas, a cada dia com maior frequência, para a lavagem desses ativos e sua reinserção no sistema econômico-financeiro com aparência de licitude;

CONSIDERANDO a conveniência de reestruturação do Grupo de Atuação Especializada de Combate ao Crime Organizado (GAECO/RJ) frente às demandas sociais que se apresentam;

CONSIDERANDO a necessidade de adequação do ato de regência do GAECO/RJ às diretrizes normativas da atuação coletiva especializada no âmbito do

Ministério Público do Estado do Rio de Janeiro, conforme dispõe a Resolução GPGJ nº 2.401, de 10 de fevereiro de 2021;

CONSIDERANDO, por fim, o que consta nos autos do Procedimento SEI nº 20.22.0001.0002223.2021-44,

R E S O L V E

Art. 1º. O Grupo de Atuação Especializada de Combate ao Crime Organizado (GAECO/RJ), modalidade de atuação coletiva especializada prevista no art. 4º, I, da Resolução GPGJ nº 2.401, de 10 de fevereiro de 2021, integra a estrutura administrativa e permanente da Procuradoria-Geral de Justiça, destinando-se a auxiliar o Promotor Natural na identificação, prevenção e repressão:

I – aos crimes complexos:

a) praticados por organizações criminosas ou por sistemas de corrupção de agentes públicos;

b) que produzam significativa lesividade social ou, ainda, que, por questões de fato ou de direito, demandem o modelo de atuação coletiva especializada para obtenção de maior nível de efetividade da persecução.

II – aos desdobramentos extrapenais, sobretudo na seara de combate à improbidade administrativa e proteção ao patrimônio público, das infrações penais referidas no inciso anterior.

Parágrafo único – No cumprimento de suas finalidades, o GAECO/RJ buscará, sempre que possível, a recomposição do patrimônio público eventualmente atingido, a neutralização das vantagens econômicas e financeiras do crime e a reparação dos danos às vítimas, valendo-se, para tanto, das medidas penais e extrapenais cabíveis.

Art. 2º. O GAECO/RJ terá atuação em todo o Estado do Rio de Janeiro, podendo ser criadas, por ordem de serviço de sua Coordenação, divisões de atuação regionalizada ou especializada, conforme o interesse institucional.

Parágrafo único – A descentralização regional dar-se-á por ato do Procurador-Geral de Justiça, após manifestação favorável da Coordenação-Geral de Atuação Coletiva Especializada, caso haja necessidade de implantação de estrutura física ou administrativa.

Art. 3º. O GAECO/RJ contará com o suporte operacional e técnico preferencial dos Centros de Apoio Operacional, do Grupo de Apoio Técnico Especializado (GATE/MPRJ), da Coordenadoria de Segurança e Inteligência (CSI/MPRJ), da Coordenadoria de Análises, Diagnósticos e Geoprocessamento do Ministério Público do Estado do Rio de Janeiro (CADG/MPRJ), do Centro de Pesquisas (CENPE/MPRJ), do Laboratório de Inovação do Ministério Público do Estado do Rio de Janeiro (Inova/MPRJ) e das demais estruturas da Procuradoria-Geral de Justiça destinadas à gestão da informação e ao processamento de dados.

Art. 4º. O GAECO/RJ será integrado por 1 (um) Coordenador e 2 (dois) Subcoordenadores, além de Promotores de Justiça em número que atenda às finalidades previstas no art. 1º, todos designados pelo Procurador-Geral de Justiça.

§ 1º – Os integrantes do GAECO/RJ poderão ficar, de acordo com a conveniência do serviço e mediante provocação do Coordenador, afastados voluntariamente de suas funções.

§ 2º – Os membros do GAECO/RJ prestarão auxílio recíproco no que se refere às atribuições específicas do Grupo.

§ 3º – Dentro dos limites das atribuições que lhes forem concedidas, a atuação dos membros do GAECO/RJ pautar-se-á pela flexibilidade, propiciando, assim, a rápida mobilização.

Art. 5º. O GAECO/RJ será provido de estruturas de suporte administrativo, operacional e de assessoramento jurídico compatíveis com as suas atividades.

Parágrafo único – O GAECO/RJ poderá contar com o apoio de servidores exclusivos, civis ou militares, que auxiliarão no desempenho das atividades do Grupo, mediante cessão, instrumento de cooperação ou outro meio de contratação, após solicitação da Coordenação ao Procurador-Geral de Justiça.

Art. 6º. O GAECO/RJ será organizado em Núcleos Temáticos de Atuação, a saber:

I – Núcleo de Combate à Criminalidade Organizada;

II – Núcleo de Combate à Corrupção.

§ 1º – Ao Núcleo de Combate à Criminalidade Organizada incumbirá, preferencialmente, o enfrentamento às milícias, ao tráfico de drogas, aos crimes patrimoniais, contra as pessoas e crimes de lavagem ou ocultação de bens, direitos e valores, sempre que presentes razões de fato ou de direito suficientes a justificar a atuação coletiva especializada, nos moldes deste ato normativo e da Resolução GPGJ nº 2.401, de 10 de fevereiro de 2021.

§ 2º – Ao Núcleo de Combate à Corrupção incumbirá, preferencialmente, o enfrentamento aos crimes contra a Administração Pública, crimes relacionados a licitações e demais certames de interesse público e delitos de lavagem ou ocultação de bens, direitos e valores, sempre que presentes razões de fato ou de direito suficientes a justificar a atuação coletiva especializada, nos moldes deste ato normativo e da Resolução GPGJ nº 2.401, de 10 de fevereiro de 2021.

§ 3º – Nos casos em que os fatos apurados nas investigações ou ações penais ajuizadas pelo GAECO/RJ configurarem também atos de improbidade administrativa, poderá o Grupo realizar a persecução para os fins da Lei Federal nº 8.429, de 2 de junho de 1992, e, ainda, visando a eventual responsabilização de pessoas naturais e jurídicas pela prática de atos de corrupção contra a Administração Pública (Lei Federal nº 12.846, de 1º de agosto de 2013).

§ 4º – As atividades dos Núcleos serão dirigidas pelo respectivo Subcoordenador, sob a supervisão geral do Coordenador do GAECO/RJ.

Art. 7º. O Coordenador do GAECO/RJ apresentará o planejamento estratégico de suas atividades à Coordenação-Geral de Atuação Coletiva Especializada, na forma e para os fins indicados no art. 7º da Resolução GPGJ nº 2.401, de 10 de fevereiro de 2021.

§ 1º – Sem prejuízo do disposto neste artigo, o GAECO/RJ apresentará à Coordenação-Geral de Atuação Coletiva Especializada, quadrimestralmente, relatório de atividades.

§ 2º – Incumbirá à Coordenação-Geral de Atuação Coletiva Especializada, na forma do art. 5º da Resolução da Resolução GPGJ nº 2.401, de 10 de fevereiro de 2021, em especial:

a) supervisionar a elaboração do planejamento estratégico de atividades do GAECO/RJ, velando pela convergência com as finalidades do art. 1º desta Resolução e com os instrumentos de planejamento estratégico institucional;

b) auxiliar na definição de metas e na construção de indicadores de resultado para a atuação do GAECO/RJ;

c) promover a integração do GAECO/RJ com os demais grupos e modalidades de atuação coletiva especializada, velando, em particular, pelo uso estratégico e compartilhado de informações, respeitadas as hipóteses de sigilo legal e o andamento individualizado das investigações;

d) prevenir iniciativas conflitantes e o retrabalho entre o GAECO/RJ e os demais Grupos e modalidades de atuação coletiva especializada;

e) identificar, de ofício ou por provocação do Coordenador do GAECO/RJ, hipóteses específicas nas quais poderá haver atuação integrada com os demais grupos;

f) estimular a conjugação de esforços e a interação funcional entre os membros do GAECO/RJ e os Procuradores de Justiça, inclusive junto às Assessorias de Recursos Constitucionais e por intermédio do Núcleo de Articulação Institucional (NAI/MPRJ).

Art. 8º. Incumbe ao GAECO/RJ, observada a finalidade exposta no art. 1º desta Resolução e a título de auxílio consentido ao Promotor Natural:

I – oficiar nas representações, peças de informação, inquéritos policiais e procedimentos investigatórios de natureza criminal, bem como ajuizar a respectiva ação penal e as medidas cautelares cabíveis;

II – oficiar nas representações, peças de informação, inquéritos civis ou procedimentos preparatórios, celebrar termos de ajustamento de conduta, acordo de não persecução cível, participar da celebração de acordo de leniência, expedir recomendações e ajuizar ação civil pública ou de improbidade administrativa, bem como as medidas cautelares cabíveis.

§ 1º – Sendo formulado pedido de auxílio pelo Promotor de Justiça com atribuição para a apuração de ato de improbidade administrativa (art. 1º, inciso II), sem que preexista atuação criminal do GAECO/RJ quanto ao fato, o Coordenador do Grupo, caso verifique que o ilícito penal correlato se amolda ao disposto no art. 1º, inciso I, desta Resolução, buscará a anuência do Promotor Natural criminal.

§ 2º – Não sendo consentido o auxílio para a atuação criminal do GAECO/RJ, o Grupo não atuará na persecução do ato de improbidade administrativa correspondente.

§ 3º – Em caso de cessação do auxílio ao Promotor Natural com atribuição criminal, caberá ao Coordenador do Grupo decidir sobre a continuidade ou cessação do auxílio ao Promotor Natural com atribuição cível.

Art. 9º. O GAECO/RJ somente poderá atuar:

I – se houver pedido de auxílio formulado expressamente pelo Promotor Natural;

II – mediante prévia e expressa anuência do membro do Ministério Público com atribuição, se a iniciativa da atuação partir do próprio Grupo.

§ 1º – O pedido de auxílio será apresentado em meio digital, por ofício devidamente fundamentado, acompanhado de cópia de documentos eventualmente necessários ao exame do pedido, com a expressa indicação daqueles sob sigilo e do compromisso de sua preservação.

§ 2º – Ficará a critério do Promotor Natural a participação conjunta na condução dos trabalhos do GAECO/RJ e, havendo dissenso, prevalecerá a sua vontade, com a consequente cessação do auxílio.

§ 3º – O deferimento do auxílio englobará eventuais desmembramentos das investigações que se façam necessários para a sua continuidade.

§ 4º – A ampliação da investigação pelo surgimento de novos fatos, conexos com os procedimentos investigatórios nos quais já exista deferimento da atuação do GAECO/RJ, será formalmente cientificada ao Promotor Natural.

§ 5º – Incumbirá ao Promotor Natural cientificado nos moldes do parágrafo anterior, na hipótese de discordância, solicitar a cessação da atuação coletiva especializada, no prazo de 2 (dois) dias úteis, sendo o seu silêncio interpretado como anuência ao prosseguimento das investigações.

Art. 10. Cabe ao Coordenador do GAECO/RJ emitir pronunciamento a respeito da relevância institucional do auxílio solicitado pelo Promotor Natural e da possibilidade de seu deferimento, considerando, para tanto, a finalidade e o planejamento estratégico de atividades do Grupo, as diretrizes da atuação coletiva especializada constantes deste ato e da Resolução GPGJ nº 2.401, de 10 de fevereiro de 2021, bem como:

I – a lesividade, a repercussão, a gravidade ou a complexidade dos fatos investigados;

II – a ocorrência de situação em que a segurança do membro do Ministério Público com atribuição esteja em risco;

III – a necessidade de potencialização dos instrumentos investigatórios, do compartilhamento de provas e da integração entre as instâncias de responsabilização, reduzindo-se a dissonância entre os lapsos temporais de resposta estatal, bem como o risco de decisões conflitantes.

Parágrafo único – A solicitação de auxílio, devidamente instruída com a manifestação do Coordenador referida neste artigo, será remetida à Coordenação--Geral de Atuação Coletiva Especializada, nos termos do art. 5º, inciso I, da Resolução GPGJ nº 2.401, de 10 de fevereiro de 2021.

Art. 11. Nos expedientes em que atuar, O GAECO/RJ poderá realizar ações coordenadas, em regime de força-tarefa, com a participação de outros Grupos de Atuação Especializada ou de membros especificamente designados pelo Procurador-Geral de Justiça.

§ 1º – A atuação coletiva de que trata este artigo será autorizada pelo Procurador-Geral de Justiça, de ofício ou mediante provocação do Coordenador do GAECO/RJ, após manifestação do Coordenador-Geral de Atuação Coletiva Especializada.

§ 2º – Não se aplicam às ações realizadas na forma do *caput* os artigos 9º até 14 da Resolução GPGJ nº 2.401, de 10 de fevereiro de 2021.

Art. 12. A atuação do GAECO/RJ será realizada, prioritariamente, na fase de investigação e de ajuizamento das ações cabíveis, incumbindo ao Promotor Natural oficiar nos ulteriores atos e termos processuais.

§ 1º – Será excepcionalmente admitida a atuação do Grupo em juízo, mediante designação do Procurador-Geral de Justiça, a requerimento do Coordenador, desde que haja, cumulativamente:

a) a concordância do Promotor Natural;

b) a observância às diretrizes do art. 1º desta Resolução;

c) a disponibilidade diante dos recursos e dos casos sob atuação do Grupo.

§ 2º – O auxílio na fase processual poderá ser limitado a ato específico.

§ 3º – Fora das hipóteses referidas nos parágrafos anteriores, o GAECO/RJ estará disponível ao Promotor Natural que não tenha participado das fases de investigação e propositura da demanda, para a realização de reuniões de trabalho destinadas ao alinhamento funcional entre as fases extrajudicial e judicial, assim como ao compartilhamento de conhecimentos e informações.

§ 4º – Sem prejuízo do disposto acima, os ulteriores atos e termos processuais que demandarem do Promotor Natural, em caráter excepcional e temporário, regime de dedicação prioritária ou exclusiva, poderão ser contemplados pela sistemática do art. 26 da Resolução GPGJ nº 2.401, de 10 de fevereiro de 2021.

Art. 13. O auxílio do GAECO/RJ cessará conforme o disposto no art. 3º da Resolução GPGJ nº 2.401, de 10 de fevereiro de 2021.

Art. 14. Cabe ao GAECO/RJ, ainda:

I – coordenar ações destinadas à prevenção, investigação e combate às organizações criminosas, aos sistemas de corrupção de agentes públicos, à lavagem de dinheiro e demais crimes que atentem contra o interesse público de alta relevância ou que, por sua natureza, complexidade e abrangência demandem a atuação especializada;

II – promover e acompanhar investigações e intercâmbio de informações com órgãos de inteligência e investigação;

III – sugerir a realização de palestras, seminários e outros eventos afetos à sua atribuição;

IV – sugerir a realização de convênios e assessorar o Procurador-Geral de Justiça no planejamento, na coordenação, no controle e na execução dos convênios celebrados pela Instituição sobre os assuntos afetos às suas finalidades;

V – encaminhar ao Procurador-Geral de Justiça notícias sobre fatos de sua atribuição originária, assim como sugerir a iniciativa de processo legislativo ou o encaminhamento de propostas de modificações legislativas;

VI – colaborar na elaboração da política institucional de combate às organizações criminosas, aos sistemas de corrupção de agentes públicos, à lavagem de dinheiro e demais crimes que atentem contra o interesse público de alta relevância ou que, por sua natureza, complexidade e abrangência demandem a atuação especializada;

VII – participar de reuniões e encontros do Grupo Nacional de Combate às Organizações Criminosas (GNCOC) representando o Ministério Público do Estado do Rio de Janeiro, podendo sugerir ao Procurador-Geral de Justiça a indicação de outros profissionais para o mesmo fim;

VIII – atuar em conjunto com outros órgãos do Ministério Público, ainda que não detentores de atribuição específica criminal, viabilizando ações coordenadas e intercâmbio de informações e dados;

IX – baixar, em seu âmbito interno, as normas necessárias ao bom funcionamento;

X – atuar em Cartas Precatórias e Cartas de Cooperação encaminhadas por GAECOS de outras unidades da Federação;

XI – gerir banco de dados contendo as denúncias oferecidas pela prática do crime de organização criminosa (art. 2º da Lei Federal nº 12.850/13);

XII – desempenhar outras atividades que lhe forem atribuídas pelo Procurador-Geral de Justiça.

Art. 15. As Promotorias de Justiça encaminharão ao GAECO/RJ, preferencialmente por meio de correio eletrônico institucional, cópia das denúncias oferecidas pela prática do crime de organização criminosa (art. 2º da Lei Federal nº 12.850/13), para alimentar o banco de dados gerido pelo GAECO.

Art. 16. Ficam cessados, a contar da publicação da presente Resolução, os auxílios concedidos ao GAECO e ao GAECC, anteriormente deferidos.

Parágrafo único – O Coordenador do GAECO/RJ diligenciará junto ao Promotor Natural, paulatinamente, a devolução dos autos ou a concessão de novo auxílio, observadas as diretrizes da presente Resolução.

Art. 17. Os expedientes sob responsabilidade do Grupo de Atuação Especializada no Combate à Corrupção – GAECC, em tramitação em órgãos externos à época de publicação da presente Resolução, serão remetidos ao GAECO/RJ por ocasião do reingresso no MPRJ.

Art. 18. O auxílio prestado pelo GAECO/RJ não acarretará a incidência do disposto no art. 2º da Resolução GPGJ nº 1.344, de 22 de setembro de 2006.

Art. 19. Os casos omissos serão decididos pelo Procurador-Geral de Justiça.

Art. 20. Esta Resolução entra em vigor na data de sua publicação, revogadas as Resoluções GPGJ nº 1.570, de 5 de março de 2010, e nº 2.074, de 3 de novembro de 2016 (e alterações posteriores).

Rio de Janeiro, 3 de março de 2021.

Luciano Oliveira Mattos de Souza

Procurador-Geral de Justiça

Resolução Conjunta GPGJ/PRE 17, de 1º de outubro de 2020.

> Dispõe sobre os critérios de indicação e de designação dos Promotores Eleitorais no Estado do Rio de Janeiro.

O **PROCURADOR-GERAL DE JUSTIÇA DO ESTADO DO RIO DE JANEIRO** e a **PROCURADORA REGIONAL ELEITORAL NO ESTADO DO RIO DE JANEIRO**, no exercício de suas atribuições constitucionais e legais e, em especial, com fundamento no art. 127, *caput*, da Constituição da República, no art. 77, parte final, da Lei Complementar nº 75/1993, e no art. 24, VIII, c/c o art. 27, § 3º, ambos do Código Eleitoral, e

CONSIDERANDO que compete ao Procurador-Geral de Justiça indicar os membros do Ministério Público para o exercício da função eleitoral em primeiro grau, os quais serão designados pelo Procurador Regional Eleitoral;

CONSIDERANDO a necessidade de unificar as resoluções que estabelecem critérios de indicação e designação de Promotores Eleitorais no Estado do Rio de Janeiro, a partir da adoção do biênio fixo em dezembro de 2019;

CONSIDERANDO a necessidade de adequação da disciplina das atribuições dos Promotores Eleitorais às disposições da Resolução nº 30, de 19 de maio de 2008, do Conselho Nacional do Ministério Público, e alterações posteriores;

CONSIDERANDO, por fim, o que consta nos autos do Procedimento MPRJ nº 2019.01389891,

RESOLVEM

Art. 1º. As funções eleitorais exercidas pelo Ministério Público perante os Juízos e Juntas Eleitorais no Estado do Rio de Janeiro são privativas dos Promotores de Justiça e dos Promotores de Justiça Substitutos.

Art. 2º. As funções eleitorais afetas ao Ministério Público, no Estado do Rio de Janeiro, são exercidas por 165 (cento e sessenta e cinco) Promotorias Eleitorais, sendo 49 (quarenta e nove) na Capital e 116 (cento e dezesseis) no interior do Estado.

§ 1º – Cada Promotoria Eleitoral funcionará perante a Zona Eleitoral de numeração correspondente.

§ 2º – Em ano eleitoral, nas circunscrições com mais de uma Promotoria Eleitoral, todos os Promotores Eleitorais podem ser designados em auxílio perante os Juízos com competência para fiscalização da propaganda eleitoral, registro de candidaturas e ações pertinentes, representações relativas ao descumprimento da Lei Federal nº 9.504/97 e prestações de contas de campanha, independentemente das atribuições regulares exercidas perante o respectivo Juízo Eleitoral.

Art. 3º. Os Promotores Eleitorais serão designados pelo Procurador Regional Eleitoral, a partir de indicação do Procurador-Geral de Justiça, para ter exercício pelo período de 02 (dois) anos, por meio de Portarias a serem publicadas nos respectivos órgãos, observados os seguintes critérios:
I – nas indicações e designações subsequentes, obedecer-se-á, para efeito de titularidade ou substituição, a ordem decrescente de antiguidade na titularidade da função eleitoral, prevalecendo, em caso de empate, a antiguidade na zona eleitoral;
II – o biênio de investidura será contado ininterruptamente, nele incluídos os períodos de férias, licenças e afastamentos, admitindo-se a recondução apenas quando houver um único membro do Ministério Público na respectiva circunscrição eleitoral.
§ 1º – Quando houver mais de um membro apto ao exercício das funções eleitorais na localidade abrangida pela respectiva zona eleitoral, as indicações serão precedidas de concurso, adotando-se o critério de antiguidade, conforme a listagem eleitoral.
§ 2º – Caso inexistam candidatos inscritos no concurso mencionado no parágrafo anterior, será indicado o Promotor de Justiça que não tenha exercido função eleitoral, ou que a exerceu há mais tempo, na localidade abrangida pela respectiva zona eleitoral.
§ 3º – Caso inexista membro apto ao exercício das funções eleitorais na localidade abrangida pela Promotoria Eleitoral vaga, será indicado membro em atuação na circunscrição do respectivo Centro Regional de Apoio Administrativo e Institucional, que não esteja designado para o exercício das funções eleitorais, observada a regra prevista no parágrafo anterior.
§ 4º – Serão indicados, para as Promotorias Eleitorais situadas nos Foros Central e Regionais da Comarca da Capital, Promotores de Justiça lotados em qualquer órgão de execução situado na referida Comarca.
§ 5º – Aplica-se o disposto no parágrafo anterior às Promotorias Eleitorais situadas nas demais Comarcas que possuam Foros Regionais.
§ 6º – As Promotorias Eleitorais situadas nas Comarcas em que haja um único órgão de execução do Ministério Público serão preenchidas pelo membro do Ministério Público que nele estiver lotado.
§ 7º – Os Promotores de Justiça lotados em Promotorias de Justiça de Tutela Coletiva ou de Investigação Penal somente poderão exercer funções eleitorais na sede dos respectivos órgãos de execução.
§ 8º – Se a Zona Eleitoral abranger duas ou mais Comarcas, poderão ser designados, para a correspondente Promotoria Eleitoral, Promotores de Justiça em exercício nos órgãos de execução situados em quaisquer das Comarcas abrangidas.
Art. 4º. O biênio fixo para exercício das atividades eleitorais pelos Promotores Eleitorais no Estado do Rio de Janeiro terá início sempre no dia 1º de dezembro dos anos ímpares, tendo o primeiro biênio iniciado em 1º de dezembro de

2019 a 30 de novembro de 2021, seguindo-se os demais de forma contínua e ininterrupta.

§ 1º – O Procurador-Geral de Justiça, até o dia 1º de novembro dos anos ímpares, encaminhará ao Procurador Regional Eleitoral a relação dos Promotores de Justiça indicados para o exercício das funções eleitorais no biênio seguinte.

§ 2º – Em caso de vacância da Promotoria Eleitoral por afastamento do Promotor Eleitoral, ou ainda em virtude do encerramento da designação provisória decorrente de rezoneamento das zonas eleitorais, será indicado Promotor Eleitoral Substituto para o período correspondente ao afastamento ou para completar o biênio fixo, observados os critérios de investidura estabelecidos na presente Resolução.

§ 3º – São hipóteses de vacância a promoção e a remoção do Promotor de Justiça que impliquem em lotação em localidade não integrante da circunscrição territorial da zona eleitoral, bem como a cessação da designação a pedido ou por motivo justificado, ensejando a indicação de substituto.

§ 4º – A atuação em substituição, por período igual ou inferior a seis meses, não será considerada como exercício da função eleitoral, para os fins do art. 1º da Resolução CNMP nº 30/2008, quando da indicação do novo Promotor Eleitoral após o término da substituição, o que não importará em alteração na antiguidade eleitoral.

Art. 5º. O Promotor de Justiça não poderá recusar a indicação e tampouco renunciar ao exercício da função eleitoral, salvo em situações de caráter excepcional, que deverão ser motivadamente noticiadas à Procuradoria-Geral de Justiça e à Procuradoria Regional Eleitoral.

Art. 6º. Não será permitida, em qualquer hipótese, a percepção cumulativa de gratificação eleitoral.

Art. 7º. É vedada a permuta entre Promotores Eleitorais.

Art. 8º. Não poderá ser indicado para exercer a função eleitoral o Promotor de Justiça:

I – lotado em localidade não abrangida pela Zona Eleitoral perante a qual deverá oficiar, salvo em caso de ausência, impedimento ou recusa justificada, e quando ali não houver outro membro desimpedido;

II – filiado a partido político, ou que tenha obtido o cancelamento da filiação partidária em período inferior a 02 (dois) anos;

III – que se encontre afastado do exercício das funções regulares do cargo do qual é titular, salvo nas hipóteses de férias e licenças voluntárias;

IV – que esteja exercendo função gratificada ou ocupando cargo de confiança perante a Administração Superior, independentemente de estar afastado ou não de suas funções regulares;

V – que tenha sido punido ou que responda a processo administrativo disciplinar ou judicial, nos 03 (três) anos subsequentes, em razão da prática de ilícito que atente contra:

a) a celeridade da atuação ministerial;

b) a isenção das intervenções no processo eleitoral;

c) a dignidade da função e a probidade administrativa.

Parágrafo único – O Promotor de Justiça declarará, para fins de exercício da função eleitoral, o atendimento aos requisitos previstos neste artigo e na Resolução CNMP nº 30/2008.

Art. 9º. Da homologação da respectiva convenção partidária até a data de diplomação dos eleitos, nos feitos decorrentes do processo eleitoral, não poderá atuar como Promotor de Justiça o cônjuge ou o parente consanguíneo ou afim, até o segundo grau, de candidato a cargo eletivo registrado na circunscrição.

Parágrafo único – O impedimento a que se refere o *caput* não ocorrerá relativamente às eleições estaduais e gerais, no caso de candidato que concorra aos cargos eletivos em outro Estado da Federação, e, quanto às eleições municipais, no caso de candidato que venha a concorrer a cargo eletivo em Município diverso daquele que atua o Promotor Eleitoral.

Art. 10. É vedada a fruição de férias ou licença voluntária pelo Promotor Eleitoral no período de 90 (noventa) dias antes do pleito até 15 (quinze) dias após a diplomação dos eleitos, salvo em situações excepcionais autorizadas pelo Procurador-Geral de Justiça e pelo Procurador Regional Eleitoral, na forma do § 2º do art. 5º da Resolução CNMP nº 30/2008.

Art. 11. O Procurador-Geral de Justiça será comunicado pela Corregedoria-Geral do Ministério Público do Estado do Rio de Janeiro, para os fins do art. 8º, V, desta Resolução, sobre eventuais representações em desfavor de Promotor Eleitoral no exercício da função eleitoral, que resultarem na instauração de processo administrativo disciplinar.

Art. 12. Os casos omissos serão resolvidos pelo Procurador-Geral de Justiça e pelo Procurador Regional Eleitoral.

Art. 13. A presente Resolução entra em vigor na data de sua publicação, revogando-se as Resoluções Conjuntas GPGJ/PRE Nos 12, de 28 de março de 2016, 13, de 22 de junho de 2017, e 15, de 4 de dezembro de 2018.

Rio de Janeiro, 1º de outubro de 2020.

Silvana Batini Procuradora
Regional Eleitoral
José Eduardo Ciotola Gussem
Procurador-Geral de Justiça

CONSELHO SUPERIOR DO MINISTÉRIO PÚBLICO DO ESTADO DO RIO DE JANEIRO

REGIMENTO INTERNO DO CONSELHO SUPERIOR DO MPRJ

CAPÍTULO I
DA COMPOSIÇÃO DO CONSELHO

Art. 1º. O Conselho Superior do Ministério Público do Estado do Rio de Janeiro, com atribuição de fiscalizar e superintender a atuação do Ministério Público, bem como velar pelos princípios da Instituição, é órgão de administração superior, exercendo suas atividades nos termos da legislação pertinente, de seu Regimento Interno e Deliberações que editar.

Art. 2º. O Conselho Superior do Ministério Público é composto pelo Procurador-Geral de Justiça, que o preside, e pelo Corregedor-Geral do Ministério Público, como membros natos, e por 8 (oito) Procuradores de Justiça, sendo 4 (quatro) eleitos pelo Colégio de Procuradores de Justiça e 4 (quatro) eleitos pelos Promotores de Justiça.

§ 1º – Considerar-se-ão membros suplentes, para substituir os titulares em seus impedimentos e faltas ou sucedê-los em caso de vacância, aqueles que se lhes seguirem na ordem decrescente da votação, pela respectiva classe.

* **Alterado na sessão de 14 de março de 2019.**

§ 2º – Em caso de empate, considerar-se-á eleito o candidato mais antigo na classe ou, sendo igual a antiguidade, o mais idoso.

§ 3º – O Procurador-Geral de Justiça, nas deliberações do Conselho, além do voto de membro, tem o de qualidade, exceto nas hipóteses dos incisos VI e VII do art. 6º deste Regimento, sendo, em suas faltas, substituído pelo Subprocurador-Geral de Justiça que indicar e, nos casos do art. 20, § 1º, inciso II, da Lei Complementar nº 106/03, pelo Conselheiro eleito mais antigo na classe.

* **Alterado na sessão de 14 de março de 2019.**

Art. 3º. A eleição dos integrantes do Conselho Superior do Ministério Público dar-se-á no mês de novembro dos anos pares, mediante voto obrigatório, plurinominal e secreto.

Parágrafo único – São inelegíveis os Procuradores de Justiça que estiverem afastados da carreira até 60 (sessenta) dias antes da data da eleição.

Art. 4º. Exercerá a função de Secretário do Conselho Superior durante o biênio um dos Conselheiros eleitos, escolhido para tanto pelos membros do Órgão.

§ 1º – Não se apresentando qualquer candidato, a função de Secretário será exercida pelo Conselheiro mais novo na classe.

§ 2º – Na hipótese prevista no "*caput*", o Conselheiro mais novo na classe substituirá o Secretário em seus afastamentos, impedimentos e faltas.

Art. 5º. Os membros do Conselho poderão exercer suas atribuições afastando-se de suas funções ordinárias no Ministério Público.

CAPÍTULO II
DA COMPETÊNCIA DO CONSELHO

Art. 6º. Ao Conselho Superior do Ministério Público compete:

I – indicar ao Procurador-Geral de Justiça, em lista tríplice, os candidatos a promoção e remoção por merecimento;

II – indicar ao Procurador-Geral de Justiça o nome do mais antigo membro do Ministério Público para promoção ou remoção por antiguidade;

III – aprovar os pedidos de remoção por permuta entre os membros do Ministério Público, ouvida previamente a Corregedoria-Geral;

IV – indicar ao Procurador-Geral de Justiça Promotor de Justiça para substituição ou auxílio por convocação na forma dos arts. 30, I, e 54, da Lei Complementar 106/03;

V – determinar a remoção compulsória, a disponibilidade punitiva, o afastamento cautelar e a disponibilidade em razão da autorização para propositura da ação civil para perda do cargo, na forma dos arts. 22, V, última parte, 74, § 1º, 132 e 134, § 7º, da Lei Complementar 106/03. (Alterado pela Emenda Regimental nº 06/2020)

VI – decidir sobre o afastamento provisório do membro do Ministério Público de suas funções, no caso do art. 141 da Lei Complementar 106/03;

VII – decidir sobre vitaliciamento de membro do Ministério Público;

VIII – aprovar o quadro geral de antiguidade do Ministério Público e decidir reclamações a respeito;

IX – sugerir ao Procurador-Geral de Justiça a edição de recomendações, sem caráter vinculativo, aos órgãos do Ministério Público, para desempenho de suas funções e adoção de medidas convenientes ao aprimoramento dos serviços;

X – aprovar o regulamento do concurso para ingresso na carreira do Ministério Público e escolher os membros da Comissão de Concurso, na forma do art. 46 da Lei Complementar 106/03;

XI – julgar recursos interpostos contra ato de indeferimento de inscrição no concurso para ingresso na carreira;

XII – autorizar afastamento de membro do Ministério Público para ministrar ou frequentar cursos, seminários e atividades similares de aperfeiçoamento e estudo, no País ou no exterior, nas hipóteses do art. 104, IV, da Lei Complementar 106/03;

XIII – elaborar as listas sêxtuplas a que se referem os arts. 94, *caput*, e 104, parágrafo único, inciso II, da Constituição da República;

XIV – elaborar o seu Regimento Interno;

XV – rever o arquivamento de inquérito civil, peças de informação e procedimento preparatório a inquérito civil;

XVI – rever, em grau de recurso, decisões de indeferimento de plano de instauração de inquérito civil, de arquivamento de procedimentos administrativos e de notícia de fato;

XVII – decidir o desarquivamento, por provocação de órgão do Ministério Público, de inquérito civil, peças de informação ou procedimento preparatório de inquérito civil;

XVIII – aprovar o Regulamento da Comissão de Estágio Confirmatório – CECON;

XIX – aprovar a indicação dos membros do Ministério Público que atuarão como supervisores do estágio confirmatório, indicados pela Corregedoria-Geral, bem como dos monitores, indicados pelo Centro de Estudos e Aperfeiçoamento Funcional – CEAF, que atuarão na avaliação do requisito eficiência;

XX – exercer outras competências correlatas, decorrentes de lei.

§ 1º – Todas as deliberações do Conselho serão tomadas por maioria dos votos dos seus integrantes, salvo disposição em contrário.

§ 2º – Matéria não incluída na pauta poderá ser objeto de apreciação e deliberação em caso de comprovada urgência, por iniciativa do Presidente, aprovada pela maioria de seus integrantes.

§ 3º – Os processos não julgados permanecerão em pauta, devendo ser registrados eventuais pedidos de vista, com a indicação do autor do pedido e a data em que foi formulado.

CAPÍTULO III
DAS ATRIBUIÇÕES DO PRESIDENTE

Art. 7º. São atribuições do Presidente do Conselho:

I – representar o Conselho Superior do Ministério Público;

II – dar posse aos Conselheiros eleitos;

III – fazer publicar, em caso de vaga, os editais de convocação ao concurso de remoção, promoção e lotação;

IV – convocar as reuniões do Conselho, superintendendo a elaboração das respectivas pautas;

V – encaminhar ao Conselheiro-Secretário todo o expediente e documentação para arquivo e processamento, elaboração da pauta das reuniões e convocação dos demais Conselheiros;

VI – convocar membro suplente em caso de faltas de Conselheiro titular eleito;

VII – presidir as reuniões do Conselho, resolvendo as questões de ordem suscitadas;

VIII – submeter à aprovação do Conselho as atas das reuniões, assinando-as com os demais Conselheiros;

IX – submeter a exame e votação as matérias e os feitos constantes da pauta, bem como outros temas de atribuição do Órgão, proclamando o respectivo resultado;

X – votar e, em caso de empate, proferir voto de qualidade;

XI – assinar, com os relatores das matérias e dos feitos submetidos à deliberação do Órgão, as respectivas decisões;

XII – expedir os atos e deliberações do Conselho;

XIII – distribuir a relator, na forma eletrônica, os feitos a serem apreciados e julgados;

XIV – cumprir e fazer cumprir o Regimento Interno do Conselho.

§ 1º – Em caráter excepcional não haverá distribuição eletrônica (inciso XIII) quando algum Conselheiro propuser:

I – a criação, modificação ou extinção de Enunciado, Assento ou Recomendação;

II – a modificação do Regimento Interno.

§ 2º – A proposição de que trata o § 1º terá como Relator o Conselheiro proponente que apresentará seu requerimento ao Presidente do Conselho Superior do Ministério Público.

§ 3º – Aplica-se o disposto no § 1º quando for aprovada pelo Plenário a criação de Comissão de Conselheiros para as hipóteses tratadas nos incisos I e II do mesmo parágrafo. O Relator será indicado pela Comissão, aplicado o disposto na parte final do § 2º, no que couber".

* §§ 1º a 3º incluídos pela Emenda Regimental nº 01/2019.

CAPÍTULO IV
DAS ATRIBUIÇÕES DOS CONSELHEIROS

Art. 8º. São atribuições dos Conselheiros:

I – participar das reuniões, deliberando e votando as matérias submetidas ao Conselho, aprovar as atas e requerer retificações e aditamentos;

II – relatar os feitos que lhe forem distribuídos, proferir, redigir e subscrever o respectivo voto, fundamentadamente, bem como exercer a função de revisor, nas hipóteses previstas no art. 25-A. (Alterado pela Emenda Regimental nº 06/2020)

III – comunicar ao Conselheiro-Presidente os casos de impedimento ou suspeição;

IV – comunicar ao Presidente, com antecedência mínima de 5 (cinco) dias, se pretender exercer as funções durante as respectivas férias;

V – comunicar à Diretoria de Suporte aos Órgãos Colegiados seus afastamentos e justificar eventuais faltas;

VI – exercer outras funções previstas em lei.

Parágrafo único – Será revisor o membro seguinte ao relator, na ordem crescente da antiguidade na classe, e quando o relator for o membro mais antigo, funcionará como revisor o mais moderno.

* **Incluído pela Emenda Regimental nº 06/2020.**

CAPÍTULO V
DAS ATRIBUIÇÕES DO SECRETÁRIO

Art. 9º. São atribuições do Secretário:

I – submeter as pautas das reuniões do Conselho à aprovação do Conselheiro-Presidente para publicação;

II – secretariar as reuniões do Conselho e providenciar a redação das atas das reuniões, subscrevendo-as e fazendo publicá-las no órgão da imprensa oficial no prazo de 10 (dez) dias, após a aprovação do Colegiado;

III – colher os votos proferidos nas reuniões, informando o Presidente do resultado;

IV – fazer publicar no órgão da imprensa oficial as comunicações do Conselho;

V – auxiliar o Presidente no desempenho de suas funções;

VI – supervisionar os serviços da Gerência de Suporte ao Conselho Superior.

CAPÍTULO VI
DA DIRETORIA DE SUPORTE AOS ÓRGÃOS COLEGIADOS E SUAS ATRIBUIÇÕES

Art. 10. A Diretoria de Suporte aos Órgãos Colegiados, dirigida por um diretor, terá em sua composição uma Gerência de Suporte ao Conselho Superior, coordenada em sua atividade finalística pelo Conselheiro-Secretário, e será composta por um Gerente e por servidores nela lotados.

Art. 11. Compete à Diretoria de Suporte aos Órgãos Colegiados:

I – organizar as pautas das reuniões do Conselho, que deverão ser publicadas com antecedência mínima de 48 (quarenta e oito) horas da respectiva sessão presencial ou virtual ou semipresencial, submetendo-as ao Conselheiro-Secretário;

* **Alterado pela Emenda Regimental nº 05/2020.**

II – proceder à lavratura das atas aprovadas das reuniões do Conselho;

III – ordenar e instruir os feitos submetidos à apreciação do Conselho;

IV – exercer todos os trabalhos pertinentes ao registro, processamento e controle dos feitos submetidos ao Conselho Superior;

V – Expedir certidões dos assentamentos do Conselho.

CAPÍTULO VII
DAS REUNIÕES DO CONSELHO

Art. 12. Os Conselheiros eleitos tomarão posse em sessão solene.

Art. 13. O Conselho reunir-se-á, de preferência, presencial e ordinariamente pelo menos uma vez por mês, independentemente de convocação, na data previamente designada.

* Alterado pela Emenda Regimental nº 05/2020.

§ 1º – O Conselho reunir-se-á, de preferência, presencial e extraordinariamente em qualquer dia, por convocação do Presidente ou de, no mínimo, 2/3 (dois terços) de seus membros eleitos, com antecedência mínima 48 (quarenta e oito) horas.

* Alterado pela Emenda Regimental nº 05/2020.

§ 2º – O Conselho Superior poderá realizar reuniões administrativas para discutir matérias que não estejam incluídas nas pautas das reuniões ordinárias e extraordinárias.

Art. 13-A. Será admitido o julgamento dos procedimentos que aguardam apreciação pelo Pleno ou Turma em ambiente eletrônico, denominada de "Sessão Virtual", por intermédio de videoconferência ou outros recursos tecnológicos disponíveis.

§ 1º – O Pleno ou Turma reunir-se-á virtualmente em qualquer dia, por convocação do Presidente ou de, no mínimo, 2/3 (dois terços) de seus membros eleitos, com antecedência mínima de 48 (quarenta e oito) horas.

§ 2º – No ambiente eletrônico próprio ao julgamento dos procedimentos em trâmite no Conselho Superior do Ministério Público serão proferidos os votos e, quando possível, a sessão será gravada em áudio e/ou vídeo, sendo tudo registrado em ata, observado o disposto no art. 27 deste Regimento.

§ 3º – Os procedimentos a serem apreciados em ambiente eletrônico, pelo Pleno ou Turma, serão publicados no Diário Oficial eletrônico (DOe MPRJ), indicado o número do procedimento que será julgado em sessão virtual.

§ 4º – Os julgamentos da sessão virtual serão públicos e poderão ser acompanhados pela rede mundial de computadores (internet) através de link (endereço), ou outros recursos tecnológicos disponíveis, o qual deverá constar do edital de publicação (§ 3º).

§ 5º – As partes, advogados ou interessados, serão intimadas pelo Diário Oficial eletrônico (DOe MPRJ) que o julgamento se dará por meio de sessão virtual, em ambiente eletrônico, cujo uso da palavra observará o disposto no inciso III do § 2º do art. 13-C deste Regimento.

* **Artigo e §§ incluídos pela Emenda Regimental nº 05/2020.**

§ 6º – Na sessão virtual poderão ser apreciadas as matérias previstas no art. 6º deste Regimento.

* **Incluído pela Emenda Regimental nº 05/2020 e alterado pela Emenda Regimental nº 06/2020.**

Art. 13-B. Poderá, excepcionalmente, ser realizada sessão do Pleno com a presença física e virtual dos membros do Conselho Superior, denominada de "Sessão Semipresencial", convocada pelo Presidente, nas seguintes hipóteses:

I – havendo necessidade de complementação do quórum legal (arts. 17, I, 23, 24, 28, § 2º);

II – havendo eventual impedimento da presença física do Relator, atendendo-se ao disposto nos § § 1º e 2º do art. 23 deste Regimento;

III – havendo eventual impedimento de qualquer membro do Conselho Superior para participar da sessão presencial, porém podendo fazê-lo por intermédio de videoconferência ou de outros recursos tecnológicos disponíveis.

Parágrafo único. À sessão semipresencial aplicar-se-á, no que couber, o disposto no art. 13-A deste Regimento.

* **Artigo incluído pela Emenda Regimental nº 05/2020.**

Art. 13-C. Não serão incluídos na sessão virtual ou semipresencial, ou delas poderão ser excluídos, os seguintes procedimentos:

I – os indicados pelo Relator quando da solicitação de inclusão em pauta;

II – os destacados pelo membro do Conselho Superior para julgamento presencial, até 48 (quarenta e oito) horas antes da sessão;

III – aqueles nos quais a parte, advogado ou interessado, manifestarem por petição a ser protocolizada na Gerência de Suporte ao Conselho Superior, no prazo máximo de 24 (vinte e quatro) horas a partir da publicação do edital, a intenção de usar da palavra (art. 20), salvo a hipótese em que a sustentação oral possa ser feita em ambiente eletrônico;

§ 1º – Os procedimentos excluídos da sessão virtual ou semipresencial serão incluídos na sessão presencial seguinte, com publicação de nova pauta.

§ 2º – Os procedimentos que na sessão virtual tiverem pedido de vista, na forma do § 1º do art. 21 deste Regimento, serão automaticamente inseridos na pauta da sessão virtual seguinte, não podendo ser adiado.

§ 3º – Na hipótese de o voto-vista não ser apresentado na sessão virtual subsequente o procedimento será incluído na pauta da sessão presencial seguinte, independentemente de nova publicação.

* **Artigo incluído pela Emenda Regimental nº 05/2020.**

Art. 13-D. O ato de posse previsto no § 2º do art. 59 da Lei Complementar estadual nº 106, de 03 de janeiro de 2003, poderá, excepcionalmente, ocorrer em sessão virtual ou semipresencial.

Parágrafo único – Encerrada a sessão virtual ou semipresencial de posse, a Diretoria de Suporte aos Órgãos Colegiados providenciará a formalização da respectiva documentação do ato.

* **Incluído pela Emenda Regimental nº 05/2020.**

Art. 14. Nas reuniões os Conselheiros usarão vestes talares.

Art. 15. As reuniões do Conselho Superior do Ministério Público serão públicas, suas decisões motivadas e publicadas por extrato, salvo nas hipóteses legais de sigilo, decretado ou referendado pela maioria de seus membros.

Parágrafo único – Poderão as partes, até 48 (quarenta e oito) horas antes da sessão de julgamento, apresentar memoriais aos Conselheiros, depositando os exemplares na Gerência de Suporte ao Conselho Superior, que fará as respectivas remessas, sendo que um deles ficará à disposição de qualquer interessado até a data do julgamento.

* **Incluído pela Emenda Regimental nº 04/2019.**

Art. 16. Nas reuniões, o Presidente tomará assento ao centro da mesa principal, o Conselheiro Secretário à sua direita e, a partir deste, sucessivamente, os demais Conselheiros eleitos, observada a ordem de antiguidade na classe, do mais moderno ao mais antigo.

Parágrafo único – O Corregedor-Geral do Ministério Público tomará lugar à esquerda do Presidente.

Art. 17. Nas reuniões do Conselho será obedecida a seguinte ordem dos trabalhos:

I – abertura, conferência de "quórum" e instalação da reunião;

II – leitura, discussão e votação da ata da reunião anterior;

III – leitura da ordem do dia e comunicações do Presidente;

IV – comunicações dos Conselheiros;

V – discussão e votação das matérias constantes da ordem do dia;

VI – discussão e votação de assuntos gerais;

VII – encerramento da reunião.

Art. 18. Na ordem de votação, quando houver Relator, depois dele votará o Revisor, se for o caso, e em prosseguimento o Conselheiro que se lhe seguir em ordem crescente de antiguidade e assim sucessivamente.

* **Alterado pela Emenda Regimental nº 06/2020.**

§ 1º – Nos casos de promoção, remoção ou lotação, bem como nas demais hipóteses em que não houver relator, votará sempre em primeiro lugar o Conselheiro-Secretário seguindo-se a ordem prevista no art. 16.

§ 2º – O Conselheiro-Presidente votará sempre em último lugar.

Art. 19. Compete ao Relator:

I – ordenar e dirigir o processo;

II – determinar diligências esclarecedoras, com eventual restituição dos autos ao órgão de origem;

III – requisitar processos, documentos e exames periciais;

IV – decidir sobre pedidos de adiamento;

V – apresentar o processo para julgamento, ou pedir dia para julgamento ao Presidente, que ordenará a inclusão em pauta, publicando-se a determinação no Diário Oficial, com o nome dos interessados e seus eventuais procuradores;

VI – lavrar e assinar o relatório e o voto;

VII – lavrar a decisão e assiná-la juntamente com o Presidente;

VIII – decidir a admissibilidade de recurso;

IX – observar o prazo de 30 dias para devolução dos autos a ele distribuídos, salvo as hipóteses justificadas.

X – nas sessões de julgamento, conceder aparte durante a votação.

Art. 20. É admitida a sustentação oral pelo interessado ou por seu procurador pelo prazo máximo de 15 (quinze) minutos.

Parágrafo único – Quando se tratar de procedimento de natureza disciplinar, a sustentação do interessado ou seu procurador poderá ser precedida de manifestação do Corregedor-Geral do Ministério Público, por igual prazo, quando este for o autor da representação.

* **Incluído pela Emenda Regimental nº 06/2020.**

Art. 21. Iniciado o julgamento não poderá ser negada vista dos autos a qualquer Conselheiro.

* **Alterado pela Emenda Regimental nº 04/2019.**

§ 1º – O pedido de vista será deferido, de forma sucessiva, a todos os Conselheiros que manifestarem interesse, sendo-lhes encaminhados os autos para exame.

§ 2º – Os autos com vista serão automaticamente inseridos na pauta da sessão subsequente, podendo ser adiada a prolação do voto-vista, justificadamente, por mais uma sessão.

* **§§ 1ºe 2º alterados pela Emenda Regimental nº 04/2019.**

§ 3º – Ultimados os prazos do parágrafo anterior, apresentado ou não o voto--vista, o Presidente dará prosseguimento ao julgamento, salvo situação excepcional devidamente motivada.

§ 4º – Em havendo pedido de vista, os demais Conselheiros que se sentirem aptos poderão proferir de plano o seu voto, observado disposto no art. 22.

§ 5º – O voto antecipado do Conselheiro suplente não poderá ser modificado pelo Conselheiro sucedido e vice-versa.

* **§§ 3º a 5º incluídos pela Emenda Regimental nº 04/2019.**

Art. 22. Proclamado o resultado, o Conselheiro não poderá mudar o voto.

CAPÍTULO VIII
DAS DELIBERAÇÕES DO CONSELHO

Art. 23. As deliberações do Conselho serão tomadas por maioria simples dos Conselheiros, salvo nos casos em que for exigido quorum especial.

§ 1º – Nenhum feito será julgado na ausência do relator, ainda que já tenha proferido voto, salvo se, iniciado o julgamento, vier ele a se afastar, computando-se os votos proferidos.

§ 2º – O relator poderá usar da palavra sempre que necessário, para apreciação de votos em discussão ou já proferidos.

* **§§ 1º e 2º incluídos pela Emenda Regimental nº 04/2019.**

§ 3º – A ausência do revisor, quando houver, que ainda não tenha votado, acarretará o adiamento do julgamento, salvo se seu afastamento for superior a 30 (trinta) dias, quando será substituído na ordem legal.

* **Incluído pela Emenda Regimental nº 06/2020.**

Art. 23-A. O julgamento dos procedimentos de competência originária do Colegiado, uma vez iniciado, será concluído na mesma sessão, salvo se for convertido em diligência, houver pedido de vista, ou por outro fundamento regimental.

§ 1º – O julgamento iniciado poderá ser convertido em diligência, quando essencial à decisão da causa, desde que indicada por qualquer Conselheiro, votada pelo Plenário ou Turma.

§ 2º – Se a conversão em diligência decorrer de questão preliminar suscitada e votada pelo Plenário, o relator do processo conduzirá a providência a ser adotada, ainda que tenha sido vencido nessa votação, submetendo o feito à continuação do julgamento.

§ 3º – Caso a conversão em diligência tenha sido decidida durante os debates em torno de uma prejudicial de mérito ou ao próprio mérito, e desde que tenha ficado vencido o relator, será o processo redistribuído ao Conselheiro que houver inaugurado a divergência, cabendo a este conduzir a diligência e submeter o feito à continuação do julgamento.

* **Artigo incluído pela Emenda Regimental nº 04/2019.**

Art. 24. É necessária a presença da maioria absoluta para instalação da sessão.

Art. 25. Exige-se maioria qualificada de 2/3 (dois terços) de seus membros para:

I – recusa de vitaliciamento de membro do Ministério Público;

II – recusa à promoção por antiguidade;

III – aprovação ou revogação de Enunciado, Assento ou Súmula.

* **Alterado pela Emenda Regimental nº 06/2020.**

IV – alteração e aprovação deste Regimento Interno. (Incluído pela Emenda Regimental nº 03/2019)

* **Alterado pela Emenda Regimental nº 06/2020.**

Art. 25-A. Exige-se, na forma do art. 128, § 5º, inciso I, letra b, da Constituição Federal, o voto da maioria absoluta de seus membros para:

I – remoção compulsória, disponibilidade punitiva e afastamento cautelar, na forma do disposto no art. 22, V, da Lei Complementar nº 106/2003;

II – disponibilidade decorrente da autorização para propositura de ação civil para perda do cargo, prevista no art. 134, §§ 1º e 7º da Lei Complementar nº 106/2003;

III – decidir sobre o afastamento provisório de membro do Ministério Público, previsto no art. 22, VI, da Lei Complementar nº 106/03.

* **Artigo incluído pela Emenda Regimental nº 06/2020.**

Art. 26. Será registrado nominalmente em ata o voto de cada Conselheiro, inclusive os votos vencidos, naquelas decisões tomadas por maioria e, se for a hipótese, a anotação de que haverá declaração de voto.

* **Alterado pela Emenda Regimental nº 04/2019.**

§ 1º – Vencido o relator, o voto-condutor será lavrado pelo Conselheiro que houver proferido o primeiro voto divergente.

§ 2º – Permanece a vinculação do relator, mesmo após a publicação da decisão.

* **§§ 1º e 2º incluídos pela Emenda Regimental nº 04/2019.**

Art. 26-A. O Conselheiro que discordar dos votos vencedores, cujo desacordo esteja restrito aos seus fundamentos, inclusive quanto à amplitude, poderá fazer declaração de voto após o resultado do julgamento, sendo que a apresentação por escrito se dará no prazo de três dias, a fim de ser juntada ao processo, contados a partir do dia imediato ao da realização da respectiva sessão.

Parágrafo único – A declaração de voto por escrito se limitará ao que foi discutido em Plenário ou Turma, não podendo ser acrescida matéria ou argumentação nova.

* **Artigo incluído pela Emenda Regimental nº 04/2019.**

Art. 27. Encerrada a reunião, o Secretário, no prazo de 7 (sete) dias, extrairá cópia da ata aprovada, bem como providenciará o cumprimento das deliberações do Conselho.

§ 1º – A cópia da ata deverá ser publicada na imprensa oficial, preservado o sigilo nas hipóteses legais.

§ 2º – Os ofícios do Conselho serão subscritos pelo Presidente ou, havendo delegação, pelo Secretário.

§ 3º – As cópias dos ofícios e respectivos expedientes serão arquivados na Gerência de Suporte ao Conselho Superior.

Art. 28. O Conselho Superior do Ministério Público, autorizado pelo art. 20, § 3º, da Lei Complementar Estadual nº 106/03, reunir-se-á em Turmas, para a deliberação e julgamento dos procedimentos de sua competência, na forma do disposto no do art. 64 deste Regimento Interno.

§ 1º – A composição de cada Turma obedecerá a paridade de representação dos Promotores e Procuradores e a antiguidade na classe, ficando assegurada a presidência de qualquer delas ao Procurador-Geral de Justiça, ao Subprocurador-Geral de Justiça que o estiver substituindo, ou ao Conselheiro mais antigo dentre os oito eleitos.

* **Alterado na sessão de 14 de março de 2019.**

§ 2º – As decisões só poderão ser tomadas com quórum mínimo de 3 (três) Conselheiros. Art. 28-A Aplicam-se subsidiariamente à sessão virtual ou semipresencial, no que couber, as disposições dos Capítulos II e VIII deste Regimento, para o julgamento em sessão presencial.

* **Incluído pela Emenda Regimental nº 05/2020.**

CAPÍTULO IX
DAS PROMOÇÕES

Art. 29. As promoções na carreira do Ministério Público serão voluntárias e, alternadamente, por antiguidade e por merecimento da classe de Promotor de Justiça Substituto para a de Promotor de Justiça e desta para o cargo de Procurador de Justiça.

Art. 30. A antiguidade será apurada na classe e determinada pelo tempo de efetivo exercício na mesma.

§ 1º – O eventual empate se resolverá, na classe inicial, pela ordem de classificação no concurso e, nas demais, pela antiguidade na carreira.

§ 2º – Em janeiro de cada ano, o Procurador-Geral de Justiça mandará publicar, no órgão oficial do Estado, a lista de antiguidade dos membros do Ministério Público, computando-se, em anos, meses e dias, o tempo de serviço na classe, na carreira, no serviço público estadual e no serviço público em geral e o respectivo tempo contado para efeito de aposentadoria e disponibilidade.

§ 3º – As reclamações contra a lista deverão ser apresentadas ao Conselho Superior no prazo de 30 (trinta) dias da respectiva publicação.

Art. 31. O merecimento será aferido pelo Conselho Superior do Ministério Público, com base nos seguintes critérios:

I – o procedimento do membro do Ministério Público, na vida pública e particular;

II – a pontualidade e o zelo no cumprimento dos deveres funcionais, aquilatados pelos relatórios de suas atividades e pelas observações feitas nas correições e visitas de inspeção;

III – a eficiência, a segurança e operosidade no desempenho de suas funções, verificadas através dos trabalhos produzidos;

IV – a contribuição à organização e à melhoria dos serviços da Instituição;

V – o aprimoramento de sua cultura jurídica, através da frequência e aproveitamento comprovados em cursos especializados oficiais ou reconhecidos;

VI – a publicação de livros, teses, estudos e artigos, assim como a obtenção de prêmios, quando relevantes para o Ministério Público;

VII – o número de vezes em que tenha figurado nas listas de merecimento;

VIII – a participação em cursos, simpósios, palestras ou reuniões de aprimoramento funcional promovidos pelos órgãos auxiliares ou de administração do Ministério Público, observada a carga horária e a periodicidade disciplinadas em resolução do Procurador-Geral de Justiça.

§ 1º – O Conselho Superior do Ministério Público estabelecerá, em regulamento, os dados com base nos quais se aplicarão os critérios alinhados neste artigo e a pontuação correspondente a cada um deles.

§ 2º – Para os fins do disposto neste artigo, o Corregedor-Geral do Ministério Público prestará aos demais membros do Conselho Superior as informações constantes dos assentamentos funcionais dos concorrentes.

Art. 32. Para efeito de promoção por merecimento, o Conselho Superior do Ministério Público organizará, para cada vaga, lista tríplice, com os integrantes do primeiro quinto da lista de antiguidade e que contem, pelo menos, 2 (dois) anos de exercício na respectiva classe, salvo se nenhum dos concorrentes preencher tais requisitos.

§ 1º – A lista de merecimento resultará dos três nomes mais votados, desde que obtida maioria de votos, procedendo-se, para alcançá-la, a tantas votações quantas forem necessárias, examinados em primeiro lugar os nomes dos remanescentes da lista anterior.

§ 2º – Não poderão ser votados os membros do Ministério Público que estiverem afastados da carreira.

§ 3º – A lista de promoção por merecimento poderá conter menos de 3 (três) nomes, quando o número de requerentes inviabilizar a formação de lista tríplice.

§ 4º – Será obrigatória a promoção do Promotor de Justiça que figure por 3 (três) vezes consecutivas ou 5 (cinco) alternadas em lista de merecimento, preferindo-se, entre dois ou mais concorrentes numa dessas situações, aquele que tiver figurado maior número de vezes em lista.

§ 5º – Não incidindo a regra do parágrafo anterior, será promovido o mais votado, observada a ordem dos escrutínios, ou, em caso de empate, o mais antigo da classe.

Art. 33. Na indicação para promoção por antiguidade, somente pelo voto de 2/3 (dois terços) dos seus integrantes poderá o Conselho Superior do Ministério Público recusar o membro do Ministério Público mais antigo na classe.

§ 1º – No prazo de 5 (cinco) dias da sessão pública em que for deliberada a recusa, caberá recurso para o Órgão Especial do Colégio de Procuradores de Justiça, que em igual prazo decidirá.

§ 2º – A recusa suspenderá as votações subsequentes para as promoções, até julgamento de eventual recurso interposto.

Art. 34. Verificada vaga para promoção, o Procurador-Geral de Justiça, na qualidade de Presidente do Conselho Superior do Ministério Público, dentro em 60 (sessenta) dias da data da vaga, publicará edital, com prazo de 5 (cinco) dias, para ciência e habilitação dos integrantes da classe concorrente.

Parágrafo único – O Conselho Superior deliberará em 90 (noventa) dias do término do prazo de inscrição, devendo o ato de promoção ser publicado no prazo máximo de 30 dias.

CAPÍTULO X
DA REMOÇÃO VOLUNTÁRIA

Art. 35. A remoção de membro do Ministério Público, de um órgão de execução para outro, da mesma classe, quando voluntária, dar-se-á unilateralmente ou por permuta.

Art. 36. A remoção voluntária unilateral será feita por antiguidade e por merecimento, alternadamente, aplicando-se, no que couber e com as modificações previstas neste artigo, o disposto nos arts. 64 a 69 da Lei Complementar nº 106/2003.

§ 1º – Não poderão habilitar-se à remoção de que trata este artigo, os membros do Ministério Público que tenham sido voluntariamente removidos nos 6 (seis) últimos meses anteriores à data do edital.

§ 2º – Para efeito de remoção por merecimento, o Conselho Superior organizará, sempre que possível, lista tríplice, composta pelos nomes dos concorrentes que obtiverem a maioria dos votos dos seus membros, procedendo-se a tantas votações quantas forem necessárias para esse fim.

Art. 37. A remoção por permuta, admissível entre membros do Ministério Público da mesma classe, dependerá de requerimento conjunto dirigido ao Procurador-Geral de Justiça e de aprovação por maioria absoluta do Conselho Superior do Ministério Público, sendo vedada quando contrariar conveniência do serviço ou quando acarretar prejuízo a outro membro do Ministério Público.

§ 1º – A remoção por permuta impede nova remoção voluntária unilateral de qualquer dos permutantes, nos 12 (doze) meses subsequentes à sua efetivação;

§ 2º – A renovação da remoção por permuta somente será permitida após o decurso de 2 (dois) anos.

§ 3º – É vedada a permuta entre membros do Ministério Público:

I – quando um dos permutantes estiver habilitado à promoção por antiguidade em razão da existência de vaga na classe superior;

II – no período de 1 (um) ano antes do limite de idade para a aposentadoria compulsória de qualquer dos permutantes.

CAPÍTULO XI
DA REMOÇÃO COMPULSÓRIA, DA DISPONIBILIDADE E DO AFASTAMENTO CAUTELAR

Art. 38. A remoção compulsória e o afastamento cautelar, previstos no art. 22, V, da Lei Complementar nº 106/2003, ocorrerão quando o exigir o interesse público, a juízo do Conselho Superior do Ministério Público e assegurada ao interessado ampla defesa, cabendo recurso da decisão para o Órgão Especial do Colégio de Procuradores de Justiça, no prazo de 5 (cinco) dias, pelo membro do Ministério Público ou pelo Corregedor-Geral do Ministério Público, a contar da publicação.

* **Alterado pela Emenda Regimental nº 06/2020.**

Parágrafo único – O recurso da decisão prevista no *caput* deste artigo terá efeito suspensivo quando o julgado, no todo ou em parte, for desfavorável ao membro do Ministério Público.

* **Incluído pela Emenda Regimental nº 06/2020.**

Art. 38-A. A disponibilidade punitiva ocorrerá nas hipóteses do art. 132 c. c. art. 22, V, ambos da Lei Complementar nº 106/2003, sendo assegurada ao interessado ampla defesa, cabendo recurso da decisão para o Órgão Especial do Colégio de Procuradores de Justiça, no prazo de 5 (cinco) dias, aplicando-se o disposto no parágrafo único do artigo anterior.

* Incluído pela Emenda Regimental nº 06/2020.

Art. 38-B. A disponibilidade decorrente da autorização para propositura de ação civil para perda do cargo, prevista no art. 134, § 7º, da Lei Complementar nº 106/2003, deve ser decidida no prazo de 30 (trinta) dias, contado da instauração do processo específico, com distribuição ao relator, permitindo-se ao interessado a sustentação oral na sessão de julgamento, não sendo aplicável o rito previsto no art. 39 e seguintes deste regimento interno.

* Incluído pela Emenda Regimental nº 06/2020.

Art. 39. O processo administrativo para a remoção compulsória, o afastamento cautelar e a disponibilidade punitiva será instaurado:

* Alterado pela Emenda Regimental nº 06/2020.

I – mediante representação do Procurador-Geral de Justiça, do Corregedor-Geral do Ministério Público ou de qualquer dos demais membros do Conselho Superior, nas hipóteses de remoção compulsória e de afastamento cautelar;

II – mediante representação do Corregedor-Geral do Ministério Público, na hipótese de disponibilidade punitiva.

* Incisos I e II alterados pela Emenda Regimental nº 06/2020.

§ 1º – Instaurado o processo administrativo visando à remoção compulsória, ficará o membro do Ministério Público, como medida incidental, cautelarmente afastado do órgão de execução de sua titularidade e impedido de postular remoção voluntária, perdurando o impedimento pelos doze meses subsequentes à efetivação da medida, na forma do art. 74, § 2º, da Lei Complementar nº 106/2003.

§ 2º – O membro afastado cautelarmente, nos termos do parágrafo anterior, ficará à disposição do Procurador-Geral de Justiça para exercer funções afetas a outros órgãos, em substituição ou auxílio.

§ 3º – Caberá ao Conselho Superior do Ministério Público lotar, em órgão de execução que se encontre vago, o membro do Ministério Público removido compulsoriamente.

* §§ 1º ao 3º incluídos pela Emenda Regimental nº 06/2020.

Art. 40. A instrução do processo será presidida por Conselheiro sorteado, que exercerá a função de relator.

Art. 41. O processo deverá estar concluído em 60 (sessenta) dias, prorrogáveis por igual prazo pelo Conselho.

Art. 42. Findo o prazo para defesa, que será de 15 (quinze) dias, e colhida a prova que se faça necessária, determinada pelo Relator, de ofício ou a requerimento do representado, será aberta vista, por 5 (cinco) dias, para alegações finais.

Parágrafo único – Com as alegações finais ou sem elas, vencido o prazo, o Relator terá 10 (dez) dias para lançar seu relatório, após o que pedirá ao Presidente a inclusão em pauta.

Art. 43. O Conselho poderá converter o julgamento em diligência para produção de novas provas.

Art. 44. Havendo conversão do julgamento em diligência aplica-se o disposto nos §§ 1º a 3º do art. 23-A, no que couber.

* **Alterado pela Emenda Regimental nº 04/2019.**

Art. 45. Produzida nova prova, será dada oportunidade ao representado para apresentar alegações e documentos, no prazo de 5 (cinco) dias, findo o qual os autos serão reincluídos em pauta.

Art. 46. Se o Conselho entender que não é cabível a remoção compulsória, a disponibilidade punitiva ou o afastamento cautelar determinará o arquivamento do feito.

* **Alterado pela Emenda Regimental nº 06/2020.**

Parágrafo único – O Conselho Superior, na hipótese prevista no parágrafo único do art. 132 da Lei Complementar nº 106/2003, se não deliberar pela disponibilidade punitiva, poderá determinar a aplicação da pena de suspensão, observado o disposto no art. 135 da Lei Complementar nº 106/2003.

* **Incluído pela Emenda Regimental nº 06/2020.**

Art. 47. O Conselho Superior, deliberando pela remoção compulsória, disponibilidade punitiva ou afastamento cautelar, fará intimar pessoalmente o representado da decisão, salvo se for revel ou furtar-se à intimação, caso em que esta será feita por publicação no Diário Oficial Eletrônico do Ministério Público do Estado do Rio de Janeiro, com o prazo de 10 (dez) dias.

§ 1º – O afastamento cautelar será necessário para garantia das atividades funcionais do Ministério Público, podendo perdurar enquanto tramitar o processo administrativo punitivo que deu causa à medida cautelar.

§ 2º – O Conselho Superior poderá, por maioria absoluta de seus membros, havendo indícios de autoria e materialidade, bem assim presente o prejuízo ao interesse público decorrente da permanência do representado no exercício de suas funções, determinar a antecipação dos efeitos do afastamento cautelar.

* **Artigo incluído pela Emenda Regimental nº 06/2020.**

Art. 48. Os autos aguardarão na Secretaria até que se esgote o prazo para o recurso previsto no art. 38.

Parágrafo único – Interposto o recurso, após seu recebimento pelo Relator, os autos serão remetidos ao Órgão Especial do Colégio de Procuradores de Justiça.

Art. 49. Transitando em julgado a deliberação pela remoção compulsória, disponibilidade punitiva ou afastamento cautelar, os autos serão remetidos ao Procurador-Geral de Justiça para as providências cabíveis.

* **Alterado pela Emenda Regimental nº 06/2020.**

CAPÍTULO XII
DO AFASTAMENTO PROVISÓRIO

Art. 50. O Conselho Superior do Ministério Público apreciará, na forma do art. 22, VI, da Lei Complementar nº 106/03, o afastamento provisório de membro do Ministério Público, após a representação da Corregedoria-Geral (art. 141 da LC 106/03), e a decisão liminar do Procurador-Geral de Justiça (art. 11, XXI, da LC 106/03).

* **Alterado pela Emenda Regimental nº 06/2020.**

§ 1º – Após o encaminhamento dos autos pelo Procurador-Geral de Justiça, será feita a distribuição imediata a Relator, que deverá submeter o feito a julgamento na 1º sessão ordinária ou extraordinária do Colegiado.

§ 2º – Deferida a medida, pelo prazo inicial de 60 (sessenta) dias, deverá o Relator submeter o feito à nova apreciação do Colegiado, com proposta ou não de renovação do afastamento (art. 141, § 1º da LC 106/03), em data anterior ao esgotamento do prazo de afastamento inicial.

Art. 51. Da decisão de afastamento provisório cabe recurso ao Órgão Especial do Colégio de Procuradores, no prazo de 05 (cinco) dias.

CAPÍTULO XIII
DO INQUÉRITO CIVIL PÚBLICO, DO PROCEDIMENTO PREPARATÓRIO, DO PROCEDIMENTO ADMINISTRATIVO E DA NOTÍCIA DE FATO

Art. 52. Sujeita-se a homologação do Conselho Superior qualquer arquivamento de inquérito civil ou de procedimento preparatório concernente à defesa de interesses difusos, coletivos ou individuais homogêneos.

Art. 53. O órgão do Ministério Público remeterá ao Conselho Superior os autos do inquérito civil ou do procedimento preparatório, no prazo de 3 (três) dias a contar da data da promoção de arquivamento.

§ 1º – Se a remessa não se der no prazo, o Conselho requisitará os autos, de ofício ou a pedido de interessado, para exame e deliberação.

§ 2º – Recebidos os autos no protocolo geral da Instituição, serão remetidos até o dia imediato à Gerência de Suporte ao Conselho Superior, que procederá à conferência das folhas e sua numeração e lançará certidão nos autos.

§ 3º – Para os fins do que dispõe o parágrafo único do art. 25 da Resolução GPGJ nº 2227/2018, os ofícios endereçados pelos membros do Ministério Público dando ciência da relação de procedimentos em trâmite há mais de 01 (um) ano serão distribuídos na forma regimental.

§ 4º – A seu critério, poderá o Conselheiro requisitar a remessa dos autos ao Conselho Superior, para exame e posterior deliberação, apresentando-o para julgamento na sessão subsequente à remessa.

Art. 54. Após o recebimento do procedimento, far-se-á imediatamente sua distribuição eletrônica a um dos Conselheiros, que oficiará como Relator.

§ 1º – Não funcionarão como Relator o Presidente do Conselho Superior e o Corregedor-Geral do Ministério Público.

§ 2º – Os suplentes somente receberão feitos para relatar quando regularmente convocados em razão de afastamento, licença ou férias dos membros efetivos, proporcionalmente ao período de afastamento do titular.

Art. 55. A distribuição observará critério aleatório e igualitário, concorrendo em distribuição separada os procedimentos de natureza administrativa e de atribuição originária do Procurador-Geral de Justiça que versem sobre atos de improbidade administrativa ou se tratar de recurso interposto contra decisão de indeferimento de representação ou de recurso interposto contra decisão de arquivamento de Inquérito Civil, Procedimento Preparatório, Procedimento Administrativo ou Notícia de Fato, atendidas às seguintes regras:

I – a distribuição de procedimentos far-se-á observada a ordem cronológica de chegada à Gerência de Suporte aos Órgãos Colegiados;

II – considerar-se-á prevento para a relatoria o Conselheiro que:

a) tiver proferido voto condutor, na qualidade de relator ou não, de decisão anterior que tiver rejeitado o arquivamento daquele procedimento;

b) tiver proferido voto condutor, na qualidade de relator ou não, de decisão anterior que tiver determinado a devolução dos autos para o prosseguimento das diligências;

c) tiver proferido decisão monocrática contra a qual foi interposto o recurso previsto no § 2º do art. 56 deste Regimento.

III – determinam o impedimento do Conselheiro:

a) a atuação na qualidade de órgão de execução em qualquer fase do procedimento submetido à revisão;

b) as hipóteses de impedimento e suspeição previstas no Código de Processo Civil;

§ 1º – Não se aplicam ao Conselheiro Suplente as hipóteses do inciso II, salvo se estiver em exercício quando do retorno do procedimento ao Conselho Superior.

§ 2º – Para efeito de compensação, não serão computados os procedimentos distribuídos diretamente ao Relator por força do disposto no inciso II, salvo na hipótese de recondução, se a decisão que deu causa à prevenção não tiver sido prolatada no mandato em curso.

Art. 56. O relator poderá decidir monocraticamente pela homologação do arquivamento ou do declínio de atribuição de procedimento a ele distribuído, desde que:
* **Alterado pela Emenda Regimental nº 02/2019.**
I – homologue a declinação da atribuição a favor de Órgão de execução pertencente a outro Ministério Público;
II – verse sobre hipótese contemplada por Enunciado aprovado pelo Colegiado, cujo fundamento da promoção de arquivamento seja a ocorrência de situação fática que torne desnecessário o prosseguimento das investigações e inviável a propositura de ação civil pública;
* **Incisos I e II incluídos pela Emenda Regimental nº 02/2019.**
§ 1º – quando houver a interposição de recurso ou quando os procedimentos versarem sobre improbidade administrativa, deverão, obrigatoriamente, ser submetidas ao Colegiado.
§ 2º – Após proferir sua decisão monocrática, o relator deverá restituir o procedimento à Gerência de Suporte aos Órgãos Colegiados, que providenciará sua publicação no Diário Oficial.
* **§§ 1º e 2º alterados pela Emenda Regimental nº 02/2019.**
§ 3º – Das decisões monocráticas caberá recurso dirigido ao Pleno do Colegiado, no prazo de 5 (cinco) dias, a contar da data de sua publicação.
* **Incluído pela Emenda Regimental nº 02/2019.**
Art. 57. O Procurador-Geral de Justiça ou quem o estiver substituindo está impedido de presidir e votar, nas hipóteses em que a promoção de arquivamento provier de sua atribuição originária.
Art. 58. Homologado o arquivamento, os autos do inquérito civil ou das peças de informação serão restituídos ao órgão de origem pela Gerência de Suporte ao Conselho Superior.
Parágrafo único – Se a matéria não exigir a manifestação do Colegiado, a promoção de arquivamento não será conhecida, devolvendo-se os autos ao órgão de execução de origem;
Art. 59. Não homologada a promoção de arquivamento, poderá o Colegiado:
I – deliberar pela propositura de ação civil pública;
II – converter o julgamento em diligências, especificando aquelas que entender indispensáveis ao seu convencimento;
Parágrafo único – Caso se trate de indeferimento de plano de representação, o Colegiado, na hipótese de provimento do recurso e consequente não homologação, determinará a instauração de inquérito civil público, estando, nesta hipótese, desobrigado de especificar diligências.

Art. 60. Na hipótese do inciso I do artigo anterior, o Conselho Superior adotará diligências conducentes à designação de outro membro do Ministério Público para atuação.

Art. 61. Nas hipóteses de não homologação da promoção de arquivamento em virtude da conversão do julgamento em diligências ou na de reforma da decisão de indeferimento da representação, os autos retornarão ao órgão de execução de origem e, no caso de recusa fundamentada, ao órgão competente para designar o membro que irá atuar.

§ 1º – O membro do Ministério Público que promover o arquivamento do inquérito civil público ou de procedimento correlato não está impedido de propor a ação civil pública se surgirem novas provas em decorrência da conversão do julgamento em diligência.

§ 2º – O membro do Ministério Público que promover o arquivamento será cientificado, por meio eletrônico, da decisão do Conselho Superior.

Art. 62. Os procedimentos administrativos instaurados para apurar fatos que ensejam a tutela de direitos individuais indisponíveis e as notícias de fato somente serão levados à apreciação do Conselho Superior nas hipóteses de interposição de recurso, pela parte interessada, no prazo de 10 (dez) dias.

Art. 63. Poderão ser desarquivados pelo Conselho Superior, de ofício, a requerimento do interessado ou do órgão de execução originário, os autos de inquérito civil, procedimento preparatório, procedimento administrativo ou notícia de fato, quando surgirem novas provas, no prazo máximo de 6 (seis) meses, contados da homologação da promoção de arquivamento.

Art. 64. Será objeto de apreciação e julgamento pelas Turmas, conforme autorizado pelo art. 20, § 3º da Lei Complementar Estadual nº 106/03, toda e qualquer matéria de competência do Conselho Superior, excetuando-se a não homologação de declínio de atribuição a favor de outro Ministério Público, os procedimentos de natureza administrativa, de atribuição originária do Procurador-Geral de Justiça e os recursos interpostos contra decisão proferida em Inquérito Civil Público, Procedimento Preparatório ou procedimento correlato.

* Alterado pela Emenda Regimental nº 02/2019.

Parágrafo único – A competência das Turmas se deslocará para a Sessão Plena:

I – por solicitação do legítimo interessado ou de qualquer Conselheiro, apresentada até o encerramento do julgamento;

II – sempre que no julgamento da Turma houver voto vencido.

CAPÍTULO XIV
DA FORMAÇÃO DE LISTA SÊXTUPLA

Art. 65. O Conselho Superior do Ministério Público elaborará as listas sêxtuplas a que se referem os artigos 94, "*caput*", e 104, parágrafo único, II, da Constituição Federal, observadas as seguintes regras:

I – para integrar a lista o candidato terá de alcançar a maioria absoluta de votos dos Conselheiros presentes;

II – ocorrendo empate entre candidatos que tenham atingido o número de votos indicado no inciso anterior, o desempate far-se-á com base, sucessivamente, na antiguidade na carreira e na classe;

III – se necessário, realizar-se-ão novos escrutínios até que seja alcançado por seis candidatos o número de votos exigido para integrar a lista;

IV – participarão dos escrutínios complementares tantos candidatos quantos forem as vagas ainda não preenchidas, mais um;

V – havendo necessidade de proceder-se a escrutínio complementar e tendo ocorrido empate na votação anterior no derradeiro lugar que, de acordo com o previsto no inciso precedente, permitiria ao candidato participar do novo escrutínio, neste concorrerão todos os que tenham empatado naquela colocação.

Parágrafo único – Havendo mais de uma vaga a ser preenchida mediante solicitação do Tribunal competente, formar-se-á uma única lista específica para cada vaga.

CAPÍTULO XV
DAS RECOMENDAÇÕES

Art. 66. Qualquer Conselheiro poderá apresentar ao Colegiado, por escrito, sugestão para adoção de Recomendações, sem caráter vinculativo, aos órgãos do Ministério Público, para o desempenho de suas funções e a adoção de medidas convenientes ao aprimoramento dos serviços.

Art. 67. Se aprovada, a sugestão será encaminhada ao Procurador-Geral de Justiça.

CAPÍTULO XVI
DAS COMISSÕES ESPECIAIS

Art. 68. O Conselho pode formar Comissões Especiais para estudo de quaisquer questões de sua competência, devendo os trabalhos ser concluídos dentro do prazo estabelecido.

§ 1º – Os integrantes da Comissão escolherão entre si aquele que a presidirá e aquele que funcionará como seu relator.

§ 2º – Não apresentados os trabalhos no prazo fixado, o Conselho, desacolhendo as razões do atraso, poderá dissolver a Comissão Especial e nomear outra.

Art. 69. As conclusões da Comissão Especial serão votadas na primeira reunião que se seguir à apresentação dos trabalhos.

Parágrafo único – Nessa reunião, qualquer membro do Conselho poderá apresentar, por escrito, emendas a conclusões da Comissão Especial, sendo-lhe facultado oferecer sustentação oral.

CAPÍTULO XVII
DOS ASSENTOS E SÚMULAS

Art. 70. O Conselho poderá editar Assentos, Súmulas e Enunciados.

§ 1º – Assento é a proposição que expressa a reiterada orientação do Conselho em matéria de sua competência como órgão de administração.

§ 2º – Súmula é a proposição que expressa a reiterada orientação do Conselho no âmbito de suas atribuições como órgão de execução.

§ 3º – Enunciado é a formulação de entendimento reiterado sobre determinada matéria, objetivando padronizar e uniformizar as suas decisões, bem como a orientar as Promotorias de Justiça acerca dos respectivos temas.

Art. 71. Qualquer Conselheiro poderá propor a edição ou a revogação de Assento, Súmula ou Enunciado.

Art. 72. Os Assentos, Súmulas e Enunciados, numerados sequencialmente, serão registrados na Diretoria de Suporte aos Órgãos Colegiados e publicados na imprensa oficial.

CAPÍTULO XVIII
DAS DISPOSIÇÕES FINAIS E TRANSITÓRIAS

Art. 73. Os prazos a que se refere este Regimento não começarão a correr nos sábados, domingos, feriados ou em quaisquer outros dias em que não houver expediente na Procuradoria, não se incluindo na contagem dos mesmos o dia da publicação do aviso ou do ato correspondente, sendo os prazos processuais contados na forma do art. 219 e seu parágrafo único do Código de Processo Civil.

* **Alterado pela Emenda Regimental nº 06/2020.**

Art. 73-A. Aprovada a presente Emenda Regimental na sessão do Conselho Superior do Ministério Público, de 31 de março de 2020, os atos necessários à realização desta sessão, e os que nela forem praticados, encontrar-se-ão formalmente referendados sobre as matérias que acresceram ou modificaram este Regimento Interno.

* **Incluído pela Emenda Regimental nº 05/2020.**

Art. 74. Este Regimento Interno entrará em vigor na data de sua publicação, revogados o Regimento Interno aprovado em 03 de fevereiro de 1997 e demais disposições em contrário.

Rio de Janeiro, 13 de dezembro de 2018.

ENUNCIADOS DO CONSELHO SUPERIOR DO MINISTÉRIO PÚBLICO

O **CONSELHO SUPERIOR DO MINISTÉRIO PÚBLICO TORNA PÚBLICO** que, na reunião realizada em 05 de fevereiro de 2021, decidiu que passarão a vigorar no dia 08 de fevereiro de 2021 as alterações dos seus Enunciados publicadas no Diário Oficial Eletrônico do MPRJ de 14 de fevereiro de 2020.

ENUNCIADO Nº 01/07: IDOSO, CRIANÇA, ADOLESCENTE OU PESSOA COM DEFICIÊNCIA. FALECIMENTO. Caberá homologação da promoção de arquivamento se inexistirem nos autos de inquérito civil ou de procedimento preparatório indícios de crime praticado em detrimento de idoso, criança, adolescente ou pessoa com deficiência, cujo falecimento por causas naturais encerra a investigação. *(Referência legislativa: Lei nº 7853/89, Lei nº 8069/90, Lei nº 10.741/03. Data da aprovação: 02 de maio de 2007. Datas das modificações: 29 de abril de 2010 e 13 de fevereiro de 2020, com vigência a partir de 08 de fevereiro de 2021. Objeto: Atualização de expressões. Fonte de publicação: Diário Oficial Eletrônico do MPRJ de 14.02.2020).*

ENUNCIADO Nº 02/07: Revogado na sessão de 13 de fevereiro de 2020, com vigência a partir de 08 de fevereiro de 2021. DOE-MPRJ de 14.02.2020.

ENUNCIADO Nº 03/07: MEIO AMBIENTE. REGENERAÇÃO NATURAL TOTAL. Caberá homologação da promoção de arquivamento do procedimento preparatório ou do inquérito civil instaurado para apurar o dano ambiental quando ocorrer a regeneração natural de toda a área degradada, com o encerramento da atividade nociva ao meio-ambiente. *(Referência legislativa: Art. 225, § 3º, da Constituição Federal. Art. 48 e art. 70, da Lei 9.605/98. Data da aprovação: 02 de maio de 2007. Data da modificação: 13 de fevereiro de 2020, com vigência a partir de 08 de fevereiro de 2021. Objeto: Reformulação do Enunciado CSMP nº 03/2007. Fonte de publicação: Diário Oficial Eletrônico do MPRJ de 14.02.2020)*

ENUNCIADO Nº 04/07: INFÂNCIA E JUVENTUDE. MAIORIDADE. Alcançada a maioridade civil, cessa a atribuição do Ministério Público para postular medida protetiva prevista no ECA, merecendo homologação a promoção de arquivamento do procedimento instaurado para tanto. (Aprovado na sessão de 02 de maio de 2007)

ENUNCIADO Nº 05/07: Revogado na sessão de 13 de fevereiro de 2020, com vigência a partir de 08 de fevereiro de 2021. DOE-MPRJ de 14.02.2020.

ENUNCIADO Nº 06/07: Revogado na sessão de 13 de fevereiro de 2020, com vigência a partir de 08 de fevereiro de 2021. DOE-MPRJ de 14.02.2020.

ENUNCIADO Nº 07/07: CONSUMIDOR. INTERESSE INDIVIDUAL DISPONÍVEL. AUSÊNCIA DE LEGITIMIDADE DO MINISTÉRIO PÚBLICO. Caberá homologação da promoção de arquivamento do procedimento preparatório ou do inquérito civil instaurado em virtude de notícia de lesão a direitos consumeristas se, no curso da investigação, ficar evidenciada lesão de caráter meramente individual e disponível a consumidor, após consulta às bases de dados institucionais ou outras cabíveis, acerca da multiplicidade de notícias do mesmo teor. *(Referência legislativa: Art. 5º, § 1º e art. 27 da Resolução GPGJ nº 2.227/18. Súmula 601 do STJ. Art. 81, da Lei 8.078/90. Data da aprovação: 02 de maio de 2007. Data da modificação: 13 de fevereiro de 2020, com vigência a partir de 08 de fevereiro de 2021. Objeto: Reformulação do Enunciado CSMP nº 07/2007. Fonte de publicação: Diário Oficial Eletrônico do MPRJ de 14.02.2020).*

ENUNCIADO Nº 08/07: Revogado na sessão de 13 de fevereiro de 2020, com vigência a partir de 08 de fevereiro de 2021. DOE-MPRJ de 14.02.2020.

ENUNCIADO Nº 09/07: Revogado na sessão de 13 de fevereiro de 2020, com vigência a partir de 08 de fevereiro de 2021. DOE-MPRJ de 14.02.2020.

ENUNCIADO Nº 10/07: MEIO AMBIENTE. POLUIÇÃO ATMOSFÉRICA. CESSAÇÃO DAS EMISSÕES ILEGAIS. Caberá homologação da promoção de arquivamento do procedimento preparatório ou do inquérito civil que apure poluição atmosférica, se ficar comprovada nos autos a cessação das emissões no ar de gases, partículas e/ou radiações acima dos limites legais permitidos para a atividade poluidora. *(Referência legislativa: art. 54, § 2º, II e V e art. 70 da Lei 9.605/98. Data da aprovação: 29 de maio de 2007. Data da modificação: 13 de fevereiro de 2020, com vigência a partir de 08 de fevereiro de 2021. Objeto: Reformulação do Enunciado CSMP nº 10/2007. Fonte de publicação: Diário Oficial Eletrônico do MPRJ de 14.02.2020).*

ENUNCIADO Nº 11/07: Revogado na sessão de 13 de fevereiro de 2020, com vigência a partir de 08 de fevereiro de 2021. DOE-MPRJ de 14.02.2020.

ENUNCIADO Nº 12/07: Revogado na sessão de 13 de fevereiro de 2020, com vigência a partir de 08 de fevereiro de 2021. DOE-MPRJ de 14.02.2020.

ENUNCIADO Nº 13/07: CONSUMIDOR: REGULARIZAÇÃO DOS PRODUTOS E/OU SERVIÇOS. Caberá homologação da promoção de arquivamento do procedimento preparatório ou do inquérito civil instaurado para apurar notícia de lesão aos direitos dos consumidores se, no curso da investigação, ficar comprovada a regularização dos produtos e/ou serviços pelos fornecedores e que tenham sido tomadas medidas para a efetiva indenização dos eventuais danos coletivos, quando for a hipótese. *(Referência legislativa: Art. 6º, VI e art. 14 da Lei 8.078/90. Data da aprovação: 26 de junho de 2007. Data da modificação: 13 de fevereiro de 2020, com vigência a partir de 08 de* fevereiro de 2021. Objeto: Reformulação do Enunciado CSMP nº 13/2007. Fonte de publicação: Diário Oficial Eletrônico do MPRJ de 14.02.2020).

ENUNCIADO Nº 14/07: Revogado na sessão de 13 de fevereiro de 2020, com vigência a partir de 08 de fevereiro de 2021. DOE-MPRJ de 14.02.2020.

ENUNCIADO Nº 15/07: DEFICIENTE. LESÃO A DIREITO INDIVIDUAL. FALTA DE ATRIBUIÇÃO DAS PROMOTORIAS ESPECIALIZADAS. Caberá homologação da promoção de arquivamento de procedimento instaurado para apurar notícia de violação a direitos, se, no curso da investigação, ficar comprovado que a lesão atingiu apenas direito individual e não direitos difusos ou coletivos. *(Referência legislativa: Constituição Federal, arts. 127 e 129, II e III; Lei Federal nº 7.347/1985, arts. 1º e 21; Lei Federal nº 8.625/1993, art. 25, inciso IV, "a"; Lei Complementar nº 106/2003, art. 34, VI, "a"; Lei Federal nº 8.069/1990, art. 201, V; Lei Federal nº 8078/1990, arts. 5º, II; 51, § 4º; 81, I, II e III; 201, V; Lei Federal nº 7.853/1989, art. 3º, caput; Lei Federal nº 10.741/2003, art. 74, I; Lei nº 9.615/1998, arts. 1-A e 3º; Resolução GPGJ nº 1.284/2005, art. 5º, "a" e Resolução GPGJ nº 2.157/2017, art. 3º, II. Data da aprovação: 05 de setembro de 2007. Data da modificação: 13 de fevereiro de 2020, com vigência a partir de 08 de fevereiro de 2021. Objeto: Nova Redação do Enunciado CSMP nº 15/2007 Fonte de publicação: Diário Oficial Eletrônico do MPRJ de 14.02.2020)*

ENUNCIADO Nº 16/07: DANOS A INTERESSES OU DIREITOS DIFUSOS, COLETIVOS E/OU INDIVIDUAIS HOMOGÊNEOS. CELEBRAÇÃO DE TERMO DE AJUSTAMENTO DE CONDUTA. TÍTULO EXECUTIVO EXTRAJUDICIAL. DESNECESSIDADE DE AÇÃO CIVIL PÚBLICA. Caberá homologação da promoção de arquivamento de inquérito civil ou de outro procedimento instaurado para apurar notícia de lesão a interesses ou direitos difusos, coletivos e/ou individuais homogêneos se, no curso da investigação, for celebrado termo de ajustamento de conduta com o investigado para cumprimento da legislação específica. *(Referência legislativa: Lei Federal nº 7.347/1985, art. 5º, § 6º; Lei Federal nº 9.605/1998, artigo 79-A e § 1º; Resolução CNMP nº 179/2017; Resolução GPGJ nº 2.227/2018, arts. 32, I; 36; 37; 48; 50 e Deliberação CSMP nº 71/2019. Data da aprovação: 05 de setembro de 2007. Data da modificação: 13 de fevereiro de 2020, com vigência a partir de 08 de fevereiro de 2021. Objeto: Nova Redação do Enunciado CSMP nº 16/2007. Fonte de publicação: Diário Oficial Eletrônico do MPRJ de 14.02.2020).*

ENUNCIADO Nº 17/07: Revogado na sessão de 13 de fevereiro de 2020, com vigência a partir de 08 de fevereiro de 2021. DOE-MPRJ de 14.02.2020.

ENUNCIADO Nº 18/07: AJUIZAMENTO DE AÇÃO JUDICIAL INDEPENDENTE CONTEMPLANDO A TOTALIDADE DO OBJETO DA INVESTIGAÇÃO DO MP. PERDA DO INTERESSE PROCEDIMENTAL. O ajuizamento de ação civil pública, de ação popular, de ação de improbidade ou de outra medida judicial pelo Ministério Público ou por terceiros legitimados, cujo pedido contemple a totalidade do objeto da portaria de instauração ou dos elementos que vierem a surgir no curso das investigações, acarreta a perda do interesse procedimental, devendo ser promovido o arquivamento do inquérito civil ou de outro procedimento. Hipótese de homologação de arquivamento. (Referência legislativa: Resolução nº 2.227/2018, art. 27 e Lei 8.429/1992, art. 17 § 1º. Data da aprovação: 17 de dezembro de 2007. Data da modificação: 13 de fevereiro de 2020, com vigência a partir de 08 de fevereiro de 2021. Objeto: Nova Redação do Enunciado CSMP nº 18/2007 Fonte de publicação: Diário Oficial Eletrônico do MPRJ de 14.02.2020).

ENUNCIADO Nº 19/08 DO CSMP: MEIO AMBIENTE. FAUNA. APREENSÃO DE ANIMAIS SILVESTRES PELOS ÓRGÃOS AMBIENTAIS. Caberá homologação da promoção de arquivamento do procedimento preparatório ou do inquérito civil instaurado para apurar notícia de danos ambientais pela criação e/ou comercialização ilegais de animais silvestres, sem autorização dos órgãos ambientais ou em desacordo com ela se, no curso da investigação, ficar comprovado o encaminhamento dos espécimes apreendidos para instituição adequada ou sua libertação no seu habitat natural, com a adoção das providências administrativas e policiais cabíveis para reparação dos danos e punição dos infratores, tornando desnecessário o ajuizamento de ação civil pública pelo Ministério Público. (Referência legislativa: Art. 225, § 1º, VII, da Constituição Federal. Art. 25, § 1º, art. 29, § 1º, III e art. 72, IV, da Lei 9.605/98. Art. 261, IV, da Constituição do Estado do Rio de Janeiro. Data da aprovação: 27 de março de 2008. Data da modificação: 13 de fevereiro de 2020, com vigência a partir de 08 de fevereiro de 2021. Objeto: Reformulação do Enunciado nº 19/2008. Fonte de publicação: Diário Oficial Eletrônico do MPRJ de 14.02.2020.

ENUNCIADO Nº 20/08 DO CSMP: MEIO AMBIENTE. POLUIÇÃO SONORA. VIZINHO LIMÍTROFE. Caberá homologação da promoção de arquivamento do procedimento preparatório ou do inquérito civil instaurado para apurar notícia de poluição sonora se, no curso da investigação, restar comprovado que os impactos provocados pela propagação do ruído se restringem ao vizinho limítrofe, cujo conflito será solvido pelo direito de vizinhança. (Referência legislativa: art.1.277, do Código Civil. REsp 1051306/MG, Rel. p/ Acórdão Ministro Herman Benjamin, Segunda Turma, julgado em 16/10/2008, DJe 10/09/2010. Data da aprovação: 29 de outubro de 2009. Data da modificação: 13 de fevereiro de 2020, com vigência a partir de 08 de fevereiro de 2021. Objeto: Reformulação do Enunciado nº 20/2008. Fonte de publicação: Diário Oficial Eletrônico do MPRJ de 14.02.2020).

ENUNCIADO Nº 21/08 DO CSMP: Revogado na sessão de 13 de fevereiro de 2020, com vigência a partir de 08 de fevereiro de 2021. DOE-MPRJ de 14.02.2020.

ENUNCIADO Nº 22/08 DO CSMP: MEIO AMBIENTE/URBANISMO. OBRA OU ESTABELECIMENTO SEM AUTORIZAÇÃO DOS ÓRGÃOS COMPETENTES E/OU EM DESACORDO COM O ZONEAMENTO URBANO. ENCERRAMENTO OU REGULARIZAÇÃO DAS ATIVIDADES ILEGAIS. Caberá homologação da promoção de arquivamento do procedimento preparatório ou do inquérito civil instaurado para apurar danos ao meio ambiente artificial se ficar comprovado, no curso da investigação, o encerramento ou a regularização das atividades da obra ou do estabelecimento sem autorização dos órgãos competentes e/ou em desacordo com o zoneamento urbano do local. *(Referência legislativa: Art. 225, § 1º, IV, da Constituição Federal. Art. 60 e art. 70 da Lei 9.605/98. Art. 358, VIII, da Constituição do Estado do Rio de Janeiro. Data da aprovação: 12 de agosto de 2008. Datas das modificações: 16 de outubro de 2014 e 13 de fevereiro de 2020, com vigência a partir de 08 de fevereiro de 2021. Objeto: Reformulação do Enunciado CSMP nº 22/2008. Fonte de publicação: Diário Oficial Eletrônico do MPRJ de 14.02.2020).*

ENUNCIADO Nº 23/08 DO CSMP: CIDADANIA. RECLAMAÇÃO CONTRA ÓRGÃO PÚBLICO OU CONCESSIONÁRIA. REGULARIZAÇÃO DOS SERVIÇOS PÚBLICOS. Caberá homologação da promoção de arquivamento do procedimento preparatório ou do inquérito civil instaurado para apurar reclamação contra órgão público ou concessionária de serviço público, se ficar comprovada, no curso da investigação, a regularização da prestação dos serviços públicos pela entidade responsável. *(Referência legislativa: Art. 30, V e art. 37, § 3º, I, da Constituição Federal. Lei 13.460/2017. Data da aprovação: 12 de agosto de 2008. Data da modificação: 13 de fevereiro de 2020, com vigência a partir de 08 de fevereiro de 2021. Objeto: Reformulação do Enunciado CSMP nº 23/2008. Fonte de publicação: Diário Oficial Eletrônico do MPRJ de 14.02.2020).*

ENUNCIADO Nº 24/08 DO CSMP: PATRIMÔNIO CULTURAL. INEXISTÊNCIA DE DANOS AOS BENS PROTEGIDOS ADMINISTRATIVA, LEGAL E/OU JUDICIALMENTE. Caberá homologação da promoção de arquivamento de procedimento preparatório ou inquérito civil instaurado para apurar danos ao patrimônio cultural, se ficar comprovada nos autos a inexistência de prejuízos ao bem ou ao conjunto de bens protegidos por atos administrativos, por legislação específica e/ou por decisão judicial, devido ao seu valor histórico, paisagístico, artístico, arqueológico, paleontológico, ecológico ou científico. *(Referência legislativa: Art. 62 ao art. 65 da Lei 9605/98. Art.*

73 da Constituição Estadual. Data da aprovação: 28 de agosto de 2008. Data da modificação: 13 de fevereiro de 2020, com vigência a partir de 08 de fevereiro de 2021. Objeto: Reformulação do Enunciado CSMP nº 24/2008. Fonte de publicação: Diário Oficial Eletrônico do MPRJ de 14.02.2020).

ENUNCIADO Nº 25/08 DO CSMP: MEIO AMBIENTE. POLUIÇÃO HÍDRICA. CESSAÇÃO DA CONTAMINAÇÃO DAS ÁGUAS. Caberá homologação da promoção de arquivamento do procedimento preparatório ou do inquérito civil instaurado para apurar poluição hídrica pelo lançamento em recurso hídrico de efluentes líquidos e/ou dejetos provenientes de unidade ou conjuntos residenciais, comerciais, de serviços, agropecuários ou industriais, se ficar comprovado, no curso da investigação, a instalação de fossa, sumidouro, Estações de Tratamento de Água (ETA) ou de Esgotos (ETE), emissário submarino ou de outro equipamento antipoluição, de acordo com os padrões de qualidade ambiental para cada poluente que assegure a cessação da contaminação das águas. (Referência legislativa: Art. 54, § 2º, III e V e art. 70 da Lei. 9.605/98. Art. 261, VI, da Constituição do Estado do Rio de Janeiro. Data da aprovação: 12 de novembro de 2008. Data da modificação: 13 de fevereiro de 2020, com vigência a partir de 08 de fevereiro de 2021. Objeto: Reformulação do Enunciado CSMP nº 25/2008. Fonte de publicação: Diário Oficial Eletrônico do MPRJ de 14.02.2020).

ENUNCIADO Nº 26/08 DO CSMP: MEIO AMBIENTE. POLUIÇÃO DO SOLO. DESCONTAMINAÇÃO DA ÁREA. Caberá homologação da promoção de arquivamento do procedimento preparatório ou do inquérito civil instaurado para apurar poluição do solo pelo despejo a céu aberto de resíduos provenientes de unidade ou conjuntos residenciais, comerciais, de serviços, agropecuários ou industriais, se ficar comprovado, no curso da investigação, a descontaminação do solo e a instalação de usinas de reciclagem e/ou de compostagem de lixo, incineradores, aterros sanitário e industrial ou de outro equipamento antipoluição de acordo com os padrões de qualidade ambiental para cada poluente. (Referência legislativa: Art. 54, § 2º, V, e art. 70 da Lei 9.605/98. Data da aprovação: 12 de novembro de 2008. Data da modificação: 13 de fevereiro de 2020, com vigência a partir de 08 de fevereiro de 2021. Objeto: Reformulação do Enunciado CSMP nº 26/2008. Fonte de publicação: Diário Oficial Eletrônico do MPRJ de 14.02.2020).

ENUNCIADO Nº 27/09: INDEFERIMENTO DE REPRESENTAÇÃO PARA INSTAURAÇÃO DE INQUÉRITO CIVIL PÚBLICO, DE PROCEDIMENTO PREPARATÓRIO OU DE PROCEDIMENTO ADMINISTRATIVO. AUSÊNCIA DE ELEMENTOS MÍNIMOS CAPAZES DE ENSEJAR A INSTAURAÇÃO DE PROCEDIMENTO INVESTIGATÓRIO. NOTIFICAÇÃO DO REPRESENTANTE OU IMPOSSIBILIDADE DE FAZÊ-LO.

ENUNCIADOS DO CSMP

NÃO INTERPOSIÇÃO DE RECURSO. DESNECESSIDADE DE REMESSA DOS AUTOS AO CONSELHO SUPERIOR. ARQUIVAMENTO DOS AUTOS NO PRÓPRIO ÂMBITO DA PROMOTORIA DE JUSTIÇA REPRESENTADA. NÃO CONHECIMENTO DA PROMOÇÃO. Impõe-se o indeferimento de plano de representação para instauração de investigação a suposta lesão de direitos transindividuais, em razão da ausência de elementos mínimos capazes à inauguração do procedimento investigatório, se a lesão for a bem de valor insignificante, os fatos já tiverem sido solucionados ou forem objeto de outra investigação ou Ação Civil Pública, bem como se o fato noticiado for incompreensível. Nesta hipótese é imprescindível a notificação do noticiante ou, em havendo impossibilidade de fazê-lo, não houver interposição de recurso. Desnecessidade de remessa dos autos ao Conselho Superior. Arquivamento no próprio âmbito da Promotoria de Justiça representada. Não conhecimento da promoção. *(Referência legislativa: Resolução nº 23/2007 do CNMP, art. 5º, caput e § 4º e Resolução GPGJ nº 2.227/2018, art. 2º, § 2º; art. 5º, caput, III, §§ 1º e 2º; art. 27, §§ 1º e 2º; art. 84. Data da aprovação: 18 de junho de 2009. Datas das modificações: 26 de novembro de 2009, 16 de outubro de 2014 e 13 de fevereiro de 2020, com vigência a partir de 08 de fevereiro de 2021. Objeto: Nova redação do Enunciado CSMP nº 27/2009. Fonte de publicação: Diário Oficial Eletrônico do MPRJ de 14.02.2020).*

ENUNCIADO Nº 28/09: DIREITO À EDUCAÇÃO. Merece homologação a promoção de arquivamento de Inquérito Civil ou de procedimento instaurado para verificar a regularidade quanto ao funcionamento de unidade de ensino de qualquer natureza, no âmbito deste Estado, caso, no transcurso da investigação constate-se a efetiva adequação do referido estabelecimento educacional às exigências das autoridades competentes ou o encerramento de suas atividades, nos termos das normas definidoras das Diretrizes e Bases da Educação e, quando a hipótese corresponda à temática de interesse individual (Resolução nº 1664, de 17 de junho de 2011). (Aprovado na sessão de 26 de novembro de 2009. Redação alterada nas sessões de 26 de julho de 2012 e de 31 de outubro de 2013).

ENUNCIADO Nº 29/10: IDOSO, DEFICIENTE, INFÂNCIA E JUVENTUDE. APURAÇÃO DAS CONDIÇÕES DE FUNCIONAMENTO DE ABRIGO. REGULARIZAÇÃO OU ENCERRAMENTO DAS ATIVIDADES. Merece homologação a promoção de arquivamento de procedimento administrativo instaurado para apurar as condições de funcionamento de abrigo destinado a idoso, a deficiente, a criança ou adolescente se, no curso das investigações, ficar comprovada a regularização dos serviços prestados ou o encerramento definitivo das atividades dos estabelecimentos. (Aprovado na sessão de 29 de abril de 2010).

ENUNCIADO Nº 30/10: PROCEDIMENTOS ADMINISTRATIVOS ELEITORAIS. FALTA DE COMPETÊNCIA REVISORA DO CONSELHO SU-

PERIOR. O arquivamento das peças de informação e/ou procedimentos administrativos eleitorais não está inserido na competência revisora do Conselho Superior do Ministério Público. *(Referência legislativa: Resolução GPGJ nº 2.331, de 05 de março de 2020, art. 8º. Data da aprovação: 04 de outubro de 2010. Data da modificação: 13 de fevereiro de 2020 (com vigência a partir de 08 de fevereiro de 2021) e 24 de setembro de 2020. Objeto: Nova Redação do Enunciado CSMP nº 30/2010. Fonte de publicação: Diário Oficial Eletrônico do MPRJ de 14.02.2020 e de 25.09.2020).*

ENUNCIADO Nº 31/11: AUSÊNCIA, DEFICIÊNCIA DE FUNDAMENTAÇÃO OU DECISÃO CITRA PETITA. HIPÓTESE DE NÃO CONHECIMENTO DA PROMOÇÃO DE ARQUIVAMENTO. A promoção de arquivamento de Inquérito Civil, Procedimento Preparatório ou outro Procedimento, sem fundamentação ou que esta não contemple a totalidade dos itens contidos na notícia, ou ainda com erro material sobre o mérito da investigação, torna inviável o controle por parte do Conselho Superior do Ministério Público, devendo os autos retornar ao órgão de execução, para a devida complementação ou adequação da promoção de arquivamento. *(Referência legislativa: Lei Federal nº 8.625/1993, art. 43, III; Lei Complementar nº 106/2003, art. 118, III e Resolução CNMP nº 23/2007, art. 5º. Data da aprovação: 25 de maio de 2011. Data da modificação: 13 de fevereiro de 2020, com vigência a partir de 08 de fevereiro de 2021. Objeto: Nova Redação do Enunciado CSMP nº 31/2011. Fonte de publicação: Diário Oficial Eletrônico do MPRJ de 14.02.2020).*

ENUNCIADO Nº 32/12: IDOSO. AUSÊNCIA DO REQUISITO ETÁRIO. Merece homologação a promoção de arquivamento de procedimento administrativo instaurado para tutelar direitos de idoso se, no curso da investigação, ficar comprovada a ausência do requisito etário (idade inferior a 60 anos) do suposto idoso.

ENUNCIADO Nº 33/12: Revogado na sessão de 13 de fevereiro de 2020, com vigência a partir de 08 de fevereiro de 2021. DOE-MPRJ de 14.02.2020.

ENUNCIADO Nº 34/12: DEFICIENTE. SAÚDE MENTAL. COMPROVAÇÃO DA CAPACIDADE CIVIL. Merece homologação a promoção de arquivamento de procedimento administrativo instaurado para apurar a notícia de vulnerabilidade de pessoa, decorrente de suposta enfermidade mental se, no curso da investigação, restar comprovada a inexistência da referida patologia, evidenciando-se, na hipótese, a desnecessidade de propositura de ação de interdição.

ENUNCIADO Nº 35/12: Revogado na sessão de 13 de fevereiro de 2020, com vigência a partir de 08 de fevereiro de 2021. DOE-MPRJ de 14.02.2020.

**ENUNCIADO Nº 36/12: CONSUMIDOR. ENCERRAMENTO DAS ATI-

VIDADES DE ESTABELECIMENTO. Caberá homologação da promoção de arquivamento do procedimento preparatório ou do inquérito civil instaurado para apurar reclamações sobre o fornecimento de produtos ou de serviços por parte de estabelecimento, se, no curso da investigação ocorrer o encerramento das atividades do referido estabelecimento, e desde que inexistam outras medidas a serem tomadas no âmbito da proteção aos direitos dos consumidores. *(Referência legislativa: Art. 6º, VI, e art. 56, IX e X, da Lei 8.078/90. Data da aprovação: 19 de abril de 2012. Data da modificação: 13 de fevereiro de 2020, com vigência a partir de 08 de fevereiro de 2021. Objeto: Reformulação do Enunciado CSMP nº 36/2012. Fonte de publicação: Diário Oficial Eletrônico do MPRJ de 14.02.2020).*

ENUNCIADO Nº 37/12: Revogado na sessão de 13 de fevereiro de 2020, com vigência a partir de 08 de fevereiro de 2021. DOE-MPRJ de 14.02.2020.

ENUNCIADO Nº 38/12: DROGADIÇÃO. Caberá homologação da promoção de arquivamento lançada em procedimento administrativo instaurado para apurar a situação de risco social de pessoa com drogadição se, concluída a investigação, restar evidenciada a desnecessidade de internação compulsória em estabelecimento apropriado, a requerimento do Ministério Público. *(Data da aprovação: 10 de julho de 2012. Data da modificação: 13 de fevereiro de 2020, com vigência a partir de 08 de fevereiro de 2021. Objeto: Correção de equívocos da redação. Fonte de publicação: Diário Oficial Eletrônico do MPRJ de 14.02.2020).*

ENUNCIADO Nº 39/12: Revogado na sessão de 13 de fevereiro de 2020, com vigência a partir de 08 de fevereiro de 2021. DOE-MPRJ de 14.02.2020.

ENUNCIADO Nº 40/12: DIREITO À SAÚDE. Caberá homologação da promoção de arquivamento de Inquérito Civil ou de outro procedimento instaurado para verificar a regularidade do funcionamento de unidade hospitalar, pública ou privada, se, no curso das investigações, restar constatada a regularização da deficiência inicialmente apontada ou ainda se a hipótese versar sobre direito individual, bem como se for constatado o encerramento de suas atividades. *(Data da aprovação: 27 de setembro de 2012. Datas das modificações: 31 de outubro de 2013 e 13 de fevereiro de 2020, com vigência a partir de 08 de fevereiro de 2021. Objeto: Atualização de expressões. Fonte de publicação: Diário Oficial Eletrônico do MPRJ de 14.02.2020).*

ENUNCIADO Nº 41/13: INFÂNCIA E JUVENTUDE. TUTELA INDIVIDUAL. DISPUTA DE GUARDA. VARA DE FAMÍLIA – Merece homologação a promoção de arquivamento de procedimento administrativo instaurado para apurar notícia de descumprimento dos deveres inerentes ao poder familiar, formulada por um dos genitores ou responsável em face do outro, se ficar comprovada a existência de processo judicial em curso em Vara de Família, referente a questões envolvendo o poder familiar, tais como ações de guarda, suspensão e destituição do poder familiar, entre outras, desde que a Promotoria de Justiça em atuação na Vara de Família tenha sido comunicada. (Aprovado na sessão de 29 de agosto de 2013)

ENUNCIADO Nº 42/13: INFÂNCIA. TUTELA INDIVIDUAL. ATUAÇÃO DO CONSELHO TUTELAR – Merece homologação a promoção de arquivamento de procedimento administrativo instaurado para apurar notícia de violação de direitos de criança ou adolescente, quando esta trouxer fatos que, no âmbito do sistema de Garantia de Direitos da Criança e do Adolescente, exigem, inicialmente, a atuação precípua do Conselho Tutelar, desde que comprovada a efetiva fiscalização, pelo Ministério Público, da atuação do referido órgão no caso concreto. (Aprovado na sessão de 29 de agosto de 2013)

ENUNCIADO Nº 43/13: IDOSO. DEFICIENTE. ACESSIBILIDADE. Merece homologação a promoção de arquivamento de procedimento administrativo instaurado a fim de apurar notícia de desrespeito às normas de acessibilidade existentes se, no curso da investigação, ficar comprovada a regularização das instalações físicas dos estabelecimentos investigados ou o encerramento de suas atividades. (Aprovado na sessão de 31 de outubro de 2013)

ENUNCIADO Nº 44/13: Revogado na sessão de 13 de fevereiro de 2020, com vigência a partir de 08 de fevereiro de 2021. DOE-MPRJ de 14.02.2020.

ENUNCIADO Nº 45/13: DESNECESSIDADE DE REMESSA DOS AUTOS AO CONSELHO SUPERIOR. ARQUIVAMENTO DOS AUTOS NO PRÓPRIO ÂMBITO DA PROMOTORIA DE JUSTIÇA REPRESENTADA. NÃO CONHECIMENTO DA PROMOÇÃO DE ARQUIVAMENTO. Os arquivamentos dos procedimentos administrativos preparatórios para propositura de ações de investigação de paternidade, instaurados em razão do advento da Lei Estadual nº 6.381/2013, do projeto "Em Nome do Pai" ou de outra demanda individual podem ser efetivados no âmbito das Promotorias, sem necessidade de encaminhamento ao Conselho Superior. *(Data da aprovação: 19 de dezembro de 2013. Data da modificação: 13 de fevereiro de 2020, com vigência a partir de 08 de fevereiro de 2021. Objeto: Inclusão de referências legislativas. Fonte de publicação: Diário Oficial Eletrônico do MPRJ de 14.02.2020).*

ENUNCIADO Nº 46/14: APURAÇÃO DE ATO DE IMPROBIDADE ADMINISTRATIVA. ACUMULAÇÃO REMUNERADA DE CARGOS. SERVIDOR PÚBLICO OU DETENTOR DE MANDATO ELETIVO – VEREADOR. Caberá homologação da promoção de arquivamento de inquérito civil ou de procedimento preparatório, caso não comprovada a ilicitude na acumulação remunerada de cargos por servidor público ou detentor de mandato eletivo (vereador) ou restando sanada eventual irregularidade e não existindo dano ao erário. *(Referência legislativa: Constituição Federal de 1988, artigo 37, XVI, alíneas "a", "b" e "c", e artigo 38, III. Data da aprovação: 13 de novembro de 2014. Datas das modificações: 14 de maio de 2015 e 13 de fevereiro de 2020, com vigência a partir de 08 de fevereiro de 2021. Objeto: Reformulação do Enunciado CSMP nº 46/2014. Fonte de publicação: Diário Oficial Eletrônico do MPRJ de 14.02.2020).*

ENUNCIADO Nº 47/14: Revogado na sessão de 13 de fevereiro de 2020, com vigência a partir de 08 de fevereiro de 2021. DOE-MPRJ de 14.02.2020.

ENUNCIADO Nº 48/14: IDOSO, INFÂNCIA E JUVENTUDE OU PESSOA COM DEFICIÊNCIA. MUDANÇA DE DOMICÍLIO PARA OUTRO ESTADO. AUSÊNCIA DE ATRIBUIÇÃO DO MINISTÉRIO PÚBLICO DO ESTADO DO RIO DE JANEIRO. Merece homologação a promoção de arquivamento de procedimento administrativo instaurado para apurar notícia de situação de risco vivenciada por idoso, criança e/ou adolescente ou pessoa com deficiência se, no curso das investigações, ficar constatada a mudança de domicílio para outro Estado da Federação do Brasil, dos tutelados pelas Leis Federais nºs 10.741/03, 8.069/90 e 7.853/89, comunicando-se o fato ao Ministério Público competente. (Aprovado na sessão de 13 de novembro de 2014)

ENUNCIADO Nº 49/14: CONSELHOS MUNICIPAIS, TUTELARES E OUTROS PREVISTOS NA LEGISLAÇÃO AFETA ÀS AGÊNCIAS REGULADORAS. APURAÇÃO DA REGULARIDADE DA CRIAÇÃO E FUNCIONAMENTO. Caberá homologação da promoção de arquivamento de procedimento instaurado a fim de verificar a criação, implantação e/ou funcionamento dos Conselhos Municipais, Tutelares e outros que protejam os direitos difusos, coletivos e/ou individuais homogêneos se, no curso da investigação, restar demonstrado o funcionamento regular dos referidos Conselhos. *(Referência legislativa: Constituição Federal de 1988, art. 129, II; Resolução CNMP nº 174/2017, art. 8º, II; Resolução GPGJ nº 2.227/18, art. 32, II e Resolução GPGJ nº 2.091/2017, art. 8º, III. Data da aprovação: 13 de novembro de 2014. Data da modificação: 13 de fevereiro de 2020, com vigência a partir de 08 de fevereiro de 2021. Objeto: Nova Redação do Enunciado CSMP nº 49. Fonte de publicação: Diário Oficial Eletrônico do MPRJ de 14.02.2020).*

Enunciado Nº 50/15: CONSUMIDOR E MEIO AMBIENTE/URBANISMO. ATUAÇÃO EFETIVA DO PODER PÚBLICO. Caberá homologação da promoção de arquivamento do procedimento preparatório ou do inquérito civil instaurado para apurar danos aos consumidores, ao meio ambiente natural ou artificial se, no curso da investigação, ficar evidenciada a atuação efetiva do poder público, tendente a solucionar a questão. *(Referência legislativa: Art. 5º, XXXII, art. 23, VI e art. 225, § 1º, I, da Constituição Federal. Art. 73, VI, art. 234, V e art. 261, § 2º, da Constituição do Estadual do Rio de Janeiro. Data da* *aprovação: 14 de maio de 2015. Datas das modificações: 16 de junho de 2016 e 13 de fevereiro de 2020, com vigência a partir de 08 de fevereiro de 2021. Objeto: Reformulação do Enunciado CSMP nº 50. Fonte de publicação: Diário Oficial Eletrônico do MPRJ de 14.02.2020).*

ENUNCIADO Nº 51/15: DUPLICIDADE. PROCEDIMENTO COM OBJETO IDÊNTICO OU MAIS AMPLO. A promoção de arquivamento formulada em procedimento preparatório, administrativo ou inquérito civil, onde venha a ser constatada a hipótese de duplicidade total de objeto ou mesmo continência, poderá ser homologada, registrada nos autos a ciência ao noticiante e informadas à Promotoria de Justiça que preside os autos principais as diligências que, porventura, não sejam comuns, para instruir aquele procedimento. *(Referência legislativa: Resolução GPGJ nº 2.227/2018, art. 27, § 3º; art. 84. Data da aprovação: 14 de maio de 2015. Data da modificação: 13 de fevereiro de 2020, com vigência a partir de 08 de fevereiro de 2021. Objeto: Nova Redação do Enunciado CSMP nº 51/2015. Fonte de publicação: Diário Oficial Eletrônico do MPRJ de 14.02.2020).*

ENUNCIADO Nº 52/15: Revogado na sessão de 13 de fevereiro de 2020, com vigência a partir de 08 de fevereiro de 2021. DOE-MPRJ de 14.02.2020.

ENUNCIADO Nº 53/16: Revogado na sessão de 13 de fevereiro de 2020, com vigência a partir de 08 de fevereiro de 2021. DOE-MPRJ de 14.02.2020.

ENUNCIADO Nº 54/16: TRANSPLANTE INTERVIVOS. DESNECESSIDADE DE REMESSA DOS AUTOS AO CONSELHO SUPERIOR. ARQUIVAMENTO DOS AUTOS NO PRÓPRIO ÂMBITO DA PROMOTORIA DE JUSTIÇA REPRESENTADA. NÃO CONHECIMENTO DA PROMOÇÃO DE ARQUIVAMENTO. Não se conhece da promoção de arquivamento de peças de informação ou procedimento administrativo versando sobre a comunicação da realização de transplante intervivos, cujo arquivamento não está sujeito ao controle deste E. Conselho Superior, por ausência de interesse coletivo. *(Referência legislativa: Regimento Interno do CSMP, art. 52; Lei Federal nº 7.347/1985, art. 1º; Lei Federal nº 9.434/1997 e Decreto nº 9.175/2017, art. 56. Data da aprovação: 02 de junho de 2016. Data da modificação: 13 de fevereiro de 2020, com vigência a partir de 08 de fevereiro de 2021. Objeto: Nova redação do Enunciado CSMP nº 54. Fonte de publicação: Diário Oficial Eletrônico do MPRJ de 14.02.2020).*

ENUNCIADO CSMP Nº 55/16: CONDUTA ADMINISTRATIVA COM A COMPROVAÇÃO DE DANO AO ERÁRIO DE IMPORTÂNCIA MÍNIMA QUE NÃO CAUSA IMPACTO MONETÁRIO DIRETO AOS COFRES PÚBLICOS. HOMOLOGAÇÃO DA PROMOÇÃO DE ARQUIVAMENTO COM COMUNICAÇÃO AO COLEGITIMADO PARA PROPOSITURA DA AÇÃO DE RESSARCIMENTO. Comprovada conduta administrativa que importou em dano ao erário destituído de repercussão econômica e impacto monetário aos cofres públicos, por não ser de valor superior ao equivalente a 10 (dez) salários-mínimos, caberá a homologação do arquivamento do procedimento preparatório ou inquérito civil pelo Conselho Superior do Ministério Público. Dever de remessa de cópias pela Promotoria Justiça de origem ao colegitimado, a fim de possibilitar a propositura da ação de ressarcimento. *(Referência legislativa: Constituição Federal de 1988, § 5º, art. 37; Lei nº 8.429/92, art. 5º; Lei Federal nº 8.666/23, arts. 23, II e 24, II; Decreto nº 9.412, de 18 de junho de 2018 (ou art. 20 Lei 10.522/2002) Data da aprovação: 29 de junho de 2016. Data da modificação: 13 de fevereiro de 2020, com vigência a partir de 08 de fevereiro de 2021. Objeto: Reformulação do Enunciado CSMP nº 55/2016, com ajustamento aos julgamentos do STJ sobre a matéria e à similitude das Súmulas do CSMP/SP. Precedentes, informativos e repositórios jurisprudenciais: RE 115331/RJ – Rio de Janeiro, Primeira Turma. Repercussão geral: (RE) 852475, com repercussão geral. Pleno. Tese: "São imprescritíveis as ações de ressarcimento ao erário fundadas na prática de ato doloso tipificado na Lei de Improbidade Administrativa". Fonte de publicação: Diário Oficial Eletrônico do MPRJ de 14.02.2020).*

ENUNCIADO CSMP Nº 56/16: IMPROBIDADE ADMINISTRATIVA. CONSTATAÇÃO DE IRREGULARIDADE MERAMENTE FORMAL QUE NÃO FOI MEIO PARA A PRÁTICA DE ATO DE IMPROBIDADE ADMINISTRATIVA. NÃO COMPROVAÇÃO OU IMPOSSIBILIDADE DE DEMONSTRAÇÃO DE DANO AO ERÁRIO. Caberá homologação da decisão de arquivamento do procedimento preparatório ou do inquérito civil, quando for constatada a inexistência ou a incorreção de livros ou controles; contabilidade ou tesouraria deficientes; o inadequado controle de bens, ou da dívida ativa ou passiva, desde que regularizadas; e que não tenham sido meios para a prática de atos de improbidade. Ausente, em qualquer caso, o dano ao erário, ou havendo, já for objeto de persecução pela própria Administração Pública. *(Referência legislativa: Lei nº 8.429/92, arts. 9º e 10. Data da aprovação: 29 de junho de 2016. Data da modificação: 13 de fevereiro de 2020, com vigência a partir de 08 de fevereiro de 2021. Objeto: Reformulação do Enunciado CSMP nº 56. Precedentes, informativos e repositórios jurisprudenciais: EREsp. 479.812. AgRg no REsp 1065588. Fonte de publicação: Diário Oficial Eletrônico do MPRJ de 14.02.2020).*

ENUNCIADO CSMP Nº 57/16: IMPROBIDADE ADMINISTRATIVA. SERVIDOR PÚBLICO. VENCIMENTOS E VANTAGENS PECUNIÁRIAS INSUFICIENTES. DIREITO INDIVIDUAL HOMOGÊNEO DISPONÍVEL. Comprovada que a notícia de insuficiência de vencimentos e vantagens pecuniárias de servidores públicos caracteriza, em tese, lesão a direitos individuais homogêneos disponíveis, defensáveis por associações e sindicatos constituídos com esta finalidade, caberá homologação da decisão de arquivamento do procedimento preparatório ou do inquérito civil. Questão que deve ser solucionada pelos próprios interessados no âmbito do direito privado. (Referência legislativa: Lei nº 8.078/1990, artigo 81, parágrafo único, incisos I, II e III. Data da aprovação: 28 de julho de 2016. Data da modificação: 13 de fevereiro de 2020, com vigência a partir de 08 de fevereiro de 2021. Objeto: Reformulação do Enunciado CSMP nº 57/2016. Precedentes, informativos e repositórios jurisprudenciais: ARE 965524/SP – SÃO PAULO REsp 1599060/RS. Fonte de publicação: Diário Oficial Eletrônico do MPRJ de 14.02.2020).

ENUNCIADO CSMP Nº 58/16: CRIANÇA, ADOLESCENTE, IDOSO E PESSOA COM DEFICIÊNCIA. PEDIDO DE DESARQUIVAMENTO DE INQUÉRITO CIVIL OU PROCEDIMENTO PREPARATÓRIO. PROVA NOVA. POSSIBILIDADE DE ADOÇÃO IMEDIATA DE MEDIDAS DE CARÁTER DE URGÊNCIA PELA PROMOTORIA DE JUSTIÇA. O pedido de desarquivamento de Inquérito Civil, ou de Procedimento Preparatório, em virtude do surgimento de prova nova, não inibe a adoção, pela Promotoria de Justiça oficiante, de medidas de caráter urgente, visando salvaguardar direito de criança, adolescente, idoso e pessoa com deficiência em situação de risco atual ou iminente, comunicando-se imediatamente a medida ao Conselho Superior do Ministério Público. (Referência legislativa: Lei nº 7853/89, Lei nº 8069/90, Lei nº 10741/03. Data da aprovação: 20 de outubro de 2016. Data da modificação: 13 de fevereiro de 2020, com vigência a partir de 08 de fevereiro de 2021. Objeto: Reescrito para atualização e correção de termos. Fonte de publicação: Diário Oficial Eletrônico do MPRJ de 14.02.2020).

ENUNCIADO Nº 59/19: NÃO HOMOLOGAÇÃO DO DECLÍNIO DE ATRIBUIÇÃO PARA ÓRGÃO DE OUTRO MINISTÉRIO PÚBLICO. COMPETÊNCIA. Compete ao Pleno do Conselho Superior do Ministério Público a não homologação do declínio de atribuição, com fulcro no art. 9-A, da Resolução nº 23/2007 do CNMP. Podendo a homologação do declínio de atribuição ser decidida monocraticamente. *Ex-vi* do art. 56, I do Regimento Interno do Conselho Superior do Ministério Público". (Aprovado na sessão de 06 de junho de 2019).

ENUNCIADO Nº 60/19: ENCAMINHAMENTO DOS PROCEDIMENTOS SUBMETIDOS AO EXAME DO CONSELHO SUPERIOR. REGULAMENTAÇÃO DA CONTAGEM DO PRAZO E CUMPRIMENTO DOS REQUISITOS. Quando do indeferimento de plano da representação, arquivamento de inquérito civil e procedimento administrativo, a Promotoria de Justiça deverá: 1. Cientificar os interessados; 2. Lavrar termo de afixação de sua decisão na secretaria do órgão de execução; 3. Juntar o comprovante da cientificação e/ou o termo respectivo aos autos do procedimento; 4. Certificar, quando for o caso, que decorreu in albis o prazo para a interposição do competente recurso, atentando-se para as regras impostas pelo Código de Processo Civil; 5. Encaminhar os autos, quando for o caso, ao Conselho Superior do Ministério Público, no tríduo legal, observando-se as regras de contagem previstas no Código de Processo Civil. *(Referência legislativa: Lei 7.347/85, Código de Processo Civil, Resolução MPRJ/GPGJ nº 2.227/18. Data da aprovação: 27 de junho de 2019, 7ª Sessão Extraordinária do CSMP. Data da modificação: 26 de setembro de 2019, 10ª Reunião Extraordinária do CSMP. Fonte de publicação: Diário Oficial Eletrônico do MPRJ de 27 de junho de 2019 e de 26 de setembro de 2019).*

ENUNCIADO Nº 61/20: CRIANÇA E ADOLESCENTE. CONSELHO TUTELAR. FISCALIZAÇÃO DO PROCESSO ELEITORAL E ATUAÇÃO DOS CONSELHEIROS TUTELARES. Caberá homologação da promoção de arquivamento de procedimento que tenha por finalidade o acompanhamento e fiscalização do processo eleitoral dos Conselhos Tutelares, bem como aqueles para apurar eventual falta funcional dos Conselheiros Tutelares, se, no curso das investigações, não tiverem sido comprovadas as irregularidades ou os fatos imputados. Em casos em que as irregularidades no processo eleitoral tiverem sido sanadas e às faltas funcionais dos Conselheiros Tutelares forem aplicadas as medidas e ou sanções administrativas pertinentes, também deve ser homologada a promoção de arquivamento. *(Referência legislativa: Lei nº 8069/90 Data da aprovação: 13 de fevereiro de 2020, com vigência a partir de 08 de fevereiro de 2021. Objeto: Unificação dos Enunciados CSMP nº 33 e 39. Fonte de publicação: Diário Oficial Eletrônico do MPRJ de 14.02.2020).*

ENUNCIADO Nº 62/20: MEIO AMBIENTE E CONSUMIDOR. CESSAÇÃO DA ATIVIDADE NOCIVA. Caberá homologação da promoção de arquivamento do procedimento preparatório ou do inquérito civil instaurado que concluir pela cessação das atividades nocivas e que tenham sido tomadas medidas para a efetiva reparação dos danos causados, incluindo a aplicação das medidas compensatórias previstas na legislação, quando cabíveis. *(Referência legislativa: Art. 225, § 3º, da Constituição Federal. Art. 6º, VI, da Lei 8.078/90 e art. 70, da Lei 9.605/98. Art. 14, § 1º, da Lei 6.938/81. Art. 261, § 2º, da Constituição do Estado do Rio de Janeiro. Data da aprovação: 13 de fevereiro de 2020, com vigência a partir de 08 de fevereiro de 2021. Objeto: Unificação dos Enunciados CSMP nºs 02 e 37. Fonte de publicação: Diário Oficial Eletrônico do MPRJ de 14.02.2020).*

ENUNCIADO Nº 63/2020: APURAÇÃO DE ATO IMPROBIDADE ADMINISTRATIVA. PRESCRIÇÃO. INSUFICIÊNCIA OU INEXISTÊNCIA DE PROVAS. NÃO COMPROVAÇÃO OU IMPOSSIBILIDADE DE DEMONSTRAÇÃO DE DANO AO ERÁRIO. Caberá homologação da promoção de arquivamento do procedimento preparatório ou do inquérito civil se, no curso da investigação, ficar comprovada: a prescrição, a insuficiência ou a inexistência de provas da prática de atos de improbidade administrativa e a ausência de dano ao erário ou a impossibilidade de sua demonstração. *(Referência legislativa: Lei Federal 8.429/92, artigos 9º, 10, 11 e 23. Data da aprovação: 13 de fevereiro de 2020, com vigência a partir de 08 de fevereiro de 2021. Objeto: Unificação dos Enunciados CSMP nºs 12/2007 e 21/2007 Fonte de publicação: Diário Oficial Eletrônico do MPRJ de 14.02.2020).*

ENUNCIADO Nº 64/20: PROMOÇÃO DE ARQUIVAMENTO POR FALTA DE JUSTA CAUSA. CABIMENTO DA HOMOLOGAÇÃO DO ARQUIVAMENTO. A inexistência de prova idônea, produzida no curso da investigação, a ratificar a notícia que ensejou a instauração de inquérito civil público ou procedimento preparatório, traduz hipótese de falta de justa causa e o arquivamento deve ser homologado. *(Referência legislativa: Constituição Federal de 1988, art. 37, 'caput'; Lei Federal nº 7.437/1985, art. 9º; Resolução CNMP nº 23/2007, art. 10 e Resolução GPGJ nº 2.227/2018, art. 27. Data da aprovação: 13 de fevereiro de 2020, com vigência a partir de 08 de fevereiro de 2021. Objeto: Unificação dos Enunciados CSMP nº 05 e 11. Fonte de publicação: Diário Oficial Eletrônico do MPRJ de 14.02.2020).*

ENUNCIADO CSMP Nº 65/20: REMOÇÃO DE IRREGULARIDADES OU ADEQUAÇÃO À LEGISLAÇÃO ESPECIAL. PERDA DO OBJETO OU DO INTERESSE PROCEDIMENTAL. HIPÓTESE DE ARQUIVAMENTO. É hipótese de arquivamento do Inquérito civil ou de procedimento administrativo instaurado para fiscalizar, investigar ou acompanhar a implementação de políticas públicas ou de programas voltados à tutela coletiva de direito difuso, coletivo, individual indisponível ou homogêneo, se, no curso do procedimento, restar demonstrado o encerramento das atividades, a adoção de todas as medidas cabíveis para remoção das irregularidades originalmente verificadas ou a efetiva implementação de medidas neste sentido com ou sem a necessidade do acompanhamento. *(Referência legislativa: Constituição Federal de 1988, art. 129, II e IX; Lei Federal nº 7.347/1985, art. 1º; Resolução CNMP nº 174/2017, art. 8º, II e Resolução GPGJ nº 2.227/2018, art. 32, II. Data da aprovação: 13 de fevereiro de 2020, com vigência a partir de 08 de fevereiro de 2021. Objeto: Unificação dos Enunciados CSMP nºs 52 e 53 Fonte de publicação: Diário Oficial Eletrônico do MPRJ de 14.02.2020).*

ENUNCIADO Nº 66/20: Os declínios de atribuição para outro Ministério Público seguem um procedimento único, independente do procedimento do qual se originem, sendo necessário seu encaminhamento para revisão pelo Conselho Superior do Ministério Público, conforme dispõe a legislação de regência. *(Referência legislativa: Resolução CNMP nº 23/07 e Resolução GPGJ nº 2.227/18. Data da aprovação: 10 de dezembro de 2020, 12ª Reunião Ordinária do CSMP).*

SÚMULAS DO CONSELHO SUPERIOR DO MINISTÉRIO PÚBLICO DO ESTADO DO RIO DE JANEIRO

Súmula CSMP Nº 01: "No exame dos arquivamentos submetidos ao Conselho, o Relator ou o Colegiado poderá determinar a realização de diligências complementares, delegando o seu cumprimento ao Promotor oficiante". **(Revogada na sessão do dia 26 de março de 2015)**

Súmula CSMP Nº 02: "Os arquivamentos dos inquéritos civis, dos procedimentos preparatórios, das peças de informação, dos procedimentos administrativos e outros a eles assemelhados, instaurados para garantir a tutela de direitos individuais indisponíveis ou homogêneos referentes a idosos, deficientes, crianças e adolescentes, que não tenham sido submetidos ao crivo do judiciário, estão sujeitos à revisão do Conselho Superior do Ministério Público". (Publicada no Diário Oficial de 25 de janeiro de 2006) **(Revogada na sessão de 13 de fevereiro de 2020**, com vigência após decorridos 60 (sessenta) dias da publicação. DOE-MPRJ de 13.02.2020)

Súmula CSMP Nº 03: "USO DE PROVA EMPRESTADA. OUTORGA JUDICIAL. LEGALIDADE. É permitida a utilização de prova emprestada em inquérito civil oriunda da quebra de sigilo em investigação criminal e ações penais, desde que devidamente autorizado pelo Juízo competente". *(Referência legislativa: Referência Legislativa: Lei Federal nº 13.105/2015, art. 372. Referência jurisprudencial: Súmula nº 591 STJ. Origem: Processo MPRJ nº 2014.00546252 com um apenso (nº 2013.00968178) Data da aprovação: 19 de março de 2015. Data da modificação: 13 de fevereiro de 2020, com vigência após decorridos 60 (sessenta) dias da publicação. Objeto: Reformulação da Súmula CSMP nº 03/15. Fonte de publicação: Diário Oficial Eletrônico do MPRJ de 13.02.2020).*

Súmula CSMP Nº 04: INDEPENDÊNCIA FUNCIONAL. A deliberação do Conselho Superior do Ministério Público, em razão da não homologação da promoção de arquivamento, no sentido de ser ajuizada ação civil pública, não obsta que o designado, no exercício de sua independência funcional, deixe de ajuizá-la, em pronunciamento fundamentado. *(Referência legislativa: Lei Federal nº 7.347/1985, art. 9º, § 4º; Lei Estadual nº 106/2003, art. 34; Resolução CNMP nº 23/2007, art. 10, § 4º, I; art. 11 e Resolução GPGJ nº 2.227/2018, art. 28, II, e § 2º. Data da aprovação: 26 de março de 2015. Data da modificação: 13 de fevereiro de 2020, com vigência após decorridos 60 (sessenta) dias da publicação. Objeto: Reformulação da Súmula CSMP nº 04/15 Fonte de publicação: Diário Oficial Eletrônico do MPRJ de 13.02.2020).*

Súmula CSMP Nº 05: "A deliberação do Conselho Superior do Ministério Público, em razão da não homologação da promoção de arquivamento, no sentido de serem realizadas diligências complementares específicas, vincula o designado, sem prejuízo da realização de outras diligências que entender cabíveis" (Aprovada na sessão do dia 26 de março de 2015) (**Revogada na sessão de 13 de fevereiro de 2020**, com vigência após decorridos 60 (sessenta) dias da publicação. DOE-MPRJ de 13.02.2020).

Súmula CSMP Nº 06: IMPROBIDADE ADMINISTRATIVA. PRESCRIÇÃO. TERMO A QUO DO PRAZO. O termo inicial do prazo prescricional a que se refere o art. 23, I, da Lei nº 8429/92, na hipótese de exercício de cargos continuados, é o primeiro dia após o término do último mandato eletivo, de cargo em comissão ou de função de confiança. *(Referência legislativa: Constituição Federal de 1988, art. 37, § 4º. Lei Federal nº 8.429/1992, art. 23, I. Data de aprovação: 28 de julho de 2016. Data da modificação: 13 de fevereiro de 2020, com vigência após decorridos 60 (sessenta) dias da publicação. Objeto: Reformulação da Súmula CSMP nº 06. Fonte de publicação: Diário Oficial Eletrônico do MPRJ de 13.02.2020).*

Súmula CSMP Nº 07: "Ao receber notícia de fato, devidamente registrada no Módulo de Gestão de Processos – MGP, o Promotor de Justiça poderá solicitar ao Conselho Tutelar, no prazo de 30 (trinta) dias, prorrogável por até 90 (noventa) dias, informações sobre a apuração dos fatos narrados pelo denunciante e, caso sejam estes confirmados, sobre as medidas protetivas aplicadas pelo órgão às crianças e adolescentes envolvidos, na forma do art. 136, I do ECA, podendo deliberar, ato contínuo, sobre a instauração de procedimento próprio, a propositura de ação judicial ou o arquivamento da notícia de fato". (Aprovada na sessão do dia 05 de outubro de 2017)

Súmula CSMP Nº 08: PROCEDIMENTO ADMINISTRATIVO. PROMOÇÃO DE ARQUIVAMENTO. COMUNICAÇÃO AO CSMP. INSTRUMENTALIDADE. Após o arquivamento do Procedimento Administrativo, é suficiente, para fim de comunicação, a expedição de ofício ao Conselho Superior do Ministério Público, instruído com cópia da respectiva promoção, da portaria que instaurou o procedimento e, se for o caso, do documento que formou a opinião do oficiante, sem a necessidade de remessa dos autos. *(Referência legislativa: Lei Federal nº 8.625/1993, art. 27, parágrafo único, II; art. 30; Lei Complementar nº 106/2003, art. 41, II, "a"; Resolução CNMP nº 174/17, art. 8º, I, II e IV; art. 12 e Resolução GPGJ nº 2.227/18, arts. 32, 33, 36 e 37. Data de aprovação: 05 de outubro de 2017. Data da modificação: 13 de fevereiro de 2020, com vigência após decorridos 60 (sessenta) dias da publicação. Objeto: Reformulação da Súmula CSMP nº 08. Fonte de publicação: Diário Oficial Eletrônico do MPRJ de 13.02.2020).*

Súmula CSMP Nº 09: ARQUIVAMENTO DOS AUTOS PRINCIPAIS. PROCEDIMENTO ADMINISTRATIVO. Na forma das normas regulamentares pertinentes, após arquivamento do Procedimento Administrativo pela Promotoria de Justiça, não havendo recurso interposto pelo noticiante, comprovada regular ciência da promoção de arquivamento ou em razão da impossibilidade de cientificá-lo, os autos serão arquivados no âmbito do órgão de execução, sem remessa ou comunicação ao Conselho Superior do Ministério Público. *(Referência legislativa: Lei Federal nº 8.625/1993, art. 27, parágrafo único, II; Lei Complementar nº 106/2003, art. 41, II, "a"; Resolução CNMP nº 174/2017, art. 8º, III e Resolução GPGJ nº 2.227/2018, art. 32, III; art.33 e art. 36. Data da aprovação: 05 de outubro de 2017. Data da modificação: 13 de fevereiro de 2020, com vigência após decorridos 60 (sessenta) dias da publicação. Objeto: Reformulação da Súmula CSMP nº 09. Fonte de publicação: Diário Oficial Eletrônico do MPRJ de 13.02.2020).*

Súmula CSMP Nº 10: PROCESSO ELETRÔNICO. ARQUIVAMENTO FÍSICO DO PROCEDIMENTO INSTRUTÓRIO NA PROMOTORIA DE ORIGEM. DESNECESSÁRIA REMESSA AO CSMP. Os procedimentos administrativos, preparatórios ou inquéritos civis públicos que sirvam à propositura de ações judiciais distribuídas na forma eletrônica, de acordo com a lei de regência, devem ser mantidos no arquivo físico do próprio órgão de execução, sendo desnecessária a sua remessa ao Conselho Superior do Ministério Público. *(Referência legislativa: Lei Federal nº 11.149/2006. Data de aprovação: 22 de fevereiro de 2018. Data da modificação: 13 de fevereiro de 2020, com vigência após decorridos 60 (sessenta) dias da publicação. Objeto: Reformulação da Súmula CSMP nº 10. Fonte de publicação: Diário Oficial Eletrônico do MPRJ de 13.02.2020).*

ÓRGÃO ESPECIAL DO COLÉGIO DE PROCURADORES DE JUSTIÇA

REGIMENTO INTERNO

Título I
Do Colégio de Procuradores de Justiça
Capítulo I
Da Composição e dos Órgãos

Art. 1º. O Colégio de Procuradores de Justiça, Órgão de Administração Superior e de Execução do Ministério Público, é integrado por todos os Procuradores de Justiça em exercício e presidido pelo Procurador-Geral de Justiça.

Art. 2º. São Órgãos do Colégio de Procuradores de Justiça:

I – o Colégio Pleno;

II – o Órgão Especial.

Capítulo II
Da Competência do Colégio Pleno

Art. 3º. Compete ao Colégio de Procuradores de Justiça, na sua composição plena:

I – opinar, por solicitação do Procurador-Geral de Justiça ou de um quarto (1/4) de seus integrantes, sobre matéria relativa à autonomia do Ministério Público, bem como sobre outras de interesse institucional;

II – propor ao Poder Legislativo a destituição do Procurador-Geral de Justiça, pelo voto de dois terços (2/3) de seus membros e por iniciativa da maioria absoluta de seus integrantes, em caso de abuso de poder, conduta incompatível ou grave omissão dos deveres do cargo, assegurada ampla defesa, na conformidade do procedimento estabelecido neste Regimento;

III – eleger:

a) o Corregedor-Geral do Ministério Público;

b) dez (10) integrantes de seu Órgão Especial e respectivos suplentes;

c) quatro (4) Procuradores de Justiça para integrarem o Conselho Superior do Ministério Público;

IV – destituir o Corregedor-Geral do MInistério Público, pelo voto de dois terços (2/3) de seus membros, em caso de abuso de poder, conduta incompatível ou grave omissão dos deveres do cargo, por representação do Procurador-Geral de Justiça ou da maioria de seus integrantes, assegurada ampla defesa, na conformidade do procedimento estabelecido neste Regimento;

V – desempenhar outras atribuições que lhe forem conferidas por lei.

Capítulo III
Do Órgão Especial

Art. 4º. O Órgão Especial do Colégio de Procuradores de Justiça é composto pelo Procurador-Geral de Justiça, que o preside, pelo Corregedor-Geral do Ministério Público, pelos dez (10) Procuradores de Justiça mais antigos na classe e por dez (10) Procuradores de Justiça eleitos em votação pessoal, plurinominal e secreta, para mandato de 2 (dois) anos, admitida a reeleição.

§ 1º – À exceção do Procurador-Geral de Justiça e do Corregedor-Geral do Ministério Público, os demais membros do Órgão Especial, nas férias, licenças e ausências previamente comunicadas, serão substituídos por suplentes, assim considerados, quanto aos membros natos, os 10 (dez) Procuradores de Justiça que se lhes seguirem, em ordem de antiguidade, exclusive os eleitos, e quanto a estes, os 10 (dez) Procuradores de Justiça que se lhes seguirem, em ordem decrescente de votação.

§ 2º – Nas sessões do Órgão Especial, a substituição do Procurador-Geral de Justiça far-se-á na conformidade do art. 9º deste Regimento, sendo vedada a substituição do Corregedor-Geral do Ministério Público.

§ 3º – São inelegíveis para o Órgão Especial os Procuradores de Justiça que estiverem afastados da carreira até 60 (sessenta) dias antes da data da eleição.

§ 4º – O compromisso de posse é condição da investidura dos membros do Órgão Especial, efetivos e suplentes.

§ 5º – A ausência injustificada do membro do Órgão Especial a 3 (três) sessões consecutivas ou 5 (cinco) alternadas, no período de doze meses, acarretará a perda automática do mandato, se eleito, e a suspensão pelo período de doze meses, se membro nato, assegurada em qualquer caso ampla defesa, na forma prevista neste Regimento.

§ 6º – Ressalvado o disposto no parágrafo seguinte, em caso de vacância será automaticamente efetivado o primeiro suplente da respectiva classe.

§ 7º – O membro efetivo eleito que passar a integrar o decanato como membro nato terá seu mandato extinto.

Art. 5º. Compete ao Órgão Especial do Colégio de Procuradores de Justiça, como órgão da Administração Superior do Ministério Público:

I – aprovar, por iniciativa do Procurador-Geral de Justiça:

a) propostas de criação ou extinção de cargos da carreira do Ministério Público ou de cargos de confiança;

b) propostas de criação ou extinção de órgãos de execução, bem como as de modificações da estruturação destes ou de suas atribuições;

c) por maioria absoluta, propostas de exclusão, inclusão ou outra alteração nas atribuições das Promotorias de Justiça e Procuradorias de Justiça, ou dos cargos que as integrem;

d) a proposta orçamentária anual do Ministério Público;

e) propostas de criação e extinção de serviços auxiliares e respectivos cargos;

f) projetos de lei de iniciativa do Ministério Público, inclusive os de alteração da Lei Orgânica Estadual;

II – deliberar sobre quaisquer outros assuntos de relevância institucional que lhe sejam submetidos;

III – regulamentar todas as eleições previstas na Lei Orgânica do Ministério Público, aprovando os nomes dos componentes das respectivas mesas receptoras e apuradoras;

IV – dar posse, em sessão solene, ao Procurador-Geral de Justiça, ao Corregedor-Geral do Ministério Público e aos novos integrantes do Órgão Especial;

V – investir e empossar no cargo de Procurador-Geral de Justiça o membro do Ministério Público mais votado, na hipótese de o Chefe do Poder Executivo não proceder à nomeação nos 15 (quinze) dias seguintes ao recebimento da lista tríplice elaborada na conformidade da Lei Orgânica Estadual;

VI – investir interinamente, na hipótese de vacância, no curso do biênio, do cargo de Procurador-Geral de Justiça ou de Corregedor-Geral do Ministério Público, o Procurador de Justiça mais antigo na classe, convocando imediatamente nova eleição, na forma prevista na Lei Orgânica Estadual e neste Regimento;

VII – julgar recurso contra decisão do Conselho Superior do Ministério Público:

a) de vitaliciamento ou de não vitaliciamento de membro do Ministério Público;

b) proferida em reclamação sobre o quadro geral de antiguidade;

c) de disponibilidade e remoção por motivo de interesse público;

d) de afastamento provisório ou cautelar de membro do Ministério Público

e) de recusa à indicação do membro do Ministério Público mais antigo dentre os concorrentes à promoção ou remoção por antiguidade;

VIII – julgar recurso contra decisão condenatória em processo disciplinar de membro do Ministério Público e, no caso de servidor do Ministério Público, quando a este aplicada a pena de demissão;

IX – deliberar, por iniciativa de 1/4 (um quarto) de seus integrantes ou do Procurador-Geral de Justiça, e pelo voto da maioria simples, quanto ao ajuizamento de ação civil para decretação de perda do cargo de membro vitalício do Ministério Público, nos casos previstos em lei;

REGIMENTO INTERNO DO ÓRGÃO ESPECIAL

X – deliberar, por provocação do Procurador-Geral de Justiça, sobre o afastamento do membro do Ministério Público que estiver respondendo a processo criminal, nas hipóteses previstas na Lei Orgânica Estadual;

XI – decidir representação do Corregedor-Geral do Ministério Público para o fim de instauração de sindicância ou processo disciplinar contra Procurador de Justiça;

XII – estabelecer normas para divisão interna dos serviços das Procuradorias de Justiça e distribuição dos processos aos respectivos Procuradores de Justiça, ressalvada a hipótese de definição consensual dos trabalhos;

XIII – apreciar relatórios de inspeção nas Procuradorias de Justiça, encaminhados pelo Corregedor-Geral do Ministério Público, determinando as providências que entender cabíveis;

XIV – estabelecer, por proposta do Corregedor-Geral do Ministério Público, o número de Promotores de Justiça para as funções de seu assessoramento e deliberar sobre os nomes por ele indicados, no caso de recusa do Procurador-Geral de Justiça a fazer as designações;

XV – indicar por sorteio, em caso de suspeição do Corregedor-Geral do Ministério Público, membro do Órgão Especial para substituí-lo na condução de processo disciplinar ou sindicância;

XVI – decidir pedido de revisão de procedimento disciplinar de membro do Ministério Público, quando aplicada sanção, e de cancelamento de anotação de penalidades nos respectivos assentamentos

XVII – deliberar sobre pedido de reversão de membro do Ministério Público aposentado por invalidez;

XVIII – indicar para aproveitamento membro do Ministério Público posto em disponibilidade não punitiva;

XIX – fixar o percentual dos integrantes da carreira para o exercício de cargos e funções de confiança, obedecido o limite fixado na Lei Orgânica Estadual;

XX – indicar Procurador de Justiça para representar o Colégio de Procuradores de Justiça no Conselho Curador da Fundação Escola Superior do Ministério Público do Estado do Rio de Janeiro;

XXI – deliberar sobre as indicações para outorga do Colar do Mérito do Ministério Público do Estado do Rio de Janeiro, as quais serão encaminhadas aos membros do Órgão Especial até 15 (quinze) dias antes da sessão deliberativa;

XXII – elaborar o Regimento Interno do Colégio de Procuradores de Justiça, emendá-lo e dirimir dúvidas relativas a sua interpretação e execução;

XXIII – exercer quaisquer outras atribuições conferidas ao Colégio de Procuradores de Justiça e não reservadas, por lei, à sua composição plenária.

Art. 6º. Compete ao Órgão Especial do Colégio de Procuradores de Justiça, como órgão de execução do Ministério Público, rever, na forma estabelecida neste Regimento, mediante requerimento de legítimo interessado, decisão de arquivamento de inquérito policial ou peças de informação, nos casos da atribuição originária do Procurador-Geral de Justiça.

Art. 7º. O Órgão Especial poderá constituir comissões para o exame de assuntos de sua competência, observada a participação paritária de membros natos e eleitos e assegurado ao respectivo presidente o voto de qualidade, fixando-se, no mesmo ato, prazo para apresentação de relatório e conclusões.

Capítulo IV
Das Atribuições
Seção I
Das Atribuições do Presidente

Art. 8º. São atribuições do Presidente do Colégio de Procuradores de Justiça:

I – representar o Colégio de Procuradores de Justiça, bem como seu Órgão Especial, perante o Conselho Nacional do Ministério Público;

II – presidir os trabalhos e sessões do Órgão Especial e do Colégio Pleno, salvo no caso de eleições, quando será observado o disposto no Título IV deste Regimento;

III – observar e fazer observar o Regimento Interno;

IV – convocar os membros do Colégio Pleno e do Órgão Especial, com observância do disposto nos artigos 26 e 27 deste Regimento;

V – convocar os suplentes do Órgão Especial, quando necessário;

VI – aprovar e fazer publicar as pautas de sessão, na forma dos artigos 34 e 35 deste Regimento;

VII – decidir as questões de ordem que não dependam do pronunciamento do Colegiado;

VIII – submeter a exame e votação as matérias incluídas em pauta, redigir a súmula do resultado das votações e proclamá-lo;

IX – dar cumprimento às deliberações e decisões do Colegiado;

X – votar na qualidade de membro nato e, em caso de empate, proferir voto de qualidade;

XI – assinar, com o Secretário, as atas das sessões, depois de lidas e aprovadas, encaminhando-as imediatamente à publicação;

XII – distribuir a relator, por sorteio e rodízio, os feitos a serem apreciados e julgados.

Art. 9º. Na ausência ocasional do Procurador-Geral de Justiça, a presidência será exercida pelo Subprocurador-Geral de Justiça por ele indicado e, nas hipóteses de suspeição e impedimento, pelo Procurador de Justiça mais antigo na classe.

Seção II
Das Atribuições dos Membros

Art. 10. São atribuições dos membros dos Órgãos do Colégio de Procuradores de Justiça:

I – participar dos respectivos trabalhos e sessões;

II – aprovar atas e pedir as retificações e aditamentos pertinentes;

III – votar a matéria em pauta;

IV – relatar os feitos que lhes forem distribuídos e exercer a função de revisor, quando for o caso;

V – apresentar indicações e propostas;

VI – exercer as funções que lhes forem próprias, previstas em lei.

Seção III
Das Atribuições do Secretário

Art. 11. São atribuições do Secretário do Colégio de Procuradores de Justiça, em ambos os Órgãos:

I – organizar e, depois de aprovada, fazer publicar a pauta das sessões;

II – proceder, quando necessário, à leitura do expediente destinado aos Colegiados;

III – auxiliar o Presidente no desempenho de suas funções;

IV – providenciar a redação da ata dos trabalhos, encaminhando-a na sessão seguinte à aprovação do Colegiado;

V – assinar os termos de abertura e de encerramento dos livros destinados ao registro dos trabalhos e rubricar-lhes as folhas;

VI – exercer qualquer outra atribuição inerente à função.

Art. 12. A função de Secretário, em ambos os Colegiados, será exercida pelo Procurador de Justiça mais moderno, dentre os membros efetivos eleitos do Órgão Especial.

Título II
Do Funcionamento em Geral
Capítulo I
Da Classificação e do Registro dos Feitos

Art. 13. Receberão numeração própria, sequencial e renovada anualmente, sem prejuízo da numeração do Sistema de Protocolo da Procuradoria-Geral de Justiça, os seguintes feitos:

a) recursos (art. 5º, VII e VIII);

b) representações para fins disciplinares (art. 5º, X e XI);

c) revisão de arquivamento em matéria penal (art. 6º).

Parágrafo único – Nos demais casos, o feito será identificado exclusivamente pela numeração do Sistema de Protocolo da Procuradoria-Geral de Justiça.

Capítulo II
Da Distribuição a Relator e a Revisor

Art. 14. A distribuição será obrigatória e nominal.

§ 1º – Os feitos serão apresentados ao Presidente, que, em sessão do Órgão Especial, os distribuirá com observância do disposto no inciso XII do artigo 8º, de preferência eletronicamente.

§ 2º – Havendo urgência, o Presidente poderá distribuir o feito independentemente de sessão, sempre por sorteio e rodízio, assegurando a publicidade do ato mediante aviso publicado no Diário Oficial com antecedência mínima de dois dias.

§ 3º – Os suplentes somente receberão feitos para relatar quando regularmente convocados em razão de licença ou férias dos membros efetivos.

Art. 15. Se o relator sorteado declarar de imediato o seu impedimento ou suspeição, proceder-se-á a novo sorteio, na mesma sessão.

Parágrafo único – Na hipótese de dar-se o relator por suspeito ou impedido após a sessão em que se realizou a distribuição, o feito será livremente redistribuído na sessão subsequente, com a devida compensação, respeitado o rodízio previsto no inciso XII do artigo 8º.

Art. 16. A distribuição vinculará o relator ao feito, observado o disposto nos parágrafos seguintes.

§ 1º – Em caso de afastamento do relator por tempo superior a 30 dias, os feitos que se encontrem em seu poder e aqueles em que tenha lançado o relatório, serão redistribuídos na forma do inciso XII do art. 8º, salvo se o relator, nos 10 (dez) primeiros dias do afastamento, indicar ao Presidente quais os feitos em que, embora afastado, lançará o relatório, bem como aqueles em que, já o havendo lançado, participará do julgamento.

§ 2º – Nas hipóteses de aposentadoria ou término do mandato do relator, sem recondução, haverá necessariamente a redistribuição.

§ 3º – Se a aposentadoria ou o término do mandato, sem recondução, ocorrer após o lançamento do relatório nos autos, a redistribuição dos feitos que comportem revisão recairá em quem iria funcionar como revisor, nos termos do artigo seguinte, procedendo-se nos demais casos à livre redistribuição, na forma do inciso XII do artigo 8º.

Art. 17. Funcionará obrigatoriamente um revisor:

a) em todas as hipóteses de recurso;

b) na revisão de arquivamento de inquérito ou peças de informação;

c) na representação para instauração de procedimento disciplinar e em qualquer feito relacionado a procedimento disciplinar em curso;

d) na representação para afastamento de membro do Ministério Público que esteja respondendo a processo criminal.

Parágrafo único – Será revisor o membro seguinte ao relator, na ordem crescente de antiguidade na classe, e quando o relator for o membro mais antigo, funcionará como revisor o mais moderno.

Capítulo III
Do Relatório

Art. 18. Compete ao relator:

I – ordenar e dirigir o feito, determinando as providências relativas ao seu andamento e instrução;

II – submeter ao Colegiado os incidentes processuais, apresentando o feito em mesa para esse fim;

III – decidir questões incidentais que não dependam de pronunciamento do Colegiado, bem como executar ou fazer executar as diligências necessárias à instrução do feito;

IV – elaborar o relatório;

V – decidir o requerimento ou recurso que haja perdido o objeto, as renúncias e desistências, bem como negar seguimento a requerimento ou recurso manifestamente inadmissível;

VI – lançar seu voto escrito nos autos, com ementa e fundamentação.

Art. 19. Não funcionarão como relator ou revisor o Presidente e o Corregedor-Geral do Ministério Público.

Art. 20. Salvo disposição expressa em contrário, será de 30 dias, a contar do recebimento dos autos, o prazo para apresentação de relatório, que poderá ser prorrogado pelo Órgão Especial, mediante proposta justificada do relator.

§ 1º – Havendo requerimento de urgência, o relatório deverá ser apresentado na sessão seguinte à distribuição do feito.

§ 2º – Devolvidos os autos com o relatório, quando for o caso, serão imediatamente encaminhados ao revisor, que terá 30 (trinta) dias para pedir sua inclusão em pauta.

Art. 21. A parte que se considerar prejudicada por decisão do relator nas hipóteses do art. 18, incisos III e V, poderá, no prazo de 5 (cinco) dias, contados da intimação pessoal, interpor recurso interno, para que o Colegiado a confirme ou reforme, caso não seja reconsiderada pelo relator.

Capítulo IV
Das Sessões

Art. 22. As sessões do Colégio de Procuradores de Justiça serão:

a) solenes;

b) ordinárias;

c) extraordinárias.

§ 1º – Nas sessões do Órgão Especial, os seus integrantes usarão vestes talares.

§ 2º – O membro do Órgão Especial em gozo de férias poderá participar das sessões, desde que, obtida sua suspensão, faça comunicação, por escrito, à secretaria, com antecedência mínima de 3 (três) dias da data designada.

Art. 23. As sessões dos Órgãos do Colégio de Procuradores de Justiça serão públicas, ressalvadas as exceções constitucionais.

Art. 24. É assegurado ao interessado o direito de fazer sustentação oral de suas razões, por si ou por advogado constituído, pelo prazo de 15 (quinze) minutos.

§ 1º – Em caso de litisconsórcio, o prazo será de 30 (trinta) minutos, divididos igualitariamente entre os respectivos litisconsortes, salvo se o advogado lhes for comum, ou somente um dos interessados usar da palavra, caso em que o prazo será o ordinário.

§ 2º – Na hipótese de procedimento de natureza disciplinar, o Corregedor-Geral do Ministério Público poderá prestar ao Colegiado os esclarecimentos que lhe forem solicitados, sem direito a voto.

Capítulo V
Das Sessões Solenes

Art. 25. Consideram-se solenes, dentre outras, as sessões destinadas:

a) à posse e investidura do Procurador-Geral de Justiça e do Corregedor-Geral do Ministério Público;

b) ao compromisso de posse dos membros natos e eleitos do Órgão Especial do Colégio de Procuradores de Justiça;

c) à recepção dos promovidos ao cargo de Procurador de Justiça;

d) à homenagem a figuras exponenciais do Ministério Público que se tenham aposentado com mais de trinta anos de carreira, mediante indicação subscrita por, no mínimo, dois terços dos membros do Órgão Especial.

Capítulo VI
Das Sessões Ordinárias e Extraordinárias

Art. 26. O quórum mínimo para as reuniões do Colégio Pleno é o correspondente à maioria dos seus integrantes e as suas decisões e deliberações serão tomadas pela maioria simples dos votos dos presentes, ressalvadas as hipóteses previstas nos incisos II e IV do artigo 3º.

§ 1º – A convocação para a reunião do Colégio Pleno será feita com antecedência mínima de 10 (dez) dias, mediante aviso publicado por três vezes no Diário Oficial e divulgado por meios eletrônicos, com indicação da matéria em pauta, sem prejuízo do envio de correspondência, quando necessário.

§ 2º – Na hipótese de convocação do Colégio Pleno por iniciativa de um quarto (1/4) dos seus integrantes, o Procurador-Geral de Justiça, ao receber o requerimento, designará a reunião para um dos 15 (quinze) dias subsequentes, providenciando os avisos e a divulgação na forma do parágrafo anterior.

Art. 27. O Órgão Especial se reunirá:

a) ordinariamente, uma vez por mês, conforme calendário pré-estabelecido no início de cada exercício;

b) extraordinariamente, por convocação do Presidente ou a requerimento de um quarto (1/4) de seus membros.

§ 1º – A convocação para as sessões ordinárias será feita com antecedência mínima obrigatória de três (3) dias úteis, prazo em que os integrantes do Órgão Especial receberão notícia da pauta dos trabalhos e cópia das propostas, minutas e relatórios a serem examinados, admitida a utilização de meios eletrônicos de divulgação.

§ 2º – A convocação para as sessões extraordinárias obedecerá ao disposto no parágrafo anterior, ressalvados os casos de reconhecida urgência, em que a antecedência poderá ser de 24 (vinte e quatro) horas.

§ 3º – Na hipótese de convocação do Órgão Especial a requerimento de um quarto (1/4) de seus membros, o Presidente, ao receber a petição, designará a reunião para um dos 5 (cinco) dias úteis subsequentes.

Art. 28. O Órgão Especial somente se reunirá com a presença da maioria absoluta de seus integrantes e suas decisões e deliberações serão tomadas pela maioria simples dos votos, exceto na hipótese do inciso I, "c", do art. 5º, em que será exigida a maioria absoluta.

Parágrafo único – O Corregedor-Geral do Ministério Público terá assento à esquerda do Presidente e o Secretário à sua direita, seguindo-se a este os membros mais modernos, em ordem crescente de antiguidade, de modo a ficarem os dez mais antigos à esquerda do Presidente e os eleitos à sua direita.

Art. 29. Nas sessões, observar-se-á a seguinte ordem dos trabalhos:

a) verificação do quórum;

b) abertura da sessão pelo Presidente;

c) leitura, discussão e aprovação da ata da sessão anterior;

d) ordem do dia;

e) assuntos gerais.

Art. 30. Nos feitos em que não funcione relator, votará em primeiro lugar o membro mais moderno na classe, seguindo-se a votação na ordem crescente de antiguidade.

§ 1º – Quando houver relator, votará este em primeiro lugar, prosseguindo-se com o revisor, se for o caso, e os que se seguirem na ordem crescente de antiguidade, recomeçando pelo mais moderno, após o mais antigo. O Corregedor-Geral do Ministério Público, qualquer que seja a sua antiguidade, votará após o mais antigo, o Secretário votará com observância da ordem de antiguidade e o Presidente votará por último.

§ 2º – Após a leitura do relatório, será dada a palavra ao interessado, na forma prevista no art. 24.

§ 3º – Os apartes somente poderão ser admitidos quando pertinentes e autorizados pelo orador.

§ 4º – Após ter votado, o membro do Colégio de Procuradores de Justiça não poderá reabrir a discussão nem voltar a justificar o seu voto, podendo, entretanto, reconsiderá-lo ao final da votação, desde que ainda não proclamado o resultado.

§ 5º – O pedido de vista suspende a conclusão do julgamento até a sessão seguinte, não obstando, porém, a que profira desde logo o voto qualquer julgador que se considere habilitado a fazê-lo, e novo pedido de vista só será admitido se formulado por quem não tenha ainda votado.

§ 6º – Ressalvados os casos de impedimento e suspeição, o membro do Órgão Especial presente à sessão não poderá abster-se de votar, qualquer que seja a matéria em pauta.

§ 7º – A critério do relator ou do revisor, poderão ser destacadas as questões preliminares e prejudiciais para apreciação separada, o mesmo ocorrendo quanto ao mérito, quando houver mais de um pedido ou causa de pedir.

Art. 31. O voto condutor da decisão do Colegiado será lavrado pelo relator, salvo se vencido em ponto principal do mérito, hipótese em que será designado redator quem houver proferido em primeiro lugar o voto vencedor, observando-se, em qualquer caso, o disposto no inciso VI do artigo 18.

Parágrafo único – Fica assegurado a qualquer dos votantes o direito de declarar em separado as razões do seu voto.

Art. 32. É cabível a interposição de embargos de declaração, nos mesmos casos previstos no Código de Processo Civil, no prazo de cinco (5) dias, contados da intimação pessoal do interessado.

Art. 33. Para o registro documentado das sessões, poderá o Colégio de Procuradores de Justiça servir-se de gravação.

Capítulo VII
Da Pauta e da Ciência das Sessões

Art. 34. A pauta dos trabalhos dos Órgãos do Colégio de Procuradores de Justiça conterá a relação dos feitos a serem apreciados na sessão, incluindo aqueles cujo julgamento tenha sido adiado da sessão anterior ou suspenso em razão de pedido de vista.

Parágrafo único – Poderão ser apreciados pelo Órgão Especial independentemente de inclusão em pauta:

a) matérias de rotina administrativa;

b) comunicações do Presidente ou de qualquer de seus membros;

c) medidas de notória urgência.

Art. 35. A pauta será afixada em lugar próprio, à entrada da sala em que se realizar a sessão, e publicada no Diário Oficial com antecedência mínima de dois dias da data da sessão.

§ 1º – Os feitos serão indicados na pauta pelo número e classe, dela devendo constar, quando for o caso, o nome do defensor, constituído ou dativo, e o número de sua inscrição na OAB.

§ 2º – O erro ou omissão na publicação da pauta, ou a intempestividade, não obstará ao julgamento, se, estando presentes o interessado e seu defensor, nenhum se opuser, por motivo justo, à sua realização.

Art. 36. O feito incluído em pauta só poderá ter o seu julgamento adiado:

I – pelo esgotamento do horário normal de trabalho, salvo prorrogação;

II – por falta de quórum, pela ausência do relator, do revisor ou do membro que tenha pedido vista;

III – uma única vez, por indicação do relator, do revisor ou a requerimento do interessado, se deferido pelo relator.

Parágrafo único – Os julgamentos não realizados por qualquer motivo serão incluídos na pauta da sessão seguinte.

Art. 37. O Presidente, de ofício ou a requerimento, ordenará que se retire de pauta, por tempo determinado ou indeterminado, o processo que, por qualquer razão, não esteja em condições legais ou regimentais de ser apreciado.

Parágrafo único. A decisão referida neste artigo poderá ser objeto de reexame pelo Colegiado, por indicação de qualquer de seus membros ou a requerimento do interessado.

Capítulo VIII
Da Publicidade das Decisões e Deliberações

Art. 38. As decisões e deliberações do Colégio Pleno e do Órgão Especial serão motivadas e suas conclusões publicadas por extrato no Diário Oficial, independentemente da publicação da ata da sessão em que ocorreu o julgamento, observado o disposto no artigo 17, parágrafo único, e no artigo 19, § 1º, da Lei Orgânica Estadual.

Parágrafo único – Nas hipóteses de recursos e representações em matéria disciplinar, a publicação não mencionará o nome do recorrente ou representado, indicando apenas, quando for o caso, o nome e número de inscrição do defensor constituído ou dativo.

Título III
Dos Procedimentos Especiais
Capítulo I
Da Destituição do Procurador-Geral de Justiça e do Corregedor-Geral do Ministério Público

Art. 39. Nas hipóteses dos incisos II e IV do artigo 3º, recebida e protocolizada a representação, dela serão cientificados pessoalmente, pelo Secretário, o Procurador-Geral de Justiça ou o Corregedor-Geral do Ministério Público, conforme o caso, no prazo de 2 (dois) dias úteis.

Art. 40. No prazo de 10 (dez) dias, contado da ciência da representação, o representado poderá oferecer defesa prévia, arrolar testemunhas e requerer diligências.

Art. 41. Recebida a defesa ou findo o prazo sem a sua apresentação, o Órgão Especial se reunirá, em 5 (cinco) dias, para constituir, por sorteio e rodízio, comissão especial integrada por 3 (três) membros, sob a presidência do mais antigo, para a instrução do feito.

Art. 42. Encerrada a produção da prova e atendidas as diligências ordenadas, o representado poderá oferecer alegações finais, no prazo de 10 (dez) dias.

Art. 43. Na sessão de julgamento, presidida pelo Decano do Colégio de Procuradores de Justiça, funcionará como relator o Presidente da comissão de instrução e como revisor o que lhe seguir em antiguidade, dentre os respectivos integrantes.

Art. 44. Aplica-se ao procedimento de destituição, no que couber, o disposto no Título II.

Capítulo II
Da Consulta ao Colégio Pleno sobre Matérias de Interesse Institucional

Art. 45. A consulta ao Colégio Pleno sobre matéria relativa à autonomia do Ministério Público e outras de interesse institucional, nos termos do inciso I do artigo 3º, poderá ser feita em forma de plebiscito, previamente regulamentado por deliberação do Órgão Especial que especificará, em proposições distintas, os temas submetidos à votação, com antecedência mínima de 15 (quinze) dias da data da sessão plenária.

Parágrafo único – O Procurador-Geral de Justiça providenciará, além da publicação no Diário Oficial, ampla divulgação da deliberação referida neste artigo, por meios eletrônicos e correspondência dirigida a todos os Procuradores de Justiça, convocando-os para a sessão plenária na forma do artigo 26 deste Regimento.

Capítulo III
Dos Recursos

Art. 46. Os recursos previstos no artigo 5º, incisos VII e VIII, terão efeito suspensivo e serão interpostos pelo interessado ou seu defensor, por petição dirigida ao Presidente do Colégio de Procuradores de Justiça, contendo as razões do recorrente.

Art. 47. O prazo para recorrer será de:

a) 5 (cinco) dias, nas hipóteses de disponibilidade ou remoção por interesse público e de recusa à remoção ou promoção por antiguidade (art. 5º, VII, "c" e "e");

b) 15 (quinze) dias, nas hipóteses de não vitaliciamento de Promotor de Justiça (art. 5º, VII, "a") e de decisão condenatória em processo disciplinar (art. 5º, VIII);

c) 20 (vinte) dias, nos demais casos.

Art. 48. Salvo disposição expressa em contrário, os prazos correrão do dia em que o interessado for pessoalmente intimado da decisão.

Art. 49. Na hipótese de recurso contra decisão de recusa à promoção ou remoção por antiguidade, o Presidente procederá à distribuição urgente, na forma prevista no artigo 14, § 2º, e encaminhará os autos imediatamente ao relator sorteado, convocando desde logo o Órgão Especial para a sessão de julgamento, a realizar-se dentro de 5 (cinco) dias úteis após o referido encaminhamento.

§ 1º – O relator terá o prazo de 3 (três) dias para elaborar o relatório, passando os autos ao revisor, que os devolverá até a véspera da sessão de julgamento.

§ 2º – Sendo provido o recurso, o Órgão Especial indicará imediatamente ao Procurador-Geral de Justiça o nome do recorrente para a promoção ou remoção objeto da recusa.

Art. 50. Na hipótese de recurso contra decisão condenatória em processo disciplinar, o Presidente procederá na forma do artigo anterior, convocando o Órgão Especial para julgamento no prazo de 30 (trinta) dias, contados do recebimento dos autos pelo relator sorteado.

Art. 51. Aplica-se o disposto no artigo anterior às hipóteses de recurso voluntário contra decisão de não vitaliciamento de Promotor de Justiça e de recurso necessário da decisão de vitaliciamento em contrariedade à proposta da Comissão de Estágio Confirmatório.

Parágrafo único – Decidido o recurso, voluntário ou necessário, o Órgão Especial encaminhará o processo imediatamente ao Procurador-Geral de Justiça, para o fim de ser providenciado, conforme o caso, o ato de vitaliciamento ou de exoneração.

Capítulo IV
Dos Pedidos de Revisão

Art. 52. Ao pedido de revisão da decisão do Procurador-Geral de Justiça que determinou o arquivamento, em casos de sua atribuição originária em matéria penal, aplica-se o procedimento previsto no Título II, contado o prazo de 20 (vinte) dias da publicação da decisão no Diário Oficial.

Parágrafo único – Sendo reformada a decisão de arquivamento, o Órgão Especial, na mesma sessão, designará, mediante sorteio, um de seus membros para oferecer a denúncia, dentre os que não ocupem cargo de Subprocurador-Geral de Justiça.

Art. 53. O pedido de revisão de procedimento disciplinar será distribuído a relator, para verificação dos pressupostos legais, e submetido ao Órgão Especial na sessão ordinária seguinte, com relatório preliminar, para o juízo de admissibilidade.

§ 1º – Se o Órgão Especial admitir o pedido, determinará o seu processamento em apenso aos autos do procedimento disciplinar e designará Comissão Revisora, composta por três Procuradores de Justiça, inclusive o relator, caso não tenha ficado vencido.

§ 2º – Não poderá integrar a Comissão Revisora quem tenha participado do procedimento disciplinar.

§ 3º – Concluída a instrução no prazo máximo de 30 (trinta) dias, a Comissão Revisora elaborará o relatório final em 10 (dez) dias, encaminhando o feito ao Órgão Especial para julgamento dentro de 30 (trinta) dias.

§ 4º – Julgando procedente a revisão, o Órgão Especial determinará que seja tornada sem efeito a sanção aplicada, sem prejuízo da aplicação de pena mais branda, se for o caso.

Art. 54. Ao pedido de cancelamento de anotação de penalidade disciplinar nos assentamentos de membro do Ministério Público, aplica-se o procedimento previsto no Título II, obedecidas as disposições legais pertinentes.

Capítulo V
Da Aplicação de Sanções por Ausência Injustificada

Art. 55. Verificada a ausência injustificada de membro nato ou eleito do Órgão Especial, por 2 (duas) sessões consecutivas ou 4 (quatro) alternadas, no período de doze meses, o Presidente determinará a sua convocação por escrito, mediante aviso de recebimento, para a sessão seguinte, procedendo-se, em caso de nova falta não justificada, na forma prevista no artigo 19, § 2º, da Lei Orgânica Estadual.

Capítulo VI
Das Emendas ao Regimento Interno

Art. 56. Qualquer integrante do Órgão Especial poderá apresentar, por escrito, proposta fundamentada de emenda ao Regimento Interno.

§ 1º – Para análise da proposta, o Órgão Especial constituirá comissão de três membros, observada a participação de natos e eleitos, fixando prazo de 30 (trinta) dias para apresentação do relatório e conclusões.

§ 2º – A matéria será submetida ao Colegiado na primeira sessão que se seguir ao lançamento do relatório nos autos.

§ 3º – Sendo unânime a aprovação da emenda, esta entrará em vigor na data de sua publicação no Diário Oficial.

§ 4º – Não havendo unanimidade, a proposta será submetida a uma segunda votação, em sessão a realizar-se com intervalo não superior a 30 (trinta) dias, caso em que, para aprovação da emenda, será exigida maioria absoluta.

Título IV
Das Eleições

Art. 57. As eleições para escolha do Procurador-Geral de Justiça e do Corregedor-Geral do Ministério Público e para composição do Conselho Superior do Ministério Público e do Órgão Especial do Colégio de Procuradores de Justiça serão regulamentadas por este último, em deliberações específicas que conterão as instruções pertinentes a cada hipótese, na conformidade da Lei Orgânica Estadual.

Parágrafo único – As deliberações de que trata este artigo serão publicadas no Diário Oficial com antecedência mínima de 90 (noventa) dias do término do mandato, no caso de escolha do Procurador-Geral de Justiça, e de 60 (sessenta) dias, nos demais casos.

Art. 58. O voto será obrigatório, pessoal e secreto em todos os casos e ainda:

a) plurinominal, nas eleições para escolha do Procurador-Geral de Justiça e para composição do Conselho Superior do Ministério Público e do Órgão Especial do Colégio de Procuradores de Justiça;

b) uninominal, na eleição para escolha do Corregedor-Geral do Ministério Público.

Art. 59. Para cada eleição o Órgão Especial constituirá Mesa Receptora e Apuradora, composta por Procuradores de Justiça em número compatível com a complexidade do pleito e a quantidade de eleitores, e respectivos suplentes, sob a presidência do mais antigo.

§ 1º – Na eleição para escolha do Procurador-Geral de Justiça, integrarão também a Mesa Receptora e Apuradora um Promotor de Justiça e um Promotor de Justiça Substituto, escolhidos dentre os vinte mais antigos das respectivas classes, com indicação dos respectivos suplentes.

§ 2º – Incumbe à Mesa Receptora e Apuradora proceder à recepção e apuração dos votos, na forma prevista na respectiva deliberação, e anunciar o resultado da votação, que será encaminhado no dia imediato ao Órgão Especial, para fins de homologação e proclamação dos eleitos.

§ 3º – Compete ainda à Mesa Receptora e Apuradora, desde sua constituição e até o encerramento da apuração, decidir, na forma prevista na respectiva deliberação, os incidentes eventualmente suscitados.

§ 4º – Das decisões da Mesa caberá recurso para o Órgão Especial, no prazo de dois dias, contados da ciência pessoal do interessado, quando se tratar de incidente anterior ao dia da eleição, ou da publicação do resultado no Diário Oficial, quanto aos incidentes suscitados no decurso da votação ou da apuração.

§ 5º – Não havendo recursos, ou desprovidos os interpostos, o Órgão Especial homologará o resultado da eleição e proclamará os eleitos.

Art. 60. Vagando, no curso do biênio, o cargo de Procurador-Geral de Justiça, o Órgão Especial reunir-se-á dentro de 3 (três) dias úteis após o fato gerador da vacância para investir interinamente no cargo o Procurador de Justiça mais antigo na classe, editando e fazendo publicar, nos 15 (quinze) dias subsequentes, a deliberação a que se refere o art. 57, para convocação de nova eleição.

Parágrafo único – Aplica-se o disposto neste artigo à hipótese de vacância do cargo de Corregedor-Geral do Ministério Público, no curso do biênio.

Art. 61. A eleição para o Órgão Especial do Colégio de Procuradores realizar-se-á nos anos ímpares, no mês de agosto, e os eleitos tomarão posse no mês de setembro, extinguindo-se o mandato após 2 (dois) anos.

Parágrafo único – A eleição dos integrantes do Conselho Superior do Ministério Público dar-se-á no mês de novembro dos anos pares.

Título V
Das Disposições Finais

Art. 62. Este Regimento, aprovado pelo Órgão Especial do Colégio de Procuradores de Justiça em sessão de 23 de agosto de 2013, entrará em vigor na data de sua publicação.

SÚMULAS

Súmulas do Supremo Tribunal Federal

Súmula 643

O Ministério Público tem legitimidade para promover ação civil pública cujo fundamento seja a ilegalidade de reajuste de mensalidades escolares.

Súmula 653

No Tribunal de Contas Estadual, composto por sete conselheiros, quatro devem ser escolhidos pela Assembleia Legislativa e três pelo Chefe do Poder Executivo Estadual, cabendo a este indicar um dentre auditores e outro dentre membros do Ministério Público, e um terceiro a sua livre escolha.

Súmula 701

No mandado de segurança impetrado pelo Ministério Público contra decisão proferida em processo penal, é obrigatória a citação do réu como litisconsorte passivo.

Súmula 714

É concorrente a legitimidade do ofendido, mediante queixa, e do Ministério Público, condicionada à representação do ofendido, para a ação penal por crime contra a honra de servidor público em razão do exercício de suas funções.

Súmulas do Superior Tribunal de Justiça

Súmula 99

O Ministério Público tem legitimidade para recorrer no processo em que oficiou como fiscal da lei, ainda que não haja recurso da parte.

Súmula 116

A Fazenda Pública e o Ministério Público têm prazo em dobro para interpor agravo regimental no Superior Tribunal de Justiça.

Súmula 189

É desnecessária a intervenção do Ministério Público nas execuções fiscais.

Súmula 226

O Ministério Público tem legitimidade para recorrer na ação de acidente do trabalho, ainda que o segurado esteja assistido por advogado.

Súmulas

Súmula 234
A participação do membro do Ministério Público na fase investigatória criminal não acarreta o seu impedimento ou suspeição para o oferecimento da denúncia.

Súmula 329
O Ministério Público tem legitimidade para propor ação civil pública em defesa do patrimônio público.

Súmula 470
O Ministério Público não tem legitimidade para pleitear, em ação civil pública, a indenização decorrente do DPVAT em benefício do segurado. **(A Segunda Seção, na sessão de 27 de maio de 2015, ao julgar o REsp 858.056-GO, determinou o CANCELAMENTO da Súmula nº 470-STJ)**

Súmula 594
O Ministério Público tem legitimidade ativa para ajuizar ação de alimentos em proveito de criança ou adolescente independentemente do exercício do poder familiar dos pais, ou do fato de o menor se encontrar nas situações de risco descritas no art. 98 do Estatuto da Criança e do Adolescente, ou de quaisquer outros questionamentos acerca da existência ou eficiência da Defensoria Pública na comarca.

Súmula 601
O Ministério Público tem legitimidade ativa para atuar na defesa de direitos difusos, coletivos e individuais homogêneos dos consumidores, ainda que decorrentes da prestação de serviço público.

Súmula 604
O mandado de segurança não se presta para atribuir efeito suspensivo a recurso criminal interposto pelo Ministério Público.